中央民族大学自主科研
新兴与交叉学科研究项目

兴边富民行动

理论与方法

XINGBIAN FUMIN
XINGDONG
LILUN YU FANGFA

王文长 主编

中央民族大学出版社
China Minzu University Press

图书在版编目（CIP）数据

兴边富民行动：理论与方法/王文长主编. —北京：中央民族大学出版社，2014.12
ISBN 978-7-5660-0879-4

Ⅰ. ①兴… Ⅱ. ①王… Ⅲ. ①边疆地区—经济建设—研究—中国 Ⅳ. ①F127

中国版本图书馆 CIP 数据核字（2014）第 272388 号

兴边富民行动：理论与方法

主　　编　王文长
责任编辑　李苏幸
封面设计　汤建军
出 版 者　中央民族大学出版社
　　　　　北京市海淀区中关村南大街 27 号　邮编：100081
　　　　　电话：68472815（发行部）传真：68932751（发行部）
　　　　　　　　68932218（总编室）　　　68932447（办公室）
发 行 者　全国各地新华书店
印 刷 厂　北京宏伟双华印刷有限公司
开　　本　787×1092（毫米）　1/16　印张：20.5
字　　数　330 千字
版　　次　2014 年 12 月第 1 版　2014 年 12 月第 1 次印刷
书　　号　ISBN 978-7-5660-0879-4
定　　价　58.00 元

目　录

前　言

“兴边富民行动”是我国政府面向21世纪的边疆治理方略，自2000年正式启动以来，其实践获得广泛的社会认同，现实对加大力度持续推进兴边富民行动的要求愈发强烈。

其一，在中国的区域发展格局中，陆地边境地带一直建设滞后，特别是西南边疆地区，迄今仍是贫困现象最密集的地带。尽快改善这一状态刻不容缓。

其二，边境地区是国家综合实力竞争的敏感地带。跨国比较是边民利益评估最直观的方式，并影响着跨境民族的情感认同。加强边境地区建设将有助于赢得民心，凝聚国民向心力。

其三，边境地区关系复杂，地缘关系直接关涉国家安全。重视边境地区的发展建设，充分动员全社会力量，特别是发挥边民的积极性，把边境地区建设成为边民安居乐业，充满国民自豪感的幸福家园。这是应对国际风云变幻的安全需要。

其四，进入21世纪以来，中国周边形势的复杂性有增无减，周边国家的民族主义高涨。这种态势要求中国必须把自己的事情办好，保障边境地区各民族同胞共享发展成果，民富边兴，家园繁荣稳定。

其五，中国的崛起对周边国家的影响需要通过加深合作与协调，有效改善边境地区与周边地区经贸文化往来的环境条件。这是中国发挥其在区域中积极作用的重要途径。

其六，随着中国的扩大开放，维护海上通道安全和捍卫领海主权的任务愈发艰巨，稳定陆疆，改善陆疆的发展条件和环境，也是有力支持和应对海疆问题、维护领海主权的战略要求。

深入推进兴边富民行动是时代的要求，理论响应责无旁贷。问题已经提出，经验正在积累，理论怎样面对？作为研究领域的兴边富民行动，理论何以可能？

其实，生活的道理就是理论。生活是理论的活水源头。玄之又玄的“理论”已远离生活，并非真实理论。来自生活，作为研究领域的兴边富民行动潜在着远比具体政策行动丰富得多的内涵和探讨空间。政策措施的有效性必定是源自对其丰富内涵的深刻理解，不同的视角也将导致不同的行动方式。理论的功能便在于超越具体局限，以更开阔的视野和思维空间为具体行动提供借鉴与可能性选择。于是，可以发现，潜伏着政权中心意识的“边”，对于当地居民而言，这里就是家园。家园就是中心。守护家园、建设家园一直就是当地民众的自在行动。兴边富民行动并不仅仅表现为政府的政策行动。兴边富民行动在根本上应是立足于当地民众的自在行动，是以当地民众为行动主体的社会行动。而且，这一行动涉及到更广泛的、多层面的合作及资源动员的社会过程。其作为一片有待开拓的研究领域，对研究者的能力及责任感的考验一点也不逊于其他任何研究领域。

这里是罗陀斯，就在这里跳跃吧！

经历理论的反思，兴边富民行动的实践与理论将获得更有效的结合。理论获得更丰富的素材，实践获得更有力的理论支持。理论便在这一过程中自立并展现研究领域的独有风采。一些最基本的特点，如实践性、政策性、民族性、国际性等，将得到概括和描述，并借助历史分析、初评分析、规范分析、田野调查、逻辑演绎等方法的运用而实现理论域的建构。

第一章　兴边富民行动的理论内涵

兴边富民行动作为一项国家战略性的制度安排，具有历史的长期性。本章根据提出政策实践的稳定性要求，赋予为实践提供理论支撑的期望和政策实践高度化的理论内涵。

一、兴边富民在行动

兴边富民并不只始于当下，从一个更广阔的历史过程着眼，兴边富民几乎与政权形态同在。有社会关系构建的权力空间并发生的地域、人口发展竞争，政权对权力覆盖地理空间的捍卫和对权辖区人民的管理，自然地内在着兴边富民的要求。只要存在区域的“边”及生活于其间的人民，无论是政权的利益还是生存于其间的人民利益，都内在着兴边富民的需要。从这种需要看，兴边富民在行动是自然的历史行动，只是在不同的历史条件下，呈现出不同的行动形态罢了。同时，历史中的不同角色也在兴边富民的行动中赋予“在行动”以各自的理解和行动方式。

（一）集体无意识的民间自发行动

兴边富民行动作为一个具有特定内涵的概念提出之前，现实生活中的兴边富民早已在行动。从一种宽泛的地域空间结构看，只要形成“边”的关系，并拥有繁衍生息于“边”上的居民，生存于“边”上的居民便一直致力于“兴边富民”，“边”对于生存其间的居民直接以家园的感性认识呈现。家园是生存其间居民的摇篮与归宿，对于生存与其间的居民而言，家园就是中心。这也是家园的自中心特征。以“边”为家园的居民，原本无所谓“边”的概念意识。“边”是一种充满政治意识的概念，与政治权力中心对称。[1] 这样，“边”的存在便涉及两个视角，一个是政治权力中心的视角，相对于中心的“边”；一个是生存与当地民众的视角，自在的家园。

来自当地民众视角的自在家园，其家园的营建是自发的生存行为，生存活动空间所发生的关系，首先是人与自然的关系，其次是生存活动空间中人的相互关系。这两层关系可称为自在家园的自中心关系。自在家园的自中心关系仅发生于自在家园的生存活动空间之中。在此空间中调适人、社会、自然的关系和进行生存资源的开发利用与利益关系的安排。显然，这是一种封闭状态的关系。家园营建的自发生存行为源自生存的本能，无须动员，可持续生存发展的利益是家园建设的原动力。

家园建设以家园为中心，在未接受“边”的政治意识之前，生存于“边”中的居民，确立的是家园的意识，“边”的政治意识是政权中心的意识，而不是生存于其间的居民的意识。因此，无论是“边”的政治意识的形成，还是“兴边富民”作为战略性政策框架的提出，在此之前“原生态”的“兴边富民”开发行为便一直存在，这是一种集体无意识的民间自发行动。

兴边富民的民间自发行动源自家园建设的利益本能。生存环境的改善，生存质量的提高，是家园中居民的自发追求。家园环境的改善和居民生活质量的提高，客观上体现着边兴与民富的内涵。家园兴便是“边兴”，家园居民富即是“民富”。生存于政治意识的“边”上的居民的家园建设事实上就是兴边富民的民间自发行动，只是这一自发行动尚未与政治权力中心“边”的意识联系起来，这也可以说是一种朴素的家园自中心的兴边富民行动。

家园自中心的兴边富民行动由来已久，其历史就是其区域开发或家园建设的历史，在其自在历史中，当地居民充当了兴边富民的行动主体。兴边是家园的自我建设，民富是民的自力更生，历史是区域社会封闭静态的历史。

---

① 家园自中心也有其“边”，以家园为自中心的“边”，仅仅是生存活动范围的距离感，在可触及的空间范围内，这一家园中心的“边”，仍然是生存于其间的居民家园的组成部分，为家园所覆盖。以家园为自中心的“边”是居民的自我意识，政治权力中心的“边”是权力掌控的政治意识。居民的自我意识自在于居民的生活之中，权力掌控的政治意识外在于居民生活的环境之中。前者是居民生活的自我意识，无须告知；后者则需要意识传播转化为居民的意识，是被告知的。

（二）理论意识的舆论行动

兴边富民的理论意识是超越家园自中心的开发意识，兴边富民为舆论所关注，是感性的觉醒。理论意识的觉醒直观的表现形式就是舆论行动。舆论对兴边富民的关注由来已久，“边”的意识在什么时候出现，舆论就在什么时候出现。理论意识对政权中心的“边”的关注，本身便是政治意识的一种状态。这种意识中的兴边富民与政权中心的利益直接相关。“边”的意识由“中心”传达，“边”的利益由“中心”的利益所安排，“边”成为“中心”的屏障。

理论意识对“边”的关注主要集中在“边”的安全和边民的生存状态上，“边”的安全关系到政权中心的安全，边民的生存状态则影响到“边”的安全。因此，“边”的安全和边民的生存状态都与政权中心的利益相关联，兴边富民是政治中心利益的必然要求并首先以理论意识的舆论行为呈现。

对“边”的安全和边民生存状态的忧患是兴边富民的理论意识觉醒的突出表现。思想家们充满个性的诗赋同样传达着这种意识。如北宋政治家欧阳修（1007—1072 年）在《边户》诗中写道：“家世为边户，年年常备胡。儿童习鞍马，妇女能弯弧。胡尘朝夕起，虏骑蔑如无。邂逅辄相射，杀伤两常俱。自从澶州盟，南北结欢娱。虽云免战斗，两地供赋租。将吏戒生事，庙堂为远图。身居界河上，不敢界河渔。”欧阳修对边民处境的同情和关切同时也隐含着对边安民安的祈盼，边民生活的安定，有待边境地区的安定，兴边富民既是边安民安的前提，也是边安民安的结果。欧阳修的政治对手王安石（1021—1086 年）对当时生活在宋朝与辽及西夏边界处的河北民的窘境也表达了深切的同情，《河北民》正是描述了边民的惨状：“河北民，生近二边长苦辛。家家养子学耕织，输与官家事夷狄。今年大旱千里赤，州县仍催给河役。老小相携来就南，南人丰年自无食。悲愁白日天地昏，路旁过者无颜色。汝生不及贞观中，斗粟数钱无兵戎!”边民之苦，反衬着对兴边富民的期待。

兴边富民理论意识的舆论行动总是饱含浓烈的忧国忧民情怀，特别是近代中国的边疆危机，激发着理论对国家存亡、边疆安危的关切，推动中国边疆研究的发展和深化。清嘉庆年间，祁韵士被遣戍新疆伊犁期间编纂经徐松重修的《伊犁总统事略》，成为该时期边疆研究的代表作，被道光帝名为《新疆识略》。徐松的门客沈垚所著的《新疆私议》还论述了新疆安定对维护国家边防的重大意义，提出发展边疆地区经济的见解。[①] 该时期直至20世纪初，中国边疆研究在帝国主义列强侵华的背景下，形成了持续的理论应战高潮。强国富民、兴边富民、捍卫主权的理论意识是这一时期舆论行动的主要内容。陈麟图编辑的《历代筹边略》、蒋肇龄撰写的《边备九筹》等著作反映了该时期边疆治理的理论呼声。[②] 1909年中国地学会的成立和1934年禹贡学会的筹备，持续推动着中国的边疆研究。1932年，华企云出于对晚清以来边患及国防民族安危的思考，著《中国边疆》，论述中国边疆沿革的状况，分析国家兴亡与边事盛衰，是第一本比较全面论述中国边疆问题的专著。该时期论述中国边疆问题的著作还有方秋苇的《中国边疆问题十讲》（1937年）、思慕的《中国边疆问题讲话》（1937年）、西尊的《边疆问题与国防》（1942年）等。[③] 此外，还有数量众多的边疆研究论文从不同视角关注边疆问题及社会治理与经济开发。

20世纪前半叶中国边疆研究唤醒了沉睡的边疆意识，是强国兴边、民族振兴理论意识的觉醒，社会危机、民族危机、边疆危机转化为激发救亡图存、捍卫主权、争取民族振兴、独立解放的呼声和动力，中国边疆研究在近代边界的沿革及边患问题、边疆治理问题、边疆历史地理、边疆居民情况、民俗、宗教信仰、边疆资源开发、边疆经济、边疆交通建设等领域取得新进展，为深入推进中国边疆研究和振兴边疆奠定了重要的理论基础。

20世纪后半叶及进入21世纪的中国边疆研究，随着国内外政治经济形势的发展变化，社会稳定和经济建设的现实要求成为理论意识舆论行动的主旋律。这一时期的前半部分是相对封闭取向的行动，冷战局势下的国际关系深刻影响着边疆发展的理论意识，兴边富民理论意识的舆论行动总体上是以国防战略利益为导向的。建设社会主义新边疆的口号便是其标志。到边疆去，到祖国最需要的地方去是理论意识对青年人的期望，建设边疆是从国防建设的角度着眼的。建设边疆、保卫边疆传承

---

① 参见马大正、刘逖著：《二十世纪的中国边疆研究——一门发展中的边缘学科的演进历程》，黑龙江教育出版社，1998年，第59－60页。

② 同上，第61页。

③ 同上，第77页。

了捍卫主权的爱国主义传统，理论意识的舆论行动被赋予社会主义意识形态的政治色彩。

当代意义的兴边富民理论意识酝酿形成于中国改革开放以来的时期，国内外政治经济形势的变化为边疆地区的地缘关系注入了新活力，为边疆地区经济社会建设创造了新条件，提出了新要求。舆论行动率先形成重新认识边疆地区地缘关系资源的探索。营建和平环境，发展睦邻关系，利用边疆地区面向两个市场、两种资源的客观条件，积极推进沿边地区的双向发展，培育、发挥其资源配置和市场拓展的比较优势，扩大开放、深化合作、加快发展，以发展促稳定，促边兴，保障边民安居乐业，这些内容是新时期兴边富民的理论意识所表达的声音。

客观地说，兴边富民理论意识的舆论行动并非理论意识的先知先觉，理论意识只是生活实践的觉醒与理性的萌芽，正是改革开放以来的生活实践孕育了当代意义的兴边富民理论意识，提出理论应对生活实践担当的责任。经济发展的利益实现及分配如何关照到边疆地区居民的福祉？边疆地区在传统发展格局中的边缘地位如何培育、转化为发展前沿并形成区位优势？在一种更为复杂的经济社会结构关系中如何协调发展与稳定的关系？如何保障发展的可持续？等等，理论意识在回应生活实践的同时，事实上已经行动起来。边境贸易研究、沿边开放研究、边城建设研究、边疆地区经济社会的发展建设研究，等等，便是该时期舆论行动的主要内容。理论意识的舆论行动自 20 世纪 80 年代以来保持着持续的热情，为边疆地区经济社会的发展建设提供了重要的理论支持。

如果说集体无意识的民间自发行动是理论意识舆论行动的实践基础，那么理论意识的舆论行动则是国家意志政策行动的思想先导。这也正是理论意识舆论行动的责任和意义所在。理论意识在概括生活实践经验的过程中，既实现自我建构，又成为社会治理与政策行动的思想资源。因此，理论意识总是先于国家意志，舆论行动总是先于政策行动。

2009 年 11 月，由国家民族事务委员会经济发展司主办，由中央民族大学经济学院承办的“兴边富民行动理论研讨会”，第一次从理论层面提出对兴边富民行动开展研究，形成理论意识舆论行动与国家意志政策行动的互动。兴边富民行动理论研讨会的召开，标志着兴边富民行动理论共识的初步达成，理论意识的舆论行动从模糊状态升华到自觉、明确的状态，兴边富民及兴边富民行动作为理论探讨的概念被赋予特定内涵。如果说以前的舆论行动还仅仅停留在对政策行动的呼应上，作为理论域的舆论行动则在自觉与政策实践相结合的同时开始了相对自主的系统建构。兴边富民行动的基本概念、理论内涵、历史实践、经验总结、制度建设、模式分析、运行机制、绩效评价等理论探索所表现的舆论行动既进行着理论的自我完善，又为实践提供了理论工具和建设性的导引。

（三）国家意志的政策行动

兴边富民作为国家意志的政策行动从一开始便体现着鲜明的制度规范色彩。空间实体的“边”的存在与国家意志的权力行使范围相关，有了国家权力及权力中心就有了“边”。“边”是国家权力意志之所至。“兴边”也是国家权力意志贯彻的保障，“兴边”并不仅仅是国家权力意志对“边”的简单强权占有，而是需要行动主体充实其中，即空间实体的“边”，拥有行动主体的“民”。“民”的状态集中反映着“边”的状态。这正是兴边富民的结构关系及与国家权力意志实现状态的关系，兴边富民是国家强盛、国家权力意志保障充分的体现和内在要求，因此，兴边富民的结构关系及内涵自身便反映着国家意志的政策行动。

国家意志的政策行动意图明确，是自觉、规范的政策实践过程。国家的行政权威和配置资源的能力，为政策行动贯彻国家意志提供了有力的保障。但国家意志的政策行动也因时势而不同。国家意志的政策行动受到“边”的地缘关系的约束，其具体内容和形式必须关照到“边”的地缘关系的状态，从实际出发，因时因地制宜是政策行动的基本要求和指导原则。因此，政策行动的实践形式和内容呈现出不同时空特点，政治权力中心与周边政权势力比较的强弱状态，直接影响着国家意志政策行动的具体表达方式。古代王朝的“边”多处于武力争夺的状态，“边”的不稳定决定了兴边的方式主要表现在军事方面，或攻或防。长城就是以防守为主的国家意志政策行动的实践象征，长城作为“边”的工事保障在被寄以防的功能期望的同时，多少增加了安全的心理慰藉系数，政策行动的目标侧重于安边。但安边与兴边无论从何种角度看，都存在一定的距离，必须有相对持久的边安之后，边兴的发展景观才可能呈现。这一过程同时也表明，没有边安也就没有边兴。尽管古代王朝的政策行动多直接着眼于安边，不过安边政策行动的目标仍是不可抑制的兴边期待。这种期待与强国的期待是一致的。从春秋战国时期诸侯国的竞争到形成中原王朝时期的疆域管理，强国富民是一直的追求和梦想。其中也蕴含着兴边富民的愿望，移民实边、屯垦戍边便是这一愿望的政策实践。明代思想家李贽说："屯田乃千古之策。"[①] 边疆屯田传承了耕战的传统，戍边与屯田相结合，屯田既是边防的环节，也是安边、养边乃至兴边的方式。军屯带动民屯，移民实边客观上形成军民联防的结构。这一结构关系本身就内含着兴边与富民的互动及一致性。由民充实经营的"边"，民富便是边安边稳形成对内向心力的经济基础，也是兴边的重要标志。

国家意志的政策行动从国家战略的宏观层面治理边疆事务，在没有明确提出"兴边富民行动"理念之前实际上已经致力于兴边富民。特别是在相对和平稳定局势下睦邻关系的发展为边疆经济社会建设营造有利的环境，政策行动所形成的兴边富民效应显而易见。这种状态表现在一系列有利于促进边疆地区经济社会发展的政策行动上。如促进边疆地区扩大开放的政策，加快边疆地区发展的对口支援政策，支持边疆地区产业发展、扩大就业门路、保障安居乐业的政策，有利于边疆地区因地制宜灵活发展，扩大经济合作，开展边境贸易的政策，等等。实际上所有对边疆地区经济社会发展发挥积极促进作用的政策措施，都必然形成兴边富民的积极效应。尽管未直接以兴边富民行动名之，也仍然体现了兴边富民的国家意志。当代中国的这一政策行动在 20 世纪 80 年代以前，主要表现在相对内向自足补缺型的边疆地区建设政策和边境贸易政策，中央政府支持边境贸易的政策其实施具有直接的兴边富民效应，该政策行动主要着眼于边境地区因边制宜调剂余缺，方便边民生产生活需要。边民互市、边境小额贸易和边境地方贸易是开展边境贸易的三种主要形式。

中华人民共和国成立以后，自 1951 年起，中央政府便陆续批准边境地区与周边国家开展边境贸易。如 1951 年开展与越南的边境小额贸易[②]，1954 年 2 月，中国与越南两国政府签订《关于两国边境贸易议定书》，开放边境集市贸易，同时还签订《边境贸易货币兑换议定书》、

① 转引自赵予征：《丝绸之路屯垦研究》，新疆人民出版社，1996 年，第 17 页。

② 参见张红梅：《当代中国少数民族经济政策研究》，宗教文化出版社，2007 年，第 16 页。

《两国边境地方国营贸易公司进行货物交换的议定书》。中越两国边境县政府还建立边境贸易办事处，1960 年两国签订边境省份贸易协定；1954 年经国务院批准，吉林省延边朝鲜族自治州同朝鲜边境郡之间开展边境贸易，1958 年 12 月，经国家对外经济贸易部批复，吉林、辽宁两省与朝鲜消费协同组合中央联盟签订《关于中朝两国边境地方易货贸易协定书》；1968 年中国新疆与巴基斯坦正式签订边境贸易协议①。1980 年 10 月 10 日，云南省发布《关于中缅、中老边境边民互市管理办法》、《关于中缅边境小额贸易管理规定》；1984 年 12 月 20 日，对外经济贸易部发布《边境小额贸易管理办法》，共 12 条；1985 年 3 月 27 日，云南省人民政府发布《云南省关于边境贸易的暂行规定》，共 10 条；1986 年 9 月 1 日，西藏自治区人民政府发布《西藏自治区边民互市贸易暂行管理办法》，共 12 条；1988 年 5 月 16 日，《黑龙江省人民政府关于开展对苏边境经济贸易工作的通知》，共 24 条；1988 年 11 月 10 日，《广西壮族自治区人民政府关于边境对越贸易点管理的暂行规定》，共 11 条；1991 年国务院 25 号文件《关于积极发展边境贸易和经济合作促进边疆繁荣稳定的意见》② 等，这些政策反映了中华人民共和国成立以来国家适应国际形势及发展睦邻关系兴边富民的政策意图。从边境地区的实际出发，因边制宜，沿边开放，以开放促开发，便蕴含着兴边富民政策的国家意志，是具有兴边富民效应的政策行动。

兴边富民行动作为政策框架直接提出，标志着国家意志政策行动对兴边富民含义认识的清晰、明确和统一政策行动达成的共识。当然，这一政策行动的明确也是相关政策行动所形成的兴边富民效应凝聚促进的结果，是一个由模糊到清晰的政策实践过程。兴边富民行动作为政策框架从试点到全面实施，逐渐明确政策覆盖的范围，逐渐完善政策管理的机制，经过十年的实践，已经上升到具有战略意义的国家专项规划。

兴边富民行动政策目标着眼于加快边境民族地区发展，保障边境地区长治久安，实现富民、兴边、强国、睦邻。政策行动把边境县域规范为政策支持的区域空间，明确国家意志对边境地区的政策实施框架、领域、内容、方式方法和原则、任务及指导思想，形成了具有稳定、规

---

① 杨德颖主编：《中国边境贸易概论》，中国商业出版社，1992 年，第 68、165、268 页。

② 参见《当代中国经济大词库 · 少数民族经济卷》，中国经济出版社，1993 年，第 532 页。

范、持续的政策行动特征和效应。

二、兴边富民行动作为研究领域的可能性

兴边富民行动是直接以政策实践的形式呈现的，政策行动植根于具体社会生活的深厚基础，实践性是兴边富民行动的形态特征。兴边富民在行动，从集体无意识的民间自发行动，到理论意识的舆论行动及国家意志的政策行动，最鲜明的共性就是实践。简言之，兴边富民行动就是一个以富民、兴边、强国、睦邻为目标的具体实践过程。

但是，实践与理论的纠葛注定了兴边富民行动不能孤独地停留于实践的单一状态。尽管相对于生活实践的长青之树理论略显灰色，先贤的另一句名言"没有革命的理论，就没有革命的运动"也充分表述了理论对实践的重要性。兴边富民行动的实践从一开始便为理论的孕育准备着，实践活动为理论研究提供了资源，也对理论提出挑战，即理论能否为持续推进的兴边富民行动提供支持，理论能否从兴边富民行动的实践活动中汲取养分与实践相适应并形成理论自觉。兴边富民行动的社会实践是否可能拓展出具有特色的研究领域，既是实践的问题，也是理论的问题。首先，兴边富民行动的社会实践应当是可能拓展出具有特色的研究领域，然后便是具有特色的兴边富民行动研究领域如何建构理论自身。所以，实践对理论的挑战内在着责任，挑战是动力性的挑战。讨论兴边富民行动作为研究领域的可能性也是在这一实践与理论的内在关系的层面上进行的。

（一）研究领域的"学科矩阵"

兴边富民行动的实践涉及广泛的社会生活领域，兴边涉及空间实体的内在规定，富民涉及行为主体的内在规定，同时这一组合的内在规定所涉及的复杂关系决定了作为研究领域的兴边富民行动具有领域的交叉性和要素的综合性。

作为新拓展的研究领域具有学科领域的交叉性和理论要素的综合性。新拓展的研究领域总是在既有领域的边缘或常规学科的知识交叉区间出现的。新因素的聚集在凝练内在联系，凝聚新结构的过程中形成研究领域的理论共识。这种理论共识也是一种理论的新组合，当然这不是

简单松散的拼凑，而是内在着有机联系的新结构。这种理论的新组合或新结构克服了原先理论结构的窘境，即理论在既定的框架中建构、规范变得常规化。但这种理论的常规化在自我完善、规范标准与合理性的过程中便内在着常规化的局限。这一点也可以从拉卡托斯评论库恩范式的叙述中得到启示；“但在‘常规’时期，占统治地位的范式保证了一种增长的模式，这种模式最终要被一场‘危机’所推翻。”① 拉卡托斯认为库恩式“危机”的出现没有特别的合理原因，“危机”是一个心理学概念，范式之间不存在进行合理比较的标准，“每一次范式都含有自己的标准”。拉卡托斯更倾向超越库恩范式非连续的自我标准，重视研究领域的理论结构状态及演化的内在历史。理论的常规时期循着常规秩序完善常规的框架边界，其形态呈现封闭性。这种封闭性就是常规化的局限。库恩的新范式从常规中破茧而出，拉卡托斯认为新范式拥有演化的内在历史，但无论如何，新拓展的研究领域总是一种超越常规状态的领域交叉和要素综合。正如马克·布劳格所言，“理论不是一个一个单独出现的，而是结合在一起的，多多少少相互协调的思想网络”②。

可以说，每一个新拓展的研究领域，都是一个由各种理论要素结合而成、相互协调的思想网络。理论的形成及结构的这一特点，当属理论的一般经验。库恩在第二版《科学革命的结构》中建议用“学科矩阵”代替第一版的“范式”术语，反映了库恩对理论范式的新认识，即任何一个时期的科学发展都是由大量相互重叠、相互渗透的“范式”为标志的。库恩注意到“范式”并非不可通约，而是相互重叠、相互渗透。库恩“学术矩阵”的重心是“一个特定团体成员们的信仰、价值和技术手段的整体格局”，“尽管非常分散，但‘常规科学’的实践者们组成了一个‘看不见的团体’，他们在哪些‘难题’需要解决以及解决问题所具有的一般形式方面达成了共识；在对问题和解决方法的规定……各种理论的扩散、方法论争论的出现预示着‘常规科学’的崩溃；新的框架提供了‘难题’的解决方法。”库恩对“学科矩阵”的表述，“之所以说‘学科’，因为它涉及一个特定学科的实践者共同具有

---

① 参考伊姆雷·拉卡托斯著，兰征译：《科学研究纲领方法论》，上海译文出版社，2005年，第113页。

② 马克·布劳格：《经济学史中的范式和研究纲领》，载丹尼尔·豪斯曼编，丁建峰译：《经济学的哲学》，世纪出版集团上海人民出版社，2007年，第310页。

的特点；之所以说‘矩阵’，是因为它是由各种符合规划的因素共同组成的，而每个因素都要求进一步的深化研究”[①]。库恩的“科学矩阵”是一个综合体，既包括学科研究的行动主体，也包括学科的研究客体。其实，理论研究或研究领域都涉及研究的行动主体和研究客体。但库恩的“学科矩阵”具有一种系统结构特征。这一点与拉卡斯托的研究纲领和布劳格的思想网络颇为相似，[②] 都重视理论研究领域超越单个孤立理论单位的整体性，强调理论形成的开放性与系统结构特征。理论研究领域的这种系统结构特征不仅是一种状态，更重要的是一种方法。这一方法为理论演化拓展了开放性前景和新空间，为理论进步提供了工具和途径。这一方法对兴边富民行动作为研究领域的拓展同样具有启迪意义。

（二）兴边富民行动涉及的学科结构

库恩方法论中的“学科矩阵”虽然针对新学科的演进而言，不过其方法用于当下兴边富民行动的理论构建仍然富有启示，兴边富民行动也存在一个“学科矩阵”的支撑。兴边富民行动是综合性的社会实践过程，所提出的问题和涉及的研究领域也必然具有综合性，其理论研究需要“学科矩阵”学科因素的扩展与合作，由此形成对兴边富民行动研究的理论建构。可见，借用库恩“学科矩阵”的概念及方法来探索兴边富民行动研究领域的结构也是合适的。

兴边富民行动研究领域的学科矩阵是一个多学科交叉的复杂结构，以富民、兴边、强国、睦邻为目标的实践过程，涵盖领域广泛，边境地区的政治、经济、社会、文化建设、人民生活、民族关系、国防安全等问题所关联的理论研究领域涉及政治学、经济学、社会学、民族学、历史学、地理学、国际关系学等诸多学科，边境地区的特别内涵加上民族关系的复杂性在各个学科及学科之间形成特殊对一般的超越和跨越单一

---

① 马克·布劳格：《经济学史中的范式和研究纲领》，载丹尼尔·豪斯曼编，丁建峰译：《经济学的哲学》，世纪出版集团上海人民出版社，2007 年，第 312 – 313 页。

② 拉卡托斯的方法论认为，评价的基本单位不是孤立的理论或理论的合取，而是“研究纲领”。研究纲领有一个根据约定而接受的“硬核”，有一个“正面启发法”。正面启发法限定问题，草拟辅助假说保护带的建立，预见反常并成功地将其转为例证。参见伊姆雷·拉卡托斯著，兰征译：《科学研究纲领方法论》第 140 页，上海译文出版社，2005 年。马克·布劳格的思想网络则强调理论相互协调的结构关系。

学科的综合。边境地区以少数民族人口为主体的民族结构、民族跨国界而居的现象以及相邻国家的制度利益差异凝练了各学科领域中“边”与“民”的两大特殊因素。其实，“边”与“民”两大因素早已在诸多学科中建构了特殊超越一般的领域。如对政治学的超越有民族政治学、边疆政治学。民族政治学以民族政治生活和政治问题为研究对象，具有政治学与民族学两个学科交叉的性质。[①] 民族共同体的政治属性培育了政治学与民族学的共同兴趣，这正是民族政治学的根源。与之相似，边疆问题的政治属性，提出了边疆问题研究的政治规范要求，因此“边疆政治学依赖于边疆政治的客观现实而发生、发展”，超越政治学、民族学、历史学、地理学、法学而综合为一门新的学科。[②] 同样的方法用之于经济学，其超越也有民族经济学和边疆经济学。民族经济学是一种民族视角的经济研究，在民族学与经济学之间具有共识的领域拓展了相对自主的理论空间，学科研究表现为对民族学和经济学的综合，是民族学研究内容的纵深化和经济学研究指向的具体化，呈现出不同于一般经济研究的鲜明民族特点。[③] 而边疆经济学则针对边疆地区的区域特殊性，研究边疆地区经济发展过程的特点和特殊规律。[④] 边疆因素的提炼并应用于经济分析过程，为经济学拓展了颇有特点的空间形式。此外，边疆因素的提炼，在历史学和地理学之间还拓展了边疆史地的交叉领域。在国家边疆管理方面产生了边政学。实际上，作为一个具有特殊发展需要的区域经济社会，其所涉及的方面比一般区域经济社会更为复杂，一般区域经济社会所面临的问题在于加进“边”与“民”的因素之后，都变得更敏感，面临更复杂的关系和约束条件。除了上述提到的诸多学科，教育、语言等具体问题在附着了“边”与“民”的因素之后也变得更具针对性和特点鲜明，对其具体建设提出特殊要求，这些都构成了兴边富民行动的行动内容。

“边”与“民”两大因素在诸多学科中建构特殊超越一般的领域，首先是第一层面的交叉建构，形成边疆政治、边疆经济、边疆社会、边疆史地、跨境民族、民族政治、民族经济、民族社会、民族教育、民族

① 周平：《民族政治学导论》，中国社会科学出版社，2001 年，第 3 页。

② 吴楚克：《中国边疆政治学》，中央民族大学出版社，2005 年，第 34、41 页。

③ 王文长：《民族视角的经济研究》，中国经济出版社，2008 年，第 18 页。

④ 梁双陆：《边疆经济学》，人民出版社，2009 年，第 33 页。

语言、国际关系等深化拓展的学科领域；然后是第二层面的综合建构，形成兴边富民行动相对自主的研究领域，如图 1－1 所示。

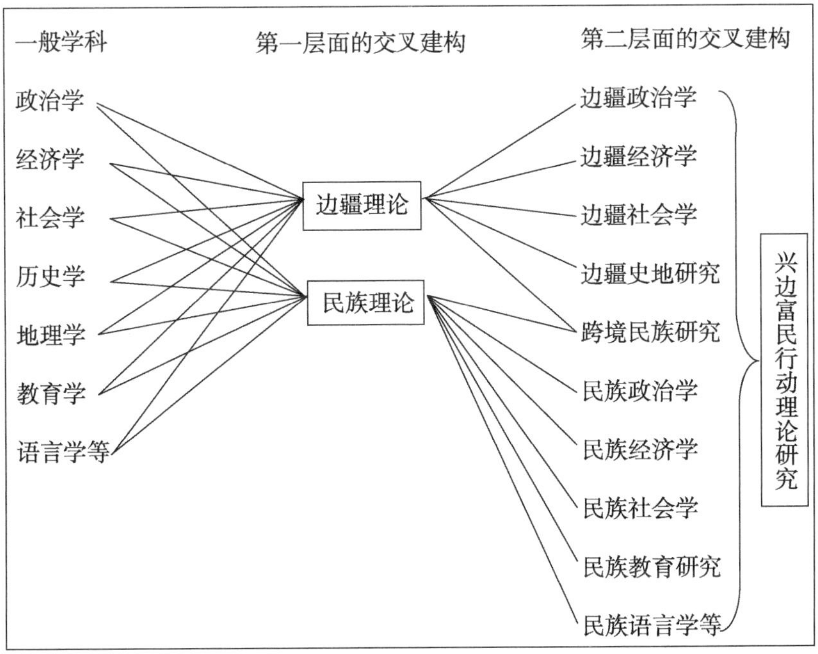

图 1－1

兴边富民行动涉及学科领域第一层面的交叉建构，在凝练“边”与“民”两大因素的过程中拓展了新的理论空间。由于中国的边境地区与少数民族聚居区高度重合，“边”与“民”两大因素凝练拓展的理论空间具有内涵的一致性，学科领域第一层面的交叉建构奠定了兴边富民行动研究领域的学科基础，为兴边富民研究领域提供了理论支撑。兴边富民行动涉及学科领域第二层面的综合建构，进一步融汇、凝练第一层面交叉建构新领域的相关因素和对兴边富民行动研究领域的共识，在交叉建构各领域的基础上，综合各相关因素，围绕富民、兴边、强国、睦邻的主题和实践需要，建构兴边富民行动的共同研究领域。

兴边富民行动的共同研究领域是针对第二层面的综合建构而言的，即共同研究领域是各交叉建构新领域的聚焦。如果把兴边富民行动涉及的学科结构视为一个同心圆，共同研究领域就是学科结构同心圆的重心。如图 1－2 所示。

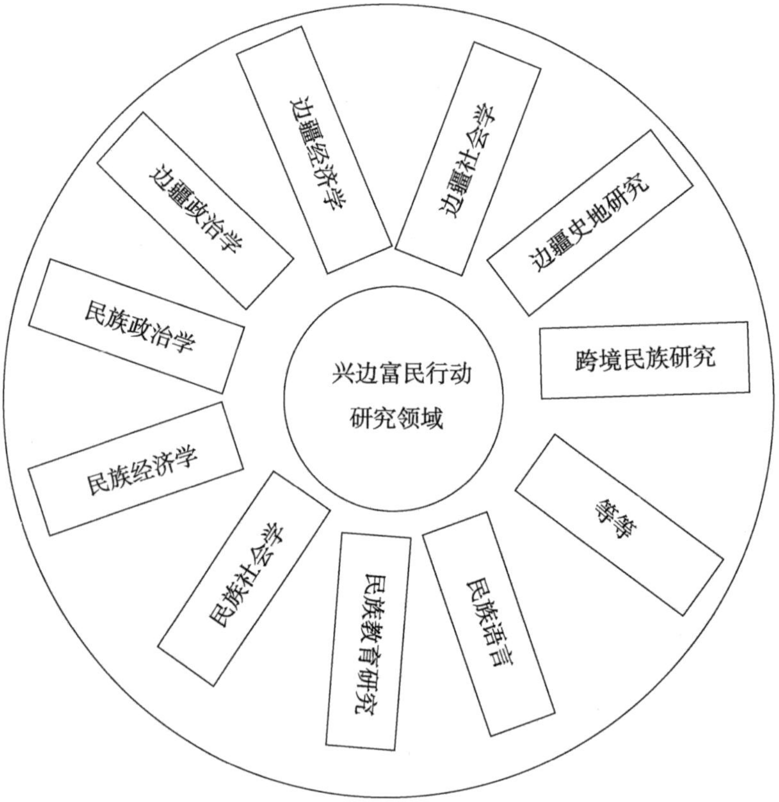

图 1－2

（三）作为共同研究领域的共同行动

兴边富民行动的理论研究作为研究领域涉及相关联的学科结构，形成学科结构同心圆的共同研究领域。这是理论研究必然表现的对象、内容、方法、范畴、概念等形态，同时，这也是一个理论实践的行动过程。这一行动过程包括行动的主体和客体。共同研究领域是理论行动的客体。理论行动的客体是理论行动的舞台，理论耕耘的园地，理论活动的空间。理论实践行动过程不可或缺的另一方面是理论行动的实践者。理论行动的实践者们在“哪些‘难题’需要解决以及解决问题所具有的一般形式方面达成了共识”。库恩“学科矩阵”中的实践者们便是理论行动的主体。理论行动的主体在达成共识、建构共同分析框架、拓展共同研究领域的过程中形成理论建构的共同行动。

共同研究领域与共同行动是达成共识的理论行动，对相关领域理论与实践的动员，在以上提到的所涉及相关学科和研究领域的相关因素中，理论与实践尽管自在着相关性，但还是分散的，是共同研究领域的共同行动整合了理论与实践的分散资源。如果改写上述库恩“学科矩阵”的表述并套用于兴边富民行动的理论与实践过程，可以表述如下：兴边富民行动的研究领域涉及的学科因素尽管非常分散，但研究领域的实践者们可能形成一个看不见的团体，也可能进而组成一个有凝聚力的研究团体。他们在兴边富民行动需要解决的难题、解决的问题所具有的一般形式以及推进兴边富民行动方面达成共识，在推进兴边富民行动、应对问题挑战、提出解决问题方法的探索中，酝酿、形成兴边富民行动理论研究的学术理念和价值判断。各学科因素的研究拓展与合作建构着研究领域共同的分析框架，并为解决研究领域的共同问题逐渐积累理论资源和能力。当各学科因素深化研究的空间在推进兴边富民行动的共同信仰中实现新的建构，这一理论建构也就为兴边富民行动提供了强有力的理论支撑，而理论建构本身也获得了解决问题的方法。

兴边富民行动作为共同研究领域是相关学科领域相关因素交叉、综合建构的共同行动，而且也是理论行动与实践过程互动的共同行动。前一共同行动是理论层面及过程主体与客体的共同行动，以理论领域为区间，共同行动表现为理论领域内相关因素的互动。后一共同行动是理论应用于实践、理论与实践的共同行动，以社会实践为区间，是理论应用于实践、理论与实践的互动。

兴边富民行动源自社会生活实践的需要，其理论探索是理论对实践的回应，理论与实践的共同行动是兴边富民行动作为共同研究领域从提出便具有的内在规定，理论应用、适应于实践是理论的品质和责任。这样，兴边富民行动的理论建构也获得相对从容的理论空间。由于这一相对从容的理论空间不是以虚幻的假设为背景，而是由具体的社会实践需要提出的，由其充实其中，这也就规定了兴边富民行动共同研究领域理论探索的现实性。承载理论的列车是由社会实践的站台开出的。对兴边富民行动实践过程的经验分析、问题回应以及从各学科因素深化研究的空间对兴边富民行动的理论思考，应该是兴边富民行动共同研究领域的共同任务。

在兴边富民行动理论与实践的互动关系中，实践为理论研究提供实证基础，理论探讨是对兴边富民行动实践的理性思考，是推进兴边富民行动的要求和组成部分。因此，兴边富民行动理论与实践的互动不只是表现为对兴边富民行动的实践理性。实践与理论在兴边富民的共同追求中相互支持，实践为理论提供现象资源，理论为实践提供思想资源。理论自由的活力为长青的实践之树提供思想沃土，也使理论的色调显得绚丽多彩。从现实看，兴边富民行动实践与理论互动的主导方面在理论环节。在兴边富民行动的实践过程已经展开之后，实践状态如何演进就成为理论的责任，理论的探索创新成为实践创新的思想源泉。这是从主导环节的角度对兴边富民行动理论提出要求，强调理论对兴边富民行动实践过程的关注，要求在各学科因素深化拓展的研究空间中确立兴边富民的坐标，理论研究积极参与兴边富民行动。

兴边富民行动理论与实践的互动，其具体互动过程还表现为实践过程与理论研究行为主体之间的互动。加强兴边富民行动具体领域之间的联系，建立交流机制和平台，促进来自实际工作部门的人员与从事理论研究的人员直接交流、相互启发，在事实上已经成为便捷有效的常规互动方式。

总之，兴边富民行动从理念的提出，便呼喊着各相关领域的共同行动，是一个共同行动的社会实践过程。而作为共同研究领域的建构则把共同行动扩展到理论过程，在理论过程与实践过程之间形成相互推进、深化的互动关系，作为共同研究领域在面向社会实践、适应和导引社会实践的过程中发展着理论与实践的共同行动。

三、兴边富民行动作为研究领域涉及的相关概念

对兴边富民行动的理论思考并作为相关学科交叉、综合建构的共同研究领域，其理论研究的拓展必须相应地拥有反映研究对象本质属性的思维形式。每个研究领域都各自凝练了特有的概念，由之奠定各具特点的研究基础。兴边富民行动作为研究领域也有其相关的基本概念，由之形成兴边富民行动研究的思维形式。

兴边富民行动研究领域的概念与其研究领域的交叉，综合背景相关

而呈现出交叉、综合特点和相容与多样性。

（一）与空间实体相关的概念

兴边富民行动与空间实体相关的概念主要有边境地区与边疆地区。

1. **边境地区**。现代语义的边境地区，是指临国家边界线的辖治地域。兴边富民行动政策含义的边境地区具体涵盖临国家陆地边界的县域及建设单位。《兴边富民行动规划（2011—2015年）》明确表述“本规划实施范围为内蒙古、辽宁、吉林、黑龙江、广西、云南、西藏、甘肃、新疆等9个省、自治区的136个陆地边境县、旗、市、市辖区，新疆生产建设兵团的58个边境团场”。无论何种表述，边境地区的本义都与边、边境、边境线相关，其政治地理特征表现为行政权力辖治范围的外围、边缘。如《辞海》对“边”的解释为“周缘；四侧。如：周边；四边。引申为边界”。周缘，就是相对于中心的状态。“境”的解释为“疆界”或“地域；处所”。由此观之，边境便是国家的边缘地带；边境线则是国家对领土行使主权的终止线，是国家之间的分界线。边境地区是国家在边境线内侧适应地缘关系和安全的需要而采取相应管理方式的地带。所谓边境线内侧，就是领土临边境线的地带；所谓适应地缘关系和安全的需要，就是国家关系和制度差异对国家安全的影响，维护社会稳定和领土、主权利益的需要；所谓采取相应管理方式，就是在政治、经济、社会等领域及军事保障、边防建设等方面实施的保障措施和管理方式。可见，边境地区是一个附着鲜明地缘政治属性的概念。

2. **边疆地区**。边疆地区通常简称为边疆，并引申到更宽泛的状态。边疆从地理边疆扩展到多形态边疆，形成内涵、范围、形态不断发展的边疆概念及由之拓展的边疆理论。如据于沛等学者的研究，随着西方列强对世界的争夺，西方的“边疆”概念不断扩展，从有形的陆疆、海疆、空疆等地理边疆发展到经济、信息、文化、利益等无形的“边疆”。[①] 西方的边疆概念充分展示了其动态特征。这一特征是边疆理论与实践的活力所在。但是动态的边疆总是强权主导的，因此，历史以来的各国边疆各有其变化和特点。美国的边疆是西进的移动边疆，直至

① 参见于沛、孙宏年、章永俊、董欣洁：《全球化境遇中的西方边疆理论研究》，中国社会科学出版社，2008年，第4-6页。

1867 年以 720 万美元从沙俄手中购得的阿拉斯加 151.9 万平方公里土地，才形成了当代的美国边疆形态。

中国的边疆在中国统一多民族国家的发展过程中与中华民族的命运紧密相关。马大正、刘逖概括了中国边疆的四大特点，其一是悠久历史体现曲折发展过程中的连续；其二是广阔地域体现分散发展演进后的统一；其三是多样的民族在自主发展基础上的融合；其四是复杂的问题呈现多重矛盾发展的叠加。[①] 当代中国的边疆形态深受近代中国的边疆危机和领土丧失的影响，形成 1840 年之前与之后的边疆差异。据不完全统计，仅俄国在 1858 年至 1892 年间便通过各种手段攫取中国东北、北部、西北等地区达 153 万余平方公里；苏联在 20 世纪前半叶分裂中国外蒙古等地区 167 万平方公里土地。两项合计 320 余万平方公里，相当于清朝前期 1300 万平方公里的 24%。[②] 因此，当代中国的边疆已完全不同于近代中国的边疆。当代中国边疆是近代中国领土丧失而形成的新的格局状态，是现实政治地理格局中的边疆，是靠近事实国界的地区。

关于边疆的概念，中国学者还有诸多表述。马大正、华立《古代中国的北部边疆》认为："边疆是一个政治地理概念，中国的边疆包括陆疆与海疆。陆疆是指沿国界内侧一定宽度的地区。必须具备下述条件的地区才可称之为陆疆地区，即一定要有与邻国相接的国界线，要具有自然、历史、经济、文化诸多方面的自身特点。"纽仲勋等《中国边疆地理》认为，边疆应是直接比邻国界的，具有一定历史、人文、经济和自然特点，在行政上具有完整性的连续地域。邢玉林《中国边疆学及其研究的若干问题》认为，近代以来的边疆是指在国家陆路边界线内侧的或在国家海岸线外侧的且属于该国主权的边缘陆路领土或海洋领土。边疆概念是与国家概念、边界线、国家主权联系在一起的，并与该国的中土及与各国共有的海洋领土或无主海洋领土相区别。[③] 这些"边疆"表述，反映了叙述者各自的理解与解读能力以及引申的内涵。之前的吴文藻《边政学发凡》便指出："国人之谈边疆者，主要不出两种

---

① 马大正、刘逖：《二十世纪的中国边疆研究——一门发展中的边缘学科的演进历程》，黑龙江教育出版社，1998 年，第 30 - 35 页。

② 参见王恩涌主编：《中国政治地理》，科学出版社，2004 年，第 28 - 30 页。

③ 马大正、刘逖：《二十世纪的中国边疆研究——一门发展中的边缘学科的演进历程》，黑龙江教育出版社，1998 年，第 166—167 页。

用义：一是政治上的边疆，一是文化上的边疆。政治上的边疆，是指一国的国界线或边界言，所以亦是地理上的边疆……文化上的边疆，系指国内许多语言、风俗、信仰以及生活方式不同的民族言，所以亦是民族上的边疆。”①

把政治上的边疆与地理上的边疆、文化上的边疆与民族上的边疆等同视之，实际上就是与国家和民族相联系。但国家层面与民族层面的边疆却不可相提并论，民族之间的文化接触，涉及国家内部各民族之间的关系，这一关系是国家层面的边疆内部的关系，而不涉及国家层面的边疆关系。国家层面的边疆是政治上、地理上的边疆。

边疆地区与边境地区既相似又有差异。边境是与边境线相联系，由边境线内侧划出的地带。边疆则包括边境，在地域范围上相对扩展。同时，边疆的内涵超越边境的具体政治地理范围而更为丰富多样。但作为与兴边富民行动政策含义相关的边疆地区，应是该政策含义所规定边境地区的延展，超越边境县更大尺度的行政区域都可以称为边疆地区。如内蒙古、新疆、西藏、云南、广西及黑龙江省等省区通常都在省区的大范围内称其为边疆地区。因此，在某些语境中，边疆地区也与边境地区混用，直接用边疆地区表述为边境地区。

（二）与行动主体相关的概念

兴边富民行动与行动主体相关的概念是指具有主观能动性及其状态的概念，主要有边民、边疆治理、兴边富民、边境贸易、沿边开放等。

1. **边民**。边民是与边境相关联的人口群，是繁衍生息于边境地区的一个群体。边境地区的区间界定是识别边民身份的一个标准。按照国家兴边富民行动规划的政策框架，紧靠陆地边境线的 136 个陆地边境县、市、区所拥有的人口都可以统称为边民。边民在边境县域内的分

---

① 马大正、刘逖：《二十世纪的中国边疆研究——一门发展中的边缘学科的演进历程》，黑龙江教育出版社，1998 年，第 164 页。吴文藻的论著发表于 1942 年 1 月。而美国的“中国通”欧文·拉铁摩尔于 1940 年发表的《中国在亚洲腹地的边疆》经赵敏求翻译为中文，书名为《中国的边疆》，1941 年 12 月由正中书局在重庆出版。在拉铁摩尔看来，边疆是“两种不相等文化接触和相互渗合”的过渡地带，两种文化的接触，自然产生超越另一种文化的企图，边疆现象随之浮出（参见于沛、孙宏年、章永俊、董欣洁：《全球化境遇中的西方边疆理论研究》第 161—162 页，中国社会科学出版社，2008 年）。吴文藻的文化边疆大致反映了这一时期边疆观的传播、认识状态，也对后来的边疆内涵产生了深刻影响。

布，有县城及口岸人口、非临边境线乡村人口和临边境线乡村人口等三类，形成县域边民分布的结构。边民作为国家疆域内的国民，拥有国民的一般身份、权利和道德；而作为国家边境地区的国民，则拥有边境地区居民的特殊身份、权利和道德，除了承担一般国民道德的义务外，还通过守土固边的行动构成国家边防利益的组成部分。因此，边民的国民身份附着不同于一般国民身份的地缘关系色彩，政治性和民族性是边民内涵特殊性的两个重要方面。边民的政治性与国家边防利益相联系。边民是边防的根基，是边防建设的重要环节，是稳固边防的重要保障。边民的民族性表现在边民中少数民族人口占有较大比重。如至 2008 年底，中国陆地边境县中少数民族人口为 1074.52 万人，占边境县总人口的 46.89%，其中广西、云南、新疆、西藏等省区的边民尤以少数民族人口为主。边民中少数民族人口占边境县人口的比重，广西为 81.68%；云南为 58.57%；新疆为 66.42%；西藏的边境县人口基本是少数民族。边境地区有 30 多个民族跨国界分布。边民的民族性引申了边民的民族结构及边疆少数民族和跨界民族等概念。边民的民族结构，即边民的民族身份存在多样性的构成状态，多民族的结构状态是边民的特征。边疆少数民族包括边民中的少数民族。犹如边疆地区包括边境地区而又更宽泛一样，边疆少数民族也比边民中的少数民族更宽泛，同时作为相对自主的概念，拥有较浓厚的人文色彩。跨界民族，或称跨境民族，是指跨国界分布且地域相关性的同一民族。① 民族跨国界分布可能超越行政区划的边境县范围，相应其族缘关系的影响也必然超越边境县的区划范围。

2. **边疆治理**。边疆治理，即对边疆地区的统治和管理，是国家规范边疆地区社会秩序的行政管理。边疆治理具体涉及国家在边疆地区的设置、立法、机构、制度、政策等内容，相应地引申了边疆经略、边疆

---

① 据吴楚克的分析，中国跨界民族主要有三种类型：一是本民族为主体民族的国家的跨界民族。如蒙古族、俄罗斯族、哈萨克族、柯尔克孜族、塔吉克族、乌孜别克族、傣族、京族、朝鲜族等；二是国境线两边均为少数民族；三是民族的主体在中国境内的跨界民族。（参见吴艳："吴楚克：跨界民族问题的本质就是国家与民族的关系问题"《中国民族报·理论周刊·国际》2011 年 10 月 14 日）其实上述分类中，二三类应是同一类，即在国界两边都属于少数民族，只是其中有的民族人口大多数在中国或在邻国。如壮、藏、维吾尔、彝、瑶等民族，人口的主体在中国，但同时也是中国的少数民族。

政策及边政、边务、边防等概念。“边疆经略是历代王朝对边疆地区的经营与谋划。边疆政策是实施边疆经略的指导方针与具体措置。”[①] 边政，即边疆地区政务，包括边疆政治和行政事务。[②] 边务，顾名思义，即边疆事务。边防，则指为保障国家边境安全而实施的管理、守卫、防护。边务、边防都是边政的内容。

3. **兴边富民行动**。兴边富民行动顾名思义，即是振兴边疆、富裕边民的行动。兴边富民行动的主题“富民、兴边、强国、睦邻”涵盖两个层面，富民、兴边是行动的核心层面，强国、睦邻是行动的扩展层面。核心层面的行动形成扩展层面的效应；同时，扩展层面的状态形成核心层面的氛围。兴边富民行动以边境地区为空间范围，以边境地区居民为支撑主体，通过兴边富民行动，达到民富、边兴、强国、睦邻。兴边富民行动，通常也简称为兴边富民。实际上，兴边富民的表述便已蕴含着行动。兴边富民的本质规定是民富边兴。民富边兴是兴边富民行动的归宿和结果状态。兴边富民行动对民富边兴的实践是一个具有特殊针对性的综合社会过程。“边”与“民”是兴边富民行动两个具有鲜明特点的因素，边境地区的政治、地理特点和边境地区居民的民族结构特点，构成了兴边富民行动的特殊性，同时也赋予了行动超越局部性的扩散效应，具备国家战略意义的内涵。

兴边富民行动作为理念，形成其内在规定与概念内涵。而其强烈的实践性则赋予实践过程制度安排的内涵，成为国家的专项规划和西部大开发战略的重要组成部分。2007 年国家编制《兴边富民行动十一五规划》，2011 年国家发布《兴边富民行动十二五规划》并成立兴边富民行动协调小组。国家民族事务委员会为协调小组组长单位，国家发改委、财政部为副组长单位。外交部、教育部、科技部、工业和信息化部、公安部、民政部、人力资源和社会保障部、国土资源部、环境保护部、住房和城乡建设部、交通运输部、水利部、农业部、商务部、文化部、卫生部、人民银行、国资委、海关总署、税务总局、广电总局、国家林业

---

① 马大正主编：《中国边疆经略史》前言，中州古籍出版社，2000 年，第 1 页。

② 吴文藻在《边政学发凡》中认为，边政有广狭二义，边疆政治为边政之广义；边疆行政为边政之狭义。胡耐安的《边政通论》则认为，边政是指边疆地区的区域性治理。（马大正、刘逖著《二十世纪的中国边疆研究——一门发展中的边缘学科的演进历程》，第 164—165 页，黑龙江教育出版社，1998 年）按胡耐安的说法，边政实际上就是具有边疆区域特点的内政。

局、国家旅游局、国家宗教局、国务院扶贫办、总参谋部作战部、国家开发银行为成员单位。协调小组的主要职能是统筹协调兴边富民行动重大问题，研究部署兴边富民行动重点工作和重点任务。

4. **边境贸易**。边境贸易是毗邻国家在边境地区实施的特定贸易方式，根源于边境地区居民生产生活的方便需要和当地贸易的传统习惯。边境贸易的主要形式有边境小额贸易与边境地方贸易。边疆小额贸易，指毗邻国家在其接壤的一定范围内，为照顾双方边境居民交换生产生活必需品而采取的一种贸易方式，双方边境居民在规定的互市点，以不超过规定的数额交易允许交换的商品，边民互市就是其最常见的方式。边境地方贸易是指毗邻国家为照顾双方边境地方的建设事业和人民生活需要所采取的一种贸易方式。边境地方贸易与小额贸易相比，其经营规模和范围都超过前者，而且来自地方政府的意图也更明显。

中国边境贸易作为对外贸易的一种特殊形式，呈现出诸多特点，其一是民族特色显著。地缘关系与族缘关系重叠，有许多民族跨境而居，形成边境贸易的重要背景和特色；其二，区域互补性强。边境地区的制度结构、经济结构的差异成为比较优势与互补的重要资源；其三，形式多样。边境贸易植根于毗邻边民生产生活互补需要的贸易往来，有着悠久的传统习惯和多种多样的贸易形式；其四，灵活简便。边境贸易根据需要和实际条件自主经营，形式灵活，结算简便。此外，边境贸易也受到双方关系的约束及非常规因素的影响。

边境贸易作为因地制宜的贸易方式，对方便边民生活，促进边境地区经济发展，带动边境地区的对外开放，改善边境地区经济社会的封闭状态，具有明显的作用。因此，发展边境贸易是兴边富民行动的重要内容。

5. **沿边开放**。沿边开放，即沿边境地区的对外开放，包括对边境地区外侧——边境线外的对外开放，也包括对边境地区内侧——国内非边境地区的对内开放，简言之，是对国外与国内的双向开放。沿边开放，利用边境地区连接国内外两个市场的地缘条件，发挥面向两个市场、两类资源的比较优势，使边境地区由相对封闭的状态转变为扩大开放的活跃地带，其效应正是体现了兴边富民行动的内涵。因此，兴边富民行动的重要内容和开放意识，必然是深化与扩大沿边开放，把沿边开放作为兴边富民的基本行动，通过深化沿边开放，激活边境地区发展因素，培育边境地区市场活力和实业基础及产业特色，从而达到边兴和民富。

沿边开放，兴边富民。这一表述的逻辑内含着沿边开放的功能规定。在形而上的层面，沿边开放是一种意识形态，是一种思维方式，是以解放思想、实事求是为特征的；在社会实践的层面，沿边开放是具体的制度安排、运行机制、管理方式，缘于边境地区地缘关系的交流合作都是沿边开放的内容。具体社会实践过程的沿边开放形式，相对集中于经济文化交流合作领域。如发展边境贸易，开放边境城市和口岸以及边境经济合作区的建设，便是沿边开放的基本形式。沿边开放的具体形式决定于边境地区涉及关系的具体状态。和谐稳定的沿边关系和状态，相对有利于更自由开放的经贸合作关系的发展，深化沿边开放；反之，则对沿边开放形成较多约束。从兴边富民的要求着眼，沿边开放需要营建良好的发展环境，拓展思路和视野，争取更灵活有效的方式方法、因时因地制宜开展形式灵活多样的经济文化交流合作，深化合作领域和内容，切实发挥沿边开放的比较优势，提高沿边开放的经贸合作效率，扩大经济文化合作的积极效应。

兴边富民行动作为研究领域涉及的相关概念，随着理论的拓展而表现的综合与包容性，将显现得更加丰富和系统，一方面，支撑并充实研究领域的理论内涵；另一方面，也为社会实践提供更为规范的理论支持。

第二章　兴边富民治理方略的历史滥觞

每一个政权都有权力掌控由近及远、由中心到边缘的分层结构，捍卫政权是所有政权的本能。在权力掌控的由中心到边缘的结构中，边缘是中心的屏障。保障权利掌控在边缘地带的安全，是保障权力掌握中心安全的需要。边安边兴、国强民富，实际上也是政权利益的要求。当代概念的兴边富民作为建设边疆、强国富民的政策行动，其历史源流可以追溯到传统的边疆治理方略。

一、边疆治理的形态特征

边疆治理因时因势而异，政权安危的利益是边疆治理的内在动力。在历史上，蕴含兴边富民基因的边疆治理是作为政权——国家利益的组成部分被安置。边疆治理的形态是政权运行和国家治理状态的缩影。政权运行的状态相应地决定着国家治理的状态，并传递到边疆治理的状态，表现出因政权结构变化而变化的边疆治理特点。

（一）边疆治理的时空动态性

历史上，中国的边疆治理形态是与边疆的形态特点相联系的，不同历史时期的不同形态产生了边疆治理的不同约束条件和要求。当代内涵的“中国统一多民族国家”，在历史上存在两种常态：其一是相对统一时期的一元体制，其二是相对分散时期的多元体制。罗贯中的《三国演义》开篇便说：天下大势，分久必合，合久必分。侯家驹先生从经济史的角度把中国自秦汉以来的分合格局划分为五个阶段：秦汉时期的一元体制；始于后汉末年，迄于隋之统一的多元体制；隋唐时期的第二次一元体制；始于唐玄宗天宝之乱，迄于元之统一的第二次多元体制；

元、明、清代的第三次一元体制[①]。一元体制，即一个政治中心，是处于相对统一的格局，形成中央王朝主导的局面，以中央王朝皇权为中心的朝贡关系随之得到发展。朝贡关系主要是以中央王朝皇权为中心与属地、藩属国建立的权力认同与礼物互惠的关系，属地、藩属国的使臣向君主敬献礼物，君主向属地、藩属国回赠礼物。君主为显示恩威，其回赠的礼物甚至比所敬献礼物更为丰厚。多元体制，则是存在多个政治中心，是中央王朝政权被分割，多个政权并起，实力相对均衡的格局。各个政权各怀据有中原，收服周边的欲望。争雄与相互利用，是多政治中心格局的政治关系。

相对统一与相对分散两类时期的两种政治格局形成了历史上中国政治格局时空结构的动态性。从时间维度观照政权的空间格局，与时间之维连续性对应的是演化着的政治格局空间结构，即在时间的连续性上是由变动着的政治格局空间结构刻画的，历史的时间之矢所刻画的时间结构同时也是由变动着的政治格局空间结构来充实的。历史长波描绘的时空动态性反映的正是时空结构的对应关系及差异性。所以，“如果要获得对一个文明的历史的整体认识，我们必须全面理解它的各组成部分的独特而又相互作用的历史”[②]。在施坚雅历史长波的时空体系中，时间结构的差异性与空间结构的差异性相互支撑。空间结构的差异性充实着时间结构的差异性，时间结构的差异性演绎着空间结构的差异性。历史上中国政治格局时空结构的动态特征正是由互动的时空结构差异性刻画的。相对分散的多元政治中心空间结构，其交替演绎的时间结构展现了中国政治格局分合交错的历史特点。

中国政治格局的时空结构的差异性和特点相应形成了历史上中国的边疆时空结构的差异性和特点。边疆是相对于政治中心而言的。相对统一时期的一元政治中心空间结构，边疆是一元体制单政治中心的边缘疆域。但是，一元体制的空间结构在不同时期存在很大差异，不仅王朝之间存在空间结构的差异，就是一个朝代的不同时期也存在空间结构的差异。边疆的变化成为这一差异的最直接而生动的描述。边疆的变化反映

① 侯家驹：《中国经济史》（上），新星出版社，2008年，第43页。

② 施坚雅主编：《中华帝国晚期的城市·中文版前言》，转引自汪晖著《东西之间的“西藏问题”》，生活·读书·新知三联书店，2011年，第180页。

了中央王朝同周边政权竞争实力的变化。中央王朝实力强劲，则边疆向外扩展；中央王朝实力衰弱，则边疆内缩。边疆的变化，依马大正先生的说法大致有三种发展趋势：“其一，原为边疆地区，经过长时期甚至是有反复的发展逐步变为内地的一部分；其二，曾是域外或边疆的地区，经过长期甚至是有反复的发展，现在仍为中国边疆的组成部分；其三，由于外来势力的影响（直接的或间接的），曾是中国边疆有机组成部分的地区成为我国域外之地”①。如沿国土的西北方向，甘肃省的大部分地区当属上述第一种类型；新疆当属上述第二种类型；伊犁河的下游地区、天山山脉的西端等地区当属上述第三种类型。传统的边疆观大多反映的是以中央王朝为中心的“中心—边缘”理念，这是一元体制空间结构的意识。相对分散时期的多元政治中心的空间结构，边疆是多政治中心的交界地带，就其政治含义而言，一元体制与多元体制的边疆都是政治中心的边缘地带。但多元体制的政治空间结构是一种“中原取向”的竞争关系。所谓“中原取向”，即各个政权都怀据有中原，收服周边，统领天下的情结。入主中原，意味着争得政权中心地位的优势和文治正统的锁钥。因此，承续正统既是旗号，也是利益，入主中原成为续统的动力和焦点。续统的中原取向蕴含着中华大一统的整体观和内向凝聚意识。如1260年忽必烈即位，“采用中原王朝建元之制，建元中统，诏告天下：‘朕获缵旧服，载扩丕图，稽列圣之洪规，讲前代之定制。建元表岁，示人君万世之传；纪时书王，见天下一家之义。法《春秋》之正始，体大《易》之乾元。’”明确强调新政权作为中朝正统的地位。② 续统是东方式的“承认的政治”。中原取向的续统意识对相对分散时期多元政治中心空间结构无异于一种无形内聚力，保持着分而不离的格局，这正是“天下大势，分久必合”的根源。中原取向的续统意识使得“即使是来势凶猛且入主中原的北方游牧民族也从未中断过中国历史发展的进程。”③ 这一态势对于中华帝国曲折而连续的发展过程具有重要意义，续统与认同的内在动力维系着分散发展尔后的统一趋向。分散时期多元政治中心的这一特点，表明其边疆与单一政治中

① 马大正主编：《中国边疆经略史》总序，中州古籍出版社，2000年，第4页。

② 《中华民族凝聚力的形成与发展》，民族出版社，2000年，第616页。

③ 马大正主编：《中国边疆经略史》总序，中州古籍出版社，2000年，第5页。

心的中央王朝的边疆有所不同。

相对分散时期的多元政治中心空间结构，相对于各政治中心的边疆是一种变化较快的状态，割据、战争、兼并是相对分散时期多元政治中心空间结构的演化常态。这一状态对边疆及边疆治理带来的影响：其一，是边疆的不稳定导致边疆治理的非持续稳定，战备成为边疆治理最重要的内容，战备的立足点不是边疆地区边民社会生活的安居乐业，而是培训军民的进攻能力和构筑障碍的防守能力，边疆是随战事而移动的；其二，是边疆地位的较快转变。随着战争的推进，多元政治中心空间结构中的边疆角色快速转换，扩张的政治中心，原先的边疆成为内地，新的边疆代替了原先的边疆。因此，边疆的治理也随战事的变化而变化；其三，由相对分散发展演进后的相对统一，原先各政治中心相互之间的边疆随之转变为一元政治中心空间结构中的内地，原先的边疆治理随之转变为一般的地方治理。

当然，相对统一时期的一元体制所呈现的时空结构差异性表明，其边疆也是变动着的，而且也存在边疆转为内地的事实。但相对统一时期的边疆相对稳定于分散时期，这种相对稳定性形成了边疆治理的相对规范，分别设置是相对统一时期中央王朝边疆治理的重要方式。如秦设郡县和道；汉承秦制，又有所发展，汉武帝年间设置属国都尉管辖归附的边疆民族；以中郎将出使匈奴，设置使匈奴中郎将；设置护乌桓校尉；汉宣帝年间设置西域都护。隋唐吸取秦汉边疆治理设置经验，创设羁縻府、州、县制度以笼络安抚归附的边疆部落。元朝因俗而治，在吐鲁番地区设置政教合一的宣政院，在畏兀儿地区设置北庭都护府、提刑按察司等机构，在西南地区实行土官制度。明朝则建设卫所、土司制度。清朝设置理藩院，派驻重臣管理边疆事务。[①]

相对统一时期一元体制的边疆，仅仅是中央王朝的边疆，并不等于当代中国含义的边疆。谭其骧先生1979年在《中国史研究动态》第11期著文《对历史时期的中国边界和边疆的几点看法》认为，“所谓中国的边界决不能仅仅是指中原王朝的边界，而应该包括边疆其他少数民族

① 马大正主编：《中国边疆经略史》，中州古籍出版社，2000年，第52、55、121、195页。

建立的政权的边界，其他少数民族所建立的政权，都是中国的一部分。”① 历史上中央王朝的边疆状态受到一种区域社会发展导向的影响，这种区域社会发展导向就是以东亚大陆中东部平原为重心的东亚大陆文明东向发展（相对于东北亚地区，则是南向发展，为了表述方便，本文统称东向发展）。这种东向发展不是直接表现为多元体制时期的入主中原情结，但存在文明东向发展，以华夏中原为引力的发展导向。文明东向发展是东亚大陆文明演进的历史大势和中华文明形成的内在动力。这种以东亚大陆中东部平原为重心的东亚大陆文明东向发展并不一定表现为以农耕文明为中心，也不排斥相对统一时期一元体制时空结构存在中央王朝与周边政权的关系，事实上在中央王朝一元体制下的周边政权各有其“中心—边缘”的空间结构关系，形成拉铁摩尔的互为边疆，以农耕文明为主的中央王朝与周围游牧部落之间的交错地带，既是中央王朝的边疆，也是周围游牧部落的边疆，② 以农耕文明为主的中央王朝与周边游牧部落之间的互动与相互影响，产生了文明东向发展的政治、经济、文化交流。朝贡、和亲及以古代丝路为象征的贸易关系都传递着文明向东发展的信息。据薛宗正先生的研究，中国历史上的西域居亚洲内陆，由于地理上距中原最近，主要置于华夏文明圈的辐射半径之内，新疆木垒、阿拉沟等地出土产自东部滨海地区的环纹贝，安阳殷墟出土来自于阗的玉器，说明玉贝交换早就成为连接流沙东西间经济、文化联系的重要纽带。早在先秦时期，流沙东西间的联系已经非常密切，汉通西域与西域都护府的创立正是这一历史趋势的必然归宿。③ 另有学者探索西藏文明的发展史，认为西藏文明向外发展的强烈需要和中原文明体系影响力的牵引，导致西藏文明的东向发展及最终纳入中原文明体系。④ 于逢春在《论“雪域牧耕文明板块”在中国疆域底定过程中的地

---

① 转引自马大正主编：《中国古代边疆政策研究》，中国社会科学出版社，1990 年，第 497 页。

② 拉铁摩尔站在超越单一农耕文明中心的角度，观照到存在着与农耕文明互动的游牧文明及其自中心状态，为客观地描述相对同一时期一元体制的空间结构拓展了思路。在拉铁摩尔这里，边疆是生产生活方式的边缘，是一种方式与另一种方式交错的地带，同时也是部落的权辖之边。参见拉铁摩尔《中国的亚洲内陆边疆》。

③ 薛宗正：《安西与北庭——唐代西陲边政研究》，黑龙江教育出版社，1998 年，第 9 页。

④ 石硕：《西藏文明东向发展史》，四川人民出版社，1995 年，第 519 页。

位》[1] 中认为："由于政治与经济、文化与族群、地缘与生活方式的紧密联系性，我们可以清晰地看到雪域板块历史的发展自松赞干布以降，始终具有强大的东向性，无论是吐蕃时期迎娶文成与金成公主，占领陇右、陕西与河西走廊及安西四镇，在长安建立短期政权，还是蒙元时代阔端与藏传佛教领袖萨迦班智达的凉州会谈，八思巴及萨迦派领袖世代被封为大元帝师，抑或明朝设河州与朵甘及乌思藏三卫、1578 年阿勒坦汗与格鲁派领袖索南嘉措的仰华寺会晤、固始汗与格鲁派联合建立甘丹颇章政权，乃至于清代五世达赖喇嘛晋京、1727 年设立驻藏大臣、乾隆帝颁布《钦定藏内善后章程》等，莫不验证此倾向。"

以东亚大陆中东部平原为重心的文明发展导向对大区域格局的边疆空间结构产生深刻影响，形成了中国历史上相对统一时期边疆形态的特点——不同于相对分散时期多元体制的边疆结构——分散发展演进后的统一。马大正先生对中国边疆分散发展演进后的统一特点有清晰地表述：

> "中国边疆是在分散发展演进后统一为一体的。这里所讲的分散与统一均有两重含义：讲分散既有从全国角度看边疆分散为若干地区，也有在一个大的地区中又往往可以分为若干相对自成体系的局部；讲统一既有各大边疆区域逐步统一于中国的进程，也有各个边疆区域内部趋于一体的演进。每个大的边疆地区都有相对自成体系的发展史，这既是本地区的社会发展史，也是统一多民族国家边疆史的重要组成部分。"[2]

马大正先生所讲的相对自成体系的局部、各个边疆区域内部趋于一体的演进，也即相对统一时期一元体制与中央王朝并存的周边地方政治中心，在中央王朝的东北地区、北部地区、西北地区、西部地区、西南地区都相继兴起相对自成体系的地方政权。这些地方政权与中原地区政权的关系时近时远，中原地区政权对周边地方政权的辖治也存在时进时退的变迁，但就是在这种互动过程加深相互影响和联系，增进分散发展基础上的统一，成为中国统一多民族国家的组成部分。

历史上中国边疆形态演化的两大类型——相对分散时期多元政治中

---

① 载《中国边疆史地研究》，2011 年第 3 期。

② 马大正主编：《中国边疆经略史》总序，中州古籍出版社，2000 年，第 5 页。

心的边疆结构与相对统一时期中央王朝与周边政权之间的边疆结构，其结构的时空差异产生边疆功能及治理的差异。相对分散时期多元政治中心的边疆结构随逐鹿中原的政治格局快速变化而变化，边疆是短暂的相对边疆，可以描述为小格局非稳定内边疆结构，其功能及治理表现为非典型的边疆功能及治理。相对统一时期中央王朝与周边政权之间的边疆结构尽管随政治关系的变化而变化，但相对自成体系的“中心—边缘”维持着演进相对缓慢的边疆结构，这也就为边疆经略留出了时间和提出了要求。相对于小格局非稳定内边疆结构，相对统一时期的边疆结构可以表述为大一统稳定演进边疆结构，其功能及治理表现为典型的边疆功能及治理。

（二）边疆治理的权力结构约束

边疆的政治属性，决定了边疆的形态及治理必定受政权格局的影响和约束，决定了政治中心与边缘地带的关系必定随权力结构的变化而调整。边疆治理的时空动态性，实际上也体现着权力结构约束的时空动态性。所谓边疆治理的权力结构约束，就是说边疆治理必定是与政权的生存状态相联系的，随政权的强弱盛衰而变化。历史上，边疆被视为由治到不治的地带。[①] 治，也就是管辖权力之所至；不治，则是管辖权力之未及。边疆作为靠近国界的地带，由治到不治存在两种状态，一种是治至国界，国界之外为不治；一种是该地带自身由治到不治。前一种状态是国家管辖权力的正常行使，边疆置于国家管辖权力的治理之中。后一种状态则是一种由治到不治的边际分布，国家管辖权力的行使由强到弱到放弃。尽管名义上边疆都应属于治的范围，但实际上边疆的治理状态更多的是处于由治到不治。中国夏、商、周时期的中央王朝边疆实际上是模糊的。天子的天下，在天子意识中是无边的。所谓普天之下，莫非王土，天子作为天下之主拥有无边的权力，治理是天下之治。但天子的权力在空间上也是渐去渐弱，随空间的模糊而模糊，边之治所及仅仅是相对于天子掌握权力权威的范围，天子的治与不治，也即天子权力所及与所不及。《尚书》五服之说：“五百里甸服，百里赋纳总，二百里纳

---

① 如刘逖先生认为，“边也可指靠近国界的边疆地区——由治到不治的过渡地区。”参见马大正主编：《中国边疆经略史》，中州古籍出版社，2000 年，第 436 页。

铚，三百里纳秸服，四百里粟，五百里米。五百里侯服，百里采，二百里男邦，三百里诸侯。五百里绥服，三百里揆文教，二百里奋武卫。五百里要服，三百里夷，二百里蔡。五百里荒服，三百里蛮，二百里流。”天下对天子的服侍与天子的统治是对称的。蔡沈《书经集传》解释说：“甸服，畿内之地也……侯服者，侯国之服……绥，安也。谓之绥者，渐远王畿而取抚安之义……要服，去王畿已远，皆夷狄之地，其文法略于中国。谓之要者，取要约之义，特羁縻之而已……荒服，去王畿益远，而经略之者视要服为尤略也。”[1] 各服之地对以天子王权为象征的政治统治中心的义务与王权之治对称地表现为距统治中心距离的由近及远渐次减弱。五服之说不管是否符合历史事实，但有一点是肯定的，即边疆治理状态受权力结构的约束，边疆治理趋于边际递减，边疆存在由近及远的不同程度管辖、治理状态。正如刘逖先生所认为的，服侍观反映了由核心逐步向周边扩散的政治结构，治与不治反映了边的相对性。如果从衡量中央与甸服之地关系的标准来衡量中央与荒服或藩服之地的关系，荒服之地便是相对不治之地，但荒服之地仍对中央负有义务，因此又是属治之地。可见，边疆不同于内地，既要治，又相对不治，这正是服侍观的基本主张。[2]

边疆治理的权力结构约束，形成边疆的区别而治。从中央王朝权力管辖的能力看，对边疆地区的治与不治，并非要不要治的问题，而是能不能治的问题，不治是能力不及的无奈，中华大一统的意识是超越治与不治的状态的，即使不治之地，也是大一统意识中的边疆之地。《左传》说，“古者，天子守在四夷；天子卑，守在诸侯。”[3] 天子守在四夷，还是守在诸侯，决定于大一统权力中心的掌控能力。大一统权力中心的掌控能力强，中央王朝势力强盛，便治及四夷；反之，中央王朝势力衰微，则只得以诸侯御四夷，治在诸侯而不及四夷。可见边疆治理状态反映的是中央王朝的管辖能力，边疆实质上是王权能力的边疆。边疆治理随权力中心掌控能力的强弱而变化，于是形成了大一统意识中的治与不治的边疆。天子不卑，四夷为所治边疆，以四夷为华夏之卫；天子

① 转引自马大正主编：《中国边疆经略史》，中州古籍出版社，2000 年，第 437 页。

② 同上，第 438—439 页。

③ 同上，第 448 页。

卑，则四夷沦为不治的边疆，由诸侯防御四夷。

华夷之说是一种华夏唯我独尊的自中心天下观。四夷之地即是未为华夏正统文教宣化之地。在古代华夏四夷的结构叙事中，华夏与四夷是一种不平等的权力结构。华夏在中，四夷在边；华夏在上，四夷在下；华夏为贵，四夷为贱；华夏教化四夷，四夷服侍华夏。四夷能否服侍华夏，为天子之守，是和平安宁的关键。唐人李华《吊古战场问》借亭长之口述战争之悲惨壮烈。而避免悲剧重演，"为之奈何，守在四夷"。守在四夷是李华总结的经验。清人吴楚材、吴调侯评述李华之文，认为"虽有宣文教，施仁义以行王道，使戎夏为一，而四夷各为天子守土，则无事于战矣。"[①] 二吴也把四夷能否安"各为天子守土"之分视为有无战事的关键。战争已成历史，责任难以评说，华夏持续的大一统意识则从未中断。华夷之争或许根本就是大一统的权力之争，"入主中原"和以东亚大陆中东部平原为重心的发展导向其历史演进事实上倾向于强化大一统意识，中国历史的元明清各族建立的政权已经走出夷夏之辨的困惑，描绘了华夷之辨的历史真相。以四夷为边疆之守与四夷直接续中原正统是大一统意识中不同的权力结构，即谁握中原权柄。

由天子而诸侯而四夷的格局是华夏自中心的秩序。华夏的自中心构建带来了"以华化夷"与"夷夏之防"的问题。这是孔孟儒学内含的文化偏见所带来的问题。在中华文化的大一统构建过程中，所谓的四夷，自秦汉以降已为大一统体系的组成部分。历史上相对分散时期的多元体制正是这种结构的充分表现。依顾颉刚先生的看法，"中国无所谓汉族，汉族只是用了一种文化统一的许多小民族"。[②] 中华文化的传统不是单一的汉族文化传统，而是各民族融会凝练传承的文化。华夷之争实际上就是争身份，争正统。追溯文化源流，标记道统，是争正统的策略。[③] 华

---

① 《古文观止》卷七，中华书局，1959 年。

② 转引自汪晖：《东西之间的"西藏问题"》，生活·读书·新知三联书店，2011 年，第 75 页。

③ 刘逖先生评述后赵君主石虎，认为石虎以羯人而遵从尧舜先王之道，能够压迫统治汉人，是以接受中华文化传统，自身逐步"汉化"为代价换来的。（参阅马大正主编：《中国边疆经略史》，第 445 页，中州古籍出版社，2000 年）这里"汉化"之说实为近现代的问题，两晋、南北朝时期尚谈不上"汉化"的自觉意识，十六国、南北朝时期中原地区周边民族争夺中原主导权，促进了民族交流和汉民族的发展壮大，都不能以"汉化"来叙述。也就是说，一个自在的成长过程与一个被纳入的过程是有区别的。而且从中国各民族的发展看，所谓的"汉化"，实为"汉化之伪"。各民族的发展不存在谁化了谁，谁被谁化。

夷之争是权力之争，其权力结构相应地反映到边疆治理的空间结构上，守在四夷，还是守在诸侯，或直接逐鹿中原，所反映的就是权力结构的变化，什么样的权力结构形态，便形成什么样的边疆形态及其治理。

秦王朝的建立，确立了东亚大陆中东部平原在区域社会历史演进中的重心地位，边疆治理的权力结构约束是与这一重心地位相关的。相对统一时期的边疆治理在东亚大陆中东部平原的基础上展开。如据西汉时期图说，西汉初年疆域比秦朝缩减了南越东越和河套地区。武帝时大事恢拓，极盛时东北置乐浪等朝鲜四郡，与三韩接壤于朝鲜半岛中部；北以阴山、长城与匈奴乌桓接壤；西北置河西四郡有河西走廊及湟水流域；西南置西南夷七郡西抵四川盆地边缘，南有怒江哀牢山之东北云贵高原；南置南越九郡，有今两广、海南岛及越南北部中部地。宣帝神爵二年（公元前60年），设西域都护府于乌垒城（新疆轮台东北），统辖天山以南葱岭以东36国。元帝初（公元前48年）辖境扩展至天山以北乌孙、葱岭以西大宛。[①] 此后西域的治理在不同的权力结构中演化变动，建构不同的权属关系与治理形式。

中央王朝对西域的治理，随中央王朝自身的盛衰与更替而时强时弱、时断时续，西域的边疆形态在中国历史上充满着戏剧性和沧桑感。治与不治的关系及内涵在西域展示得淋漓尽致。西晋时期，晋王朝仍然能承续经营着汉朝的西域遗产，到了东晋王朝辖治已退缩于江南一线。据有中原的前秦的西部边境仅至敦煌、高昌，直至公元384年“西域三十余国降附，始置西域校尉与龟兹以领护葱岭以东，天山以南诸国。”[②] 南北朝宋魏时期，魏之西治至焉耆、鄯善，置西戎校尉。高昌为北凉沮渠氏之裔所据，乌孙故地及疏勒、龟兹、于阗且末等为匈奴后裔悦般所据。齐魏时期，魏之西治退至敦煌、伊吾。天山以北为高车牧地，天山以南焉耆以西为嚈哒属国，鄯善、且末为吐谷浑之地。陈齐周时期，突厥崛起，臣服西域诸国，西至西海（咸海）。隋唐时期，随着中原王朝的重新统一，经略西域重新进入中央王朝的视野。由唐太宗继唐高宗拓展的疆域尽收突厥故地，葱岭东西尽入版图，西至西海（咸海），乌浒水域（阿姆河）、药杀水域（锡尔河）、夷播海（巴尔喀什湖）尽为唐

① 谭其骧主编：《简明中国历史地图集》，中国地图出版社，1991年，第17－18页。
② 同上，第25－26页。

朝辖治。[①] 唐朝对西域的经营，自贞观十四年（公元640年）创立安西都护府，到元和三年（公元808年）安西沦陷，168年间唐王朝对西域的具体辖治范围也多有变动。安西四镇由焉耆、龟兹、于阗、疏勒，调整为碎叶、龟兹、于阗、疏勒，再到开元七年（公元719年）唐王朝放弃碎叶，其间仅碎叶镇的建置归属便经历六次得失变化。[②] 碎叶镇的失落，意味着唐王朝在西域政治权力的萎缩，而安西的陷落，则标志着唐王朝在西域政治主权的终结。此后，诸路豪强相继登台主导着西域的建设。五代十国时期有仲云、于阗、九姓乌护、葛逻禄、突骑施、炽俟、样磨等；辽、北宋时期有西州回鹘、黑汗王朝；金、南宋时期有西辽；元时期，西域一部分被成吉思汗分封为三子窝阔台、二子察合台的汗国之地；明时期西域相继有亦力把里、叶尔羌、吐鲁番诸势力；直至清王朝，中央王朝重又回归西域，建置新疆，[③] 但也远未达到盛唐时期的西域经营治理规模。西域建置的历史变迁，是边疆治理权力结构约束的缩影，从其变化可以更充分地理解边疆概念政治性及相对性的内涵，边疆治理也是建立在这种政治性及相对性的基础之上。[④]

---

① 参见谭其骧主编：《简明中国历史地图集》，中国地图出版社，1991年。

② 碎叶城于显庆三年（公元658年）归唐，乾封二年（公元667年）沦陷，后于调露元年（公元679年）光复置镇，此后又于垂拱、天授、圣历、景龙、先天、开元年间经历陷落—光复—陷落的反复折磨。参见薛宗正：《安西与北庭——唐代西陲边政研究》第214页至215页，黑龙江教育出版社，1998年。

③ 唐时碎叶城再一次经历得与失。康乾年间，中央王朝统一天山南北，唐时的碎叶城重回中央王朝辖治，但也随着清政府的衰落，1864年10月清政府被迫与沙俄签订《中俄勘分西北界约记》，割占中国巴尔喀什湖以东以南44平方公里的土地，中国再次失去了碎叶城。参见王恩涌主编：《中国政治地理》第29页，科学出版社，2004年；谭其骧主编：《简明中国历史地图集》第65－66页，中国地图出版社，1991年。

④ 本节对“西域”的叙述，需要对其含义作进一步的说明。《汉书·西域传》称西域在匈奴之西，乌孙之南，东接汉，扼玉门、阳关，西限以葱岭。刘卫萍认为其所指似为南疆地区，实际作史所述其范围远超所指。其含义应有广义与狭义两种。广义的西域包括新疆及其以西的中亚、西亚、北非、地中海东岸以及印度北部地区；狭义的西域为玉门关、阳关以西，巴尔喀什湖以东以南，葱岭以东等我国历代中央王朝及地方政权所管辖地区。（参见刘卫萍：《西域经济思想史》，第5页，上海财经大学出版社，2003年）这里广义似乎过广，狭义似乎过于狭。本文的西域主要指中国新疆及以西的中亚地区。近似于盛唐（高宗时）的安西大都护府所辖制范围。

二、不同历史时期的边疆治理方略

边疆治理因时因势而变，不同历史时期的不同政治格局和权力结构相应地形成各具时代特征的边疆治理方式方法。

（一）古代的边疆治理

1. 边疆治理的理念及华夷之辨

中国古代的边疆治理作为理念的形成及实践，依史家之论，“大体酝酿于先秦，成型于秦汉，进一步发展充实于以后各个朝代。”① 这种状态是与政权相对清晰的疆域空间意识相关联的。先秦是由此前的模糊疆域边界时期进入相对明确疆域边界的时期，而秦汉则形成相对统一的中央王朝，中央王朝行政权力的行使和建置便有了相对明确的疆域，相应形成权力行使的“边”的问题。秦汉中央王朝的构建不仅是国家权力的建构，同时也是文化心理的建构。国族与华夏正统是这一文化心理的标志。于是在边疆理念上产生了与民族相联系的文化边疆及华夷之说。古代的边疆问题，一直被演绎为民族关系主题的华夷关系问题。夷夏之防和以华变夷是与其相对应的边疆治理意识。

所谓夷夏之防，就是不可以夷化夏，防止以夷化夏。孟子直言“吾闻用夏变夷者，未闻变于夷者也”。② 在孟子看来，华夏是正统，由夏去教化、改变夷顺理成章，是正道。如果反过来，以夷来化纳夏，是不可想象的，这样天下就乱了。不允许夷消化夏，在边疆治理上就需要积极防范夷之进犯，维护华夏文化正统的传续，确立中原诸夏的政治中心地位。

所谓以华变夷，就是以华统一天下，《汉书·贾谊传》称“凡天子者，天下之首，何也？上也。蛮夷者，天下之足，何也？下也”。③ 以天子为首，一统天下，是社会安定的基本秩序。为了实现这一秩序，就要努力以华变夷，其策略之一是以四夷为天子之守。四夷服侍天子，确

---

① 刘逊：《我国古代传统治边思想初探》，载马大正主编：《中国古代边疆政策研究》，中国社会科学出版社，1990年，第354页。

② 《孟子·滕文公上》，转引自马大正主编：《中国边疆经略史》，中州古籍出版社，2000年，第444页。

③ 转引自马大正主编：《中国边疆经略史》，中州古籍出版社，2000年，第447页。

定天子的政治核心地位，在天子—诸侯—四夷的政治秩序中构建大一统；策略之二是以夷制夷。《后汉书·邓训传》："议者咸以羌胡相攻，县官之利，以夷伐夷，不宜禁护"。[①] 其意思是羌胡相攻有利于边疆管理，应坚持以夷伐夷的策略。以蛮夷攻蛮夷，既不烦华夏之兵，也实现了中央王朝对蛮夷的控制，这是怀华夷有别的中央王朝统治者一直持守的治边意图。

华夏之防与以华变夷，两种表述其本质是一致的，都是建立在华夷有别、华夏文明、夷狄野蛮的想象之上。二者之别，在于夷夏之防，突出防守，相对消极保守；以华变夷，强调以华化夷，相对积极主动。站在中央王朝的角度叙述，以华变夷的治边思想，往往倾向于积极肯定。如认为开拓边疆是以华变夷指导思想下的直接产物，守边安边只能在以华变夷的进程中实现；以华变夷对中国统一多民族国家的形成起到积极的促进作用，在某种意义上促进了多民族团结、融合的产物——中华民族的形成。[②] 从中华民族的形成和发展利益着眼，族群文化的交流，相融增强共识，走向和谐，促进统一多民族国家建设的积极进取精神是值得肯定的，但这一历史显然不是建立在华夷有别、以华变夷的基础上。如果说汉文化是族群文化融合的结果，那么中华文化更是族群文化相融凝练的结果。任何一种带着自文化中心的意识去排斥、贬低其他文化习俗和异类想象，都有悖中华民族文化的精义。传承至今的中华文化是历史上各民族共同培育、传续的。华夷之别以及华夷之防的危机感更多的是皇权中心意识的危机感，于是朝廷与汉室道统成为中国叙述的背景和依据。如欧阳修的《正统论》与石介的《中国论》正是唐宋之际"正统中国"意识和民族情绪的表达。[③] 北宋形势，皇权代表的正统中国面临周边政权的严峻挑战，在难以自保的退守局面之下，剩下的安慰就是华夷之别的文化心理自大了。古代的所谓华夷关系，实为今日中国大一统中的关系，而成就这大一统格局的重要力量，恰恰就是所谓的"四夷"，蒙古族和满族两个周边政权入主中原建立的朝代框定了中国疆域的基本格局，维护了中华的大一统。

---

① 引自《新编成语词典》，黑龙江人民出版社，1995 年，第 237 页。

② 刘逖：《我国古代传统治边思想初探》，载马大正主编：《中国古代边疆政策研究》，中国社会科学出版社，1990 年，第 378 页。

③ 葛兆光：《宅兹中国》，中华书局，2011 年，第 41 页。

2. 羁縻政策

古代中国的边疆治理没有成就于华夷之辨，而成就于因时势、因习俗而治。羁縻政策是中国古代边疆因时势、因习俗而治的重要方式。

羁縻之政，追溯源流可至秦朝。据王宗维先生研究，秦在实行统一行政管辖的中央集权体制下对边疆少数民族地区实行有区别的管辖形式，对少数民族集中的地方不称县，而称道；对归附的较大少数民族部落称属邦，设属邦律。汉承秦制，因讳邦字，秦时属邦，汉称属国。属国官员，因部落而设，生产活动由部落首领管，享有免赋税权利。[①] 羁縻之政，实际上就是中央王朝在统一行政管辖前提下对边疆多民族地区因俗而治，关照到边疆多民族地区社会历史的制度传统、具体条件和特殊性，采取相对宽容的政策，为其保留相对多的自治权利，目的在于笼络边疆地方政权对中央王朝的归附之心。羁縻政策的实施在一定程度上反映了中央王朝的政治自信。盛唐对这一政策的发挥在秦汉时期的基础上进一步发展完善，其主要成就就是建设推广羁縻府、州、县制度。据《新唐书·地理志》载："唐兴，初未服于四夷，自太宗平突厥，西北诸藩及蛮夷稍稍内属，即其部落列置州县。其大者为都督府，以其首领为都督、刺史，皆得世袭。虽贡赋版籍的多不上户部，然声教所暨，皆边州都督、都护所领，著于令式"[②]。"其部落列置州县"，"以其首领为都督、刺史，皆得世袭"。也就是说，保留了原先部落的相对完整性，在建制上按照中央王朝的统一建置形式列置州县，部落首领担任州县军政长官并可世袭；在经济利益方面，"贡赋版籍多不上户"，人口不编列入户部的统计管理，贡赋不必按照编户齐民的规范交纳，朝贡和赋税实行相对优惠的待遇。据林立平先生引《通典》载，唐初规定："若夷獠之户，皆从半输。蕃人内附者，上户丁税钱十文，次户五文，下户免之"。并认为此规定是针对归附的边疆少数民族采取的减轻赋税政策待遇。"然声教所暨，皆边州都督、都护所领，著于令式"。即在教化、行政法令方面要与中央保持一致，由中央设置的边缘州府都督、都护管辖羁縻州的事务。唐代设置的边州主管边疆少数民族地区事务的都护府主要有安西、北庭、安北、单于、安南、安东六大护都府。通过边州都

① 马大正主编：《中国边疆经略史》，中州古籍出版社，2000 年，第 38 – 40 页。
② 转引自马大正主编：《中国边疆经略史》，中州古籍出版社，2000 年，第 121 页。

督、都护对羁縻州的管辖确保中央政府对其拥有的归属关系和行政权威。唐代恩威相济的羁縻政策总体上比较成功。这种成功与统治者的执政理念是有关系的。唐太宗是一位较少民族偏见的帝王，这可从他的一些言论得到解释，据《资治通鉴》载，贞观十八年唐太宗说“夷狄亦人耳，其情与中夏不殊，人主患德泽不加，不必猜忌异类。盖得泽洽，则四夷可使如一家，猜忌多，则骨肉不免为仇乱。”“自古皆贵中华，贱夷狄，朕独爱如一，故其种落皆依朕如父母。”[①] 唐太宗良好的自我感觉，也的确是有其业绩基础的。林立平先生评唐代羁縻州县的特点及治边政策，认为唐羁縻州的设置适应了边地社会形态和经济水平，尊重边疆民族风俗习惯，恩威相兼，并采取了比较开明、较少民族偏见的政策，这些应是成功的原因[②]。

唐代强盛时期的羁縻府州制度是与中央王朝的实力及自信相关的，随着实力的衰弱，其羁縻府州制度也逐渐演变为后期的藩国册封制度。据薛宗正先生的研究，藩国册封制度与羁縻州府制度本质上都承认唐朝政治主权基础上的民族地方自治，其不同在于藩国册封保留其原先国名、部落名称，沿袭各自政治、历史传统，与中央王朝之间关系是一种宗藩关系，藩属国首领在国为君，对唐为臣，须服从唐的总体外交，受唐保护、号令及征召，接受唐的册封和授官，向唐朝贡、贺正、朝觐，受诏馈军和征伐。这一演变也是边疆治理顺时势而变的明智之举[③]。藩国册封与羁縻府州之间的制度演变所表现出的边疆民族地方政权与中央王朝的关系由相对紧密到相对松散，内在的政治隶属关系仍然维系着，但这绝不是中央王朝积极自信的主动放权，而是一种权力散落的无奈。尽管藩国册封在某些方面继承着羁縻府州的尊重边疆民族风俗和制度传统以及“放权让利”的良政，但宗藩关系明显相对脆弱而动荡，对于边疆地区社会稳定性来说，表现为内政关系的羁縻府州制度显然优于超越内政关系的藩国册封制度。因此，不能断言从羁縻府州制度的变化是“一种政治的明智与进步”。

唐王朝的衰落和被新王朝所取替，政权更迭改变了权杖的主人和权

① 转引自马大正主编：《中国边疆经略史》，中州古籍出版社，2000 年，第 120 页。

② 参见马大正主编：《中国边疆经略史》第四编第二、三章，中州古籍出版社，2000 年。

③ 薛宗正：《安西与北庭——唐代西陲边政研究》，黑龙江教育出版社，1998 年，第 369 - 373 页。

力结构，但盛唐羁縻政策的精髓则成为遗产为后代所继承。五代十国时期，地方割据政权相互混战，快速变迁的权力难有长久打算的羁縻之政；宋代的多政权并立相对略为稳定，宋王朝仿袭唐制，在政治关系相对稳定的南方边疆民族地区设置羁縻州县。据陈佳华引《宋史·地理志》的统计，成都府路、潼州府路、夔州路、广南西路所建羁縻州共约263个，其中广南西路隶邕州都督府的羁縻州44个，县5个，峒11个。羁縻州、县、峒设土官，由当地首领担任。宋王朝通过土官实施统治，输纳租税；同时也派官员进驻要地对土官进行监督和控制，并在地方抽丁从征。[①] 相比于唐，宋的羁縻政策已少了些政治自信。

宋之后，中央王朝重新走上统一的历程，辽阔的疆域和多民族的结构，对羁縻政策的实施提出了新的要求，建立适合各边远地区民族特点的治理机构，完善土官制度，是这一时期边疆治理的重要特点。元朝在吐蕃地区设总制院，采取政教合一的方式，在畏兀儿地区设北庭都护府；明朝在东北和西北民族地区设羁縻卫所，通过招抚边疆少数民族首领实现对地方的治理。元朝在西南多民族地区广泛设立以土著民族首领充任的土官，明朝继续袭用土官治土民的方式，确立土司制度。这一制度一直沿袭至清雍正年间。

从秦汉到明清，羁縻政策施之于边疆多民族地区，其政策效应一直颇为令人称道。政治笼络的意图是显而易见的，然顺时势而为，顺民俗而治便内含合理性，也必定是受欢迎的。而且任用土官就是一种最便捷的因地、因俗制宜的治理方法。当地首领无论在哪方面都比临时派来的外地官员拥有更深厚的地方知识和管理资源，启用地方酋领有利于取得地方认同，总体上也节省了中央王朝的政治管理成本。实际上，羁縻在一定程度上也是具有形式上的尊重。羁縻政策的积极实施也需要中央王朝的政治自信，中央王朝对边疆民族地区的凝聚力，笼络只是一种态度，而态度的背后必须有实力支撑，才可能达到恩威相济，产生积极的羁縻效应。

3. 和亲政策

和亲是古代边疆治理颇有特点的政策和策略，是最具政治色彩和悲情传说的联姻关系。每一次和亲，都是一个政治戏剧，都是执政策略的

---

① 马大正主编：《中国边疆经略史》，中州古籍出版社，2000年，第182－183页。

组成部分。

通过联姻改善国家之间关系，在世界史上并非中国独有，但作为中央王朝与边疆民族地区政权相联结的历史模式，张正明先生认为却是中国特有的。“和亲是中国古代任何两个共存的朝廷或者割据政权之间出于政策需要而缔结的和好关系，汉代以后主要指汉族朝廷与边疆少数民族朝廷之间通过联姻缔结的和好关系。”张先生认为和亲与战争之间内在着统一性，都是为相同的政策服务的，通常是两次战争之间的过渡，也可能同时存在或迅速交替。总体上，和亲是战略部署的一个环节，其实现状态取决于军事形势，也是其结局的一种表现方式。[①] 这一分析比较明智地揭示了古代边疆治理政策中和亲策略的本质。在存在民族矛盾和政治分裂状态的历史条件下，政策和策略的核心利益是政权安全，一切资源、行动和关系都是围绕这一核心利益而展开的，都必须服从这一核心利益的需要。和亲作为一种政治策略已经缺失了寻常百姓家的温情，附着的是朝廷利益的政治功能。据张正明先生的统计，从汉代到清代，和亲 131 起，其中通过和亲达到绥兵、结援、柔远等预期效果的有 82 起，一方或双方得不偿失的有 44 起，效果无法判断的有 5 起。每一次和亲，都有其具体的时局背景，其作为边疆治理的特殊策略所产生的效果也有所不同。和亲策略的效果带有较强的个案特点，即每一次和亲都有其个案的特殊性，其表现出来的状态都是具体的、各不相同的。和亲双方实力的对比以及和亲公主个人的能力决定着和亲策略实施的效果。

在中国历史上留下深远影响的和亲个案可推汉朝的解忧公主和唐朝的文成公主。

汉武帝太初年间（公元前 104 年—公元前 101 年），先前嫁入乌孙的细君公主去世，汉武帝复以楚王戊的孙女解忧为公主妻乌孙王岑陬。其时，乌孙为西域第一大国，但乌孙东北有更强大的匈奴，汉初形势中原王朝政权初建，对匈奴取守势，而乌孙王年迈，畏匈奴，又愿与汉通好，当张骞第二次出使西域时，乌孙王派使臣随张骞到长安并提出得到汉公主的请求，就在汉朝廷为乌孙王选送细君公主的时候，匈奴抢先把阏氏女送给乌孙王。乌孙其俗尚左，乌孙王以匈奴公主为左夫人，汉公

---

① 张正明：《和亲论》，载马大正主编：《中国古代边疆政策研究》，中国社会科学出版社，1990 年，第 424 - 464 页。本文提到的张正明先生的观点和论述，即引自此文，不加另注。

主为右夫人。由此可见，自细君公主时期，汉朝与匈奴在西域的竞争中仍略为下风。解忧公主的到来，逐渐改变汉与匈奴在西域的竞争形势，局面逐渐变得有利于汉朝。可以说张骞第二次出使西域的政治任务“断匈奴右臂”具体是通过解忧公主去实践的。解忧公主的努力强化了乌孙的亲汉朝倾向，同时扶植超越乌孙的西域亲汉朝势力。解忧公主凭借其政治手腕和姻亲关系，在西域构建一个亲汉朝的关系网。解忧公主应莎车人之请，立其子为莎车王；其女妻龟兹王绛宾；她的侍女冯嫽精明干练，据《汉书·西域传》载，“能史书，习事，尝持节为公主使，行赏赐于城郭诸国，敬信之，号为冯夫人。”① 冯嫽作为解忧公主的得力助手，而且嫁给了乌孙右大将，在乌孙的政治生活中也对解忧公主在乌孙的影响力形成有力的支持。对于解忧公主参与西汉王朝经略西域的评价，张正明先生引王桐龄之言，“武帝遣公主下嫁乌孙王……公主中有名解忧者，是个女英雄，遵着乌孙风俗，带着牺牲性质……前后下嫁乌孙三代君主，操纵政柄数十年，屡次趁着匈奴君主更迭之际，与汉室联络，东西出兵夹攻匈奴，匈奴很受许多打击。”张先生感叹“在古代所有和亲女子中，不论是胆略和手腕，还是岁月的长久和经历的曲折，都没有超过解忧公主的。”西汉昭、宣帝年间，解忧及乌孙王数次致书汉王朝，请发兵击匈奴。如昭帝末年，解忧公主上书汉朝廷，称匈奴“发骑田车师，车师与匈奴为一，共侵乌孙，唯天子幸救之。”宣帝本始元年，解忧及乌孙王上书汉朝廷，称匈奴屡次兴兵乌孙，迫乌孙交出汉公主解忧，断绝同汉朝的来往，请求汉朝廷发兵击匈奴。宣帝本始三年，西汉派五位将军领兵 16 万与乌孙合击匈奴，此仗俘虏匈奴三万九千人，得牛马等五万余匹，羊六十余万只。② 汉宣武帝神爵三年置西域都护府，天山南北纳入中央王朝的管辖，这一成就当有解忧公主的一份贡献。③

---

① 转引自李大龙：《两汉时期的边政与边吏》，黑龙江教育出版社，1998 年，第 27 页。

② 李大龙：《两汉时期的边政与边吏》，黑龙江教育出版社，1998 年，第 18 页。

③ 解忧公主在年近古稀之时，上书宣帝乞骸骨葬汉地，得恩准回长安，两年后去世。对于解忧这位和番公主的历史形象及是非功过，史家及后人各有评说，在触发乌孙分裂的事件中解忧公主或许有不周之媒，或如萧望之（汉宣帝时住往大鸿胪）所言“在乌孙四十余年，恩爱不亲密，边境未以安。”（参马大正主编：《中国古代边疆政策研究》第 435 页，中国社会科学出版社，1990 年）但从当时汉王朝联络乌孙，打击匈奴的总体战略看，解忧公主应是不辱使命。）

文成公主入藏，是唐蕃和亲的千古佳话。文成公主与松赞干布的婚姻谱写了唐蕃舅甥关系新篇章，开启了中央王朝与吐蕃地方政权关系之间凝聚关系的新方向。曲折而不凡的联姻前奏和铺垫，预示着这桩联姻的成功和不凡。据薛宗正先生研究，先是唐蕃结成军事同盟共击吐谷浑，但松赞干布实未出师，坐观唐吐大战，唐朝打败吐谷浑，扶植其亲唐势力。贞观九年，松赞干布向唐朝请婚，唐太宗不允，但贞观十年唐却许嫁弘化公主于吐谷浑王，吐蕃愤而击吐谷浑，由此引发唐蕃松州之战。蕃军遭唐的破袭落败。但出乎预料的是，唐朝由原先的拒婚转而许和亲，于是化干戈为玉帛。[①]

唐太宗对吐蕃使者禄东赞颇有好感，在嫁文成公主的同时也嫁一位宗女给禄东赞。唐太宗还让文成公主带去一批随从和工匠以及农牧业生产资料和生活资料。松赞干布得文成公主为夫人，对唐太宗心悦诚服。在其执政期间再无对唐战争。贞观二十三年唐太宗去世，高宗即位后遣使入蕃告丧，并授松赞干布为驸马都尉，西海郡王，松赞干布遣使吊祭，表示："天子初即位，若臣下有不忠心之者，当勒兵以往。"永徽元年，松赞干布去世，高宗为之举哀。"[②] 对此，张正明先生有准确的评述："唐朝的声威和唐太宗的气度，吐蕃方兴未艾的国势和松赞干布对先进文化的歆慕，为文成公主铺设了平坦而光荣的道路。"70 年后唐蕃的另一次著名和亲，是唐朝放弃吐谷浑故境，与吐蕃定神龙界约之后，吐蕃遣使求婚，武则天嫁亲孙女金城公主。金城公主入藏，规模尤胜于文成公主，但唐朝的政治自信已非唐太宗时可比。金城公主在促进唐蕃和平方面也做出了努力和贡献，开元二十一年（733 年）唐蕃赤岭会盟立碑，是在金城公主努力争取下实现的。[③] 然已再难有文成公主时期唐蕃之间的体面和平。唐蕃之间时战时和，不过经唐之世，唐蕃舅甥关系一直是为吐蕃所承认的。

和亲作为一种充满政治功利的联姻形式，和亲公主带着几分哀怜远去，就个人而言，多少有些悲壮；而就国家经略边疆地区而言，和亲的政治利益总体是明显的。在维系中央王朝与边疆地方政权的关系、促进

---

① 薛宗正著：《安西与北庭——唐代西陲边政研究》，黑龙江教育出版社，1998 年，第 34 - 35 页。

② 参见马大正主编：《中国边疆经略史》，中国古籍出版社，2000 年，第 112 页。

③ 同上，第 127 页。

文化交流、加深民族之间的相互了解、缓和战争等方面，和亲策略的实施发挥了边疆治理的独特历史作用。

4. 因俗而治

古代中国，每一次帝国的相对统一，都形成辽阔的疆域和多民族的复杂结构，根据边疆多民族地区的具体情况顺其俗而治是历朝不断总结完善的边疆治理经验。

具有多民族色彩的唐王朝权力结构，从唐太宗开始便较少民族偏见，唐朝羁縻府州县的设置就是因俗而治的具体制度建设，对归附的边疆民族政权，认可与保留原先部落制度传统和生产生活习俗，对失去家园的部落，采取怀辑政策，将其迁徙于临界内地的边州安置，仍遵其风俗习性。唐对南北方的羁縻统治也略有不同，其对岭南、西南的招抚，多由当地有影响的头领宣瑜抚定，少动干戈，给予一定自治权，视其经济文化水平课征赋税。其对北方契丹、奚、渤海等民族的统治，则比南方松散，因其游牧方式和部落酋长社会组织特点，多以羁縻府州间接管辖，很少课征赋税。盛唐时的开明政策与其时的国势相得益彰。贞观四年，西北各氏族头领诣阙请唐太宗为“天可汗”，贞观二十一年，回纥诸部开“参天可汗道”，[1] 便是因俗而治的成就。

元朝疆域空前辽阔，如何把民族结构复杂的边疆地区有效掌控于中央王朝的统治之下，对因俗而治提出了更高的要求。据罗贤佑先生的研究，元帝国的边疆治理，首先是建立和加强中央集权制度，密切朝廷与边疆地区的政治联系，通过有效的军政管辖将边远少数民族地区切实纳入中央王朝的统治体系之中；然后根据边疆民族地区的具体社会状况和条件因俗而治。元除了分封四大汗国，实行高度自治外，在中央直接治理的地区分类管理，汉族地区置行省，少数民族地区设置适应当地管理传统和民族特点的机构。如在吐蕃地区设置宣政院（原名总制院），采取政教合一制度，由吐蕃萨迦法王，帝师八思巴总领其事，帅臣以下，僧俗并用，军民通摄。宣政院自成系统，为元朝中央政权四大机构之一（另三个机构为中书省、御史台、枢密院），下设三个官府分管辖地军政事务，及朵甘思宣慰使司都元帅府，朵思麻宣慰使司都元帅府、乌思藏纳里速古鲁孙等三路宣慰使司都元帅府（分别相当于康巴安多、前

---

① 马大正主编：《中国边疆经略史》，中国古籍出版社，2000 年，第 120 页。

后藏及阿里地区）。在畏兀儿地区设置北庭都护府、提刑按察司等管理机构，由畏兀儿首领管理当地日常事务。在西南多民族地区任命土著各族中上层首领当土官，土官在臣服于元朝的前提下允许世守其土，世袭其官。

明代元而起，明对元朝在各少数民族聚居府州县所设的土官，基本上以原官授职，设立土府、土州、土县，土司、土官皆世袭，允许土司在辖区内保留传统的机构和权力，由中央颁发符印，确定其等级、品秩和俸禄，规定承袭、考核、缴纳贡赋、应征等制度。① 土司制度是明朝对元朝土官制度的继承与完善，明朝推行土司制度其初始目的在于争取边疆地区部落头人的归附，瓦解元朝统治，同时也作为一种治理策略，以地方头领治理当地民众。但随着明朝中央政府的相对稳定和土司制度存在的矛盾，在一些民族地区也开始实行改土归流，或土官流官化。

因俗而治的策略在清朝强盛时期得到了更充分的演绎。据张羽新先生的研究，早在满族入关之初招抚西北少数民族时，顺治即宣布“一切政治，悉因其俗。”历乾、嘉、道三朝老于边事的松筠对因俗而治的策略有更具体的阐述：“首在熟悉‘夷’情，然非特知其长技，察其习尚也已。其部落之强弱，形势之夷险，以及承袭之世次，官制之维系，尤必固知之，而后足以得其心，以制其命。”② 时人李兆洛在《皇朝藩部要略·序》中对因俗而治的边疆民族政策也有生动概括：“修其教不易其俗，齐其政不易其宜。”成崇德先生认为这一政策主要包括两方面的内容，其一是在边疆地区对各民族实行多种形式的管理制度。蒙古族聚居区采取盟旗制度；维吾尔族聚居区采取伯克制度；游牧的哈萨克、布鲁特蒙古诸郡及哈密、吐鲁番维吾尔族实行扎萨克制度；西藏地区沿袭元明传统实行地方政权行政管理制度，川、青、甘、滇藏区及西南多民族地区实行土司制度。其二是对边疆民族上层人士和宗教强调笼络和利用。特别是在利用藏传佛教方面，优礼上层僧侣，支持藏传佛教的发展，并赋予寺院诸多特权，确立活佛转世的金瓶掣签制度。③ 这两方面的内容，大致概括了清朝在边疆地区的主要管理制度和政策态度。满族

① 马大正主编：《中国边疆经略史》，中国古籍出版社，2000年，第233页。

② 张羽新：《清朝前期的边疆政策》，载马大正主编：《中国古代边疆政策研究》，中国社会科学出版社，1990年，第339页。

③ 马大正主编：《中国边疆经略史》，中国古籍出版社，2000年，第260－263页。

原先便生活在东北边疆地区，这一历史背景对其入主中原之后边疆治理政策的实施多少产生影响，更加重视边地民族的习俗，应在情理之中。

因俗而治是中国古代边疆治理比较成功的经验。羁縻政策本质上是因俗而治的政策。对于统治者来说，无论采取什么方式和政策措施，目的都在于“治”。对民族习俗的利用，目的也是很明确的。但因俗而治多少蕴含认同、理解的机制，对边疆民族习俗的尊重、理解由之转化为边疆治理的积极因素，无疑是明智之策。

（二）近代的边疆治理

中国近代以1840年6月英国悍然封锁珠江口引发鸦片战争为标志。近代中国的命运决定了边疆的命运。近代中国的边疆是危机四伏的边疆。边疆治理总体上表现为边疆危机的应对，抗争和耻辱是这一过程的特点。

1. 退缩的边疆

清朝前期，经康熙、雍正、乾隆三代的经营，最终确定了中华民族的国家历史疆域。东濒库页岛、日本海、渤海、黄海、东海、台湾及其附属岛屿；西达葱岭（帕米尔高原）以西和巴尔喀什湖北岸及西南，接中亚地区；北抵西伯利亚南部戈尔诺阿尔泰山、萨彦岭、外兴安岭至鄂霍次克海；南至南沙群岛；西南至喜马拉雅山脉，包括克什米尔东部的拉达克地区。陆地疆域总面积达1300多万平方公里。[①]

清政府在第一次鸦片战争中战败，1842年8月29日耆英、伊里布在英国侵略者的炮口威逼下与英方代表璞鼎查签订了中国近代史的第一个丧权辱国的不平等条约——中英《南京条约》。其主要内容包括割让香港给英国，开放广州、厦门、福州、宁波、上海等五处通商口岸，中国赔偿英国2100万元。《南京条约》不仅对中国造成直接的伤害，而且带来恶劣的示范效应：清政府的软弱无能暴露无遗，这是一块列强可以任意宰割的肥肉。于是，大小帝国主义者纷至沓来，先后强迫清政府签订1100多个不平等条约，掠夺与割裂中国约340多万平方公里土地。[②] 在帝国主义列强对中国的掠夺中，沙俄充当了最无耻而贪得无厌

---

① 引自王恩涌主编：《中国政治地理》，科学出版社，2004年，第27页。

② 同上，第28页。

的角色。近代中国边疆的变化主要是在沙俄的掠夺过程中发生的。

中俄双方通过平等谈判签订的第一个边界条约，是早在康熙二十八年七月二十四日（1689 年 9 月 7 日）于尼布楚城附近签订的《中俄尼布楚条约》，条约主要内容之一，规定“以流入黑龙江之绰尔纳河，即鞑靼语所称乌伦穆河附近之格尔必齐河为两国之界。格尔必齐河发源处为石大兴安岭，此岭直达于海，亦为两国之界：凡岭南一带土地及流入黑龙江大小诸川，应归中国管辖；其岭北一带土地及川流，应归俄国管辖。惟界于兴安岭与乌第河之间诸川流及土地应如何划分，今尚未决，此事须待两国使臣各归本国，详细查明之后，或遣专使，或用文牍，始能定之。又流入黑龙江之额尔古纳河亦为两国之界：河以南诸地尽属中国；河以北诸地尽属俄国。凡在额尔古纳南岸之墨里勒克河口诸房舍，应悉迁移于北岸。”① 尽管《尼布楚条约》的签订由于中方缺乏经验，在俄方的欺骗下作出重大让步，使待议地区由乌第河流域地区变成乌第河以南地区。但谈判过程总体是平等的，条约通过法律条文的形式明确规定了中俄东段边界线，明确中国对外兴安岭以南全部土地领有主权，黑龙江是中国的内河。

19 世纪中叶，沙俄开始具体实施侵略中国东北边疆地区，夺取东方出海口的计划。1850 年 8 月 13 日，沙俄强占黑龙江出海口中国重镇庙街；1853 年沙俄相继入侵中国奇集湖地区，侵占哈吉湾、阔吞屯，侵占库页岛；1854 年沙俄侵入乌苏里江口。对于沙俄的疯狂入侵，清政府示以大义，派员进行交涉，对沙俄的无理要求严厉驳斥，向俄国发出照会。交涉、驳斥和照会就是清政府治理东北边疆的行动。1858 年 5 月 28 日，在俄军枪口下于瑷珲城签订《中俄瑷珲条约》。条约规定，黑龙江、松花江左岸，由额尔古纳河至松花江海口，作为俄罗斯所属之地；右岸顺江流至乌苏里江，作为大清国所属之地；黑龙江左岸，由精奇里河以南至豁尔莫勒津屯（江东六十四屯）原住中国人准其永久居住，由中国管理；乌苏里江以东至海口作为中俄共管之地。这样，沙俄侵占了黑龙江以北，外兴安岭以南 60 多万平方公里土地。清政府东北边疆地区治理退缩了 60 多万平方公里领土。

第二次鸦片战争，沙俄扮演“调停人”，然后于 1858 年 6 月 13 日

---

① 引自《清史简编》，辽宁人民出版社，1980 年，第 261 页。

诱迫清政府签订《中俄天津条约》，规定中国与俄国未定边界由两国派员查勘。随后，沙俄军队侵入兴凯湖、绥芬河、珲春一带，强立界碑，把侵略行径说成会勘边界；1860年6月占领海参崴，把乌苏里江以东中国领土据为己有。1860年11月14日，中俄签订《北京条约》，规定自乌苏里江河口而南，上至兴凯湖，中俄两国以乌苏里江及松阿察河为界，河东之地归属俄罗斯；自松阿察河之源，两国交界逾兴凯湖直至白凌河；自白凌河口，顺山岭至瑚希图河口，再由瑚希图河口顺珲春河及海中间之岭至图们江口，其东皆属俄罗斯国。于是，沙俄又强占了约40万平方公里中国领土。次年勘定边界，绘图立碑，签订《中俄勘分东界约记》。1886年重勘，增立改立界碑多处，清政府又多有退让。这样，清政府在东北边疆地区的治理中又退缩了40多万平方公里领土。

19世纪，沙俄侵入中亚地区，侵略魔爪伸向中国西北边疆。清朝的藩部先后被俄国吞并，遂产生所谓中俄西北边界问题，沙俄侵略军逐步向清政府统辖的巴尔喀什湖以东以南地区扩张。1863年沙俄侵入斋桑泊沿岸地区，1864年沙俄又乘新疆境内爆发反清起义之机要挟清政府。1864年11月5日，清政府在沙俄的军事威胁下签订《中俄勘分西北界约记》，正式割占中国巴尔喀什湖以东以南44万平方公里土地。以后沙俄又陆续迫使清政府签订了《中俄伊犁条约》（1881年）、《中俄伊犁界约》（1882年）、《中俄喀什噶尔界约》（1882年）、《中俄科塔界约》（1883年）、《中俄塔尔巴哈台西南界约》（1883年）、《中俄续勘喀尔噶什界约》（1884年）等勘界议定书，强行割占中国斋桑泊东南、霍尔果斯河以西、特穆尔图淖尔东南和阿克赛河源等处7万多平方公里土地。

另外，1892年沙俄侵入中国帕米尔地区，强占萨雷阔勒岭以西2万多平方公里土地；1900年沙俄强行夺占江东六十四屯；1914年沙俄强占中国唐努乌梁海地区17余万平方公里土地；苏联期间又策划分离中国外蒙古地区150多万平方公里领土，1946年1月5日，外蒙古独立。[①]

近代中国边疆从东北到西北大面积退缩，丧失北部边疆地区320多万平方公里领土，在边疆的丧失过程中相应地推出新边疆。内河成为界

① 引自王恩涌主编：《中国政治地理》，科学出版社，2004年，第29页。

河，内湖成为外湖，内地成为边疆。新疆原以伊犁为行政中心，统辖天山南北，随着领土的丧失，边疆的退缩，新疆建省后的行政中心被迫由伊犁转移到乌鲁木齐。

在帝国主义掠夺中国的分工中，英、法帝国主义者充当了侵占中国西南边疆的强盗。拉达克本为阿里的一部分，西接克什米尔，英国侵略者于19世纪中叶侵入克什米尔，拉达克随即被并入英属克什米尔。英军随后侵入廓尔喀（尼泊尔）和西藏原属地哲孟雄（锡金）、布鲁克巴（不丹），1888年3月侵入西藏隆吐山地区，迫使清政府于1890年3月17日签订了《中英会议藏印条约》。强行将西藏的热纳、隆吐山、则利一带的地方划为哲孟雄，并由英国保护管理。1913年英国策划的“西姆拉会议”，炮制非法的“麦克马洪线”，把习惯线内的9万平方公里中国领土划为“麦克马洪线”之外，并在印度接受英国殖民主义者遗产的过程中制造了中印边界争端。另外，英国在1885年吞并缅甸后，也不断蚕食云南西部边疆地区，侵入恩梅开江流域，侵占片马、古浪、岗房等地，滇西茶山、麻栗坝等地，铁壁、虎踞、天马、汉龙等关被划入英属缅甸。另一个侵略者法国于1884年吞并越南，1893年吞并老挝以后，进而觊觎中国西南边疆。1895年签订的中法《续议界务专条附章》，将原属云南临安府南境的勐蚌、勐赖、勐梭和衙门坡、普方、里方等地划入法属安南，将车里宣慰司的勐乌、乌得二土司等地划入法属老挝。① 清政府在西南边疆的治理过程中，也丧失了大片国土。

2. “郅治报邦”与“保藩固圉”

帝国主义列强对中国的侵略和日益深化的边疆危机，使得清政府不得不思考应对之策。

在丧失了大片国土之后，清政府以李鸿章为首的洋务派提出了“郅治报邦”的边政思想。李鸿章的所谓“郅治报邦”，简单地说就是好制度加好技术。他认为：“中国文物制度，迥异外国獉狉之俗，所以郅治报邦，固丕基而勿坏者，固自有在。”“中国欲自强，则莫如学习外国利器。”“中国向用之器械，不敌彼等，是以受制于西人……欲保和局，守疆土，亦非无具而能保守之也。”② 中国不敌西人是因为技术

① 引自王恩涌主编：《中国政治地理》，科学出版社，2004年，第30页。

② 马大正主编：《中国边疆经略史》，中国古籍出版社，2000年，第381页。

落后，中国要守着邦本，关键是改善技术装备，所以办洋务，“师夷长技”是郅治报邦的根本途径。洋务派郅治报邦的实践，在一定程度上推动了当时的国防建设，清醒看到自己技术落后的事实，具有积极图强的国防忧患意识。但单纯靠办洋务是不可能郅治报邦的，清政府腐烂的政治及对这种腐烂政治的维护是对郅治报邦的直接嘲弄。丧权辱国并非仅仅是技术落后的结果。当三元里人民抗击英国侵略者，把英军围困于炮台之内时，替英军解围，帮其逃脱的恰恰是清政府，对于积极抗御外辱的将领，得到的是朝廷的惩罚。如后人皆知的，令英国侵略者引以为恨的抗英将领林则徐，其抗击英国侵略者的下场是充军伊犁。当沙俄侵入黑龙江和乌苏里江口时，边防将领得到的上峰指令是：“如果该国船只经过地方，实无扰害，要求事情，亦不值与之为难。”“倘俄罗斯有扰及内地事情，该将军等惟当示以大义，办理不可轻率”，入侵船队不必接战。[①] 清政府这样的一种“郅治”，或许是能保住少数人的利益，要守土保邦是不可能的。

近代中国的边疆危机是一种全面危机。无论是陆疆，还是海疆，都处在危险之中，海上的台湾和琉球王国遭到日本的侵略，西北边疆面临被沙俄进一步肢解的危险。1874 年清政府在面对保卫台湾与保卫新疆的海防与塞防问题上，出现了边防重点安排的海防与塞防之争。海防即沿海及海疆之防，塞防即内陆边境之防。时任直隶总督的淮系将领李鸿章主张国防重点应放在海防，认为新疆是荒芜旷地，“新疆不复，于肢体元气无伤；海疆不防，则心腹大患愈棘。”湘系将领则认为当务之急在于防俄，沙俄心贪欲逐，有日逼之势。最后，左宗棠提出“东则海防，西则塞防，二者并重”的主张，并得到清廷的认同。1875 年 5 月 3 日，清廷任命左宗棠为钦差大臣，督办新疆军务，负规复西北领土责任；李鸿章为北洋大臣，沈葆桢为南洋大臣分别督办北洋和南洋海防。[②]

1878 年 1 月，清军收复了除沙俄占领的伊犁地区外的新疆其他地区；1881 年 2 月，经过艰苦的谈判，中国收回了伊犁九城及特克斯河流域地区。1884 年 11 月，清朝在新疆设立行省，刘锦棠为新疆省首任

---

① 引自王恩涌主编：《中国政治地理》，科学出版社，2004 年，第 30 页。

② 马大正主编：《中国边疆经略史》，中国古籍出版社，2000 年，第 383 页。

巡抚，魏光焘为布政使。1885 年，清朝在台湾设立行省，刘铭传为首任台湾巡抚，建立台湾巡抚衙门。

在清政府海防与塞防的勉强支撑过程中还涉及如何处理传统的宗藩关系问题。在古代中国强盛时期，周边邻国被置于其保护之下，成为王朝的外藩。在清朝早期，王朝强调发展周边国家的宗藩关系，把保护藩属国的安全视为国防安全的重要环节。1882 年由法国和日本侵略越南与朝鲜引发的清朝边防政策“弃藩自保”与“固藩自保”的争论中，虽然确立了“保藩固圉”的方针，但在随后的中法战争和中日战争中，都以中国失败和签订不平等条约结束。中法战争的结果是越南沦为法国殖民地，结束了中越之间的宗藩关系，法军强占云南安平厅 7000 平方公里土地，实行殖民统治达 8 年之久。1896 年签订的《中法界务专条附章》将云南的勐乌、乌得等地划归法属越南。中日甲午战争的结果是彻底摧毁北洋海军，并于 1895 年 4 月 17 日签订丧权辱国的《马关条约》，承认日本对朝鲜的占领，割让辽东半岛、台湾全岛及所有附属岛屿和澎湖列岛，赔偿军费 2 亿两白银。① 腐朽的清朝政府已经到了难以自保的地步，保藩终于沦为空谈，固圉也是一种自欺式的安慰。

3. *劫余实边*

在帝国主义列强对中国掠夺的暂时歇息期间，清政府喘口气关注边疆的治理问题。1901 年 4 月，清政府成立督办政务处推行“新政”，宣布实行新的边疆政策。

清政府新的边疆政策以实边为基本导向。其实边政策主要体现在两个方面：

其一是充实边疆。清政府充实边疆的主要办法是，开放边禁，荒地放垦，移民实边。清代前期，除对新疆采取积极的屯田移民，扶持农业发展外，对东北“龙兴之地”和蒙古草原采取封禁政策，不准内地民人进入东北和蒙古地区垦种和贸易，但禁令挡不住具体利益的力量，进入东北和蒙古地区的人流仍源源不断，封禁形同虚设。而随着清政府的内外交困，社会经济日趋恶化，原本便如同虚设的封禁政策终于转向，在张之洞、刘坤一等人的积极推动下，1902 年清政府宣布取消封禁政策，准许蒙古王公放荒招垦，鼓励内地民众前往垦荒定居。1907 年清

① 马大正主编：《中国边疆经略史》，中国古籍出版社，2000 年，第 399、402 页。

政府在哲里木盟扎赉特旗设垦务局，委派哈丰阿担任垦务总理。一时，流民如开闸泄洪之水涌入边疆地区，缺乏约束的滥垦行为对草原生态造成严重危害，也使移民实边的积极意图的实现大打折扣。

其二是落实管理。清政府加强对边疆地区的管理，主要是强化其在边疆地区的权力，在边疆民族地区实施改土归流、土流兼治的政策，削弱地方势力，加强中央统治。1906 年赵尔丰任川滇边务大臣，赵尔丰在川滇边进行改土归流同时开展地方建设，一时成效颇为显著。同年，清政府委任张荫棠为驻藏帮办大臣，前往西藏“查办藏事”。张荫棠在西藏筹办新政，实行政教分离，整顿吏治。1907 年，西藏设交涉、督练、财政、盐茶、路矿、学务、农务、巡警等八个推进新政的机构，张荫棠拟制了新治藏政策大纲 24 条，但因人事变动，其新政措施未能真正落实推行。

清末的实边，在某些方面尽管改善了边疆社会的秩序，但已是危局中的苟延残喘，边疆危机也从未消除。英、俄、日等帝国主义列强对中国边疆地区的野心和阴谋以及清政府新政推行失当，推动着一波新的边疆危机。英国在西藏玩弄的阴谋并策划的西藏问题，沙俄策划的外蒙古独立，日本扶植的满洲国和继而对中国的全面侵略，使中国的边疆危机进一步演变为中华民族的全面危机。

（三）当代的边疆治理

中华人民共和国的成立，结束了中国大陆的割据混乱局面，相应提出了当代中国的边疆治理要求。

当代中国的边疆治理是在国际冷战和帝国主义对华封锁的形势下进行的。这一特殊背景决定了新生的共和国对边疆治理的方式，保障边疆地区的稳定安全是边疆工作的出发点和归宿。这一时期的边疆治理突出体现在稳定、改革、建设三个主要方面上。

其一，保障边疆稳定。保障边疆稳定是一项综合的工作，而具体到边疆地区的特殊环境还有一项特殊工作，就是边界的稳定。近代帝国主义在侵略亚洲国家的同时，也制造着边界争端。如英国殖民主义者在奴役印度、缅甸的过程中北上侵略中国领土，制造中印、中缅边界问题。

炮制所谓“麦克马洪线”和“1941 年线”。[1] 新中国稳定边疆的任务之一就是粉碎帝国主义孤立中国的阴谋，摆脱老殖民者制造的矛盾。中国政府对边界争端问题，坚持睦邻友好、安定四邻、公平合理、和平解决的基本态度。如周恩来总理代表中国政府指出的，“我们解决边界问题必须和我们和平共处政策的推广联系起来进行。”“我们一方面应当坚持与保护我们民族的正当利益，但另一方面也必须在反对大国主义方面做出一些榜样。就边界问题来说，重要的在于我们应该做到使双方真正在平等互利友好的基础上加以解决，而不在于我们必须多一点地方。”[2] 正是本着友好协商、互谅互让的睦邻原则，至目前为止中国除与印度、锡金、不丹等国边界尚未解决外，已经与缅甸、尼泊尔、朝鲜、蒙古、巴基斯坦、阿富汗、俄罗斯、老挝、哈萨克斯坦、吉尔吉斯斯坦、塔吉克斯坦、越南等 12 个邻国解决了边界问题，划定陆地边界线，签订边界条约。陆地边界线的划定对稳定边疆和发展睦邻友好关系发挥了积极的促进作用。特别是 20 世纪 60 年代，中缅、中尼、中巴边界的友好和平协定，以事实说明了中国的睦邻政策和坚持和平共处五项原则的一贯立场，揭穿了反华势力编造的谎言和阴谋，为保障西南边疆民族地区的稳定与建设提供了有力的支持。

其二，实行民族区域自治。中国边疆地区大部分是少数民族聚居的地区，历史上中央政府的治理策略多采取因俗而治的方式，这一方式既有积极的方面，也有消极的方面，也就是说没有摆脱治与被治的关系。中华人民共和国从成立时起，便通过中国人民政治协商会议共同纲领明确宣布，中国各民族一律平等，各少数民族聚居的地区，应实行民族的区域自治，按照民族聚居的人口多少和区域大小，分别建立各种民族自治机关。1952 年国家颁布《中华人民共和国民族区域自治实施纲要》，规范明确民族区域自治的具体方式和权利。民族区域自治改变了历史传

---

① 1914 年英国殖民者在其策划的“西姆拉会议”上，英方代表麦克马洪在中印传统习惯线以北，小比例尺地图上沿东喜马拉雅山山脊划一边界线，把该线以南约 9 万平方公里中国领土划归英属印度。1941 年英国趁中国面临的抗日危局，以封锁滇缅公路为要挟，与国民党政府于 6 月 18 日划定中缅南段边界，将阿佤山区 72% 的土地划给英属缅甸，并将班洪的一部分及班老划入缅甸。

② 《周恩来论外交》，第 120 – 121 页，转引自张植荣《中国边疆与民族问题》第 46 – 47 页，北京大学出版社，2005 年。

统的边疆民族地区被统治状态，变被治为自治，边疆各民族自己当家做主，这是千百年来的巨大变革。周恩来在解释关于民族地区区域自治的问题时指出："实行民族区域自治，是我们新中国成立以后在民族问题上的一个根本性政策。""我们的民族区域自治制度，是从我国的实际出发，分别情况，成立自治区、自治州、自治县或者民族乡，使所有少数民族不论聚居或者杂居都能实行真正的自治。这就有利于少数民族普遍行使自治权利，也有利于民族之间的合作互助。"[①] 实行民族区域自治的国家意图很明确，就是从中国民族分布的事实出发，以有利于促进民族间的合作互助，实现共同发展与共同繁荣为根本目的，体现新制度的优越性。民族区域自治制度的实施和民族区域自治地方的相继成立，使中国从北部边疆到西北、西南边疆都纳入到民族区域自治的制度框架中，民族区域自治也成为边疆治理的制度保障和重要方式。作为边疆治理的制度保障，民族区域自治提供一个从各边疆地区实际出发，针对各边疆地区特殊性的制度保障框架；作为边疆治理的重要方式，民族区域自治直接表现为国家管理边疆民族地区的一种管理方式。

民族区域自治从根本上克服了历史上边疆治理以夷制夷的华夷偏见，也超越了因俗而治的有限积极，而是把治的权利回归到民族区域这一主体上。但民族区域自治不等于民族自治。民族区域自治是民族区域内各民族的共同自治，而不是各个民族的自治。中国民族区域的基本事实是大杂居小聚居，每一个民族区域都涉及多民族成分的结构关系，如果民族区域内各个民族实行自治，那么将破坏民族区域已经形成的整体结构和社会秩序。因此，民族区域自治是超越民族自治又包含民族发展权利的自治方式。

其三，支持边疆建设。到边疆去，到祖国最需要的地方去，是当代中国一直向知识青年吹响的号角。边疆，就是祖国最需要的地方。建设边疆，就是最光荣的事业，是年轻人应有的远大志向。支持边疆建设最具体的行动就是直接投身于边疆建设的过程之中。新中国的青年楷模，就是投身于边疆建设，并在边疆建设中脱颖而出的时代俊杰。

20 世纪 50 年代的中国边疆，总体上人烟稀少。以呼伦贝尔的鄂伦

---

① 周恩来：《关于我国民族政策的几个问题》，载国家民族事务委员会：《中国共产党关于民族问题的基本观点和政策》，民族出版社，2002 年，第 233 页。

春自治旗为例，全旗总面积59880平方公里，1953年，第一次人口普查时，全旗共216户，946人，其中男性527人，女性419人。总人口中，鄂伦春族797人，蒙古族12人，达斡尔族87人，鄂温克族31人，汉族18人，朝鲜族1人。每百平方公里不足2人。1964年，第二次人口普查，全旗16673户，86931人。其中男性50377人，女性36554人。每百平方公里约145人。1982年，第三次人口普查，全旗54873户，272588人。每百平方公里约455人。鄂伦春自治旗人口的快速增长，不是当地人口的自然增长，而是大批人口相对集中迁入的增长，人口迁入的背景就是国家建设边疆的动员。鄂伦春自治旗是东北边疆地区边疆建设的一个缩影。

当代中国的边疆建设与古代的移民实边，是有鲜明区别的。古代的移民实边，或为个人生存计，或在王权的强制之下。当代的边疆建设是在理想和希望的感召下完成的集体英雄主义，以献身边疆谱写青春之歌。开发北大荒，把北大荒变为北大仓，就是这一集体英雄主义的一个历史符号。这一历史符号的记录从20世纪50年代一直持续到“文革”期间的知识青年上山下乡运动。

当代中国边疆建设的另一典型，是新疆军区生产建设兵团的成立。在1954年新疆军区生产建设兵团成立之前，军区官兵经过三年的艰苦创业，到1952年驻疆部队开展的生产建设，农作物播种面积已达到162万亩，当年收获粮食9500多万公斤，棉花334.5万公斤，油料总产近500万公斤，达到全部主、副食自给。[①] 生产建设兵团的成立，标志着新疆的农垦建设开始一个新的时代。1954年生产建设兵团的耕地面积为115万亩，到1966年底已达到1212万亩；工农业生产总值由9195.5万元增长到12.15亿元；兵团人口由17.5万人增加到148.5万人；粮食总产从10万吨增加到72万吨。[②] 新疆生产建设兵团的成就，随着作为经验推广到其他地区，先后成立了黑龙江生产建设兵团、内蒙古生产建设兵团、广东生产建设兵团、云南生产建设兵团、西藏生产建设师、广西生产建设师等。但“文革”期间，生产建设兵团纷纷被撤销。“文革”结束后，直至1982年，只有新疆生产建设兵团恢复建制。

---

① 赵予征：《丝绸之路屯垦研究》，新疆人民出版社，1996年，第405页。

② 同上，第413页。

现实的新疆生产建设兵团，已成为新疆经济社会发展不可或缺的重要力量，也是边疆稳定的重要保障力量。

冷战时期的边疆治理，是在帝国主义对华封锁的环境下进行的，冷战的气氛不可避免地笼罩在边疆的上空，边防的战备意识是边疆政治的突出意识。“备战、备荒”是普遍的口号，具体到边疆地区则是时刻准备着的状态，军事意义的边防成为边防的主要特征并突显冷战气氛的冷峻。这种背景下的边疆治理必然倾向于加强防范和内向性自我发展，带有比较明显的封闭取向。

20 世纪 80 年代，随着世界和平与发展的主题逐渐强化，冷战气氛逐渐消退，中国周边发展环境逐渐改善，中国开启了改革开放的新时代。扩大开放作为新时期中国发展的基本国策之一，对边疆治理起着导向性的影响。冷战时期的封闭取向转变为开放取向，边疆地区的地缘关系成为扩大开放的新资源，边关成为开放门户。改革开放时期的中国边疆治理，沿边开放是其主题。

1992 年，中国实施沿边开放战略，确立沿边地区 13 个对外开放城市和 241 个一类开放口岸，设立 14 个边境技术合作区，在边境地区形成全面开放的基本态势。通过沿边开放和发展睦邻关系，积极扩大对邻边国家的边境贸易和地方贸易，发展投资合作、技术交流、劳务合作等多种形式的经济合作，合理利用当地的优势发展加工制造业和第三产业，有力地促进了边境地区的发展与繁荣稳定。国家对沿边开放城市实行鼓励深化合作的政策，下放审批权限，支持边境贸易和对外经济合作；鼓励发展加工贸易和创汇农业；要求积极吸收国内外投资，加快经济发展；兴办边境经济合作区，吸引内地企业投资，发展出口加工企业和相应的第三产业，给予内联企业和外商投资企业以政策优惠。扩大开放为边疆治理注入新的活力，也成为当代中国边疆治理的新的时代特征。

三、从经略边疆到兴边富民

边疆治理，不同历史时期呈现了不同的特点，形成了筹划边疆的不同主题，边疆在不同的筹划方式中呈现出不同的内容，充当着不同的角色。

（一）攻防的边疆

中国历史地图所描绘的各个历史时期疆域变化状态，同时也反映了边疆的变化状态。也可以说，各个历史时期疆域的变化最直接的表现就是边疆的变化。疆域的变化是与边疆的扩展或收缩相联系的。边疆的扩展或收缩是战争的一种结果。战争描绘边疆，相应地，军事活动成为边疆的常规活动，攻防成为边疆的主题。

攻防的边疆充满着悲壮。唐代诗人岑参（715—770 年）曾随高仙芝、封常清经略西域，对边疆战事深有体验，其边塞诗生动描绘了边疆金戈铁马的场景。“轮台城头夜吹角，轮台城北旄头落。羽书昨夜过渠黎，单于已在金山西。戍楼西望烟尘黑，汉军屯在轮台北。上将拥旄西出征，平明吹笛大军行。西边伐鼓雪海涌，三军大呼阴山动。虏塞兵气连云屯，战场白骨缠草根。剑河风急云片阔，沙口石冻马蹄脱。亚相勤王甘苦辛，誓将报主靖边尘。古来青史谁不见，今见功名胜古人。”（《轮台歌奉送封大夫出师西征》摘自《唐诗三百首》）岑参的《轮台歌》洋溢着报国靖边的英雄气概，后人从诗中能够感受到当年西域边疆短兵相接，“旌蔽日兮敌若云，矢交坠兮士争先”的壮烈豪气。其时与岑参齐名的高适（702—765 年），在《燕歌行》中有也类似描述：“汉家烟尘在东北，汉将辞家破残贼。男儿本自重横行，天子非常赐颜色。摐金伐鼓下榆关，旌旆逶迤碣石间。校尉羽书飞瀚海，单于猎火照狼山。山川萧条极边土，胡骑凭陵杂风雨。战士军前半死生，美人帐下犹歌舞。大漠穷秋塞草腓，孤城落日斩兵稀。身当恩遇常轻敌，力尽关山未解围。铁衣远戍辛勤久，玉筋应啼别离后。少妇城南欲断肠，征人蓟北空回首。边庭飘飘那可度，绝域苍茫无所有！杀气三时作阵云，寒声一夜传刁斗。相看白刃血纷纷，死节从来岂顾勋？君不见沙场征战苦，至今犹忆李将军。”

高适的《燕歌行》与岑参的《轮台歌》相比，流露了较为复杂的情绪。这种情绪在李欣（690—751 年）的《古从军行》中也颇有相似之处。“白日登山望烽火，黄昏饮马傍交河。行人刁斗风沙暗，公主琵琶幽怨多。野营万里无城郭，雨雪纷纷连大漠。胡雁哀鸣夜夜飞，胡儿眼泪双双落。闻道玉门犹被遮，应将性命逐轻车。年年战骨埋荒外，空见蒲桃入汉家。”李欣对边疆战争所造成的苦难颇多同情。其态度就是杜甫《兵车行》“边庭流血成海水，武皇开边意未已”所表达的态度。其实，战争给边地人民造成的苦难是不争的事实。建安七子之一王粲（177—217年）在他的《七哀诗》中以其亲身经历对这种处于攻防边疆之中的痛苦给予了具体的描述：“边城使心悲，昔吾亲更之。冰雪截肌肤，风飘无止期。百里不见人，草木谁当迟。登城望亭燧，翩翩飞戍旗。行者不顾返，出门与家辞。子弟多俘虏，哭泣无已时。天下尽乐土，何为久留兹。蓼虫不知辛，去来勿与谘。”王粲看到的边城经历战争的蹂躏之后，一片荒凉，几乎沦为不适宜生存的地方。“行者不顾返，出门与家辞”，已到无可留恋之状。诗人们穿越时空，描述了处于战争环境中的同一状态。这就是处于攻防状态的边疆的另一侧面——边民视角的方面。古代边民视角的边疆在攻防战中反复洗劫，而历遭劫难的就是边地居民，在战争的磨坊中，边民的家园被磨碾成废墟，边民在战祸中家破人亡。

攻防的边疆在不同的历史时期，其形态也略有不同。从总体看，中国政治格局相对统一时期的边疆，由于一元政治中心空间结构的相对稳定，边疆形态也相对稳定，边疆战事总体上也相对稳定。相对统一时期的边疆形势与中央王朝的政治掌控实力有关。强盛的中央王朝多促成了周边政权的依附，为边疆的休养生息营造了有利环境和条件，攻防的边疆少了些刀光剑影。但是，当中央王朝拥有强邻的时候，两强相争也经常打破边疆的和平局面，产生了天子“守在四夷”与“守在诸侯”的问题。汉唐中央王朝拥有北部强邻匈奴，这一格局强化了中央王朝经略西域的意图。于是，有了汉武帝时期打通西域，制衡匈奴的一系列战争，西北边疆的攻防战一幕一幕地推出。在经历了相对分散的多元政治格局之后，重新统一的盛唐时期，汉武帝经略西域的事业为唐朝皇帝所继承，而且唐太宗开疆拓土的意志与汉武帝相比有过之而无不及，西域的攻防战再度打响。西域名城——碎叶镇自归唐到置镇经历多次弃而重置，碎叶城的置与废置就是西域边疆攻防拉锯战的标志。

攻防的边疆，在中央王朝的强盛时期，“攻”是其主要态势；而当中央王朝由盛转衰的时期，“防”成为主要的任务。到了防不住的时候，便是边疆的退缩和形成多元政治中心的新局面。相对分散时期多元政治中心的边疆形态及其攻防关系较之相对统一时期又有所不同。多元政治中心的边疆时刻处于攻防的紧张状态之中，战争之弦紧绷着，边疆在攻防战中经常变更，边疆的变动与多元政治中心的均衡状态直接相关，多中心实力的相对均衡会维持边疆形态的相对稳定，多中心实力愈不均衡，政权兼并活跃，攻防的边疆随之愈不稳定。中国历史上，春秋战国时期的各国边疆、十六国南北朝时期各国的边疆、宋辽夏金时期的边疆等，都是变更频繁攻防激烈的边疆形态。多元政治中心的边疆形态从分散向统一演化，是从边疆形态的角度反映了历史上中国政治格局从相对分散到相对统一演进的一般趋势。

（二）耕战的边疆

攻防的边疆提出了两个问题，一是边疆的常规守备问题，一是粮草补给的问题。如果这两个问题不能有效解决，边疆的维持也会变得更加莫测。如汉初北部强邻匈奴与汉廷争夺周边小邦车师，车师在匈奴与汉廷之间摇摆。当汉军攻来，击退匈奴，车师附汉；当汉军撤，匈奴兵来，车师附匈奴。匈奴对车师的争夺，反反复复，史称“五争车师”。在第四次争夺车师的战争中，据《汉书·西域传》载：“地节二年（公元前68年）汉遣侍郎郑吉、校尉司马熹将免刑罪人田渠犁、积谷，欲以攻车师。至秋收谷，吉、熹发城郭诸国兵万余人，自与所将田士千五百人共击车师，攻交河城，破之。王尚在其北石城中，未得。会军食尽，吉等且罢兵，归渠犁田。秋收毕，复发兵攻车师王于石城。”① 第四次车师争夺战，由于汉军吸取了前三次的经验，以屯田渠犁为后勤保障，而给战争提供了有力支持。尽管未得车师王所在的石城，但已尝到了屯田积谷的甜头，并于第二年秋收后攻克石城，稳定了汉廷对车师的控制。随后郑吉以三百吏卒屯田车师。此举引起匈奴的关注，并于元康二年（公元前64年）以骑兵攻击车师田卒，即第五次争夺车师。双方最后有些妥协之意，匈奴骑兵逸去，车师屯田暂停。

屯田解决了边疆守备的粮草补给问题，就地养兵，寓兵于农，亦农亦兵，战时为兵，平时为农，就地解决军饷，保障粮草供给，也保障边疆常规守备，屯田之兵随时可以参战。正如《册府元龟·屯田叙》所说：“因戍营田，因田积谷。兼兵民之力，省飞挽之劳。”②

---

① 转引自赵予征：《丝绸之路屯垦研究》，新疆人民出版社，1996年，第31页。

② 同上，第67页。

屯田作为边疆守备的一个环节，多选择在战略要地，并把边疆展示为耕战的边疆。耕战的边疆，“耕”是为“战”服务的，也是由“战”引发的。进入农耕时代之后，由边疆守备引发的屯田，在汉代之前已有传说。如据《史记·主父偃传》载：“偃盛言朔方地肥饶，外阻河，蒙恬筑城以逐匈奴，内省转输戍漕，广中国，灭胡之本也。”正是在土地肥饶的朔方屯田，才“内省转输戍漕”。也有认为在秦之前便已有屯田之举。不过诸多传说皆详情乏载，难以实证。但农耕时代对农业的认识，将其应用于边疆守备也是可能的。普遍的看法，认为屯田制度发端于西汉时期。汉文帝时，晁错建议移民实边，“选长居者家室田以备之，以便为之高城深堑”，“募民之欲往者，皆赐高爵，复其家，予冬夏衣，廪食，能自给而止……塞下之民，父子相保，无系虏之患”，“使五家为一伍，伍有长；十长一里，里有假士，四里一连，连有假五百，十连一邑，邑有假候，皆择其邑之贤材有护、习地形、知民心者；居则习民于射法，出则教民于敌。故卒伍成于内，则军正定于外。服习以成，勿令迁徙”。[①] 晁错的移民实边，是一种以民屯带动民防，动员民间力量于边防的思路，使屯田之民也成为边防的队伍。这一建议得到认同和实施，由之开民屯之先河。

汉武帝时，移民实边的屯田行动大规模展开。武帝元朔二年（公元前 127 年），“募民徙朔方十万口”[②]。元狩三年（公元前 120 年），徙山东“贫民于关以西及充朔方以南新秦中七十余万口，衣食皆仰给于县官。”[③] 移民实边的屯田行动是汉廷经略西域的组成部分，是军事推进的后援和充实。而此前是汉将卫青率大军出云中击匈奴，取河南地（今内蒙古河套及以南地区），设朔方郡。此后西汉王朝兵锋转向河西走廊和经略西域，屯田也转向以军屯为主。据赵予征先生分析，西汉军屯始于元狩四年（公元前 119 年），汉自朔方以西置田官，率卒五六万人；太初元年（公元前 104 年）汉“置张掖、酒泉郡，而上郡、朔方、西河、河西开田官，斥塞卒六十万人戍田之”。太初三年，“益发戍田

---

① 《汉书·晁错传》，转引自李大龙：《两汉时期的边政与边吏》第 43 页，1998 年；赵予征：《丝绸之路屯垦研究》第 17 页。

② 《汉书·武帝纪》。

③ 《汉书·食货志》。

卒十八万酒泉、张掖北”。[①] 置西域都护府之后，屯垦在西域战略要地形成广泛分布。由于经常处于战争状态，加之地域遥远，西域屯垦主要为军屯形式。西域军屯也略有分工，一种是以屯田为主，兼镇抚周围诸侯；一种是以军事守备为主，兼营屯田事务。军屯的两种形式及分工，也是耕战边疆的结构分层，耕战边疆的外层以戍边为主结合屯田，其内层则以屯田为主兼营地方治安。这一结构分层的进一步扩展所涉及的民屯，则是民屯成为耕战边疆的补给支撑系统。具体的分工便是，西域以军屯为主，河西走廊以民屯为主。

西汉推广的屯垦制度为经略边疆提供了一种新模式。此后，屯田世代沿袭。明朝开国皇帝朱元璋说“养兵而不病于农者，莫若屯田。”文渊阁大学士丘浚认为“屯田内有亡费之利，外有守御之备，古今守边备塞之良法，莫有过焉者也。”思想家李贽则称“屯田乃千古之策”。清代名将左宗棠也认为“历代之论边防，莫不以开屯为首务。或办于用兵之时，以省转馈；或办之事定之后，以规划久远”。屯田制度化并为历代王朝边疆治理所沿袭，屯垦戍边相结合构建了边疆守备的新体系，边疆从边防的边疆演化为耕战的边疆。

耕战的边疆，总体上拥有相对稳定的战争间歇期。即使以战为主兼营屯田，也是拥有相对稳定的时空结构为前提条件。因此，相对统一时期的政治格局比相对分散时期的政治格局，其屯田的推广更为普遍。如汉、唐、明、清时期的屯垦推广及管理便比十六国南北朝、辽宋夏金时期更为普遍和完善。由此观之，耕战的边疆是比攻防的边疆更稳定的边疆形态，并反映了边疆社会演进的趋势：走向休养生息发展建设是边疆的内在要求。但耕战的边疆仍然存在脆弱的不稳定性。攻防的阴云仍时刻笼罩在边疆的上空，耕战的边疆仍然走不出边疆的封闭、冷战状态。

（三）走向开放交流的边疆

安边疆，历来为国家之大业。攻防状态和耕战状态的边疆都是安边疆过程的具体状态，并以强烈的政治军事色彩为特征，这是边疆所呈现的一个方面。边疆还是经济文化交流最活跃的地带。活跃边疆的经济文化交流也是安边疆的内在要求。而且这是边疆所呈现的更重要的方面。

---

① 转引自赵予征：《丝绸之路屯垦研究》，新疆人民出版社，1996年，第18页。

从历史演进的大视野看，走向开放交流是边疆经济社会发展的必然选择。

但开放交流的边疆是以国家的稳定和强盛为根基的。国家的命运决定边疆的命运。古代中国大多数时期拥有当时相对发达的生产力水平，拥有大国的强者心态，积极开放是中国历史的主线，通西域、开丝路、辟航线，自秦汉到明代，开放政策表达了强盛时期国家的自信。近代的闭关锁国和边疆危机反而是中国历史的新问题和不和谐插曲。

当代中国随着政治格局和疆域稳定，边疆地区经济社会发展在国家整体格局中的地位和功能日益强化，边疆积极的建设性功能焕发了新活力，走过攻防、耕战历程的边疆正走向开放交流的边疆。

开放交流的边疆把边境由“禁锢的高墙”转变为“开放的门户”，把经济社会运行的边缘关系和状态转变为面向两个市场，利用两种资源的边疆新中心。走向开放交流的边疆，以和平发展为主题，富民兴边、强国、睦邻是走向开放交流的边疆的新要求。

走向开放交流的边疆，积极融入全球化进程的新潮流，走在国家扩大开放、深化开放的前列，成为区域经济最具活力的新地带，在开放交流的新态势中边疆赋予了稳定安全的新内涵。开放条件下的边疆发展竞争直接表现为经济社会的发展竞争，边疆地区的稳定安全保障由开放交流比较机制加以强化，开放对边疆稳定的积极作用由形成经济社会发展的优势及国民优越感来强化。走向开放交流的边疆同时也应是稳定安全的边疆。因此，兴边富民是走向开放交流的边疆治理的新要求。

富民，是走向开放交流的边疆稳定安全的根本。开放的边疆，发展竞争更加活跃，其稳定安全在根本上决定于边疆地区居民的生活质量及幸福感。边民生活富裕，幸福感强，其爱国热情也随之更加强烈，相应地对社会评价的满意度高，形成更加积极的心态，更加热爱生活，热爱家园，社会关系更加和谐，边疆的稳定安全便有了深厚的社会基础。边民稳定安全是边疆稳定安全的集中表现。

兴边，是走向开放交流的边疆稳定安全的发展基础。开放交流态势中的边疆是发展竞争的边疆，尤其是实业建设的竞争，实业是边疆的经济基础，也是边疆开放交流的基础。兴边的直接表现就是边疆实业建设的兴旺发达。边民的安居乐业和生活质量也决定于实业建设能否为之创造就业机会并提供稳定的收入。因此，加快边疆经济发展，振兴边疆实业建设，因边制宜地开展边境贸易、跨境经济技术合作和文化交流，兴边富民，开放交流的边疆便有了源头活水。

走向开放交流的边疆涉及与邻边的合作相处关系。如果国家之间的关系紧张，缺乏和睦相处的环境，边疆的开放交流便难以进行。因此，中国政府坚持以邻为伴、与邻为善的睦邻原则，积极发展和睦相处的邻边关系。这是边疆走向开放交流不可缺少的环境和条件。

走向开放交流的边疆开创着中国边疆建设的新时代。当代中国的边疆治理传承着古代中国的开放传统和中华民族的包容襟怀，表达着与邻为善、以邻为伴的和平发展愿望，洋溢着扩大开放，深化经济合作的热情，沿边开放作为国家战略的提出，为重建边疆发展地位，揭示其应有的内在活力创造了现实条件。从面向东北亚到面向东盟国家的陆疆全方位开放合作机制的建设，一条走向开放交流的陆路发展带正在重整河山再造辉煌。

走向开放交流的边疆是合作的边疆。有合作，才有效率；有效率，才有共享。

走向开放交流的边疆是和平发展的边疆。有和平发展，才有互利互补；有互利互补，才有共同繁荣。

走向开放交流的边疆是实现人类梦想的边疆。化障碍为通途，化隔阂为融合，化平庸为神奇。边疆因开放交流而走出边缘状态，转变为新增长中心，边疆所挖掘的地缘资源和比较优势使边疆成为区域发展的脉动地带，成为人类实现可持续发展梦想的新空间。

第三章　兴边富民行动的实践形式

中国的发展离不开边疆少数民族地区，探讨于 2000 年初启动的兴边富民行动这一边疆开发工程的实践形式，总结兴边富民行动实践在过去 10 余年时间中的得失，是我们把握机遇，应对挑战，加快边疆民族地区经济社会发展，实现中华民族伟大复兴的使命和责任。

一、兴边富民行动的提出及实施

新中国成立 60 多年来，党和国家在边疆少数民族地区推行了民主改革、三线建设、战区恢复、发展边贸等多项政策措施，使当地的经济和社会事业取得了令人瞩目的发展。[①] 尤其是改革开放以来，党和国家不断增加对边疆少数民族地区的投入，大大加快了边疆少数民族地区的建设步伐，边疆少数民族地区得到前所未有的快速发展。

但由于历史、自然等方面的原因，边境地区经济社会发展与东部沿海发达地区有很大差距，同西部其他地区相比也有一定的差距。总的来说，边境地区大多是崇山峻岭或戈壁荒漠，条件比较艰苦，生存环境比较恶劣，建设基础设施的成本较高，生产方式比较落后，交通、通信、能源、水利等基础设施薄弱。当地财政收入不足以支付较高的财政支出，经济发展相对缓慢，财政困难问题比较突出。贫困人口比例高，脱贫难度大，教育、医疗、文化、卫生条件比较落后，社会发展程度相对较低。这一现状与他们开拓、经营和发展边疆的历史功绩，与他们为卫国戍边、抗击外敌入侵做出的巨大牺牲和贡献，形成了鲜明的对比。同时，在世界冷战结束后，毗邻的一些国家实行了较为灵活开放的边境政策，相邻地区经济和社会发展速度明显加快，对当地干部群众造成一定

---

① 赵显人主编：《兴边富民行动》（第一辑），民族出版社，2000 年，第 62 页。

的心理压力。因而，加快边境地区发展不仅是党中央、国务院长期关注的焦点，也是边境地区各族人民的迫切愿望，更是各级党委、政府乃至每个公民义不容辞的责任和义务。[①]

（一）兴边富民行动的政策框架

改革开放以来，党和政府对边境民族地区的经济发展高度重视。中央制定了一系列促进边疆民族地区经济发展的优惠政策：对民族地区实行农业税的减免政策；向农牧民提供无息和低息贷款；在边疆地区推行农业机械化等。国家还采取措施，促进边境贸易的发展和边境地区的对外开放。在边境贸易方面，国务院相继制定了促进边境贸易发展的优惠政策，如下放地方边境贸易的审批权，减免边境互市贸易税等。边疆各省区也适时制定了促进边境贸易发展的具体政策，鼓励边贸向工程承包、合资经营、科技交流、委托加工等多种形式深层次交流发展。西部大开发战略实施后，国家在经济发展、资源开发、基础设施建设、人才支援等方面出台了一系列符合边境地区经济发展的优惠政策，边境民族地区获得了前所未有的发展机遇。[②]

兴边富民行动的政策目标在于实现“富民、兴边、强国、睦邻”。我国的边境地区绝大部分是少数民族聚居地区，有 30 多个民族与国外同一民族相邻而居，是全面建设小康社会的重点和难点区域。我国的陆地边境与越南、老挝、缅甸、尼泊尔、印度、锡金、不丹、巴基斯坦、阿富汗、俄罗斯、塔吉克斯坦、吉尔吉斯斯坦、哈萨克斯坦、蒙古、朝鲜 15 个国家接壤，长达 22000 公里的陆地边境地区分布着 135 个县（旗）[③]，其中民族自治地方有 107 个，居住着 30 多个民族，占我国少数民族总数的五分之三左右，1998 年末总人口 2100 万，其中少数民族人口为 1050 万[④]。边境地区各族人民是建设边疆、巩固边防的重要力量，为捍卫国家主权和领土完整做出了重要贡献。但是，由于历史、地理、自然等方面的原因，边境地区的社会发育程度低、生产方式落后，

---

① 赵显人主编：《兴边富民行动》（第一辑），民族出版社，2000 年，第 62 页。

② 舒展：《实施“兴边富民行动”政策的理论思考》，载《黑龙江民族丛刊》，2007. 5：8 – 9。

③ 后增加为 136 个。

④ 国家民委“兴边富民行动”领导小组：《兴边富民行动》，北京：民族出版社，2000 年，第 70 页。

自然环境恶劣，脱贫任务重、贫困人口多，基础设施薄弱，教育、文化、医疗、卫生条件差，财政极其困难，是全面建设小康社会最难以攻克的贫困堡垒。因此，在西部大开发战略进入全面开发、全面建设小康社会和构建和谐社会的关键时期，中国政府组织实施针对边境民族地区的兴边富民行动，不仅是边境民族地区经济社会发展、全面建设小康社会的客观要求，也是建设社会主义现代化的必然要求，对于富民、兴边、强国、睦邻，巩固祖国的万里边疆，具有非常重要的意义。①

中国共产党和中国政府历来高度重视民族工作，关心边疆民族地区发展。党中央、国务院一贯坚持要建立平等、团结、互助、和谐的社会主义新型民族关系，把“共同团结奋斗、共同繁荣发展”作为新时期我国民族工作的主旋律。社会主义新型民族关系的构建和“共同团结奋斗、共同繁荣发展”局面的形成离不开边境民族地区的发展。时任国务院总理朱镕基同志在1999年中央民族工作会议上指出“要大力加强边境地区的民族工作，继续推进兴边富民行动，为富民、兴边、强国、睦邻做出贡献，巩固祖国的万里边疆”；国务院在2000年发布的《关于实施西部大开发若干政策措施的通知》（国发7200833号）和《关于进一步推进西部大开发的若干意见》（国发7200486号）中都强调要继续推进“兴边富民行动”；2002年、2003年的《政府工作报告》也对继续推进“兴边富民行动”作了部署；2004年国家民委、财政部发布了《关于继续推进兴边富民行动的意见》；胡锦涛总书记在2005年5月28日召开的中央民族工作会议暨国务院第四次全国民族团结进步表彰大会上指出“要制定并实施兴边富民‘十一五’规划，加快边境地区发展”。2005年5月31日施行的《国务院实施〈民族区域自治法〉若干规定》第14条规定：“国家将边境地区建设纳入经济和社会发展规划，帮助民族自治地方加快边境地区建设，推进兴边富民行动，促进边境地区与内地的协调发展”。2005年5月，中共中央、国务院下发的《关于进一步加强民族工作，加快少数民族和民族地区经济社会发展的决定》强调“保持边疆稳定，必须加快边境地区发展”。2007年，国务院办公厅颁发《兴边富民行动“十一五”规划》，2010年10月18日中国共产党第十七届五中全会通过的《中共中央关于制定国民

① 朱玉福：《“兴边富民行动”的意义》，载《广西民族研究》，2007.4：17。

经济和社会发展第十二个五年规划的建议》明确提出，促进区域协调发展，加快沿边地区开发开放，加强边境建设，深入实施兴边富民行动。在2010年11月20日召开的全国兴边富民行动工作会议上，温家宝总理做出重要批示，强调继续搞好兴边富民行动；国务院副总理李克强批示指出，兴边富民行动实施卓有成效，具有战略意义①。2011年国务院办公厅颁发《兴边富民行动“十二五”规划》，要求紧紧围绕各民族“共同团结奋斗，共同繁荣发展”的主题，着眼捍卫国家主权和领土完整，着力深化改革开放，着力加快转变经济发展方式，着力保障和改善民生，着力提升发展保障能力，着力维护民族团结和社会稳定，为边境地区与全国同步全面建成小康社会奠定坚实基础。这些政策文件为全面推进“兴边富民行动”奠定了良好的基础。

兴边富民行动相关政策总体目标在于：重点解决边境地区发展和边民生产生活面临的特殊困难和问题，不断增强自我发展能力，促进经济加快发展、社会事业明显进步、人民生活水平较大提高，使大多数边境县和兵团边境团场经济社会发展总体上达到所在省、自治区和新疆生产建设兵团中等以上水平。最终目标在于：促进边境地区经济社会发展，缩小其与内地及东部沿海地区经济社会发展差距，真正实现富民、兴边、强国、睦邻。

从权力层次上看，兴边富民行动政策包括了法律、法规、规章、国家规划、省区规划等；从内容上看，兴边富民行动的政策主要涵盖了以下几个方面：

1. 加大对边境地区的资金投入

陆地边境地区享有西部开发政策。国家加大对边境地区农村公路、农村危房改造、中小微型水利设施、清洁能源推广使用、村镇建设、社区综合服务设施、社会事业等基础设施建设支持力度。对边境县中央安排的公益性建设项目，取消县级并逐步减少市级配套资金。

充分考虑边境地区支出成本高的特殊因素，中央财政加大对边境地区均衡性转移支付力度。加大边境地区专项转移支付力度，支持边境地区加快社会事业发展。边境省区相应加大对边境地区的资金投入。

鼓励各类金融机构在边境地区设立服务网点，开发适合边民、特色

---

① 胡洪江：《全国兴边富民行动工作会议召开》，《人民日报》，2010.11.22，(1)。

优势产业、农牧业产业化龙头企业需求的金融产品和服务方式。

表 3－1　西部大开发主要优惠政策一览表

税收优惠政策	1. 国家鼓励类产业的税收优惠。自 2011 年 1 月 1 日至 2020 年 12 月 31 日，对设在西部地区的鼓励类产业企业减按 15% 的税率征收企业所得税。 2. 两免三减半税收优惠。2010 年 12 月 31 日前新办的交通、电力、水利、邮政、广播电视企业，凡已经按照《国家税务总局关于落实西部大开发有关税收政策具体实施意见的通知》（国税发［2002］47 号）第二条第二款规定，取得税务机关审核批准的，其享受的企业所得税“两免三减半”优惠可以继续享受到期满为止。 3. 进口自用设备的税收优惠。对西部地区内资鼓励类产业、外商投资鼓励类产业及优势产业的项目在投资总额内进口的自用设备，在政策规定范围内免征关税。 4. 资源综合利用及其他产品增值税优惠政策。《关于资源综合利用及其他产品增值税政策的通知》（财税［2008］156 号）规定，仅限西部地区销售自产烧结多孔砖（符合 GB13544—2000 技术要求）和烧结空心砖（符合 GB13545—2003 技术要求），实现的增值税实行即征即退 50% 的政策。 5. 对西部地区公路国道、省道建设用地，比照铁路、民航建设用地免征耕地占用税。享受免征耕地占用税的建设用地具体范围限于公路线路、公路线路两侧边沟所占用的耕地，公路沿线的堆货场、养路道班、检查站、工程队、洗车场等所占用的耕地不在免税之列。西部地区公路国道、省道以外其他公路建设用地是否免征耕地占用税，由省、自治区和直辖市人民政府决定。
土地优惠政策	造林、种草等生态建设项目，可减免土地出让金，土地使用权 50 年不变；符合生态建设的，土地使用权可以依法转让、出租、抵押。
矿产资源优惠政策	1. 勘查、开采矿产资源符合有关条件的，可申请减免探矿权使用费、采矿权使用费。两项费用在勘查或矿山投产第一年免缴，第 2 第 3 年减缴 50%，第 4 至第 7 年减缴 25%。 2. 探矿并依法开采的，勘查费用计入递延资产分期返销。 3. 从事非油气矿产资源勘查开采，享受免缴探矿权、采矿权使用费一年，减半缴纳探矿权、采矿权使用费 2 年的政策。外商从事鼓励类非油气矿产资源开采，享受免缴矿产资源补偿费 5 年的政策。

续表

放宽利用外资条件优惠政策	1. 将外商对银行、商业零售企业投资的试点，中外合资外贸公司的试点扩大到西部地区中心城市。对外资在西部地区经营人民币业务、设立保险机构、兴办中外合资旅行社、会计师事务所、律师事务所等予以一定优惠。 2. 对外商投资西部地区商业项目，经营年限可放宽至40年；对外商投资西部对外贸易公司项目，注册资本可放宽至3000万元。 3. 对外商投资西部地区基础设施和优势产业项目，适当放宽国内银行提供固定资产投资人民币贷款的比例，中外合资项目一般放宽到中方出资比例的120%，外商独资项目扩大到外方注册资本的100%。

资料来源：《关于深入实施西部大开发战略有关税收政策问题的通知》，财税［2011］58号文件、《西部大开发若干政策措施实施意见》

2. 民生保障优惠政策

大力提升民生保障力度，支持边境县义务教育学校标准化建设。加大寄宿制学校建设力度。支持边境县农村教师周转宿舍建设。落实好农村义务教育阶段家庭经济困难寄宿生生活费补助政策。加大边境县农牧区高中阶段教育助学力度。支持化解农村义务教育债务。加大双语教学支持力度。

加强边境地区基层医疗卫生机构服务能力建设。完善新型农村合作医疗制度，逐步提高财政补助标准和个人缴费标准。完善农村医疗救助制度，进一步加大政府资金投入，资助农村困难人员参加新型农村合作医疗，并对个人难以负担的自付医疗费用给予补助。

加大对边境地区文化事业支持力度。建立健全文化设施运行经费保障机制。对广播影视设施维护进行补助，支持增加广播电台、电视台少数民族语言节目的数量。支持边境地区少数民族语言文字新闻出版业发展。

加大科技投入，加快科技基础设施和条件建设，促进边境地区科技进步。

扩大边境地区新型农村社会养老保险试点范围。建立和完善边境贫困地区农村最低生活保障制度和扶贫开发政策有效衔接机制。支持边境地区根据实际情况逐步建立和完善对承担守边任务边民的补助制度。支持边境地区社会保障和社会服务设施建设，建立和完善救灾应急体系。支持边境地区公共就业服务体系建设。

加大边境农村危房改造力度，继续给予补助标准倾斜。

3. 产业扶持政策

扶持边境地区特色优势产业发展，对符合产业政策、对边境地区经济发展带动作用强的项目，在项目核准、备案等方面加大支持力度。完善边境地区中小企业扶持体系。加大中小企业技术改造和产业结构调整等专项资金对边境地区中小企业发展的支持力度，支持中小企业科技成果转化。有关中小企业专项资金对融资性担保机构开展的符合条件的边境地区中小企业融资担保业务给予支持。充分考虑边境地区经济发展用地需求，重点予以倾斜。支持边境地区少数民族特需商品生产企业技术改造和大型商品市场升级改造，扶持民族特色手工艺品开发和生产。

4. 对内对外开放优惠政策

进一步扩大对内对外开放，支持边境地区吸引外资，创新利用外资方式，提高基础设施、教育卫生、生态环保等领域利用外资质量和水平。贯彻落实现行税收优惠政策，鼓励边境地区的企业发展。

进一步加大国家对口岸建设的投资力度，由发展改革委每年安排专项资金对边境一类口岸查验设施给予补助，并逐步增加投资额度，提高补助标准，扩大支持范围。对国家级边境经济合作区，比照执行中西部地区国家级经济技术开发区基础设施项目贷款财政贴息的优惠政策。并加大中央财政对边境地区经济技术合作区基础设施建设项目贷款的贴息支持力度。适时调整边民互市进口免税生活用品范围。由财政部、发展改革委对涉及边境贸易企业的行政事业性收费项目进行清理和规范，取消不合法、不合理的收费项目。

鼓励、引导和支持内地企业与边境地区企业联合参与对外投资、对外承包工程和对外劳务合作，支持发达地区外商投资企业向边境地区转移。

在边民互市贸易方面，边境地区边民可以在边境线 20 公里以内、经政府批准的开放点或指定的集市上，进行不超过规定金额或数量的商品交换活动，即开展边民互市贸易；边民通过互市贸易进口的生活用品，每人每日价值在人民币 8000 元以下的，免征进口关税和进口环节税。自 2008 年 11 月 1 日起采取专项转移支付的办法替代边境小额贸易进口税收按法定税率减半征收的政策，并逐年增加资金规模，专项用于支持边境贸易发展和边境小额贸易企业能力建设。

5. 人力资源建设优惠政策

加强各类人才队伍建设，加大对边境地区企业经营管理人才、专业技术人才、高技能人才、农村实用人才及带头人培养力度，建立吸引人才、培养人才、留住人才的机制。加大国家重点建设高校、民族院校、职业院校和各级党校、行政学院、干部学院以及其他各级各类干部人才培训机构对边境地区人才培养培训力度，采取定向培养、专项培训等措施，大力培养边境地区急需的各类人才。组织教育、科技、文化、卫生等行业人员和志愿者到贫困地区服务。对长期在贫困地区工作的干部要制定鼓励政策，对各类专业技术人员在职务、职称等方面实行倾斜政策。提高边境县村委会干部补助标准，落实对县乡基层医生、教师的工资待遇倾斜政策。

6. 扶贫开发优惠政策

加大财政扶贫开发投入力度，并向边境贫困地区倾斜，重点支持国家扶贫开发工作重点县、集中连片分布的贫困区域加快减贫步伐，支持边境贫困地区部分村优先实施整村推进，改善边境群众生产生活状况。在贫困地区继续实施退耕还林、退牧还草、水土保持、天然林保护、防护林体系建设和石漠化、荒漠化治理等重点生态修复工程。建立生态补偿机制，并重点向贫困地区倾斜。加大重点生态功能区生态补偿力度。重视贫困地区的生物多样性保护。国家鼓励经济较发达省市、大中城市、国有大中型企业支援边境地区加快发展。鼓励、引导、争取各类私营企业、社会团体及个人援助、捐助资金投向边境地区。支持教科文卫机构对口帮扶边境地区发展。边境省区组织开展省区内的对口帮扶。

7. 扶持人口较少民族发展

在我国56个民族中，人口数量在10万人以下的民族有22个，总人数63万，主要分布在我国边境地区，多数与国外同一民族跨境而居。这些民族大多数经济社会发展落后，贫困问题突出。有关部门经过大量调查研究，提出了扶持22个人口较少少数民族发展问题的建议，国务院于2001年以国办44号函进行了批复，将国家扶持人口较少民族的具体政策措施列入了国家“十五”计划。这是推进兴边富民行动的一项重要工作，意义重大，被称为“小民族、大政策”。《扶持人口较少民族发展规划（2005—2010年）》明确指出，充分利用国家实施西部大开发和新阶段扶贫开发的机遇，结合有关地区经济社会发展总体规划和有关专项规划，以人口较少民族群众为基本对象，以改善人口较少民族聚居村基本生产生活条件和增加农牧民收入为重点，通过国家和地方的共同努力，采取特殊的政策措施，加大工作力度和资金投入，因地制宜，分类指导，充分调动干部群众的积极性，发扬自力更生、艰苦奋斗精神，积极推进经济和社会事业的发展，为全面建设小康社会打好基础。以“加强基础设施建设，改善生产生活条件；调整经济结构，发展特色产业，促进群众增收；发展科技、教育、卫生、文化等社会事业，促进社会进步；加强培训，提高人口素质”为主要任务，通过“加大对基础设施建设的扶持力度，加大财政资金的扶持力度，加大信贷资金的扶持力度，加大对社会事业的扶持力度，加大人才培训力度，加大对口帮扶力度”等措施，通过5年左右的努力，使人口较少民族聚居的行政村基础设施得到明显改善，群众生产生活存在的突出问题得到有效解决，基本解决现有贫困人口的温饱问题，经济社会发展基本达到当地中等或以上水平。再经过一段时间的努力，使人口较少民族达到全面建设小康社会的要求。

《扶持人口较少民族发展规划（2005—2010年）》实施6年来，共投入各项资金37.51亿元，实施项目11168个，基本实现了“四通五有三达到”的规划目标，人口较少民族面貌发生了新的历史性变化。人口较少民族聚居区基础设施显著改善，结构调整步伐加快，人民生活明显改善，社会事业稳步推进，发展能力逐步增强，呈现出生产发展、生活提高、生态改善、民族团结、社会和谐的良好局面，为全面实现小康社会奠定了坚实基础。

在此基础上，《扶持人口较少民族发展规划（2011—2015年）》以“坚持统筹规划，全面发展；坚持以人为本，改善民生；坚持政府主导，社会参与；坚持因地制宜，分类指导；坚持民族团结，和谐发展”为原则，通过实施基础设施建设、特色优势产业发展和群众增收、民生保障、繁荣发展民族文化、人力资源开发、和谐家园建设等重点工程项目，进一步加大资金投入力度、金融服务力度、对口帮扶力度、人才队伍建设力度、已有政策法规落实力度，坚持“国家扶持，省负总责，地县落实，整村推进”的方针。各有关部门充分发挥职能作用，加强分类指导，把人口较少民族发展纳入本部门规划和计划，加大资金投入，加快项目安排，落实和强化政策措施，支持和督促地方相关部门，确保工作落到实处。力争到2015年，人口较少民族聚居行政村基本实现“五通十有”，人口较少民族聚居区基本实现“一减少、二达到、三提升”。具体为：人口较少民族聚居村通油路，通电，通广播电视，通信息（电话、宽带），通沼气（清洁能源）；有安全饮用水，有安居房，有卫生厕所，有高产稳产基本农田（草场、经济林地、养殖水面）或增收产业，有学前教育，有卫生室，有文化室和农家书屋，有体育健身和民族文化活动场地，有办公场所，有农家超市（便利店）和农资放心店。人口较少民族聚居区贫困人口数量减少一半或以上；农牧民人均纯收入达到当地平均或以上水平；1/2左右的民族的农牧民人均纯收入达到全国平均或以上水平；基础设施保障水平、民生保障水平、自我发展能力大幅提升。到2020年，人口较少民族聚居区发展更加协调、生活更加富裕、环境更加美好、社会更加和谐，全面建成小康社会。

兴边富民行动的政策不论从权力层次结构角度，还是从内容结构角度，都已经形成了较为完整的体系框架，并且形成了按照“国家支持，省负总责，地州配合，县市落实”的方针，加强领导，明确分工，落实责任，密切合作的兴边富民行动部际协调机制，统筹协调兴边富民行动重大问题，研究部署兴边富民行动重点工作和重点任务，这为兴边富民行动政策目标的实现提供了保证。

（二）兴边富民行动的试点与推进

自新中国成立以来，边疆地区的发展始终是党和国家最关心的核心问题之一，通过制定一系列政策与法律来帮助边疆民族地区发展经济，改善人民群众生活状况。为了实现边疆民族地区的经济发展和社会进步这一目标国家投入了大量人力、物力和财力。与20世纪50年代相比，边疆民族地区的农业与工业总产值是过去的33倍，其中，粮食总产量增长4.6倍，工业总产值增长138倍。总体来看，边疆地区的经济发展水平不仅落后于全国平均水平，与发达的沿海地区相比更是相去甚远。为促进边境地区经济社会发展，国家民委倡议发起以政府为主导，以全社会共同参与和各民族地区自我发展为中心，以改善边境地区基础设施条件为重心，以改善边境地区人民生活水平为核心，以实现边疆地区繁荣进步为目标的“兴边富民行动”，兴边富民行动经历了初步试点、扩大试点和全面推进三个阶段，经过十多年的实施，取得了可喜的成绩。

1. 兴边富民行动的提出及试点

自新中国成立以来，虽然边境地区经济社会发展和人民的生活水平得到很大提升，但边境地区的经济发展水平不仅落后于发达沿海地区，而且落后于全国平均水平。按照1992年的标准（“631指数法”），在中西部确定的592个国家级贫困县（旗、市）主要集中在少数民族地区、革命老区、边境地区和特困地区，其中老、少、边县的比例分别由“八七计划”的18%、43%、6%上升到31%、45%、9%[①]，全国贫困县一半以上分布在9个边疆省区内。与全国平均水平相比，边境县、市的人均GDP低36.3%，而人均收入仅是全国平均水平的1/4。该区域内科技、教育、文化发展也相当滞后，适龄儿童辍学普遍，成人文盲情况十分广泛。[②] 根据有关统计资料显示，到1998年底，我国135个陆地边境县、旗、市、市辖区行政区划土地面积约180万平方公里，约占国土面积的18.8%；辖区内耕地面积约463万公顷，草地面积约8660万公顷，两项合计约占其全部土地面积的51%以上。在135个边境县、旗、市、市辖区中，有民族自治地方107个，占79.3%。边境县、旗、市、市辖区共有建制乡镇约1500个，村民委员会约12000个。以村为单位计算，约有14%的村未通公路，20%的村未通电，55%的村未通自来水，43%的村未通电话。1998年末，135个边境县、旗、市、市辖区总人口约达2100万人；乡村人口约1300多万人，其中乡村劳动力约640万人。根据有关调查显示，在总人口中，少数民族人口约占48%左右。1998年，135个边境县、旗、市、市辖区共有各类学校14880所，有各类医院、卫生院2085所，有各类专业技术人员399821人。按万人均口径计算，都大大低于全国平均水平。

1998年，沿我国陆地国境线分布的135个边境县、旗、市、市辖区国内生产总值规模（按当年价格计算，下同）826亿元，相当于全国总量的1.1%。其中，第一产业增加值320亿元，第二产业增加值223亿元，第三产业增加值283亿元，产业结构为38.8：27.1：34.2。人均国内生产总值3983元，比同期全国平均水平低36.3个百分点。地方财

---

① 国家民委“兴边富民行动”领导小组：《兴边富民行动》，北京：民族出版社，2000年，第10－18页。

② 张新平、陈胜：《“兴边富民行动”的理论思考及建议》，载《湖北民族学院学报》（哲学社会科学版），2011（03）：89。

政总收入约43亿元，地方财政支出约99亿元。按地方财政收支口径计算，人均财政收入相当于全国平均水平的26.1%，人均财政支出相当于全国平均水平的54.9%。共有港澳台及外商投资企业197个。当年实际利用外资9720万美元，实现出口总额167亿元。[①] 在这样的背景下，为帮助边境地区少数民族脱离贫困落后状况，逐步缩小区域差距，带动边境地区少数民族共同实现经济和社会的发展，国家民族事务委员会于1998年倡议发起了“振兴边境、富裕边民”的行动。1999年，党中央、国务院召开了中央民族工作会议，全面部署跨世纪的民族工作。时任国务院总理的朱镕基同志在会上强调指出，要大力加强边境地区的民族工作，继续推进兴边富民行动，为富民、兴边、强国、睦邻做出贡献，巩固祖国的万里边疆。1999年12月29日《国家民委关于进一步推动“兴边富民行动”的意见》实施，其指出“兴边富民行动是一个实实在在地促进生产力、真正使边疆各民族群众得到实惠的富民强国的行动，它以加快西部大开发为契机，以加快边境地区经济建设为着眼点，以政府为主导，社会广泛参与和支持，依靠边境地区各族干部群众自力更生、艰苦奋斗，争取用10年左右的时间，使边境地区基础设施得到明显改善，边民早日富裕起来，经济和社会事业全面进步，最终达到富民、兴边、强国、睦邻为最终目的”[②]。2000年2月24日国家正式启动以开发边境民族地区为目标的西部开发配套工程[③]——兴边富民行动。

兴边富民行动启动之初便得到党中央、国务院的高度重视和充分肯定，为了保证兴边富民行动的成功实施，成立了兴边富民行动专门组织领导机构。2000年成立由全国人大、全国政协、中共中央统战部、国家民族事务委员会、外交部、发改委、教育部、科技部、公安部、财政部、交通部、外经贸部、文化部、国务院扶贫办等部门组成的兴边富民行动领导小组。兴边富民行动领导小组的办事机构设在国家民族事务委员会，具体承担领导小组的日常工作，统一领导、组织实施全国的兴边

---

① http://www.seac.gov.cn/gjmw/mzjj/2004-07-06/1168929053872742.htm.

② 国家民委“兴边富民行动”领导小组：《兴边富民行动》，北京：民族出版社，2000年，第28页。

③ 我国的陆地边境地区绝大部分地处西部民族地区，涉及9省区，除东北三省外，其余都是西部省区，因此，兴边富民行动对于西部大开发而言，能够起到拾遗补缺的辅助作用。

富民行动。内蒙古、辽宁、吉林、黑龙江、广西、云南、西藏、新疆、新疆生产建设兵团、甘肃等边境省区成立了由副省长、副主席、兵团副政委担任组长、有关部门为成员的省级兴边富民行动领导小组，边境地区各地州市、边境县也先后成立了相应的机构，具体领导、组织实施本地区兴边富民行动。全国性和地方性的兴边富民行动组织机构的成立，形成了“统一领导、国家扶持、省负总责、县抓落实”的领导体制，为推进兴边富民行动提供了坚实的组织保障。

为了使兴边富民行动向广度和深度发展，加大政府对边境地区的扶持力度，探索财政支持兴边富民行动的新途径，国家民委和财政部于2000年7月共同实施兴边富民行动试点实施方案，在内蒙古、辽宁、吉林、黑龙江、广西、云南、西藏、甘肃、新疆9个边境省、自治区确定了9个边境县，中央财政每年安排5100万元专项资金，开展兴边富民行动试点工作，为全面推进兴边富民行动提供有益的路径和方法。2001年试点县扩大到17个（新疆生产建设兵团另行确定2个）。2004年，“兴边富民行动”重点县扩至37个，占边境县总数的27.4%，中央财政每年支持达1.1亿元；2000年、2001年、2003年、2005年分别在边疆省区召开“兴边富民行动”现场会。国家民委和财政部紧密配合，按照“试点先行、重点突破、总结经验、逐步推进”的原则，在少数民族发展资金中设立了兴边富民行动资金，先后支持46个边境县开展兴边富民行动。从2000年到2006年，中央财政扶持兴边富民行动资金累计达4185亿元，吸引和带动大量其他各类资金投向边境地区，兴建了2万多个项目，涉及基础设施、农业生产、生态建设、文化教育等经济社会发展的各个领域，有限的资金发挥了较好的经济效益和社会效益①。

兴边富民行动成为推动边境地区经济社会持续发展的加速器。边疆省区认真贯彻落实中央部署，紧紧围绕富民、兴边，创造性地开展工作。西藏、内蒙古、广西、云南等省区党委、政府先后出台了加快边境地区经济社会发展的决定，并以卓有成效的形式推进兴边富民行动。从根本上改善了边境的生产生活条件，树立了良好的国门形象，兴边富民

① 杨健强：《继续推进兴边富民行动　努力构建和谐边境》，载《中国民族》2006年第9期。

行动取得了阶段性的成果。截至2005年底，西藏自治区已实施兴边富民项目380多个，国家投入少数民族发展资金共1127亿元，自治区配套资金3000多万元，共新修和维修公路144717公里（含桥梁67座），修建水库22座，新建电站6座，总装机容量为250多万千瓦，建设人畜饮水和水渠工程项目91个，修建扩建中小学31所、藏医院及卫生院18所，草原建设等项目173个，改善文化设施85个，扶贫搬迁、民房改造项目119个、1360户。其中，阿里地区札达县被确定为全国兴边富民行动试点县后，通过政策、资金的支持，2005年该县国民经济生产总值完成3250万元，财政收入完成149万元，农牧民人均收入1893元，与全地区人均收入1729元相比，提高了近10个百分点[①]。内蒙古自治区在边境地区大力发展各具特色的县域经济，使边境地区面貌发生深刻的变化。其中达茂旗自2000年成为国家民委首批实施的兴边富民行动试点旗以来，以调整生产力布局为切入点，进一步优化生产力要素的配置，集中发展钢铁、稀土等优势产业，实现了投资效益的最大化和资源优势向经济优势的转化，同时采取上级投资、社会融资、财政投入、群众自筹等多种渠道，集中捆绑使用各类资金23亿元，5年完成兴边富民项目219项，通过大力发展钢铁、稀土、能源、口岸、旅游、乳业、肉业、薯业八大优势产业，形成了全旗的工业化、农牧业产业化和城镇化建设的良性互动，截至2006年底，达茂旗国内生产总值达到50亿元，财政收入实现7145亿元，城镇居民人均可支配收入达到113万多元，农牧民人均纯收入达到4821元，经济实力在中国西部县域经济百强旗县中列第26位[②]。广西壮族自治区2000年起在千里边境线上开展“边境地区基础设施建设大会战”，截至2005年底落实资金4700万元，共实施项目316个，使15117户41167人受益，其中少数民族人口32万人[③]。此外，吉林、辽宁两省实施省级政府部门合力推动，省直相关单位将兴边富民行动列入本部门重点工作内容，对边境地区在政策上、项目安排上、资金投入上给予重点倾斜；黑龙江省把兴边富民行动和扶持人口较少民族结合起来，为边境地区人口较少民族聚居地办了

① 《西藏把项目放在最边上》，载《中国民族》2006年第9期。

② 《兴边富民，打造边境“宝石”》，《中国民族报》，2007年8月3日第2版。

③ 陆治蓉：《广西兴边富民行动成果显著》，载《中国民族报》，2006年12月19日第1版。

不少实事；云南省在实施边境扶贫、教育、科技、文化四大工程基础上，全面实施兴边富民行动，一批示范工程取得了明显的成效。①

2. 兴边富民行动的全面推进

从2007年开始，兴边富民行动由重点推进转入全面推进阶段。作为与西部大开发战略相呼应的工程，兴边富民行动自2000年启动以来，国家民委、财政部按照“试点先行、重点突破、总结经验、逐步推进”的原则，选择了一批边境县，先后开展了试点探索和重点推进工作。边疆省区认真贯彻落实中央部署，认真组织实施兴边富民行动。兴边富民行动使边境民族地区和少数民族从基础设施建设、人民生活水平的改善、发展边境小额贸易等方面得到很多实惠，取得了较好的经济效益和社会效益，对富民、兴边、强国、睦邻起到了巨大推动作用，深受边境民族地区和少数民族的热烈欢迎。根据战略部署和安排，兴边富民行动经过试点探索和重点推进的成功实践，从2007年起，在试点基础上，兴边富民行动面向全国陆地边境地区全面铺开，兴边富民行动进入全面推进新阶段。2007年，“兴边富民行动”重点县由37个增加到60个，占边境县总数的45%。每年安排“兴边富民行动”资金1.8亿元，全面推进国务院颁发《兴边富民行动“十一五”规划》的实施，标志着“兴边富民行动”已从一个部门的行动，上升为国家的决策。中央有关部门对“兴边富民行动”也予以大力支持，2007年，交通部对边境地区安排投资23.5亿元；教育部对边境地区安排两免一补资金5.7亿元；农业部对边境地区安排基础设施建设投资6.8亿元；商务部确定86个边境县为万村千乡市场工程试点县，共建设农家店3600多个。

2008年，扶持的边境县扩大到120个，包括内蒙古、广西、云南、西藏、甘肃、新疆6个省、自治区的所有边境县以及2007年确定的东北三省的14个全国兴边富民行动重点县，中央财政安排“兴边富民行动”资金3.6亿元，继续加大对边境县的建设支持力度。

2009年，试点扩大到全部136个边境县和新疆生产建设兵团58个边境团场，中央财政在少数民族发展资金中安排兴边富民行动补助资金

① 朱玉福：《“兴边富民行动”的意义》，载《广西民族研究》，2007.4：18。

达4.84亿元，覆盖了所有边境县和新疆生产建设兵团边境团场。[①]

表3-2　136个陆地边境县市列表（2009年）

辽宁	宽甸县	东港市	丹东市振安区	丹东市元宝区	丹东市振兴区
吉林	集安市	安图县	珲春市	龙井市	和龙市
	图们市	抚松县	长白朝鲜族自治县	临江市	白山市八道江区
黑龙江	鸡东县	孙吴县	东宁县	嘉荫县	萝北县
	绥滨县	虎林市	呼玛县	绥芬河市	抚远县
	同江市	饶河县	密山市	塔河县	逊克县
	漠河县	穆棱市[②]	黑河市爱辉区		
内蒙古	阿拉善右旗	阿巴嘎旗	额尔古纳市	满洲里市	四子王旗
	科尔沁右翼前旗	阿拉善左旗	阿尔山市	新巴尔虎左旗	苏尼特右旗
	达尔罕茂明安联合旗	陈巴尔虎旗	苏尼特左旗	乌拉特中旗	额济纳旗
	新巴尔虎右旗	乌拉特后旗	二连浩特市	东乌珠穆沁旗	
广西	东兴市	靖西县	那坡县	宁明县	凭祥市
	龙州县	大新县	防城港市防城区		
云南	龙陵县	勐腊县	绿春县	孟连县	潞西市
	西盟县	陇川县	富宁县	耿马县	福贡县
	金平县	江城县	瑞丽市	河口县	澜沧县
	马关县	镇康县	泸水县	景洪市	沧源县
	麻栗坡县	勐海县	盈江县	贡山县	腾冲县
西藏	洛扎县	普兰县	定结县	察隅县	萨嘎县
	康马县	墨脱县	聂拉木县	浪卡子县	噶尔县
	吉隆县	错那县	札达县	仲巴县	定日县
	亚东县	岗巴县	日土县		

① 史睿：《国家“兴边富民行动”研究》，中央民族大学硕士学位论文，2010年7月，第31-32页。

② 第136个。

续表

甘肃	肃北蒙古族自治县				
新疆	巴里坤哈萨克自治县	塔城市	阿图什市	哈密市	霍城县
	和布克赛尔蒙古自治县	阿合奇县	叶城县	昭苏县	托里县
	察布查尔锡伯自治县	福海县	温泉县	富蕴县	布尔津县
	阿克陶县	哈巴河县	额敏县	皮山县	青河县
	塔什库尔干塔吉克自治县	博乐市	阿勒泰市	乌什县	奇台县
	木垒哈萨克自治县	吉木乃县	温宿县	和田县	裕民县
	乌恰县	伊吾县			

（三）兴边富民行动的国家发展规划

自1999年召开的中央民族工作会议提出，要继续推进兴边富民行动，为富民、兴边、强国、睦邻做出贡献，巩固祖国的万里边疆。国务院《关于实施西部大开发若干政策措施的通知》和《关于西部大开发若干政策措施实施意见的通知》，国家计委、国务院西部开发领导小组办公室联合下发的《“十五”西部开发总体规划》以及九届人大五次会议通过的《政府工作报告》中，对实施兴边富民行动都做了一系列的部署。兴边富民行动已成为党和国家新时期民族工作的一项重要内容。为确保兴边富民行动的顺利实施，根据我国边境地区的实际情况，加强统筹规划和宏观指导，以促进该行动有计划、有重点、有部署地展开成为应然之举。为此，制定系列兴边富民行动的发展规划，其中国家发展规划有三个，即《全国兴边富民行动规划纲要（2001—2010）》、《兴边富民行动“十一五”规划》和《兴边富民行动规划（2011—2015年）》。

1. 全国兴边富民行动规划纲要（2001—2010）

《全国兴边富民行动规划纲要（2001—2010）》（以下简称《纲要》）将陆地边境地区分为东北、西北、西南三大地区。其中，东北边境地区包括辽宁、吉林、黑龙江三省及内蒙古东中部的边境县（旗、市、市辖区）；西北边境地区包括甘肃、新疆二省区和内蒙古西部的边境县（旗、市）及新疆生产建设兵团的边境团场；西南边境地区包括广西、云南和西藏三省区的边境县（市、市辖区）。

《纲要》以加快体制和科技创新，大力发展开放型市场经济；结合国家和边疆九省（区）“十五”规划，立足当前，放眼未来，积极进取，量力而行；以政府扶持为主，广泛动员全社会参与和支持，紧紧依靠各族干部群众自力更生、艰苦奋斗，争取用10年左右时间，使边境地区经济社会事业全面进步，进一步巩固和发展社会主义民族关系，维护祖国统一，最终达到富民、兴边、强国、睦邻的目的为指导思想；以“以人为本、使群众普遍受益，因地制宜、分类指导，突出重点、统筹兼顾，注重效益、可持续发展，自力更生、艰苦奋斗，长远规划与近期安排相结合”为兴边富民行动的总体要求；以“通过努力，使广大边境地区经济和社会基础设施条件得到明显改善，各族群众脱贫致富，综合经济实力普遍提高，社会事业全面进步，民族团结，边防巩固，促进与毗邻国家的友好合作关系”为奋斗目标；将该十年内的兴边富民行动划分为2001至2005年的重点突破和2006至2010年的整体推进两个阶段进行了部署。

《纲要》还以国家西部大开发战略为指导，根据当地实际情况，明确了加快水、电、路、通信等基础设施建设；积极调整产业结构，促进优势产业发展；积极推进生态环境建设，切实保障农牧民生产生活条件的改善；积极发展边境贸易，促进边境地区的对外开放；加快发展科技教育；促进文化、卫生等社会事业的发展等兴边富民的主要任务。并根据不同地区的具体条件、基础和发展潜力，因地制宜，提出了东北、西北、西南三大区域兴边富民的工作重点和具体的行动措施。

《纲要》为保证兴边富民行动目标的实现，还根据具体情况专门编制了生态环境建设专项行动规划、水利建设专项行动规划、农业发展专项行动规划、交通运输专项行动规划，使《纲要》的可操作性、可行性进一步加强。

2. 兴边富民行动“十一五”规划

为深入推进兴边富民行动，促进边境地区加快发展，帮助边民尽快富裕，巩固祖国万里边疆，依据《中华人民共和国国民经济和社会发展第十一个五年规划纲要》和党中央、国务院关于大力推进兴边富民行动的精神，2007 年 6 月，国务院办公厅颁发了《兴边富民行动“十一五”规划》。这是自 1999 年国家开展兴边富民行动以来编制发布的第一个国家专项规划，也是“十一五”时期推进兴边富民行动，促进边境地区加快发展的指导性文件。

兴边富民行动“十一五”规划进一步明确了兴边富民行动发展的总体目标是重点解决边境地区发展和边民生产生活面临的特殊困难和问题，不断增强自我发展能力，促进经济加快发展、社会事业明显进步、人民生活水平较大提高，使大多数边境县和兵团边境团场经济社会发展总体上达到所在省、自治区和新疆生产建设兵团中等以上水平。具体目标：一是边境地区交通、电力、水利等基础设施落后状况明显改善，边境一线的茅草房、危旧房基本消除。二是贫困边民的基本生活得到保障，边境农村最低生活保障制度加快建立。三是社会事业得到较快发展，边民教育、卫生、文化等基本公共服务条件明显改善。四是县域经济发展能力明显增强，地方财政收入和居民收入水平较大幅度提高。五是边境贸易得到较快发展，重点边民互市点和口岸设施建设得到加强，对外经济技术合作领域继续扩大。六是生态环境保护和建设取得重要进展。七是社会治安状况良好，睦邻友好关系进一步巩固，民族团结进步事业全面发展。

为实现上述目标，兴边富民行动在“十一五”期间的主要任务主要体现为：

一是加强基础设施和生态建设，改善生产生活条件。通过加强边境地区公路建设，改造边境一线茅草房、危旧房，加强农村电网建设，加强边境地区生态保护建设，使当地居民的生产生活条件得以不断改善。

二是突出解决边民的贫困问题，拓宽增收渠道。通过加大扶贫开发整村推进力度，大力扶持扶贫龙头企业，加强劳动力培训，对缺乏生存条件但因守土固边不能异地搬迁的贫困边民加大帮扶力度，并进一步推进边境扶贫试点工作，不断探索解决边境贫困县经济发展滞后的办法。

三是大力发展边境贸易，促进区域经济合作。这主要包括发展边民互市贸易和加强区域经济技术合作两个方面。

四是加快发展社会事业，提高人口素质。通过优先发展教育事业、卫生事业和文化事业，加强科技信息服务和先进实用技术推广等方式不断提高边境地区居民的素质技能。

五是加强民族团结，维护边疆稳定。

兴边富民行动“十一五”规划中，还明确了实现兴边富民行动发展目标，完成兴边富民行动主要任务的政策措施，这些政策措施主要包括以下几个方面：

一是加大对边境地区的资金投入。中央和省级财政逐步加大对边境县的财政转移支付力度。中央财政性建设资金、其他专项建设资金、各项财政扶贫资金适当向边境地区倾斜。积极引导、争取各类国际组织、政府机构、企业、社会团体及个人援助、捐助资金投向边境地区。中央财政继续安排边境地区专项转移支付资金，主要用于边境事务、边境地区公益事业和基础设施建设。中央和地方财政逐步增加少数民族发展资金，并向边境地区倾斜，重点用于解决经济社会发展中的一些特殊困难和问题，逐步改善边民的生产生活条件。边境省、自治区和新疆生产建设兵团相应增加对边境地区的资金投入。国家帮助边境地区拓宽融资渠道，加大对边境地区的金融扶持力度。金融机构对边境地区符合国家政策规定和信贷原则的贷款需求给予积极支持，政策性银行对边境地区开发建设给予重点倾斜。

二是实行特殊的贫困边民扶持政策。将边境地区的贫困村全部纳入国家整村推进扶贫开发规划，并优先实施。采取政府补助和个人自筹相结合的办法，对边境一线茅草房、危旧房进行改造。中央和省级财政加大资金投入，支持加快建立边境农村最低生活保障制度。

三是支持边境贸易发展和区域经济合作。完善和加强重点边境口岸基础设施建设。在进出口税收政策、人员出入境等方面，制订改革措施，简化管理程序，优化通关环境，进一步提高服务效率和便利化水平。并且通过加大投入，建设好互市贸易区和边境经济合作区。根据有关法规，在具备条件的边境地方，推动建设出口加工区、保税区和边境贸易区，促进边境地区积极参与区域和次区域经济合作。

四是全面落实发展社会事业的优惠政策。中央和省级财政支持边境县全面落实农村义务教育“两免一补”政策，适当提高寄宿生生活费补助标准。建立健全边境地区农村义务教育经费保障机制，逐步提高中小学办公经费的保障水平。农村中小学寄宿制学校建设工程向边境乡镇倾斜。同时，继续加大在边境县推行新型农村合作医疗制度的工作力度，加强城乡医疗救助，提高覆盖面和补偿水平。对民族贸易和民族特需商品生产继续在金融、税收等方面实行优惠政策，民族自治地方的边境县和兵团边境团场比照享受民族贸易县的优惠政策。

五是加强边境地区人才队伍建设。稳定人才队伍，优先将边境县和兵团边境团场人才培养纳入有关专项规划和年度计划。采取定向培养、专项培训等措施，大力培养边境地区急需的各类人才。继续办好各种形式的边境地区干部培训班。落实好边远地区干部职工的各项待遇。制定和完善有关优惠政策，鼓励和吸引各类人才到边境地区发展创业。支持边境地区举办农民夜校、扫盲班、科普讲座、实用技术培训等符合当地实际的各类培训班，大力开展农村劳动力培训。各级财政将农村劳动力培训经费纳入预算，不断增加投入。

六是动员社会力量支持边境地区开发建设。国家组织、支持和鼓励沿海发达地区的大中城市以及大型企业、教科文卫组织、社会团体等，采取人员培训、捐资助学、经贸合作、技术协作、援助基础设施建设等方式，对口支援边境地区加快发展。采取有力措施，鼓励和支持民间资本参与边境地区符合规划和产业政策的项目建设。发挥边防部队在边境地区基础设施建设、扶贫帮困、教育宣传等方面的优势和作用，广泛开展军警民共建活动。大力宣传推进兴边富民行动的重大意义、兴边富民行动给边境地区各族群众带来的实惠和边境地区的发展成就等，进一步营造全社会关心边境地区发展、支持兴边富民行动的良好氛围。

七是实施一批兴边富民重点工程。主要包括：边境地区公路建设工程，边境一线茅草房、危旧房改造工程，边境农村扶贫开发和最低生活保障工程，边民互市示范点建设工程，边境农村饮水安全工程，边境地区生态建设和农村清洁能源工程，边境农村文化建设工程，边境农村寄宿制学校和国门学校建设工程，边境乡镇卫生院建设工程，边境地区人才培养和劳动力培训工程等。

3. 兴边富民行动规划（2011—2015 年）

“十二五”时期是边境地区全面建设小康社会的关键时期，在兴边富民行动开展十年已取得显著成效的基础上，为贯彻落实党中央、国务院关于深入实施兴边富民行动的战略部署，促进边境地区经济社会又好又快发展和社会和谐稳定，国家民委、发展改革委和财政部组织编制了《兴边富民行动规划（2011—2015）》，即兴边富民行动“十二五”

规划。

兴边富民行动“十二五”规划在兴边富民行动开展十年来取得显著成绩的基础上，进一步明确兴边富民行动“十二五”期间的主要目标是进一步完善基础设施，明显提高边民生活质量，促进社会事业长足进步，显著提升沿边开发开放水平，促进边境地区特色优势产业较快发展，促进民族团结、边防巩固和睦邻友好。

其主要任务相应进行了调整，在加强基础设施方面，工作重点集中在边境村寨边民工程、沿边（境）等级公路建设工程和边境水利建设工程上；在改善和保证民生方面，将重点集中于扩大农村危房改造试点工程、边境信息下乡工程、边境文化固边工程、边境农村实用人才队伍建设、基层公共文化保障工程和边境卫生院（室）能力建设等工程上；在促进民族团结和边防稳固方面，将重点集中在边境民族团结进步示范村建设工程、爱民固边模范村创建活动和高校心系边境产学研用活动上；在提升沿边开发开放水平方面，将工作重点放在边民互市贸易点建设、承接产业示范区建设和跨境经济合作区建设等工程上。

兴边富民行动“十二五”规划还特别将促进边境地区特色优势产业发展作为其主要任务，并通过具体的政策措施予以保障完成。在促进特色优势产业发展上，扶持特色农牧产品加工，着力延长农业产业链条，大力发展品种优良、特色明显、附加值高的优势农产品，积极培育一批知名品牌，重点扶持一批带动力强的龙头企业。并充分挖掘丰富的民族传统文化资源，打造特色文化品牌，推动非物质文化遗产生产性保护和利用，发展文化产业。依托旅游资源优势，推动文化与旅游的深度融合。大力推进劳务经济产业化发展，建设一批集制作、培训、销售、展示为一体，体现民族地域特点的特色劳务基地，树立、宣传、推介一批劳务品牌，促进农牧区富余劳动力就地就近就业。支持中小企业技术创新、结构调整、节能减排、开拓市场、扩大就业、人员培训。扶持少数民族特需商品定点生产企业和民族手工艺品生产企业发展。

4. 滇西边境片区区域发展与扶贫攻坚规划（2011—2020 年）

国务院扶贫办和国家发展改革委于 2012 年 9 月印发通知，发布《滇西边境片区区域发展与扶贫攻坚规划（2011—2020 年）》。滇西边境片区国土面积 20.9 万平方公里，人口 1751 万，分别占云南全省的 53% 和 38%。滇西边境集中连片特殊困难地区位于我国西南边陲，集边境地区和民族地区于一体，是国家新一轮扶贫开发攻坚战主战场中边境县数量和世居少数民族最多的片区。规划区域范围包括云南省保山市、丽江市、普洱市、临沧市、楚雄彝族自治州、红河哈尼族彝族自治州、西双版纳傣族自治州、大理白族自治州、德宏傣族景颇族自治州和怒江傈僳族自治州等 10 个市州的集中连片特殊困难地区县市区（以下简称片区县）56 个，其他县市区 5 个，共 61 个。区域内有 48 个民族自治地方县市区、19 个边境县、45 个国家扶贫开发工作重点县。

规划按照“区域发展带动扶贫开发、扶贫开发促进区域发展”的基本思路，明确了滇西边境片区区域发展与扶贫攻坚的总体要求、空间布局、重点任务和政策措施，是指导区域发展和扶贫攻坚的重要依据。

滇西边境片区集少数民族地区、边境地区于一体，贫困面广、贫困程度深，是边境县和世居少数民族最多的集中连片特困地区。国务院扶贫办、国家发展改革委明确要求，《滇西边境片区区域发展与扶贫攻坚规划（2011—2020 年）》实施要深入贯彻落实科学发展观，按照“区域发展带动扶贫开发、扶贫开发促进区域发展”的基本思路，坚持“加快发展与扶贫攻坚相结合，加快发展与改革开放相结合，加快发展与生态保护相结合，统筹协调与突出重点相结合，国家支持与自力更生相结合”的原则，着力加强以交通、水利为主的基础设施建设，着力培育特色优势产业，着力改善生产生活条件，着力开发人力资源，着力加快社会事业发展，着力加强生态建设和环境保护，着力深化改革、扩大开放，将滇西边境片区建设成为我国面向西南开放重要门户、国家重要清洁能源基地、国际知名旅游目的地、优势特色农产品生产加工基地、我国重要的生物多样性宝库和西南生态安全屏障、边境稳定和民族团结模范区、人力资源开发扶贫示范区。

加快滇西边境片区区域发展步伐，加大扶贫攻坚力度，有利于保障和改善民生，促进贫困人口脱贫致富，保障各族人民共享改革发展成果；有利于缩小地区发展差距，深入推进西部大开发，促进区域协调发展、民族团结进步和边境繁荣稳固；有利于加强生态建设和环境保护，促进生物多样性保护，构筑我国西南重要生态安全屏障；有利于增进睦邻友好，加强与东南亚、南亚国家的合作与交流，提升我国沿边开放水平，促进形成全方位对外开放新格局，对实现全面建设小康社会奋斗目标具有十分重要的意义。

5.《黑龙江和内蒙古东北部地区沿边开发开放规划》(2013—2020年)

经国务院批复，国家发改委2013年8月9日印发了《黑龙江和内蒙古东北部地区沿边开发开放规划》(发改地区［2013］1532号)。黑龙江和内蒙古东北部地区包括黑龙江省全部行政区域和内蒙古自治区呼伦贝尔市，面积70.7万平方公里，是我国对俄罗斯及东北亚开放的重要区域，在全国沿边开放格局中具有重要战略地位。

《黑龙江和内蒙古东北部地区沿边开发开放规划》包括开放基础与发展背景、战略定位与发展目标、总体布局与区域协调发展、合作平台建设与开放水平提升、沿边城镇发展与城乡一体化、产业布局与开放型产业体系建设、基础设施建设与开放保障能力提高、社会事业发展与边疆民生改善、生态建设与环境治理、支持政策与保障措施等十个方面。规划期为2013年至2020年，展望到2025年。

《黑龙江和内蒙古东北部地区沿边开发开放规划》提出，要积极实施国家沿边开放战略，以开放促开发，着力转变发展方式、完善城镇体系、构筑外向型产业体系、推进基础设施内外对接、加快边疆社会事业发展、加强生态建设和环境保护，努力将黑龙江和内蒙古东北部地区建设成为我国对俄罗斯及东北亚开放的桥头堡和枢纽站，在新一轮沿边开发开放中做出更大贡献。

《黑龙江和内蒙古东北部地区沿边开发开放规划》同时明确了黑龙江和内蒙古东北部地区作为我国沿边开放新高地、我国面向俄罗斯及东北亚开放的重要枢纽站、我国沿边重要经济增长区域和我国东北地区重要生态安全屏障的战略定位。

按照建设全国对俄罗斯及东北亚开放桥头堡和枢纽站的总体目标和要求，《黑龙江和内蒙古东北部地区沿边开发开放规划》提出了黑龙江和内蒙古东北部地区开发开放的总体布局和主要任务。在布局上，《黑龙江和内蒙古东北部地区沿边开发开放规划》提出了以边境地区为先导带、绥芬河—满洲里铁路沿线地区为支撑带、其他地区为带动区的“两带一区”空间格局，明确了区域分工。在任务方面，《黑龙江和内蒙古东北部地区沿边开发开放规划》围绕推进沿边开发开放的需要，提出了合作平台建设与开放水平提升、沿边城镇发展与城乡一体化、产业布局与开放型体系建设、基础设施建设与开放保障能力提高、社会事业与边疆民生改善、生态建设与环境治理等方面的内容。

《黑龙江和内蒙古东北部地区沿边开发开放规划》的发布实施，明确了未来一段时期内黑龙江和内蒙古东北部地区开发开放的目标任务和工作重点，强化了有关政策支持，标志着该地区沿边开发开放工作进入了一个新的历史阶段。

这是国家加快沿边开发开放、促进区域协调发展的又一重要举措，对于完善我国区域开放格局、巩固提升中俄全面协作战略伙伴关系、促进东北地区等老工业基地全面振兴、推进这一地区经济社会又好又快发展将发挥积极的推动作用。

除了上述将兴边富民行动由部门行动提升为中央政府的一项重要工作，而且为兴边富民行动的成功实施提供了科学依据的国家规划外，边境省区、市、县都制定实施了兴边富民行动的地方性专项规划，有计划、有重点、分步实施兴边富民行动工作。譬如，黑龙江省制定实施了《黑龙江省兴边富民行动实施方案》、《黑龙江省兴边富民行动十年规划》、《黑龙江省实施兴边富民行动十大工程方案》、《黑龙江省兴边富民行动“十一五”规划》、《黑龙江省实施兴边富民行动对口支援方案》等。又譬如，云南省 2005 年启动了《兴边富民工程三年行动计划》，2008 年启动了《新三年兴边富民工程行动计划》等。这些规划为兴边富民行动的有效实施奠定了坚实的基础。

二、兴边富民行动的具体方式

兴边富民行动的目标在于实现“富民、兴边、强国、睦邻”。在实现这一目标的具体实践中，兴边富民行动主要体现为扶贫行动、“三通”（通路、通电、通广播电视）行动和能力建设行动等方面。

（一）扶贫行动

作为兴边富民行动具体方式的扶贫行动在具体实施过程中，各省区根据不同情况主要采取了以下几种形式：

1. 富民安居工程

2007—2010 年，新疆边境贫困县（市）累计投入民生工程项目资金 25.09 亿元，实施边境扶贫民生项目 6155 个，新建和改造抗震安居房61.92万套，使247.68万边境农牧民搬进宽敞明亮的抗震安居房。2010年新疆边境贫困地区结合抗震安居工程和危房改造工程，启动实施了“富民安居”工程试点工作，项目要求每户建筑面积原则上不少于80平方米，每户建筑保证水电气、厨卫浴等设施齐备，房屋内部功能齐全，附属设施配套。2011年新疆边境贫困化地区富民安居工程投入资金222.52亿元，已开工富民安居房31.64万户、2531.2万平方米，竣工30万套，使120万贫困农牧民实现有家有业的梦想。2009—2011年新疆边境贫困县（市）定居工程建设投入资金31.71亿元，已完成4.08万户边境贫困县（市）游牧民定居工程建设，建设定居住房275.96万平方米，牲畜暖圈356.48万平方米，草料棚94.35万平方米，围墙29.61万米。2010年6月，新疆边境贫困县（市）启动“定居兴牧”工程，工程包括建设27座牧区水库的定居兴牧水源建设工程，游牧民定居工程和饲草料地建设工程。截至2011年12月，27座水库全部开工，落实企业援建资金6.7亿元，中央补助资金7.92亿元，其中有托里县乌雪特水库、裕民县阿勒腾也木勒水库、伊吾县阿腊通盖水库、青河县阿苇灌区饮水工程等9座定居兴牧水库下闸蓄水并投入使用，2012年完成13项定居兴牧水利工程下闸蓄水。随着“定居兴牧”水源工程的陆续完工，将新增人工饲草料地98.8万亩，改善灌溉面积160.9万亩，为2.5万户边境游牧民定居提供水利基础设施条件。[①]

2. 整村推进

新疆围绕整村推进“五通”（通水、通电、通路、通电话、通广播电视）、“五有”（有学上、有医疗保障、有科技文化室、有集体经济收入、有强有力的村级领导班子）、“五能”（能用上安全饮用水、能用上电、能有一项以上稳定收入来源的生产项目、能住上抗震安居房、能及时得到培训和获得信息、参与项目实施）要求，整合各类涉农项目和资金，从改善边境贫困村基础设施和农牧民生产生活条件入手，财政扶贫资金70%投入扶贫重点村，并以此引导和整合部门行业资金，扶贫重点村平均投入强度达到197万元。2007—2010年，在新疆17个边境扶贫重点县（市）1053个贫困村中，有778个贫困村实施完成了整村推进任务。通过整村推进边境扶贫开发，不仅使边境贫困农牧民生产生

① 杨引官、孟戈：《新疆边境扶贫试点成效调研》，载《实事求是》，2012.4：30－31。

活条件得到改善，贫困村村容村貌发生巨大变化，而且稳定解决了49万边境贫困人口温饱问题。[①] 再如2005—2010年，云南实施了包括基础设施建设、温饱安居、产业培育、素质提高、社会保障和社会稳定、生态保护与建设等6大工程30件惠民实事的“兴边富民工程”，工程累计投入资金约达到254亿元。工程分两轮开展：第一轮（2005—2007年）的目的是促进民族团结，实现睦邻强省。三年共投入中央及省级财政扶贫资金7.92亿元，在25个边境县，实施了2453个贫困村的整村推进项目和101609户的扶贫安居工程项目，分别投入资金4.16亿元和3.76亿元。同时，在产业扶持、劳动力培训转移、易地搬迁、信贷贴息等各类扶贫开发项目的安排上，向边境地区倾斜。通过第一轮“兴边富民工程”的实施，25个边境县贫困人口由2004年底的166.47万人下降到2007年底的125.44万人，贫困人口比重由33.3%下降到24.7%。在第一轮工程基础上，2008年，云南省委省政府出台了《关于实施新三年“兴边富民工程”的决定》和《云南省“兴边富民工程”新三年行动计划（2008—2010）》，启动实施了新一轮“兴边富民工程”。安排财政扶贫资金4.3亿元，在边境25个县的沿边乡镇实施2864个贫困自然村整村推进。兴边富民扶贫开发工程的实施，在边境25个县投入财政扶贫资金共18.38亿元，实施了4902个贫困自然村整村推进，使边境一线贫困程度得到有效缓解，贫困人口数量明显减少，贫困村脱贫产业逐步发展壮大，村容村貌有了较大改善，可持续发展能力得到有效增强。据资料显示，2005—2010年，边境地区GDP由305.6亿元增加到683.3亿元，年均增长31.2%，高于全省平均水平1.4个百分点；农民人均纯收入由1337元增加到3114元，收益面覆盖4902个贫困自然村的18.2万户76.4万人，基本实现“村村通”广播电视，25个边境县市全部建立了新型农村合作医疗制度和农村低保制度。[②]

3. 连片扶贫开发

从2007年起，新疆安排16个边境扶贫开发重点县（市）财政扶贫资金1.58亿元，整合衔接形成7亿元以上的投资规模，建立了“扶贫

① 杨引官、孟戈：《新疆边境扶贫试点成效调研》，载《实事求是》，2012.4：30－31。

② 杨颖、田东林、路遥：《云南边疆民族地区扶贫开发研究》，载《当代经济》，2012.3（下）：101。

牵头，乡为主体，整合项目，捆绑资金，连片开发”的集中连片扶贫机制，探索财政扶贫资金与其他涉农资金相结合，扶贫开发与区域经济发展相结合的路子。如洛浦县实施“一渠一路一居”，和田县整乡推进，乌什县庭院“三区”（住房、种植、养殖）分离等各具地方特色的连片开发模式。通过实施连片开发，试点区域生产总值以20%以上的速度增长，农牧民人均纯收入比试点前增加605元。[①]

（二）基础设施建设工程

在基础设施建设方面，随着兴边富民行动的全面推进，针对边境地区基础设施薄弱、发展后劲不足这一制约发展的“瓶颈”，兴边富民行动开展10年间，通过实施乡村公路“畅通工程”与“通达工程”、农村安全饮水、游牧民定居、抗震安居、易地扶贫搬迁、广播电视村村通、扶持人口较少民族等一系列惠农工程，边境地区狠抓了一大批对加快发展具有重大带动作用的交通、通讯、水利、环保等基础设施项目，夯实发展基础。边境地区农村基础设施条件显著改善。以水利建设为例，10年来，共安排边境地区水利投资326.62亿元，解决了340万人安全饮水问题和172万人用电问题。以农村危房改造为例，2009年将陆地边境县全部列入农村危房改造试点范围，中央对9省区及新疆生产建设兵团补助16.95亿元，用于完成33.5万户农村危房改造任务（含节能示范1万户）；仅2010年，中央安排75亿元，支持完成120万农村（含新疆生产建设兵团团场连队）贫困户危房改造，在此基础上对陆地边境县（团场）边境一线贫困农户、建筑节能示范户每户再增加2000元补助[②]。在交通建设上，边境9省区交通建设投资额由2000年的510.8亿元增加到2009年的2552.6亿元；边境9个省区公路通车里程由2000年的45.7万公里增加到2009年的111.7万公里，高速公路里程由2000年的3495公里增加到2009年的14652公里，增长了4.2倍[③]。到2009年底，9个边境省区“五纵七横”国道主干线全部建成，实现了99.6%的乡镇、97.2%的行政村通公路，90%的乡镇、56.9%的

① 杨引官、孟戈：《新疆边境扶贫试点成效调研》，载《实事求是》，2012.4：30－31。
② 肖静芳、李寅：《众志成城，共建万里边疆》，载《中国民族报》，2010.11.23，(3)。
③ 肖静芳、李寅：《众志成城，共建万里边疆》，载《中国民族报》，2010.11.23，(3)。

行政村通沥青路或水泥路。截至目前，除西藏外的所有边境省区已全部实现行政村通电话。[①] 以云南边境地区为例，2000 年至 2010 年，国家民委投入云南省 25 个边境县建设资金共计 3.57 亿元，实施了水、电、路等项目，覆盖边境 25 个县 214 个乡镇 819 个村委会，使 300 多万各族群众受益。2009 年，云南边境地区通公路、通电、通电话、通电视的自然村比重分别达 88.8%、95.6%、89.1% 和 95.2%，新增水库库容 2.75 亿立方米，解决了 170 万人的饮水安全问题[②]。再以广西为例，在兴边富民行动政策指导下，广西于 2000 年、2008 年、2009 年先后在千里边境线上开展了三次大规模的“边境地区基础设施建设大会战”，共投入资金 37.9 亿元，实施项目 79361 个[③]。随着兴边富民行动向纵深推进，国家不断加大对边境地区基础设施的建设力度。[④]

（三）能力建设行动

在人力资源建设和社会事业方面，边境地区的教育、社会保障、医疗等社会事业全面发展。兴边富民行动是边境地区教育、社会保障、医疗等社会事业全面发展的 10 年。教育是边境地区的大事，为从根本上改变边境地区教育事业薄弱的局面，国家和地方政府将其摆在优先、重点发展的战略地位予以保障。兴边富民行动 10 年来，教育部制定了一系列优惠政策，国家教育专项工程实施、中央财政扶持教育重点、公共教育资源分配等均向边境地区倾斜，有力地促进了边境地区教育事业的发展。教育部利用中央专项工程，支持边境地区寄宿制工程、初中工程、特教项目等基础教育发展，“十一五”以来，仅寄宿制工程建设和改造寄宿制学校 757 所，满足了 21 万中小学生的寄宿要求。2005 至 2010 年，中央财政共计投入 31.837 亿元，重点支持了 9 个边境省区的 1139 所中等职业学校建设。仅“十一五”以来，136 个边境县全部建立了新型农村合作医疗制度和农村低保制度。仅“十一五”期间，对

---

① 明伟轩：《兴边富民行动 10 年》，《中国民族》，2011.4：54。

② 陈湘：《彩云之光照耀西南边陲》，载《中国民族报》，2010.10.29，（4）。

③ 李寅：《为了千里边疆无贫困——广西兴边富民行动 10 年记》，载《中国民族报》，2010.10.26，（4）。

④ 朱玉福：《兴边富民行动 10 周年：成就、经验及对策》，载《广西民族研究》，2011.1：162－164。

边境地区省区和新疆生产建设兵团共投入卫生经费657亿元，包括新型农村合作医疗、基本公共卫生服务、重大疾病预防与控制等都得到加强。2000至2010年，积极争取中央安排专项投资247.22亿元，支持边境地区3万多个医疗卫生机构，边境地区医疗卫生机构基础设施条件得到了显著改善①。

在县域产业建设方面，边民收入大幅提升，群众生活明显改善。兴边富民行动的目的之一是富民。由于历史、地理、自然等方面的原因，我国边境地区经济社会发展比较落后，边境地区的社会发育程度低、生产方式落后，地处边陲、自然环境恶劣，脱贫任务重、贫困人口多，基础设施薄弱，教育、文化、医疗、卫生条件差，是全面建设小康社会最难以攻陷的贫困堡垒。因此，改善群众生活条件是兴边富民行动前十年的主要任务之一。"十一五"期间，中央财政安排兴边富民补助资金18.35亿元，重点用于改善边民生产生活条件和扶持特色优势产业发展。国家还完成了边境地区432个贫困村的整村推进，采取"公司+农户"、"合作组织+农户"等方式，重点扶持一批与农户联系密切的龙头企业，发展特色经济和优势产业，带动贫困边民增收致富。兴边富民行动开展10年来，边境地区各族群众生活得到很大改善。与2000年相比，2009年边境地区农牧民人均纯收入增长117.5%，边境各族人民精神面貌焕然一新，激发起了人们参与兴边富民行动的热情，给予了边境各族人民新的希望，进一步增强了全面建设小康社会的信心和决心，为深入推进兴边富民行动奠定了坚实的物质和精神基础。②

在对外贸易方面，在实施兴边富民行动的过程中，国家调整了边境地区经济贸易发展有关政策，通过加大对边境贸易发展的财政支持力度、提高边境地区边民互市进口免税额度等政策措施，促进边境地区经济贸易发展。2009年，全国边境小额贸易进口总额72亿元，较2005年57.2亿元增长了25.6%。"十一五"期间，国务院还批准开放边境口岸8个，扩大开放边境口岸4个，并于2009年底启动了边境口岸建设和

---

① 肖静芳、李寅：《众志成城，共建万里边疆》，载《中国民族报》，2010.11.23，(3)。

② 朱玉福：《兴边富民行动10周年：成就、经验及对策》，载《广西民族研究》，2011.1：162-164。

改造3年规划方案。[①]

随着以上述行动为具体方式的兴边富民行动的全面推进，边境地区经济快速增长，边境县域经济实力明显增强。2000年至2010年，中央财政在少数民族发展资金中累计安排兴边富民补助资金22.1亿元，吸引带动大量其他各类资金投向边境地区，兴建了一大批解决群众生产生活特殊困难的项目，涉及基础设施、农业生产、生态建设、文化教育等经济社会发展各个领域[②]。2008年底，136个边境县地区生产总值为3530亿元，较2000年增长287.6%；地方财政收入为191.5亿元，较2000年增加327.5%。与2000年相比，2009年136个边境县主要经济指标均增长了3倍以上，其中生产总值增长342.2%，地方财政收入增长340.3%，外贸进出口总额增长7.8倍[③]。其中，广西边境县（市、区）地区生产总值从2000年的9.12亿元增加到2009年的303.36亿元；财政收入从6.14亿元增加到33.25亿元[④]。黑龙江省18个边境县（市、区）生产总值由2005年的334.56亿元增长到2009年的631.76亿元，年均增长17%以上；地方财政收入由2005年的11.7亿元增长到2009年的30.1亿元，年均增长26.8%，同比高于全省3.9个百分点[⑤]。2009年，全国边境小额贸易进口总额72亿元，较2005年57.2亿元增长了25.6%。"十一五"期间，国务院还批准开放边境口岸8个，扩大开放边境口岸4个，并于2009年底启动了边境口岸建设和改造3年规划方案[⑥]。

---

① 肖静芳：《兴边富民行动：使边境地区与全国一道同步进入全面小康社会——访国家民委副主任罗黎明》，载《中国民族报》，2010.10.26，（1）。

② 周皓、胡洪江：《兴边富民，十年有成》，载《人民日报》，2010.11.21，（1）。

③ 肖静芳：《兴边富民行动：使边境地区与全国一道同步进入全面小康社会——访国家民委副主任罗黎明》，载《中国民族报》，2010.10.26，（1）。

④ 李寅：《为了千里边疆无贫困——广西兴边富民行动10年记》，载《中国民族报》，2010.10.26，（4）。

⑤ 《龙江边陲结硕果》[N]，载《中国民族报》，2010.11.12，（4）。

⑥ 肖静芳：《兴边富民行动：使边境地区与全国一道同步进入全面小康社会——访国家民委副主任罗黎明》，载《中国民族报》，2010.10.26，（1）。

三、兴边富民行动的案例与经验[①]

（一）项目案例

滇桂边境县经济社会加快发展的龙州案例分析

在中国的地域空间发展结构中，内陆边境地区长期处于相对滞后的发展状态。如据可获得的130个边境县（旗、市，缺6个县级区的资料）的统计资料，2008年，人均地区生产总值低于全国平均水平的有103个，低于所在省区的有93个；在缺西藏18个边境县数据的112个县中，农民人均纯收入低于全国平均水平的有70个，低于所在省区的有54个；人均社会消费品零售额低于全国平均水平的有100个，低于所在省区的有98个。如果把边境县沿新疆天山以南地方划为南部边境县，该地带从新疆温宿县到广西东兴市共有60个边境县，其中59个人均地方生产总值低于全国平均水平，49个低于所在省区。在缺西藏18个边境县资料的42个县中，农民人均纯收入低于全国平均水平的有41个，低于所在省区的有37个；其中18个县农民年人均纯收入在2000元以下，33个县在3000元以下，40个县在4000元以下。42个县人均社会消费品零售额低于全国平均水平，38个县低于所在省区水平（资料根据《2009年中国区域经济统计年鉴》整理，中国统计出版社2010年）。针对边境县经济社会发展相对滞后的状况，国家在“十一五”期间开始编制实施《兴边富民行动“十一五”规划》，“十二五”期间继续制定实施《兴边富民行动规划（2011—2015年）》，加大政策支持力度，积极促进边境地区经济社会加快发展。

但如何加快边境地区经济社会的发展，事实上从理论到政策实践仍存在诸多问题有待解决。边境地区南北之间、东西之间也存在明显差异。特别是南部边境地区自然环境、政治环境复杂，经济社会发展严重滞后，在国家最新确定的扶贫开发工作重点县名单中，南部边境地区从新疆温宿县到广西东兴市的60个县中有46个列入国家级贫困县（西藏各县是整体列入国家扶贫开发工作重点，没有在592个名单中单独列

---

① 本节材料引自王文长2012年广西龙州调研报告：《滇桂边境县经济社会加快发展的龙州案例分析》。

出）。其中没有列入国家贫困县的边境县，也多数被地方政府列为地方贫困县。如广西的宁明县、大新县，便是广西的区级贫困县。边境地区的这种现实状况要求加强其地域空间结构的研究，针对具体地域特征形成更具针对性的发展理念和政策。正是基于这种判断，本文把滇桂边境县作为内陆边境地区的一个地域单元，并通过对龙州县的分析，管窥其发展秘密，为边境地区经济社会的加快发展提供启示。①

以龙州县为滇桂地域单元的案例典型是基于该县具备地域单元的发展共性和特点及作为案例分析的丰富内涵，由其内涵而可能凝练进一步提示地域单元发展共性的概念和发展方式。本文以下的论述由龙州的历史地位提出龙州问题，然后反思其发展的历史及现实过程，重新评估其加快发展的可能性，进而探讨龙州加快发展的方式及一般性启示。

1. 历史上的龙州及面临的问题

龙州县位于广西壮族自治区西南部，与越南的高平、谅山接壤，边境线长 184 公里，县域面积 2317.8 平方公里，大青山和苗岭环绕四周，形成方圆约 160 平方公里的龙州小盆地，左江及其上游水口河、平而河交汇横贯其间，县域南北长 70.7 公里。东西宽 67.8 公里，县城龙州镇距南宁市 236 公里。

历史上龙州拥有诸多“广西之最”。1792 年，水口关、平而关最早与越南进行民间贸易；1884 年龙州开办广西第一个电报局；1889 年广西最早的对外开放的通商口岸，设立的外国领事馆和海关都在龙州；1899 年苏元春创办的龙州制造局，1900 年庄蕴宽开办的龙州军官学校，皆开广西先河；龙州还有广西第一家官办银行（1900 年），第一所政法专科学校（1903 年），第一所陆军学校（1904 年），等等。百年前的龙州，是广西西南地区的政治、经济、文化中心和对外开放的枢纽。县城龙州镇有“小广州”之称。其时，大批外地商人云集龙州经商，商品经水口、平而口岸运抵龙州转销各地，商船结队往返于龙州、南宁、梧州之间，水路交通发达，商贸颇为繁荣。据清《龙州纪略》载述，“城内比屋邻接，人烟稠密”。光绪末年，县城建有大小街巷 50 条和 6 个河边码

① 把滇桂边境县作为一个地域单元，是该地带相对于其他边境地区拥有相近的自然环境和政治环境，并明显地不同于其他边境地区。既不同于东北、西北边境地区，也不同于西藏和南疆的边境地区。滇桂边境县多属南方石山区，外部环境为东盟国家，地缘、族缘关系比较复杂，发展环境具有较明显的地域特点和共性。

头，有住户2452户，10824人。1928年增至62条街巷，3209户，13444人。城内外建有伏波庙、班夫人庙等大小庙祠24座，有园、亭、阁、塔等28处，辟有“龙州八景”。自乾隆年间起至1941年，办过3座书院、3所学社、3所学堂、1所中学、3所小学，为广西一时之文化名城。[①]

近现代诸多名人也与龙州结下不解之缘。抗法名将冯子材、苏元春经略龙州；桂系首领陆荣廷发迹于龙州；邓小平、李明瑞、俞作豫、何世昌等一批共产党人在龙州发动起义，开辟左江革命根据地；国际友人越南革命之父胡志明常年活动于龙州。

龙州还是壮族最古老的乐器天琴之乡，天琴艺术奠定了龙州在壮族文化中的地位；左江风光及壁画给人们留下的无限遐想则可与桂林漓江风光媲美，并称北漓江南左江；抗法古迹小连城有南疆长城之称，为边城描绘着历史传奇。历史上的龙州，雄踞南疆，地位显赫，文化底蕴丰厚，镶嵌着辉煌的人文历史印记。那么，现实的龙州呢？

现实的龙州实非昔日可比。1950年龙州总人口13万，2010年龙州总人口已达到27万。百年前龙州稀有的公路现在已发展为发达的交通网络，2010年龙州公路总里程达到937.71公里。2010年龙州经济发展达到的规模，地区生产总值完成45.85亿元；全社会固定资产投资2010年完成35.71亿元，财政收入完成4.44亿元，社会消费品零售总额完成8.65亿元，外贸进出口总额完成2.22亿美元，城镇居民人均纯收入为4093元。[②] 农村居民已经普遍告别了茅草屋，住进了砖瓦房和混凝土楼房，解决了基本的温饱问题。通讯联络普遍用上了手机，常用的交通工具也已由自行车升级到摩托车。

但是，发展中的龙州在当代中国快速发展的进程中已显得步履蹒跚，相对辉煌的历史已经成为历史。国家“七五计划”期间确定的326个重点扶持贫困县，龙州县名列其中；1993年国家制定“八七扶贫攻坚计划”的592个重点县，龙州列入其中；2011年攻坚重新调整的592个扶贫开发重点县，龙州仍在其中。国家级贫困县成为龙州的新符号。2010年全国农村居民人均纯收入5919元，广西4543.4元，龙州分别为

① 参见《龙州县志》，广西人民出版社，1993年，第1－2页、第41页。

② 数据引自龙州县发展和改革局局长《关于龙州县2011年国民经济和社会发展计划执行情况与2012年国民经济和社会发展计划草案的报告》。

全国的69.15%，广西的90.09%；2011年全国农村居民人均纯收入6977.3元，广西5231.3元，龙州分别为全国的67.43%，广西的89.94%。按照国家规定的贫困标准线，2010年龙州县有8.33万人在人均纯收入1274元的贫困线之下，2011年国家扶贫标准线提高到人均2300元，龙州县的贫困人口回升到11.33万人，贫困人口约占全县总人口的42%，约占农村人口的57.63%。

龙州现实的贫困身份与曾经的辉煌历史形成巨大的反差。深厚的文化底蕴和辉煌的历史理当成为加快发展再续辉煌的基础，但却留下贫困的灰暗背影。

2. 龙州发展现状及产业导向

现实的龙州，集“老、少、边、山、穷”于一体，当地智慧之士将其另加一“打”的身份。[①]“老、少、边、山”与“穷”结盟，总体反映了一种发展及认识的历史界限性，即在发展的历史条件和知识能力的局限下，形成“老、少、边、山”与“穷”的结盟。龙州也没有摆脱其局限性而复制了这一结构。在“老、少、边、山”的结构中，山区是以自然地理的身份呈现的，具有自然环境的基础性；边疆地区是以政治地理的身份出现的，具有相对的基础性；革命老区和少数民族地区附着政治和文化的色彩，其形成多依托于山区的自然地理和边疆地区的政治地理。由于边境的形成也多借助于山区和自然地理，因此，山区在“老、少、边”的形成过程中尤其具有基础性地位。而且“老、少、边”是山区中政治权力中心权力意志覆盖难度相对大的山区，是山区中的深山区。当政治权力动员社会力量进入山区，改变山区面貌时，“老、少、边”的山区仍难进入优先次序。同时与市场的距离也相对遥远并维持其相对封闭的区域社会状态。这种状态不可避免地招致与“穷”的结盟，形成“老、少、边、山、穷”一体结构。

山区和边境地区对龙州经济社会的发展从自然条件和政治关系两个方面形成深刻影响，其他状态总体上是由这两方面的因素衍生的。据《龙州县志》对龙州县土地状况的描述，龙州县土地总面积3476728

---

① “打”即常年处于打仗的战争状态。“打”的身份与“边”的身份有一定的关系，但不是必然关系。因为“边”可能成为冲突的地带，也可能成为合作交流的门户和发展的活跃地带。“打”是由“边”的恶化而衍生的。所以“打”也可结合于“边”的辩证分析之中。

亩，其中耕地占 11.43%，园地占 0.81%，林地占 33.13%，牧地占 1.45%，宜农宜牧荒地占 7.72%，城乡居民 + 工矿 + 交通用地占 2.49%，水域占 1.64%，国防 + 古迹 + 自然保护区等特殊用地占 17.12%，难于利用土地占 17.35%，其他占 6.86%，地貌总体上以岩溶地貌（俗称石山）为主。耕地加上园林和宜农荒地共 494627 亩，按 2010 年 27 万人口，27.18% 城镇化率计算，农村人口 196614 人，人均拥有耕地 2.5 亩。生活在大石山区的贫困人口，人均耕地更少，33 个贫困村的人均耕地仅 1.5 亩。远离市场，交易成本相对高，相对封闭地依赖于土地的垦殖收入，成为名副其实的“穷乡僻壤”。以武德乡群合村陇马屯为例，武德乡距龙州县城 35 公里，群和村距乡政府所在地 7 公里，陇马屯距村委会 3 公里，有一条 2.8 公里的砂石路与屯外的边境公路相接，距边境线 3.9 公里。陇马屯有 49 户人家 198 人，全屯耕地面积 302 亩，人均 1.5 亩，全为旱地，水源靠四周山泉和降雨。2006 年以前，主要种植木薯、玉米和黄豆，此后开始试种甘蔗，并转向主要种植甘蔗。2009 年全屯种植甘蔗面积 250 亩，入厂原料蔗 147 吨，甘蔗收入成为主要收入。据当地村民介绍，种植甘蔗每亩纯收入约 400—500 元。种植甘蔗被认为是当下收益最好的土地利用方式，为当地政府所推广，也为当地群众所认同和实施。以陇马屯为例继续讨论，若以每亩甘蔗纯收入 500 元计，人均 1.5 亩皆种甘蔗，每人种植甘蔗的收入 750 元。由于山区的土地丈量很难精确，以入厂原料蔗数量反推种植面积，若以每亩 5 吨计算，2009 年陇马屯入厂原料蔗 1470 吨，应为 294 亩的种植面积，这一亩数与统计介绍的 250 亩相差 44 亩，这一情况表明陇马屯实际人均利用土地数量可能接近 2 亩。但即使按这一最大可能数计算人均的种植收入也仅有 1000 元。而且土地用于种植甘蔗，也就意味着需要通过销售甘蔗获得收入来购买粮食。所以，现在“穷乡僻壤”的农民已经不是自给或半自给的生产经营方式了，生产生活资料的获得统统寄托于支付能力之上。在生活开支中，最大的一笔支出是购买粮食，以简单吃饱为标准，若按每人每天 1 斤大米，每斤大米 2.2 元计算，每人一年的粮食支出为 803 元，种甘蔗的 1000 元收入仅剩下 197 元能够用于购买燃料及其生活用品和日常开支，每天为 0.54 元。由于缺粮食，陇马屯村民很少养猪，甚至也不多养鸡。缓解收支窘境的主要方式是外出务工。陇马屯 49 户家庭，有 9 户全家外出务工。30 户有家庭成员外出务工。类似陇马屯人均可耕地较少的山村，劳动力外出务工的直接效应就是增加在村人均土地收益和家庭非农现金收入。如4口之家一人外出务工，原先4人全部在家种甘蔗收入4000元，现在3人在家种4人的地，甘蔗收入还是4000元，外出务工的家庭成员若除了自己在外的生活支出外，尚略有盈余。若每年净结余4000元，其外出劳务的结余款便已相当于在家的土地收入。事实上，家庭成员外出务工已经成为贫困山村缓解单一垦殖有限耕地低收入状态的简单选择，并由此形成贫困山村居民的家庭收益结构。这一结构可以简称为“种植甘蔗+外出务工”收益结构。

贫困山村种植甘蔗+外出务工的结构反映着贫困山村现实的认知能力及与该能力相适应的理性选择。地方政府保障甘蔗收购及最低收购价的措施为种植甘蔗提供了稳定的可预期收益，同时，相对粗放的甘蔗种植管理方式为家庭劳动力外出务工提供了可能。而劳动力外出务工也是地方政府予以鼓励的增加贫困家庭收入的途径。种植甘蔗+外出务工的结构，既是山村居民的自我选择，也是地方政府管理导向的结果。简单地说，是政府导向的农民选择。

地方政府种植甘蔗的态度甚至比农民更加积极。龙州县2011年甘蔗种植面积达到54.7万亩。2012年崇左市下达龙州县的甘蔗种植面积又增加了2.8万亩，达到57.5万亩。这一甘蔗种植亩数远远超过《龙州县志》描述的龙州县耕地面积数量及加上园地和宜农荒地共49.46万亩的规模。这就意味着还要动员其他类型的土地用于种植甘蔗。龙州县有限的可耕地几乎都用于种植甘蔗。甘蔗种植已经成为龙州最主要的种植业。稳定甘蔗收益是稳定占总人口72.82%（如果按27.18%的城镇化率计算）的农村人口的基本种植收益。

农民在种植甘蔗的导向下建立了种植甘蔗+外出务工的家庭收益结构，地方政府则建立起甘蔗种植业+制糖及副产品加工的产业链及收益结构。龙州县2011年入厂原料蔗273.92万吨，产糖32.91万吨，实现产值20.11亿元，实现财政收入2.85亿元，蔗糖财政收入占当年全县财政收入的51.82%。龙州县超过一半的人口和财政收入依赖于种植甘蔗及制糖的收入。甘蔗经济事实上已经成为龙州县最具基础性的经济支柱。稳定甘蔗的种植、增产，提高甘蔗经济的产业链效益，是龙州经济社会稳定的基本保障，是稳定农民收入、稳定财政收入的重要基础。

甘蔗经济之于龙州经济社会发展的重要性是显而易见的，问题是甘蔗产业链能否持续适应龙州加快发展的需要？地方政府已经意识到现实甘蔗经济的势单力薄。在《龙州县国民经济和社会发展第十二个五年规划纲要》中，提出实施“富民兴边+贸工强县”新跨越战略。“富民兴边”是目标和要求，“贸工强县”是实现目标和要求的途径及方式。也就是说，发展的着力点正由农业跨向工贸业，在产业富民的导向下发挥其资源特色和比较优势由此走向新跨越。在具体的发展导向上，以加快发展特色资源型工业和大力发展口岸经济为基础，通过加快发展糖业循环产业集群和矿业循环产业集群；改造提升制药业、建材业、特色农产品加工等传统产业，培育发展生物柴油等战略性新兴产业，形成龙州特色资源型工业的结构框架；通过加强口岸基础设施建设，充分发挥龙州作为陆路东盟南崇经济产业带重要节点的作用，依托水口和科甲口岸优势，以边贸城和互市贸易点建设为载体，大力发展国际商贸、现代物流、出口加工等口岸经济；通过打造边境旅游景区景点、精品旅游产品、红色边关民族山水综合旅游圈、开放文化旅游产品，推进边关山水历史文化旅游，优化服务业发展环境，大力发展文化旅游及现代服务业。可以看出龙州产业发展正在觉醒，特色资源和开放因素在“十二五”规划中得到了充分的重视，成为支撑和引领发展的导向，被寄以加快龙州经济发展，实现新跨越的热切期望。

3. 对龙州加快发展的分析

加快发展是龙州肩负的历史使命。龙州曾经的辉煌要求加快发展，再造辉煌；广西陆路东盟的门户地位，要求龙州加快发展，担当边城枢纽重任；龙州现实的贫困包袱，要求龙州加快发展，富民兴边。龙州“十二五”规划纲要贸工强县的加快发展战略正在实践。2011 年龙州外贸进出口总额6.2 亿美元，比上年增长181.8%；互市贸易成交额39 亿美元，比上年增长369.9%。口岸贸易经济大幅增长，相关税费收入达到1.06 亿元。工业稳步增长，全县工业总产值完成40.9 亿元，比上年增长34.4%，工业增加值完成16.32 亿元，比上年增长10.5%，其中规模以上工业增加值完成14.85 亿元，比上年增长11.2%。全社会固定资产投资完成47.33 亿元，比上年增长44.8%。2012 年上半年，龙州贸工强县的势头更加强劲，外贸进出口总额预计完成7 亿美元，同比增长400%，超过上年全年总额；规模以上工业增加值预计完成12.16 亿元，增速为22%；而最引人注目的是年产80万吨生态氧化铝重大项目选址龙州通过专家评审，于9月份开工建设。该项目预计每年实现20亿元产值和2亿元税收，可向社会提供2000个以上就业岗位。

口岸贸易和矿业无疑构成了龙州加快发展现实最有力的双引擎，对壮大龙州县域经济实力，增强地方财政的自我保障能力，具有显著作用。但这仅是龙州加快发展所需要呈现的一个方面。除了加快发展壮大县域经济实力及地方财政自我保障能力之外，加快发展还需要切实有效地改善贫困人口的生活状态，使加快发展扎根于龙州广大民众之中。这甚至是龙州加快发展的真正着力点和归宿。

根据龙州“十二五”规划纲要的评估，2010年龙州城镇化率为27.18%。这就意味着尚有71.82%的人口约19.66万人生活在农村，而其中尚有11.33万贫困人口。显然，口岸贸易和矿业的发展利益与农村贫困人口的现实利益诉求之间还有一定的距离。龙州庞大的贫困人群直接依赖的还是甘蔗种植的利益及外出打工。这也是龙州发展现实立足点以稳定甘蔗种植为基本保障的缘由。发展制糖业并深化产业链是直接与稳定农村人口甘蔗种植收入相关联的“产业富民”逻辑。但农村的甘蔗种植+外出务工方式实际上难以有效解决其贫困问题，更难以适应富民和加快发展。如上述陇马屯，即是其注解。把加快发展的视角扩展到占总人口72.82%的农村人口，除了通过口岸经济和第二、第三产业的发展推进城镇化吸纳农村人口，缓解农村生态资源压力之外，更关键的是把加快发展的理念和活力引入农村，改进农村的生产经营方式。实际上一些乡村已经开始了积极的生产转型探索并取得了难能可贵的经验。

公司+基地+农户的结构是把市场、信息、资金、技术与地方资源和发展利益有效整合的一种经营方式。这种方式沟通了封闭的山村与外部市场的联系，使山村资源得到有效动员。彬桥乡安镇村板旧屯近两年的变化就是一个典型的例子。板旧屯位于大青山南麓，距边境线2公里，距乡政府7公里，距县城23公里。全屯47户187人，有耕地113亩，林地600多亩，人均0.6亩耕地和3.2亩林地。尽管山清水秀，环境优美，但苦于耕地稀少，市场闭塞，简单的种植生涯只留给村民贫困的日子。一个1979年从板旧屯走出去当兵，1997年退役的老兵，30年后回到家乡，看到的依然是贫穷的家乡。于是，这位老兵就把自己在外经商的信息、技术和资金引入山村，动员全屯村民采取社会扶持、产业扶贫、项目扶贫三结合，积极建设板旧生态休闲旅游接待中心、珍贵树种育苗基地、有机瓜果蔬菜基地、特色养殖基地。生态休闲旅游接待中心体现壮族民居特色，拥有会议接待中心、文体活动中心、民族歌舞台、游泳池、垂钓活动中心、烧烤活动场、环山休闲养生小道、山顶观景凉亭以及度假别墅等设施。预计投入运营后将实现年产值1000万元。珍贵树种育苗基地和有机瓜果蔬菜基地对全屯113亩耕地进行集约化经营，与生态旅游相结合促进产业增值，目标为年产值1000万元。特色养殖基地以名贵鱼鳖养殖为主要养殖项目，集观赏、食用于一体，提高养殖效益，争取年产值1000万元。板旧屯通过一个中心三个基地的建设，整合优化全屯土地，发现、动员生态环境资源。全屯187人根据个人能力组建青年工作组、妇女服务队、老年特色劳务团，分别从业于基地内的育种、养殖、接待服务和环境卫生等不同工作岗位。板旧屯“公司+基地+农户”的方式实际上通过土地入股分红把山村分散的小农重组改造为具有现代公司特点的新型股份合作组织，通过对市场、信息及技术的了解和公司的统一运营实现资源的优化配置和对本屯劳动力的合理安排。公司分配给每户1个名额在公司上班，月工资1500元。村民在家门口就业的工资收入甚至比在外务工的收入更高，这也避免了农村高质量劳动力外流和边境村的空虚化。一个中心三个基地对板旧屯农村经济的改造，使村民2011年人均收入增加3200元。全屯人均收入达到5800元。一个昔日偏僻的穷山村已改建为欣欣向荣充满活力的生态景观新村。

村屯间的发展条件各不相同，其具体发展方式也各有特点。上龙乡民权村荒田屯的发展方式有别于板旧屯，呈现出另一种典型。荒田屯位于龙州县城西北部，距县城12公里，有多条县、乡交通干道经过该屯，交通便利。全屯44户，178人，有登记的耕地面积900亩，人均5亩。荒田屯的优势条件是交通便利和耕地资源丰裕。由于该屯原先多荒地未开垦，故名为荒田屯。这也就为该屯开垦荒地增加耕地提供了可能。实际该屯拥有的可耕地远不止900亩。荒田屯的重要经验是发挥交通便利的优势条件，了解市场信息，善于学习和更新观念，因地制宜创新生产经营方式。在21世纪之前，荒田屯种植原料蔗，由于每家土地分散，生产效益较低，据村干部介绍当时人均年收入不足400元。进入21世纪，一些农户改种黑皮甘蔗，收入翻番。2005年全屯土地进行分类整合，推进“小块并大块”，减少小块土地之间的纠纷和改善规模化经营，带动种植结构的优化。黑皮甘蔗种植的技术在全屯得到普及推广，大幅度提高了村民的收入。2006 年荒田屯统一规划新村建设，彻底改善村容村貌和村民的生产生活及文化体育活动空间。2011 年荒田屯再一次转变经营方式，村集体与广东大唐公司签订合作协议，以每亩每年 900 元的租金出租 1000 亩土地给大唐公司种植无公害西贡蕉。公司聘用村民管理香蕉园，月基本工资 1800 元，年终再根据收益状况给适当分成。此外。荒田屯还建立了 120 亩蔬菜滴灌基地，建立了“养殖 + 沼气 + 种植”的生态农业循环模式。除种植业生产经营的变革外，荒田屯另留出 49 亩土地发展“农家乐”乡村生态休闲旅游业。目标是打造乡村旅游的“后花园”。据村干部介绍，大唐公司以每月 1800 元的待遇聘用村民，年轻人仍不愿受聘，另选择收入更高劳动强度更低的工种。如到县城从事服务业，而不愿意在村里干农活。荒田屯的精神状态可以从该屯组织村民舞蹈队、篮球队、开展山歌擂台赛等业余文化活动得到说明。这是一个名副其实的现代文明新村。

板旧屯和荒田屯的发展条件和发展方式各有特点，但殊途同归，都是走上转变发展方式、加快发展、摆脱贫困的道路。板旧屯和荒田屯的发展，也提出了边境地区农村加快发展、发展什么、如何发展的问题。

边境地区农村由于政治、社会、自然环境的原因，在经济社会的发展过程中一直被置于发展的末梢。富民兴边战略构想如何改善这种状态，是沿着传统的思路以工业项目和城市化吸纳农村人力资源，以城镇工商业为中心和导向，辐射和带动边境农村的资源流动与配置，以城镇工商业反哺边境农村；还是以创新边境农村的资源环境为基础，以自主发展和开放为导向，沟通市场信息，获取知识技术的支持，争取边境“三农”的新跨越，使边境农村成为边境城市真正的后花园。板旧屯和荒田屯的发展方式为创新边境农村发展思路提供了可借鉴的经验。城镇化的大趋势最终将把发展的势能传递到边境农村。工业建设的能量也会在形成区域增长点的同时产生发展能量的辐射，带动边境农村资源要素的流动与配置。但边境农村也有可能以开放的积极姿态，因资源环境制宜，捕抓信息、发现市场、引进资金技术、实现自主跨越、开拓边境农村自主发展的新途径。

从龙州加快发展的实践看，“工贸强县”的业绩是显而易见的。其对地方财政的贡献也毋庸置疑。但在朝着“富民兴边”目标前进的过程中，拥有72.82%的农村人口以什么样的状态和角色介入其间，实际上要比“贸工强县”的增长方式复杂得多。沟通市场信息、拓宽发展思路、重新认识农村发展的资源环境，发现、挖掘、塑造资源优势和特色并与现代知识技术相结合，更充分地激发、动员农村自主发展的积极因素和自信心。使农村经济发展转变方式，面向更广阔的消费市场。通过更高效益的资源配置，改善农村产业的结构功能，焕发农村产业新活力，实现农村经济的现代转型并增强其凝聚力。这应该是与城镇化、工业化并行不悖的新农村发展道路。因此，加快发展的着力点也理当落实到新农村的新结构功能的建设上，切实体现富民优先的发展理念。特别是边境农村客观上承担着守护边境家园的职责，边境农村必须是有凝聚力的充实的农村。一般城市化过程优质劳动力及人口流向城市，人走屋空的现象，不符合边境地区的国家安全利益。边境农村与城市共同繁荣是边境地区长治久安应有的内在逻辑。

概而言之，龙州加快发展，并不仅仅表现在引人瞩目的少数增长点上。人众、面宽、资源环境多样的乡村也是加快发展需要着力落实、统筹推进的领域。这是一个更具丰富内涵，更需要创新思维，更突出开拓与务实精神的领域。

（二）行动经验——龙州案例引申的思考及启示

龙州各族人民正在努力加快发展，争取早日实现富民兴边。但龙州这座拥有光荣历史的名城迄今笼罩的贫困县阴影仍引人深思。

首先，一个最沉重的问题就是国家、社会应当怎样对待边境地区。据《龙州县志》记载，在20世纪80年代的对越自卫反击战中，龙州县获得广州军区批准的立功单位和先进集体有：1个单位记一等功，13个单位记三等功，44个单位评为支前先进单位；另有3个单位为广西壮族自治区、广西军区批准的支前先进单位。[①] 龙州作为滇桂边境地区的一个典型，为保家卫国做出了巨大牺牲和贡献，理当获得国家、社会的尊重和奖励。但现实却呈现出诸多不协调、不对称的现象。即：边境地区民众守护边境或家园的贡献与现实利益待遇不对称；边境地区战略地位加强建设的重要性与实际建设的重视不对称；边境地区经济社会发展

① 《龙州县志》，广西人民出版社，1993年，第346－348页。

的投入需要与实际的投入支持不对称；国家经济实力快速增长与边境地区居民的共享不对称。国家政策应高度重视这些不对称现象，尽快改变这种不对称现象。尽管“兴边富民行动”加大对边境地区的支持力度，一定程度上缓解了边民生活的困难，也仍力度较小。广西对边境线0－3公里边民实行每人每月80元的补助，对缓解边民的生活困难作用很明显。但也仍旧只是起到缓解的作用，不能较大幅度地改善边民生活状况。考虑到边民的实际生活困难及物价上涨因素，国家对边民的补助额度应当增大基数并逐年增加。

其次，加快发展如何落实“富民优先”、“民生为本”的理念。加快发展是以富民为目标的。但具体的实践过程则多从财政着眼，有限资源的配置更偏好于业绩显著的大项目和形象可人的城市建设。其辩证法是通过工业化、城市化带动，改变农村、农业和农民的发展状况，跳出“农门”，将其视为大趋势。于是农村、农业、农民的发展问题不是置于直接优先考虑的地位，而是置于适应工业化、城市化需要的附属地位。这种状况不仅不利于协调农业与国民经济加快发展的关系，不能更充分发挥农业对经济发展的积极作用，更不利于边境地区经济社会的健康发展。边境地区特殊的发展条件和安全需要，决定了城市化不应导致边境乡村的空虚化，工业建设也不应是排斥乡村民众的孤家寡人形式。也就是说，边境地区的城市化和工业化建设应当是亲民的，有助于促进边民就业、增强边境家园安全和凝聚力的；有助于与农村产业发展互动的，激发农业发展活力的；有助于带动边境乡村建设，促进边境乡村繁荣发展的。一种小而美、轻而特的发展结构，更适合边境地区的发展需要。小而美，就是产业发展的组织形式不追求大规模、集约化，而是适应边境地区人口相对分散的小聚居形式，具有就近组织就业的功能，并且与当地民族文化、生态环境相协调。轻而特，就是轻型化和富有特色，对开放市场具有较强的适应能力和灵活性，以特色凝聚市场竞争力。小而美、轻而特的发展形式扎根于边境民众之中，与边境农村生产生活紧密相关，这样产业富民的理念就能够真正贯彻体现。

其三，发展的理性如何积极认识、重视边境地区市场。当社会发展还处于社会成员普遍忙于解决温饱问题的阶段时，社会公共设施建设落后、交通不便，边境地区被视为遥远的边缘，很少为社会所关注。在度过这一困窘状态之后的当今中国，边境地区已不再遥远。边境是全体国民的边境，每个国民都应当有关注、亲近边境的积极性。因此，边境已不只是词汇上的地缘政治概念，同时也是可被赋予神秘想象和丰富内涵的资源。把边境作为资源，最直接的形式就是边境旅游。边境旅游可以激发国民爱国热情，动员边境地区民族文化资源，沟通地域之间经济文化交流，是促进边境地区加快发展的有效途径。龙州县政府提出大力推进边关山水历史文化旅游，已深刻地认识到边境概念的资源内涵。龙州县边关山水历史文化旅游着重突出红色历史、民族文化、边关风情、左江山水四大特色。2011 年龙州县共接待游客 85.9 万人次，旅游总收入 6.8 亿元。旅游业同时也带动了当地土特产品和工艺品的开发和生产。但进一步分析发现，龙州丰富的边境旅游资源仍未引起更多游客的关注和重视。2011 年龙州县接待的游客细分到 365 天，每天仅有 2353 人次，与龙州所具有的旅游资源禀赋很不相称。这说明龙州的旅游市场还处于有待深入开拓的状态。这一点与龙州的另一现象颇为相似，即社会商品零售总额的疲软状态。2011 年龙州县社会商品零售总额 10.23 亿元，人均 3831 元，人均额为广西人均水平的 45.53%，全国人均水平的 28.07%。龙州低水平的社会商品零售总额，既反映了当地消费力的不足和市场的沉寂，也提出了我国当前扩大内需的方向问题。中国扩大内需并非没有空间和市场，边境地区就是眼前最现实的空间和市场。当然，这需要国家重视并改变上述提到的诸多不协调、不对称现象。加大对边境地区发展建设的支持力度，尽快实现富民兴边。边境地区民富边兴，既为自身发展拓展市场，也为外部展开市场。边境便能成为充满活力的因素激活边境地区市场。

其四，边境地区加快发展应该更加强化因地制宜与开放创新的意识。滇桂边境地区自然条件复杂多样，边境贸易历史悠久活跃，小地域单元资源环境各具特色，经济社会发育各有特点。这种发展环境和条件决定了发展方式的多样性和因地制宜的必然性。但因地制宜不是因循守旧，而是应具有开放创新意识的因地制宜。边境地区的具体条件和民间积累的经验知识是发展的重要因素。在相对封闭的发展环境中，这些因素组合成相对封闭的配置结构，形成相对封闭状态中的运行方式，维持相对停滞的状态。这种封闭状态的“因地制宜”已经不能适应开放社会的发展要求，不能真正发挥当地资源条件的配置效率，更不能体现边境地区扩大开放的比较优势。在国家推行睦邻开放政策背景下，边境地区的因地制宜发展方式实际上被赋予了更强的开放创新自主性。因地制宜是适应加快发展，扩大开放的要求而重新认识的。龙州对边境概念资源的重新认识，积极发展口岸贸易经济，培育边关旅游品牌以及大力倡导循环经济，培育循环产业链，就是一种开放思维的因地制宜发展方式；板旧屯和荒田屯开拓村屯各自的特色发展方式，也是一种开放创新的因地制宜发展方式。其基本特点都是体现以开放为发展导向，以开放促结构调整，把当地资源条件和相关发展因素置于开放市场的大环境中，建构加快发展的新结构功能。从因地制宜的一般经验看，开放型的新结构功能对于滇桂边境地区经济社会加快发展具有普遍意义。以开放促进边境县域经济结构和发展方式的调整。这种新的发展结构重视开放条件下知识、信息、市场的关键作用，培育知识技术能力和获得信息的能力，形成发现、拓展市场的能力，形成知识、信息、市场及相互依赖的整体。新发展结构以人的能力结构为基础替代初级自然资源型结构，超越自然资源粗放利用及简单依赖的自然结构，更有效地发现、动员、利用资源，形成提高资源效力的新功能。这种开放型的新发展结构应当是更充分地揭示边境地区资源环境及比较优势的特征，更符合边境地区稳定安全、民生为本的要求，具有开放导向的开放性，地域文化的特色性。而要实现这种新功能和新特征，则要求多形式多途径地进行人才队伍的建设，加大对当地职业技术教育的支持力度和创新型人才的吸引力度。努力培育、涵养具有开放创新意识和竞争力的知识技术基础。能够适应长期发展、实现富民兴边的发展结构，是由具有开放创新意识和竞争力的知识技术基础来支撑的。知识技术的质量决定发展结构的质量，也决定着边境地区因地制宜加快发展的能力和发展要素的配置效率。

第四章　兴边富民行动的环境与格局

兴边富民行动涉及复杂的地缘环境条件，行动要求因边制宜，顺时势和地缘环境而为。

一、周边环境分析

兴边富民行动所涉及的“边”主要是指我国的内陆边境地区。我国有长达约2.2万公里的陆地边界线，与周边的14个国家[①]接壤，是世界上邻国最多的国家，周边环境极其复杂。我国沿边境线的省、自治区共9个，自东向西包括辽宁、吉林、黑龙江、内蒙古、甘肃、新疆、西藏、云南和广西。与这些边境省区相对应的邻国包括朝鲜、俄罗斯、蒙古、哈萨克斯坦、吉尔吉斯斯坦、塔吉克斯坦、阿富汗、巴基斯坦、印度、尼泊尔、不丹、缅甸、老挝和越南[②]。这其中，内蒙古自治区共有19个边境旗市，边境线总长4221公里，总面积60.9万平方公里，占全区总面积的52.37%。辽宁省与朝鲜民主主义共和国毗邻，边境线长303公里，边境地区总面积1.49万平方公里。吉林省有10个边境县（市、区），边境县总长1438.7公里。黑龙江省有17个边境县（市、区）。广西壮族自治区有8个边境县（市、区）与越南4个省17个县毗邻，陆地边境线长1020公里，海岸线长1059公里，边境地区总面积达1.796万平方公里。云南省与越南、老挝、缅甸三国接壤，共有25个边境县（市），总面积9.19万平方公里，境内国境线长4060公里。西藏自治区边境线长达4000多公里，与印度、不丹、尼泊尔、缅甸4个国家接壤，共18个边境县，104个边境乡。肃北县是甘肃省唯一的边

---

① 原为15个邻国，但锡金于1975年并入印度，我国于2005年正式承认其为印度的一个邦。

② 参见于国政：《中国边境贸易地理》，中国商务出版社，2004年，第35页。

境县，与蒙古国接壤，边境线长约65公里，面积约6.6万平方公里。新疆是我国边境线最长的省区，长达5600公里，与8个国家接壤，有32个边境县市，边民人口约455万人。我国周边国家根据地缘特征可划分为北部周边环境和南部周边环境。

（一）我国周边国家基本情况

1. 我国毗邻国家的经济发展水平

我国周边共有14个国家与我国陆地接壤，其中，绝大部分邻国属于发展中国家。邻国中俄罗斯的经济实力最强，是世界第十大经济体，2010年其人均GDP达到10405美元，远超我国的4260美元。此外，中亚国家哈萨克斯坦2010年的人均GDP也高达9238美元。除俄罗斯和哈萨克斯坦为中等偏上收入国家以外，其余12国则无论是GDP总额还是人均GDP都低于中国的水平（详见表4-1），为中等偏下收入国家和低收入国家。

表4-1　2010年我国周边14国GDP及人均GDP指标一览表（美元现价）

毗邻国家	GDP（亿美元）	人均GDP（美元）	我国相邻边境地域
俄罗斯	14798	10405	黑龙江、吉林、内蒙古、新疆
哈萨克斯坦	1490	9238	新疆
蒙古	60.83	2250	内蒙古、甘肃、新疆
不丹	16.12	2183	西藏
印度	16800	1370	新疆（南疆）、西藏
越南	1046	1211	云南、广西
巴基斯坦	1768.70	1001	新疆（南疆）
老挝	71.81	1088	云南
塔吉克斯坦	56.8	820	新疆（南疆）
吉尔吉斯斯坦	46.35	899	新疆（南疆）
缅甸	425.36	880	西藏、云南

续表

毗邻国家	GDP（亿美元）	人均 GDP（美元）	我国相邻边境地域
阿富汗	172.43	512	新疆（南疆）
尼泊尔	160.14	545	西藏
朝鲜	280	498	辽宁、吉林

资料来源：根据世界银行数据和联合国相关数据整理。http：//data.un.org/Data.aspx？d = SNAAMA&f = grID%3A101%3BcurrID%3AUSD%3BpcFlag%3A1。访问时间：2013 年 3 月 12 日。

2. 毗邻国家与我国的经济合作关系基本状况

我国与邻国之间的经济合作关系更多地表现在贸易领域，在与多数邻国的贸易关系中，中国都是其最重要的贸易伙伴国。而在投资领域，主要以我国对邻国的直接投资为主，吸收邻国的直接投资相对较弱。这与我国邻国的整体经济发展水平滞后密切相关。2012 年 1—12 月，对华投资前十位国家和地区（以实际投入外资金额计）依次为：中国香港（712.89 亿美元）、日本（73.8 亿美元）、新加坡（65.39 亿美元）、中国台湾省（61.83 亿美元）、美国（31.3 亿美元）、韩国（30.66 亿美元）、德国（14.71 亿美元）、荷兰（11.44 亿美元）、英国（10.31 亿美元）和瑞士（8.78 亿美元），前十位国家和地区实际投入外资金额占中国实际使用外资金额的 91.4%。而前十位国家和地区中，无一是邻国。换句话说，所有邻国对华投资总额加在一起都不到我国实际利用外资金额的 8.6%。表 4－2 是 2010 年中国与其陆境邻国的贸易与投资规模的对比，从中可以清楚地看到各国经济实力的悬殊及与中国的经济贸易关系。

表 4－2　2010 年中国陆境邻国的部分经济贸易指标一览表（美元）

国家	对华贸易额	对外贸易总额	对外直接投资额（FDI Outflows）	外国直接投资额（FDI Inflows）
俄罗斯	554.50	6484.00	516.97	411.94
哈萨克斯坦	140.90	890.00	78.06	99.61
蒙古	40.02	61.77	0.62	16.91
不丹①	/	10.22	/	/

① 不丹数据为 2009 年。

续表

国家	对华贸易额	对外贸易总额	对外直接投资额（FDI Outflows）	外国直接投资额（FDI Inflows）
印度	617.60	5389.00	146.26	246.40
越南	300.90	1570.00	8.53	81.73
巴基斯坦	86.67	593.00	0.46	20.16
老挝	10.85	33.00	0.06	3.50
塔吉克斯坦	14.31	38.53	/	1.59
吉尔吉斯斯坦	42.00	49.80	/	2.95 ①
缅甸	44.52	132.00	/	7.56
阿富汗②	7.16	55.42	629.00	164.40
尼泊尔③	7.44	57.86	/	1.22
朝鲜 ④	56.30	63.20	/	0.38
中国	/	29728.00	680.00	1057.35

数据来源：国家统计局网站 http://www.stats.gov.cn/tjsj/qtsj/gjsj/2011/t20120712_402817759.htm、中国商务部《对外投资合作国别地区指南 2012 版》，http://fec.mofcom.gov.cn/gbzn/gobiezhinan.shtml，访问日期 2013 年 4 月 12 日。

我们把位于北部边境地区毗邻国家朝鲜、俄罗斯、蒙古、哈萨克斯坦列为北部周边国家，而其余的邻国塔吉克斯坦、吉尔吉斯斯坦、巴基斯坦、印度、阿富汗、尼泊尔、缅甸、不丹、越南、老挝列为南部周边国家。

（二）北部边境国家

在北部边境地区，我国沿边开放后，与相邻的俄罗斯、朝鲜、蒙古的经济合作关系越来越务实。

---

① 该数据为 2011 年。

② 阿富汗数据均为 2010—2011 财年（2010 年 3 月至 2011 年 3 月）。

③ 尼泊尔的数据中，外资流入额为 2009—2010 财年数据，其余均为 2010—2011 财年。

④ 朝鲜数据均为 2011 年。

1. 俄罗斯

中国和俄罗斯的贸易关系总体趋势向好，已成为俄罗斯最大的贸易伙伴国。1999至2008年，双边贸易额连续9年保持增长。2009年受金融危机影响，双边贸易额大幅下滑，2010年进入复苏阶段，贸易额接近危机前水平。2011年继续保持上升。据中国海关统计，2011年中俄贸易额达792.5亿美元，同比上升42.7%。其中，中国对俄出口389.0亿美元，同比上升31.3%；自俄进口403.5亿美元，同比上升55.6%。2011年，中俄两国边境贸易额达93.6亿美元，对俄边贸出口产品主要为轻纺、农产品、小家电等，进口以原木、原油、化肥、钢材等初级产品为主。另据俄罗斯联邦统计局数据，截至2011年底，中国企业累计对俄罗斯投资276.2亿美元，在俄罗斯吸引外资总额中占比8.0%①。近年来，中俄两国政府不断提出促进双方经济技术合作方面的建议，其中包括吸引中国资本共同开发石油、天然气资源；兴建生产型合资企业；建立跨国自由经济区等，展现着广阔的合作前景。

2. 朝　鲜

自1978年以来，中朝两国贸易额一直稳步增长，朝鲜在双边贸易上对中国的依存度逐年上升。目前，中国是朝鲜最大的对外贸易国。据中国海关统计，2011年中朝贸易额达到56.39亿美元，同比增长62.4%，其中，中方出口31.65亿美元，进口24.75亿美元，同比分别增长39%和107.2%。据中国商务部统计，截至2011年底，中国对朝非金融类直接投资（实际投资）存量约2.7亿美元，中国对朝投资企业主要集中在矿产资源和制造业领域。1991年12月，朝鲜在靠近中朝、朝俄边境的罗津、先锋设立自由经济贸易区，简称“罗先经贸区”。2011年6月，朝鲜在中朝边界设立黄金坪、威化岛经济区，经过中朝两国政府协议，决定由两国共同开发、共同管理。据不完全统计，截至2011年底，经中国商务部批准，共有21家中国企业在罗先经贸区投资从事石油化工、服装加工业、水产加工等。两国已经签署了有关经济文化合作、贸易和技术合作的多项重要协定②。

---

① 摘自商务部：《对外投资合作国别地区指南俄罗斯2012版》，http：//fec. mofcom. gov. cn/gbzn/gobiezhinan. shtml，访问日期2013年4月12日。

② 摘自商务部：《对外投资合作国别地区指南朝鲜2012版》，http：//fec. mofcom. gov. cn/gbzn/gobiezhinan. shtml，访问日期2013年4月12日。

3. 蒙　古

蒙古国的东、南、西部边境均与中国接壤，中蒙两国有着长达4710公里的边境线。20世纪90年代后，蒙古国实行私有化改革，经过20多年的发展，经济开始复苏并呈现较快增长态势。据蒙古国海关统计，2011年蒙古国对外贸易总额首次超过百亿美元，达到114亿美元，同比增长84%。自1951年建立贸易关系以来，中蒙两国边境贸易经过几十年的发展，目前中国已有20多个省区与蒙古建立了经贸关系。据中国海关统计，2011年中蒙贸易总额为64.71亿美元，同比增长60.7%，其中，中国出口27.32亿美元，增长88.4%，进口37亿美元，增长45%。另据蒙古国外资外贸署统计，截至2011年，有5737家中资企业在蒙投资，直接投资额达34.84亿美元，占其外国投资企业数的一半左右，占其1990至2011年吸引外资额98.26亿美元的39.5%①。2009年11月，中国正式批复《中国图们江区域合作开发规划纲要——以长吉图为开发开放先导区》，这成为迄今唯一一个由国家批准实施的沿边开发区域。规划指出，要在图们江区域开拓通往俄、朝、韩、日、蒙五国的海陆联运国际运输通道，推动建设中俄朝三国跨境经济合作区。这一重大国家战略的实施，将有力促进东北亚经济一体化进程的发展②。

4. 哈萨克斯坦

哈萨克斯坦与我国的经贸联系也较为密切。自2000年起，哈萨克斯坦的对外贸易额平均每年以30%以上的速度上涨。2011年，哈萨克斯坦的外贸总额达到1261.6亿美元，出口881.2亿美元，同比增长48%；进口380.4亿美元，同比增长25%。中国是其第二大贸易伙伴，与哈贸易额仅次于俄罗斯，在哈萨克斯坦的出口伙伴国中居第一位。2011年，哈萨克斯坦对中国出口162.9亿美元，进口50.2亿美元，贸易额达213.1亿美元，同比增长51.1%，占比16.9%③。哈萨克斯坦的出口商品以能源和矿产品为主，特别是石油和天然气；进口以机械设

---

① 摘自商务部：《对外投资合作国别地区指南蒙古2012版》，http：//fec. mofcom. gov. cn/gbzn/gobiezhinan. shtml，访问日期2013年4月12日。

② 李靖宇、吴超：《后金融危机时代中国延边区域开发开放的战略升级》，载《云南师范大学学报》，2011，43（2）。

③ 据哈方统计。

备、运输工具、仪器仪表类产品为主。据中国商务部统计，2011 年，中国对哈萨克斯坦非金融类直接投资额达 5.82 亿美元，截至 2011 年末，中国对哈萨克斯坦非金融类直接投资额累计达 28.58 亿美元。2010 年，哈萨克斯坦对中国投资项目 10 个，合同利用外资金额为 1605 万美元。哈方在华投资项目共计 202 个，累计金额 3.7 亿美元，实际利用金额超过 4718 万美元，多集中在新疆地区。位于中哈边境上的“霍尔果斯东大门”经济特区正在建设中①。

（三）南部边境国家

在南部边境地区，中国与南亚各国的友好往来历史悠久。南亚地区发展中国家居多，有着丰富的人力资源和自然资源，发展势头强劲，是继东北亚之后世界上经济增长速度最快的区域市场之一。1985 年，南亚各国达成《南亚区域合作联盟宪章》等协定，成立了南盟。南盟地处亚洲中部，西临欧洲大陆，南衔环印度洋圈，是国际资本和亚太产业转移的理想场所，这为中国拓宽经贸领域，实现市场多元化提供了有利条件。可以肯定，南盟的发展对于推动中国西部资源开发和沿边开放具有现实意义。

1. 印　度

1977 年中国和印度关系实现正常化，经贸关系得以恢复。进入新世纪后，两国政府高层互访频繁。2003 年印度总理瓦杰帕伊来华访问。2005 年温家宝总理访问印度，建立了面向和平与繁荣的战略合作伙伴关系。2006 年胡锦涛主席访印，进一步增进了两国战略合作伙伴关系并使之实质化。2008 年，印度总理辛格访华，双方签署了中印“关于 21 世纪的共同展望”。从双边贸易额来看，两国近年来的贸易额增速一直稳定在 30% 以上，从 2000 年的 29 亿美元上升到 2011 年的 739.2 亿美元，11 年间增长了 25 倍。其中，中国出口 505.4 亿美元，进口 233.7 亿美元。2011 年，中国成为印度第一大贸易伙伴国，印度是中国当年第 11 大贸易伙伴。2011 年，中国对印度非金融类直接投资额为 1.80 亿美元。截至 2011 年末，中国对印度非金融类直接投资累计达到

---

① 摘自商务部：《对外投资合作国别地区指南哈萨克斯坦 2012 版》，http://fec.mofcom.gov.cn/gbzn/gobiezhinan.shtml，访问日期 2013 年 4 月 18 日。

6.57 亿美元。总体来看，中国对印度投资规模较小，缺乏集约式投资，投资领域和模式较为单一，与邻国的经济规模和经贸合作水平不相称，提升空间较大①。

2. 巴基斯坦

中国是巴基斯坦第一大贸易伙伴国，巴基斯坦是中国在南亚第三大贸易伙伴国和第一大投资目的国。在南亚国家中，巴基斯坦是第一个承认中国市场经济地位、第一个与中国建立自由贸易区的国家。1951 年中国和巴基斯坦建立外交关系，1967 年启动边境贸易。长期以来，两国经贸关系保持健康稳定发展。2010 年 12 月温家宝总理访问巴基斯坦，进一步深化了两国的合作交流。中巴战略合作伙伴关系不断取得进展，两国经贸合作成效显著。近年双方致力于深化和拓展经济联系，采取了一系列战略性举措和制度性安排，以实现共同发展，已经签订了《中巴经贸合作五年发展规划》和《中巴自由贸易协定》。中巴贸易有一定互补性，合作空间潜力大，近年贸易增速保持在 20% 以上。中国是巴基斯坦第一大进口来源国和第四大出口目的国，2011 年，双边贸易额为 105.64 亿美元，同比上升 21.9%。其中，中国出口 84.4 亿美元，进口 21.24 亿美元。2007 年以前，中国对巴基斯坦的投资一直较少，总额仅为 1.08 亿美元。据中国商务部统计，2011 年，中国对巴非金融类直接投资额 3.33 亿美元，截至 2011 年末，中国对巴非金融类直接投资额累计达 21.63 亿美元。海尔—鲁巴经济区为中国商务部批准设立的首批“中国境外经贸合作区”之一，也是巴基斯坦政府批准建立的“巴基斯坦中国经济特区”，是中巴五年规划的重点项目之一。据中国商务部统计，截至 2011 年 12 月，我国企业累计在巴基斯坦签订承包工程合同额 229.15 亿美元，营业额 171.91 亿美元②。此外，巴基斯坦是中国重要的援助对象国。中国对巴提供的经济技术援助包括无偿援助、无息贷款、优惠贷款。

3. 阿富汗

阿富汗位于西亚、南亚、中亚交汇处，扼南北交通要冲，发展过境

---

① 摘自商务部：《对外投资合作国别地区指南印度 2012 版》，http://fec.mofcom.gov.cn/gbzn/gobiezhinan.shtml，访问日期 2013 年 4 月 18 日。

② 摘自商务部：《对外投资合作国别地区指南巴基斯坦 2012 版》，http://fec.mofcom.gov.cn/gbzn/gobiezhinan.shtml，访问日期 2013 年 4 月 18 日。

运输贸易，构建连接东南西北地区的“交通通道”，具有得天独厚的地理区位优势。阿富汗历经 30 多年战乱，经济破坏殆尽，是世界最不发达国家之一，严重依赖于外援。阿富汗对外贸易多年来一直存在巨额逆差，每年出口额仅占贸易总额的 10% 左右，出口以初级产品为主。阿中两国是传统睦邻友好邻邦。2010 年 3 月，阿富汗总统卡尔扎伊访华，双方签署多项经贸合作协议。中国是阿富汗的重要贸易伙伴，2010/2011 年中国成为阿富汗第二大进口国和第五大出口国，自中国进口 7.04 亿美元，占其进口额的 13.66%；向中国出口 0.1169 亿美元，占其出口额的 3%。据中国商务部统计，2011 年，中国对阿富汗非金融类直接投资达 2.96 亿美元，截至 2011 年末，中国对阿富汗非金融类直接投资累计达 4.65 亿美元。2011 年中国在阿富汗新签承包工程合同 4 份，合同额 6315 万美元，完成营业额 5805 万美元①。

4. 不　丹

在中国的所有邻国中，不丹是唯一尚未与中国建交的国家。中不两国边界长约 600 公里，从未正式划定。从 1984 年起，中不两国轮流在北京和不丹首都廷布举行中不边界会谈。不丹同所有南亚国家建立了外交关系，来往日益增多。不丹积极主张加强南亚区域合作，是南盟成员国。不丹经济较为落后，水力发电和旅游业是其重要经济支柱。不丹对外贸易主要在南盟成员间进行，印度是其主要外贸对象、债权国和国防援助国，签有自由贸易协定。2009 年，不丹进口额 256.5018 亿努，出口额 239.9274 亿努（分别约合 5.278 亿美元和 4.94 亿美元）。不丹对印度进、出口额分别占总进口、出口额的 77.8% 和 93.5%。其他主要贸易伙伴有中国香港、印尼、新加坡、孟加拉国、泰国等。其中，不丹与孟加拉国之间签有优惠贸易协定。

5. 尼泊尔

中国和尼泊尔是山水相连的友好邻邦。尼泊尔是经济落后的农业国。2010/2011 财年，尼泊尔经济增长率为 3.4%，人均 GDP 为 689 美元，是加入 WTO 的最不发达国家。作为南亚区域合作联盟的创始人，2006 年 1 月 1 日签署南亚自由贸易区协定（SAFTA）。近年来中尼两国

---

① 摘自商务部：《对外投资合作国别地区指南阿富汗 2012 版》，http：//fec.mofcom.gov.cn/gbzn/gobiezhinan.shtml，访问日期 2013 年 4 月 18 日。

贸易发展迅速，尼泊尔已成为中国进入南亚市场的重要通道。中国是其仅次于印度的第二大贸易伙伴。2011 年，中尼双边贸易额为 11.95 亿美元，同比上升 60.9%；其中，中方出口 11.81 亿美元，进口 0.14 亿美元。据中国商务部统计，2011 年，中国对尼泊尔非金融类直接投资达 858 万美元，截至 2011 年末，中国对尼泊尔非金融类直接投资累计达 2480 万美元①。

总体来看，目前中国同不丹、尼泊尔、阿富汗等国经贸额较小，中国需从发展边境贸易入手，逐渐扩大与他们的经贸合作。

6. 吉尔吉斯斯坦

吉尔吉斯斯坦位于中亚东北部，与中国的共同边界长 1096 公里。中吉两国自 1992 年建交以来，关系积极健康稳定发展，两国在联合国、上海合作组织等多边领域互相支持，合作卓有成效。近十年来，吉尔吉斯斯坦一直保持较高的外贸依存度。吉尔吉斯斯坦是欧亚连接的重要通道，对乌兹别克斯坦、哈萨克斯坦、塔吉克斯坦等中亚邻国辐射作用明显，中国出口到吉尔吉斯斯坦的产品，约 70% 转口到中亚邻国。中吉两国双边贸易基本保持稳定增长态势，近几年增速明显。据中国海关统计，1992 年两国贸易额仅为 3549 万美元，2003—2006 年双边贸易额分别突破了 3 亿、6 亿、9 亿、22 亿美元。中国是吉尔吉斯斯坦第二大贸易伙伴，而吉尔吉斯斯坦是中国在独联体国家中的第三大贸易伙伴。2010 年，中吉双边贸易额为 42 亿美元。2011 年，双边贸易额达到 49.76 亿美元，同比增长 18.5%，其中，中方出口 48.79 亿美元，进口 0.98 亿美元。据中国商务部统计，2011 年，中国对吉尔吉斯斯坦非金融类直接投资额为 1.45 亿美元，截至 2011 年末，中国对吉尔吉斯斯坦非金融类直接投资额为 5.25 亿美元。2011 年，中国企业在吉新签承包工程合同 10 份，合同额 7167 万美元，完成营业额 2.09 亿美元②。

7. 塔吉克斯坦

塔吉克斯坦东部和东南部与中国新疆接壤，边境线约 430 公里。塔吉克斯坦经济较落后，产品技术含量低，传统出口产品有铝锭、棉花和

① 摘自商务部：《对外投资合作国别地区指南尼泊尔 2012 版》，http://fec.mofcom.gov.cn/gbzn/gobiezhinan.shtml，访问日期 2013 年 4 月 18 日。

② 摘自商务部：《对外投资合作国别地区指南吉尔吉斯斯坦 2012 版》，http://fec.mofcom.gov.cn/gbzn/gobiezhinan.shtml，访问日期 2013 年 4 月 18 日。

干鲜水果，对中亚及独联体地区的贸易格局影响较少。自1992年中塔建交以来，两国双边贸易额从最初的几百万美元发展到2008年的15亿美元，两国间签署了一系列政府间的经贸合作协定。据中国海关统计，2011年中塔贸易额20.68亿美元，同比上升44.5%，创历史新高。其中，中国出口19.97亿美元，增长45.2%；中国进口0.71亿美元，增长26.8%。据中国商务部统计，2011年，中国对塔吉克斯坦非金融类直接投资额为2210万美元，截至2011年末，中国对塔吉克斯坦非金融类直接投资额为2.17亿美元，涉及电信、轻纺、农业等领域。2011年，中国企业在塔新签承包工程合同11份，合同额1.69亿美元，完成营业额2.28亿美元①。

8. 越　南

中国与越南的经贸合作发展迅速，双边贸易连年上新台阶，中国连续8年成为越南最大的贸易伙伴，越南成为中国在东盟的第五大贸易伙伴。双方在工程承包和投资等领域的合作也不断取得进展，越南成为中国在东盟第二大工程承包市场，仅次于印尼。2011年，两国签署了《中越经贸合作五年发展规划》。据中国海关统计，2011年，双边贸易额达到402亿美元，比上年增长了33.6%。其中，中方对越南出口290.9亿美元，从越南进口111.1亿美元。据中国商务部统计，2011年，中方对越南非金融类直接投资额为1.89亿美元，截至2011年末，中国对越南非金融类直接投资额为12.91亿美元②。

9. 老　挝

老挝是中国—东盟自贸区成员及大湄公河次区域合作成员。老挝2011财年国内生产总值达到77.4亿美元，人均约合1203美元。2011年老挝进出口贸易总额达43亿美元，中国是其仅次于泰国的第二大贸易伙伴。21世纪以来中老贸易保持稳定增长，据中方统计，2011年双边贸易额为13.06亿美元，增长20.4%。其中，中方出口4.77亿美元，自老挝进口8.30亿美元。据老挝计划投资部统计，1988年至2011年，中国企业在老挝投资协议累计金额31亿美元。据中国商务部统计，

---

① 摘自商务部：《对外投资合作国别地区指南塔吉克斯坦2012版》，http：//fec. mofcom. gov. cn/gbzn/gobiezhinan. shtml，访问日期2013年4月18日。

② 摘自商务部：《对外投资合作国别地区指南越南2012版》，http：//fec. mofcom. gov. cn/gbzn/gobiezhinan. shtml，访问日期2013年4月18日。

2011 年，中方对老挝非金融类直接投资额为 4.59 亿美元，截至 2011 年末，中国对越南非金融类直接投资额为 12.76 亿美元。2011 年中国企业在老挝新签工程承包合同 42 份，新签合同额 31.01 亿美元，当年派出各类劳务人员 6696 人①。

10. 缅 甸

缅甸有着较大的市场潜力，又是连接东南亚和南亚两大市场的重要通道之一。20 世纪 90 年代以来，中国与缅甸边贸一枝独秀，年均边贸额达 15 亿美元，缅籍华人是边贸的主要力量。缅甸外贸总额的 90% 都是来自于与邻国的外贸，中国是其最大贸易伙伴国。据中国商务部统计，2011 年中缅两国贸易额为 65 亿美元，比上年增长 46.3%。其中中国出口 48.22 亿美元，进口 16.78 亿美元。中国积极扩大对缅投资，推动大项目合作。2011 年，中方对缅甸非金融类直接投资额为 2.18 亿美元，截至 2011 年末，中国对缅甸非金融类直接投资额为 21.82 亿美元。据中国商务部统计，2011 年中国企业在缅甸新签工程承包合同 111 份，新签合同额 37.02 亿美元，当年派出各类劳务人员 7048 人②。

中国在东南亚的三个邻国老挝、缅甸、越南的经济发展程度均相对较低，但与中国的经济合作非常密切。

二、边境地区自然条件与经济社会环境

我国沿边地区绝大部分是民族地区，在 2.28 万公里的陆地边境线中有 1.9 万公里经过民族自治地方，136 个陆地边境县中民族自治地方占了 107 个，少数民族人口占边境地区人口总数近一半，其中有 30 多个民族与国外同一民族相邻而居，属于跨境民族。鉴于沿边地区如此复杂的地理和人文条件，有必要深入分析兴边富民行动所面临的自然环境、社会环境和政治经济格局。

---

① 摘自商务部：《对外投资合作国别地区指南老挝 2012 版》，http：//fec. mofcom. gov. cn/gbzn/gobiezhinan. shtml，访问日期 2013 年 4 月 18 日。

② 摘自商务部：《对外投资合作国别地区指南缅甸 2012 版》，http：//fec. mofcom. gov. cn/gbzn/gobiezhinan. shtml，访问日期 2013 年 4 月 18 日。

（一）我国沿边地区的分类

我国的陆边地区通常被进一步划分为东北边境、北部边境、西北边境和西南边境。东北边境包括辽宁、吉林、黑龙江东北三省，而内蒙古因为其东西向的狭长地形，单独列为北部边境。西北边境主要指新疆和甘肃，西南边境包括西藏、云南和广西。在我国的9个沿边省区中，只有辽宁属于东部地区，内蒙古、黑龙江、吉林属于中部地区，而其余省区均属于西部地区①。总体来看，我国沿边各地区经济发展不平衡，东北边境的东北三省和北部的内蒙古最为发达，西南边境的广西和云南其次，西北边境和西南边境的西藏最不发达。

但是陆边地区的上述划分仅仅是单纯依据地理特征做出，并未考虑各地区以及相邻国家的经济发展水平和规模的差异。因此，本章试图借鉴“南北”概念，将自然条件相对较好、经济发展水平相对较高、邻国较为富裕的地区列为北部边境区，而将自然条件相对较恶劣、经济发展水平相对较低、邻国经济较为落后的地方列为南部边境区。西北的新疆地区情况较为特殊，以天山为界，其内部呈现出较大的差异性，天山以北的各地区自然环境相对较好，居民生活水平相对富裕，而天山以南则相反，自然条件差，贫困人口较多②。因此，本章的北部边境地区特指东北三省、内蒙古、甘肃和新疆天山以北地区（简称北疆）；南部边境地区特指新疆天山以南地区（简称南疆）、西藏、云南和广西。

1. 北部周边环境

北部边境地区包括我国东北边境、北部边境、新疆天山以北，这些地区有着如下共同特点：

---

① 1986年全国人大六届四次会议通过的“七五”计划正式公布了东部、中部、西部的正式划分。其中西部地区包括四川、贵州、云南、西藏、陕西、甘肃、青海、宁夏、新疆共9个省（区）。1997年全国人大八届五次会议决定将重庆市设为直辖市，并划入西部地区。而中部地区由山西、内蒙古、吉林、黑龙江、安徽、江西、河南、湖北、湖南、广西共10个省（区）构成。东部地区有上海、北京、天津、辽宁、河北、山东、江苏、浙江、福建、广东、海南11个省（市）。

② 天山以南俗称南疆，位于塔里木盆地，自然环境条件恶劣且相对封闭，基础设施落后，经济发展水平低。其人口占全疆的46.48%，其中农村人口占全疆的61%以上。国定和自治区贫困县占到全疆的80%以上，农村经济总收入占全疆的34.81%，农民人均收入比全疆平均水平低563元。三次产业结构、人均生产总值、农村劳动生产率、人均地方财政收入和人民生活水平明显低于全疆平均水平。

（1）地理条件优越，自然环境相对较好。北部地区地形以沙漠、草原为主，东北地区以森林和平原为主，地势平坦，交通较为便利；而新疆北部边境沿阿尔泰山延伸，为高山草甸，同样地势辽阔。总之，北部边境地广人稀，经济多以传统农牧业为主。

（2）所在省区的经济发展水平相对较高，人均收入相对较高，贫困人口密集区相对南部边境较少。

如表4-3所示，辽宁、内蒙古、黑龙江、吉林的GDP水平均相对较高，排名相对靠前。

表4-3　2011年全国9个沿边省区的GDP及增速一览表

省、自治区	GDP（亿元）	增速（%）	全国排名
辽宁	22025.92	12.1	7
内蒙古	14246.11	14.3	15
黑龙江	12503.83	12.2	16
广西	11714.35	12.3	18
吉林	10530.71	13.7	22
云南	8750.95	13.7	24
新疆	6474.54	12.0	25
甘肃	5000.47	12.5	27
西藏	605.83	12.7	31

资料来源：根据各省区统计局和国家统计局网站数据整理。

如表4-4所示，从人均GDP指标来看，则内蒙古、辽宁、吉林、黑龙江全国排名相对靠前，紧随其后的是新疆、广西、西藏、甘肃与云南，仅有辽宁、内蒙古高于全国平均水平35083元；从人均可支配收入指标来看，则内蒙古、辽宁、吉林、广西、云南发展水平相对较高，而西藏、黑龙江、新疆、甘肃则发展水平相对落后，但9省区的水平均低于全国城镇居民人均可支配收入的21810元。

表 4-4　2011 年全国 9 个沿边省区的人均 GDP 及人均收入一览表

省、自治区	人均 GDP（元）	城镇居民人均可支配收入（元）	人均 GDP 全国排名
辽宁	40003	20467	9
内蒙古	47032	20408	6
吉林	31232	17797	11
黑龙江	26101	15696	16
新 疆	24841	15514	18
广西	20645	18854	25
甘肃	16031	14989	29
西藏	16903	16196	28
云南	15707	18576	30
全国	35083	21810	/

资料来源：根据各省区统计局和国家统计局网站数据整理。

（3）周边国家经济发展水平相对较高，经济规模较大。

北部边境的周边邻国有朝鲜、蒙古、俄罗斯、哈萨克斯坦，除朝鲜外其他各国的经济发展水平较高，其中俄罗斯和哈萨克斯坦的人均收入水平高于我国，其经济规模也相对较大（详见表 4—1）。2011 年，俄罗斯国民生产总值达到 18112.5 亿美元，人均国民生产总值达到 12764.3 美元；哈萨克斯坦 2011 年的国民生产总值为 1862 亿美元，人均国民生产总值为 11167 美元。蒙古 2011 年的国民生产总值虽然只有 78.8 亿美元，但是因为人口数量少，因而人均国民生产总值也达到了 2781 美元①。

2. 南部周边环境

（1）地理条件恶劣，自然环境相对较差。南部边境地形地貌复杂多样，往往穿越高山峡谷，或是丘陵密布，地势崎岖，并且有很长一段位

① 资料来源：摘自商务部：《对外投资合作国别地区指南 2012 版》相关国家章节，http://fec.mofcom.gov.cn/gbzn/gobiezhinan.shtml，访问日期 2013 年 4 月 12 日。

于青藏高原，自然环境险恶，交通不便，不适合农作物的大面积耕种。

（2）所在省区的经济发展水平相对较低，人均收入相对较低。

同样在表 4－3 和 4－4 中可以看到，西藏、云南、新疆（特别是南疆）等省区的 GDP 值相对较低，排名在全国靠后；无论是从人均 GDP 指标还是人均可支配收入指标来看，地处南部的南疆、西藏、云南、广西均处于全国落后的地位。

（3）周边国家经济发展水平较低，经济规模较小。

南部边境的周边国家中除印度是较大的经济体外，其他国家如塔吉克斯坦、吉尔吉斯斯坦、阿富汗、老挝、缅甸、巴基斯坦、尼泊尔、不丹等都是较小的经济体，这些国家的共同特点是经济规模小，且发展水平低下，大多属于中低收入的发展中国家（详见表 4－1）。

（二）我国沿边政治经济环境的沿革

1. 改革开放前的中国边境地区

长期以来，中国边境地区因自然、社会历史等原因，经济、文化十分落后，人们生活较为贫困。当然，中国边境地区也曾有过辉煌，举世闻名的“丝绸之路”曾沟通了亚、非、欧洲间的经济文化联系。但通过“丝绸之路”的输出品多为内地的优势产品，输入品大多是供少数人享用的奢侈品，边境地区得益甚少。15 世纪，明朝政府采取“不务远略”的封闭政策及海上交通的进一步发达，这条联系中西方达 15 世纪之久的陆上纽带逐渐衰落。而清朝政府为保护其祖宗发祥地，长期封禁中朝、中俄边境地区，将西北、西南地区视为荒蛮之地；晚清、民国时期的战乱及列强侵略使得当时的政府无暇顾及边境地区，众多因素使得边境地区对外联系日趋减少，社会经济发展水平、文化发展水平与内地相比具有较大差距。

新中国成立以来，中央政府对民族地区实行了民族平等、团结、互助的民族区域自治政策，动员内地支援边疆，使边境地区面貌发生了很大变化。但由于 20 世纪 50 至 70 年代，中国支援朝鲜战争、中越战争，使得整个东北、西南边境地区都承担着国防负担和国际义务，而中苏、中印关系的变化也直接影响了边境地区的建设和发展，边境城市的城镇建设等基本处于停滞状态，边境城市的经济职能迟迟得不到应有的发挥。改革开放初期，中国沿海地区的迅速发展带动了内地和边境地区的发展，但边境地区陆上边境国门尚未全面开放及其长期以来的落后状态仍严重制约着中国边境地区的社会经济发展。

2. 改革开放以来的中国边境地区

改革开放以来，中国实行了沿海、沿江、沿边和内地中心城市全方位开放的政策，国际形势发生了重大变化，新的多极世界格局正在形成，中国与周边国家的关系得到了全面修复和改善。这些客观条件促使中国边境地区由政治、军事演变为发展外向经济和改革开放的门户。

几十年来，中国制定的各项开放政策、区域政策、规划等有力地促进了边境地区的整体发展：1992 年 3 月以来，中国先后开放了黑龙江省、吉林省、内蒙古自治区、辽宁省、新疆维吾尔自治区、云南省和广西壮族自治区这 7 个省区共 14 个陆路边境口岸城市；1999 年 9 月，中国提出了西部大开发战略，西部地区的范围涵盖了边境 9 省区中的内蒙古、甘肃、新疆、西藏、云南、广西 6 个省区，其政策优惠、财政支持、基础设施投入、生态环境保护、人才与智力支持等政策有力地推动了边境地区的发展；2000 年，中国为加大对边境民族地区的帮扶力度，使之尽快地发展起来，逐步跟上全国发展的步伐，促进边疆与内地的协调发展，提出了振兴边境、富裕边民的“兴边富民行动”；2003 年，振兴东北老工业基地战略，使黑龙江、吉林、辽宁三个边境大省迎来了社会经济发展的“第二春”；2009 年 4 月，北京召开了“边境地区发展专项规划编制工作”会议，重点研究了促进边境地区加快发展面临的主要问题和对策措施及专项规划大纲草案；2009 年 11 月，中国政府提出了《中国图们江区域合作开发规划纲要》，旨在深入贯彻落实科学发展观，在新的历史起点上进一步推进图们江区域改革开放，加快提升我国东北地区沿边开放的水平和质量。

（三）中国边境口岸基本情况

中国边境口岸城市是边境地带的经济发展中心，是对外经济、文化交流的门户和国防建设的前沿。而边境口岸城市的发展以口岸的建设为基础，其分布也与边境口岸相一致。中国在陆上 2.2 万多公里的边境线上的边境口岸呈东北、西北和西南带状分布。

1. 中国边境口岸的分布

截至 2010 年底，我国已有对外开放的一类口岸 278 个，包括水运口岸137个、铁路口岸19个、公路口岸60个、航空口岸62个，分布在沿海（145个）、沿边（106个）、内陆（27个），全国基本形成了沿海、沿边、水运口岸密集分布，各省中心城市及重点旅游城市空运口岸基本覆盖，沿边陆路口岸按需设立的全方位、多层次、立体化口岸开放格局①。

截至2011年底，全国共有经国务院批准的口岸283个，其中沿边口岸76个，如表4-5所示：

表4-5　中国沿边国家一类口岸列表

省区		口岸		
		公路口岸	铁路口岸	水运口岸
东北边境	辽宁	丹东	丹东	丹东
	吉林	开山屯、南坪、三合、临江、珲春、圈河	集安、图们、珲春	大安港
	黑龙江	古城里、沙陀子、长白 绥芬河、东宁、密山、虎林	绥芬河	黑河、逊克、同江、漠河、饶河、抚远、萝北、嘉荫、孙吴、呼玛
北部边境	内蒙古	满洲里、二连浩特、甘其毛道、阿日哈沙特、珠恩嘎达布其、满都拉、额布都格、策克、黑山头、室韦	满洲里、二连浩特	室韦、黑头山
西北边境	甘肃	马鬃山		
	新疆	老爷庙、乌拉斯台、塔克什肯、红山嘴口岸；阿黑吐别克、吉木乃、巴克图、阿拉山口、霍尔果斯、都拉塔、木扎尔特口岸；吐尔尕特、伊尔克什坦口岸；红其拉甫口岸、卡拉苏	阿拉山口	

① 引自中国口岸协会编：《2012版中国口岸年鉴》，中国海关出版社，2012年9月第1版。

续表

省区		口岸		
		公路口岸	铁路口岸	水运口岸
西南边境	西藏	普兰、吉隆、亚东、樟木		
	云南	瑞丽、畹町、天保、河口、磨憨、金水河、勐康、孟定、腾冲（猴桥）、打洛	河口	思茅、景洪
	广西①	友谊关、水口、东兴、龙邦、平孟	凭祥	防城、钦州、北海

资料来源：根据中国口岸协会编《2012 版中国口岸年鉴》，中国海关出版社，2012 年 9 月第 1 版，第 655 – 660 页内容整理。

上述口岸往往与接壤国家的口岸成对出现，但是相对应的口岸既有距离和数量上的差别，也有规模大小的差异。从中外对应口岸的距离来看，新疆、内蒙古、西藏三省区的口岸与邻国对应口岸距离最远，相距数十至数百公里，如中蒙边界的老爷庙口岸距蒙方布尔嘎斯台口岸达 233 公里；而广西的凭祥口岸、黑龙江的黑河口岸与其相对应的口岸则距离最近，前者仅有数百米，而后者与对应口岸距离约 2000 米②。因国别而异，形成的中外对应口岸数量也有较大差异。中俄、中蒙、中哈、中朝边境的口岸数量较多；中巴、中塔、中老口岸各一对；中吉、中印边境的口岸也较少，仅有两对。中尼和中越边境的口岸数量居中。从规模来看，边境两边对应口岸的合作规模也不同。一些主要的口岸随着开放力度的加大，不仅铁路过境运输不断，且均实现了公路过境运输，还实现了国际贸易、边贸、劳务、过客旅游、转口等多功能的综合性的口岸业务。一些边境口岸城镇如满洲里、黑河等被中央和地方给予许多优惠政策，被批准为沿边开放城市，并相应设立了边境经济技术合作区，经济获得了较快发展。据统计，“十一五”期末，中国设立的 15 个国家级边境经济合作区共实现地区生产总值 390 亿元人民币，工业总产值 410 亿元，累计合同外资金额 20 亿美元，实际利用外资达 4 亿美元。

---

① 广西的防城、钦州、北海均为国家一类开放海运口岸。

② 张国坤、赵玲、张洪波：《中国边境口岸分布及其特征》，载《吉林师范大学学报（自然科学版）》，2003 年 8 月第 3 期，第 57 页。

2. 边境口岸的类型和特征

我国沿边口岸随着22800公里的内陆边界线蜿蜒分布，类型各异。从地貌类型条件看，沿边口岸有些处于高山隘口处，如典型的新疆吐尔尕特口岸；有的位于山间盆地，如云南的瑞丽、新疆的塔克什肯口岸；有的地势平坦，仅次于河谷平原，如新疆的霍尔果斯口岸。正是由于口岸所处的地貌类型不同，造成了各口岸运输条件、运输方式的差别，因而在沿边口岸中，有单一公路口岸，如新疆的霍尔果斯和红其拉甫口岸；单一水运口岸，如黑龙江的抚远口岸、云南的思茅口岸；有些口岸既是公路口岸又是铁路口岸，如新疆的阿拉山口口岸（且是全国唯一集铁路、公路、输油管道三位为一体的一类口岸）、黑龙江的绥芬河口岸和内蒙古的二连浩特、满洲里口岸；有些口岸则水运、公路和铁路并举，如辽宁的丹东口岸①。一些沿边口岸开放的政治需要大于经济发展需要，为政治和外交服务是政治性口岸的第一任务。如新疆口岸因地理位置特殊，口岸通常距离城镇较远，口岸运行成本高，除阿拉山口、霍尔果斯几个口岸以发展经济为主外，其他口岸所在地的地方政府主要精力多用于维护边境稳定，口岸对当地经济发展贡献不大，地方对口岸建设投入较少，一些口岸处于自然发展状态。而云南和广西的口岸所面临的问题主要是邻国政策变化大、对接难，口岸对区域经济支撑力度不够。周边国家越南、老挝、缅甸都处在经济转型期，市场发育不充分，政策法规不健全，贸易法规变化大，影响双方经济贸易的稳定发展。例如：缅甸是军政府执政，政府只对大宗货物的出入境进行征税，其他人员出入境基本不管，我方与之接壤的地区处于单边管理，边境管理难度大，其中云南章凤口岸对应的还是缅甸的地方武装，时常出现政策朝令夕改的现象，对外贸易得不到保障，极大地影响了中缅边贸关系的持续健康发展。越南方面虽然不断加大对与我国口岸毗邻地区的建设力度，但目前只限于边民互市贸易和日用品的进出口，同时通过调整、紧缩从我国进口商品的贸易政策，限制我国西南地区口岸的出口规模。

边境口岸的一个主要特征是对邻国的依赖性较强。因此，内陆边境口岸的设置不仅要考虑自身的地理区位环境，更应考虑邻国的政治、经

① 张国坤、赵玲、张洪波：《中国边境口岸分布及其特征》，载《吉林师范大学学报》（自然科学版），2003年8月第3期，第58页。

济和社会等人文环境。毗邻国家的稳定与否对于边境口岸的开放起着重要作用。只有同邻国保持并发展友好关系，才能使双方口岸长期正常地开展边贸与经济合作。边境口岸的另一个显著特征是由于中国与邻国间的要素禀赋和产业结构上的互补性，导致双边的进出口贸易商品结构和经济合作上的互惠互补性。例如，南部边境口岸所面对的国家大多为经济相对落后的发展中国家，出口商品以工业制成品为主，进口的主要是我国较为紧缺的初级原材料和农副产品。

3. 沿边省区的口岸经济特点

口岸经济的发展与周边国家的经济发展水平、经济规模密切相关，对方国家经济体量大，则市场规模大，则相应我方口岸发展的潜力也大。我国五个民族沿边省区的口岸经济发展各有特点。

新疆主要面向中亚、西亚、俄罗斯，甚至欧洲的市场。新疆口岸因地理位置特殊，口岸通常距离城镇较远，口岸运行成本高，除阿拉山口、霍尔果斯几个口岸以发展经济为主外，其他口岸所在地的地方政府主要精力多用于维护边境稳定，口岸对当地经济发展贡献未能充分发挥，地方对口岸建设投入较少，一些口岸处于自然发展状态。新疆边贸出口对边贸进出口总额的贡献度达到 76.43%，边贸进口仅占不到 30%，存在较为明显的顺差。而出口贸易中旅游购物代理出口较为突出，占了边贸出口的 70% 左右。新疆从周边国家进口的资源类商品的 70% 最终是销往内地的，而出口产品中的 70% 来自于内地沿海地区的生产。在进出口地理方向方面，新疆同中亚五国的贸易量占了新疆对外贸易总额的约 80%，其中出口到哈萨克斯坦、吉尔吉斯斯坦的贸易额就占了总出口额的 70% 左右，出口地理方向高度集中①。新疆也是目前一类口岸规模最大的省区。2010 年，口岸边境贸易额 100.42 亿美元，占西部沿边五省（区）总数的 46.6%。

内蒙古拥有全国第一大陆路口岸满洲里口岸和第四大陆路口岸二连浩特口岸，这两个口岸占全区口岸总过货量的 92%。。2010 年过货量占西部民族地区五省区的 57.6%；同时也是财政收入最多的省区，占五省区的 53.3%；与新疆不同的是，内蒙古口岸的货物进口量远远大于

① 喆儒：《新疆维吾尔自治区边境贸易存在的问题与对策分析》，载《经济中国》，中国经济出版社，2012（11）。

出口[①]。内蒙古和新疆所面对的沿边市场规模不大，地广人稀，应以发展转口贸易和大贸易为主。

云南和广西的口岸所面临的问题主要是邻国政策变化大、对接难，口岸对区域经济支撑力度不够。周边国家越南、老挝、缅甸都处在经济转型期，市场发育不充分，政策法规不健全，贸易法规变化大，影响双方经济贸易的稳定发展。云南境内很多民族跨境而居，居民点相邻，过境点多，边境人口密集，边贸发展早，以边民互市为主；过境人员占五省区的 58.4%；车辆出入境占 64%[②]。

广西的边境地区发展的主要特点是：地理环境特殊，农业生产和生活条件较差；经济发展和社会建设相对滞后；少数民族高度聚居，人口所占比重高（占边境地区总人口的 80.68%）；口岸相对较多，有发展边贸的优势。广西同云南一样，也以边民互市为主；且边境贸易成为当地的主要经济增长点，如凭祥 80% 的财政收入来自边贸，2010 年口岸边境小额贸易近 30 亿美元。2010 年全区拥有边贸企业 747 家。西南口岸的一个重要特征是出口大于进口。

西藏的边贸在五个省区中起步最晚，发展较慢。西藏现有樟木、吉隆、亚东和普兰 4 个国家一级陆路通商口岸，通往印度、尼泊尔。樟木口岸是最大也是功能最为完善的口岸，2012 年货物吞吐量达到 17.39 万吨，进出口总额达 17.82 亿美元[③]。其余口岸基础设施相对落后，尚未真正发挥作用。

除上述五个民族沿边省区外，黑龙江的口岸经济主要以绥芬河为主，面向俄罗斯远东地区，对方日用消费品的 80% 来自中国，对华出口占其总出口额的一半。估计绥芬河有 6 万客商，每天俄罗斯的游客约 5000 人左右，成为对俄罗斯民间贸易最大的商品集散地。2011 年，绥芬河口岸过货 689.18 万吨、过客 98.7 万人次。

---

① 喆儒：《我国内蒙古自治区对蒙古国口岸经济发展探析——以珠恩嘎达布其口岸为例》，载《对外经贸实务》，2012（1）。

② 陈清华等：《振兴口岸边贸之战》，载《中国财经报》，2011-11-19。

③ 新华网：http://news.xinhuanet.com/2013-09/08/c_117274995.htm。2013 年 9 月 10 日访问。

三、边境县域带的经济社会建设

如前所述，我国北部和南部边境县域的自然条件呈现出较大差异。而受自然条件等的影响，我国北部和南部边境县域的经济社会环境和边境建设方面也有着不同的特点，具体表现为产业类型、开放方式等的不同。

（一）我国边境县域经济的基本特征

1. 我国边境县域经济的第一个特征是民族性

我国陆地边境地区主要包括136个陆地边境县（市、区、旗），其中民族自治地方107个。这107个少数民族县（旗）市分布在8个省区，分别是：内蒙古19个，辽宁1个，吉林6个，广西8个，云南22个，西藏18个，甘肃1个，新疆32个。到2008年底，107个县（旗）市总人口1607万人，约占全国总人口的1.21%，面积172.18万平方公里，占全国陆地面积的17.93%。2007年，这些县GDP总量1905.8亿元，人均11859元，县均17.81亿元，以上指标都低于2007年全国县域经济平均水平，也低于民族自治地方的平均水平。当年全国县域人均GDP为14213元。107个边境自治县有74个县（旗）低于这一水平。2009年，边境县的GDP总量4446.77亿元，人均18950元，县均41.56亿元，同样低于全国平均水平（人均GDP 25511元）。

边境县域经济的民族性不仅体现在少数民族人口比重高，而且也体现在产业类型的地域性，如草原畜牧业作为一个具有突出民族特色的产业，主要分布在北部边境县域，是蒙古、藏、哈萨克、塔吉克等居住在边境地区少数民族的传统产业。在我国2.2万多公里的边境线上，草原地区为1.4万公里，边境地区分布着33个牧业县（旗），17个半农半牧县（旗），占107个县（旗）市的37%。边境县域经济的民族性同时还表现在居民的衣食住行等生活方式的诸多方面①。而在南部边境县域，则多以种植业、养殖业等传统农业为主。

---

① 黄健英：《边境少数民族县域经济发展模式研究》，载《黑龙江民族丛刊》，2010（4）。

2. 我国边境县域经济的第二个特征是差异性

各边境县在具有一些共性特征的同时，也存在着明显的差异和差距，具体表现在自然环境、面积、人口、经济总量、人均水平以及经济结构等方面。首先就辖区面积而言，既有方圆十几万平方公里的县，如内蒙古额济纳旗114606平方公里；也有几百平方公里的边境城市，如新疆的和田市只有155平方公里；内蒙古有14个旗市面积超过2万平方公里，西藏有6个，新疆有9个；除县级市和市辖区外，最小的县是云南的河口瑶族自治县，仅1313平方公里，仅相当于内蒙古额济纳旗的百分之一多。其次，从人口规模看，既有几十万人口的大县，也有不足万人的人口小县。人口最多的是广西靖西县，有60万人，而西藏有10个人口只有1万人左右的边境县。内蒙古额济纳旗的土地面积虽大，但总人口只有2万人左右①。各边境县域之间的经济发展水平差异极大。以新疆为例，由于新疆地域的广袤辽阔，地州之间，不同的县市之间自然资源禀赋存在差异，人文社会背景等方面都有很大的不同，导致区域县域经济发展差距大，社会发展很不平衡。新疆南北疆县域经济发展也不平衡，南疆县域经济发展落后于北疆，北疆边境县市的自然条件、区位优势明显好于南疆地区的边境县市。以石油化工业和制造业为主、以服务业为辅的通达中西亚地区的天山北坡经济带是新疆经济发展的重点地区，有效辐射带动北疆地区的经济发展，因此，在一定程度上带动了北疆边境县市的发展步伐。从经济发展现状看，南北疆边境县市的发展明显不平衡。新疆边境地区13个贫困县有8个分布在南疆；从人均GDP看，地处南疆喀什、阿克苏、和田、克孜勒苏四地州的10个县除水平最高的温宿县为7548元外，其他均在5000元左右，最低的皮山县只有2652元。而地处北疆的博尔塔拉、塔城地区、阿勒泰地区三地州的14个县有10个县市超过10000元，最高的哈巴河县为27498元，是皮山县的10倍多，最低的吉木乃县为7081元，也比皮山县高4429元②。

3. 我国边境县域经济的第三个特征是贫困问题突出，但南北地区贫困的根源不同

在北部边境县域，曾经有些民族长期依赖于当地的自然生态条件从

①② 黄健英：《边境少数民族县域经济发展模式研究》，载《黑龙江民族丛刊》，2010（4）。

事捕鱼、狩猎等产业，但是随着资源的枯竭，逐渐转向种植业为主的其他经营方式。例如，居住在东北大、小兴安岭地区的部分鄂伦春、鄂温克族人口过去以狩猎为生。1996 年 10 月，地方政府为了保护国家野生动物资源，开始实施“禁猎转产”政策，使他们的经济活动从原来所擅长的狩猎经济向不熟悉的农牧业等经济活动模式转变。丢弃延续了千百年的传统生产方式，适应新的经济活动模式，不仅意味着生产方式、劳动工具、生产经验、劳动习惯等方面的转换，还表现为居住方式、饮食文化、服饰文化等生活方式和心理情感方面的变化。与渐进式自我变迁相比，这种来自外部推动的突发式经济文化变迁容易伴生技术、观念等方面的“梗阻”性不适应和群体性的心理“阵痛”。这些经济活动方式转换过程中的不适应也引发了一些贫困问题，被称为经济活动模式转轨型贫困①。而在南部地区，则主要是由特殊的地理区位导致的区位屏蔽型贫困和历史原因导致的社会发育滞后性贫困。区位屏蔽型贫困是一种由居住区位偏远和交通、通讯障碍等为主导因素所引发的贫困问题。云南省的德昂族、布朗族、阿昌族、怒族、独龙族、基诺族、普米族和西藏自治区的门巴族、珞巴族等民族大多居住在边远地区的深山老林之中，区域内气候温暖、湿润，矿产资源、动植物资源、水资源、自然景观资源和人文资源都比较丰富，但沟壑纵横，山势险峻，道路崎岖，交通不便，信息闭塞。这种区位特征既有优点也有劣势，优点是人民群众生活恬静、不受外界的打扰，少去了都市和开放型农村社区的喧闹与环境污染之苦，有利于民族传统文化的保存，有利于区域环境和生物资源等方面的保护；劣势是资源优势难以得到有效的开发利用，对外交流、沟通困难，各种现代文明成果的可达性差，不利于当地人民的观念革新、生产技术进步和生活质量提高。这类边境地区的脱贫与致富往往与当地的交通、通讯等条件的改善密切相关。社会发育滞后型贫困是指一些少数民族进入社会主义社会之前，在社会形态等方面存在着较大差别，如 22 个人口较少民族中的怒、独龙、布朗、基诺、阿昌、德昂、珞巴、鄂伦春等民族处在原始公社的末期，一些民族还保存着农奴社会或封建领主经济特点。中华人民共和国成立后，这些民族在外力推动下从不同社会形态直接过渡到社会主义阶段。尽管在社会制度上走向了进

① 吴海鹰：《我国人口较少民族的贫困与开发》，载《云南社会科学》，2005（1）。

步，但生产方式、价值观念、社会关系等方面并没有同步发展，一些原始社会的经济社会特质至今还有一定程度的存在，主要表现为经营粗放、对自然物产的依赖性强、原始平均主义严重、缺乏商品意识和竞争意识、不能恰当处理积累和消费的关系等，成为民族自我发展的沉重历史包袱。社会发育滞后是一种综合性的不适应现象，常常使得这些民族跟不上主体社会改革和变迁的步伐，总是处在区域经济社会发展的边缘。[①]

（二）北部边境县域经济社会建设

我国北部边境县域的主导产业类型以农牧业和林矿业为主。

在所有的边境县域中，经济最为发达的是我国东北和内蒙古地区。我国东北边境地区在20世纪90年代以前，仅有中苏之间的满洲里与绥芬河口岸、中朝之间的丹东与图们口岸及中蒙之间的二连浩特口岸承担着双边国家贸易任务，地方经贸往来甚少，经济水平落后。自1992年国务院批准东北黑河市、绥芬河市、珲春市、满洲里市4个主要口岸及相应的省会城市为首批沿边开放城市后，已有越来越多的国家一类口岸，分别与相邻的蒙古、俄罗斯、朝鲜等国家开展以货易货、边民互市贸易、边境小额贸易等经贸活动。目前，这些边境口岸有的已升级为地级市，如黑龙江省的黑河市，辽宁省的丹东市，但多数仍以县域形式存在，由于地缘政治影响力长期大于地缘经济，目前是地理区位和宏观经济的“双边缘”区，均以边境贸易及其相关产业为主导产业或支柱产业[②]。

东北边境口岸型县域多是从为双边贸易提供服务的过货点、小型市场逐渐发展起来的，因此以口岸服务业为主体的第三产业始终是其优势产业部门，县域经济增长也是始于第三产业发展所带来的利润与资金积累，同时伴随国家沿边对外开放政策的实施及双边政治、经济环境的好转，以第三产业带动的木材初加工、机电、塑料等小型工业发展较为迅速，表现为第二、第三产业的产值快速增长，而作为地方基础产业的传统农牧业等第一产业则表现出发展速度缓慢，个别县域甚至呈下降趋

---

① 吴海鹰：《我国人口较少民族的贫困与开发》，载《云南社会科学》2005年第1期。

② 王楠、张本明：《东北边境口岸型县域产业结构发展研究》，载《开发研究》，2008（3）。

势。总体上东北边境口岸型县域的产业结构模式特点表现为：第一产业落后、第二产业脆弱、第三产业比例过重。第一产业所占份额，无论是产值还是就业份额都存在不断减少的趋势，同时出现与加工业、服务业加速融合、渗透过程。正在形成以市场为导向的区城化布局、专业化生产、一体化经营、社会化服务、规范化管理的市场农业生产经营体系。同时表现为第二、第三产业的就业人口长期占较大比例，近年随着一些县域特色农业出口基地的建设及小规模工业企业的停产，使第一产业就业人口数有所升高，但由于农业产业化的进行，所容纳的劳动力人数有限，因此，大量剩余劳动力还将向第二、第三产业集中。

内蒙古共有边境旗市 19 个，分布在 7 个盟市，总面积约 61.9 万平方公里，占全区总面积的 52.3%，总人口 175 万，其中蒙古族人口 50 多万，是蒙古族人口的主要聚居区。内蒙古边境地区县域经济有着这样一些突出特征：（1）地广人稀，人口密度低。19 个边境旗市中，14 个是牧业旗，1 个半农半牧旗，4 个县级市，因此畜牧业占有主要地位，是内蒙古和蒙古族传统畜牧经济的主要分布区。草地承载力客观上决定了边境旗市的人口密度。而人口密度低、居住分散不利于生产要素和经济活动的集聚，也不利于参与区域经济合作[①]。（2）口岸优势突出。内蒙古有 18 个口岸，其中一类口岸 11 个，二类口岸 7 个，分布在 14 个边境旗市以及呼和浩特市和呼伦贝尔市的海拉尔区。全国第一大陆路口岸满洲里口岸和第四大陆路口岸二连浩特口岸曾占全区口岸总过货量的 92%，目前约占 66% 左右。二连浩特、策克、甘其毛道口岸是内蒙古主要煤炭交易口岸。这与我国近年来加大对蒙古国矿产资源的投资与开发有着密不可分的联系。[②]（3）城镇化水平高，第一产业就业比重高。2006 年，内蒙古城镇化率为 48.6%，19 个边境旗市为 52.55%。这主要是因为牧区旗市相比农区人口规模小，但是行政建制和党政事业单位数等却是基本一致的，从而提高了牧区的城镇化水平。内蒙古边境县域经济发展水平在 8 省区中是最高的，但第一产业仍居于主要地位，在 19 个边境旗市中，2006 年第一产业产值超过 20% 的有 9 个旗市，从就

① 黄健英：《内蒙古边境地区县域经济发展研究》，载《内蒙古财经学院学报》，2009（5）。

② 喆儒：《我国内蒙古自治区对蒙口岸经济发展探析——以珠恩嘎达布其口岸为例》，载《对外经贸实务》，2012（1）。

业结构看，有 13 个旗市的第一产业就业比重高于 50%[①]。

（三）南部边境县域经济社会建设

南部边境县域的自然条件相比于北部边境县域存在较明显的交通困难，经济发展程度更为低下。复杂的地形地貌加大了经济发展的成本，具体表现在生产成本、行政成本和居民的生活成本等方面。由于地处偏远、人口密度低且居住分散，基础设施建设的人均成本高，利用率低；运距远、可达性差，运输成本高，降低了产品的市场竞争力；输入商品价格高，提高了居民的生活成本；灾害频发，加大了农牧民的生产风险，一场灾害过后，使一些家庭甚至一个县陷入贫困，过去的积累化为乌有，这些在南疆边境表现得尤为突出。

我国南部边境县域的一个突出特点是人口较少民族[②]密集以及农村贫困人口密集。例如，云南省的德昂族、布朗族、阿昌族、怒族、独龙族、基诺族、普米族和西藏自治区的门巴族、珞巴族等民族即是人口较少民族，同时也存在着大量的农村贫困人口。这些地区的贫困问题基本属于区位屏蔽型贫困。

再以新疆为例，南部边境地区的自然条件同样较北部恶劣，贫困人口也更为密集。以南疆四地州为主的塔里木盆地干旱边境贫困区，生态环境恶劣，气候干燥，降雨稀少，水资源缺乏且时空分布不均，干旱、盐碱、风沙等自然灾害频繁，环境承载力弱，当地农牧民难以依靠自然环境获取更多的收入。2003 年全区人均 GDP 为 9711 元，而边境县合计人均 GDP 为 5135 元，远低于全区平均水平，南疆四地州部分边境县人均 GDP 不到 2000 元，是突出的贫困地区[③]。

总体来看，西藏的自然环境复杂多样，经济发展成本高。有资料显示，西藏经济发展成本要比全国平均水平高 70% 以上，在中国内地 1 元人民币能办成的同样一件事情，能买到的同一种商品，在西藏最少要

---

① 黄健英：《边境少数民族县域经济发展模式研究》，载《黑龙江民族丛刊》，2010（4）。

② 据 1990 年全国第四次人口普查，我国有 22 个少数民族的人口规模分别在 10 万人以下，这些民族分别是高山族、布朗族、撒拉族、毛南族、阿昌族、普米族、塔吉克族、怒族、乌孜别克族、俄罗斯族、鄂温克族、德昂族、保安族、裕固族、京族、塔塔尔族、独龙族、鄂伦春族、赫哲族、门巴族、珞巴族、基诺族。民族学、人类学界一般把这些民族称为“人口较少民族”。

③ 何伟红、韩江：《新疆边境县域经济的发展浅析》，载《新疆农垦经济》，2006（6）。

1.7 元和 1.5 元多。大部分边境县域地域广阔，管辖范围大，人口分散，人均行政成本也远远高于其他县域[①]。

云南民族边境地区有 8 个边境州市共 25 个县，分别与缅甸、老挝、越南接壤，边境线长 4060 公里。边境县中有 9 个是少数民族自治县，再加上自治州所辖的 13 个县市，共计有 22 个县市属于民族自治地方。边境地区国土面积有 92460 平方公里，占全省总面积的 23.47%。总人口为 588 万人，占全省的 13.5%，其中，农业人口 503 万人，占边境县总人口的 85.5%；少数民族人口 352 万人，占边境县总人口的 59.7%。有 16 个民族跨境而居。在 25 个民族边境县中，绝大多数是集“边疆、民族、宗教、直过、贫困、高山峡谷和资源富集”七位为一体的县份[②]。

广西有 8 个县（市、区）与越南接壤，共有 98 个乡镇、1026 个行政村。其中，国家扶贫开发工作重点县 3 个，全国“兴边富民行动”重点县 4 个，边境乡镇 41 个，边境村 389 个，边境乡镇总人口 76.66 万人。广西边境地区发展的主要特点是：地理环境特殊，农业生产和生活条件较差；经济发展和社会建设相对滞后；少数民族高度聚居，人口所占比重高（占边境地区总人口的 80.68%）；口岸相对较多，有发展边贸的优势。

四、因边制宜的县域发展策略

县域经济是工业经济与农业经济、城市经济与农村经济的结合点，在区域经济中起着十分重要的作用。我国目前县域经济发展的主要模式有资源主导型、区位主导型、产业发展型、企业带动型及综合发展型几类。资源主导型主要指依托当地的自然资源、人文资源等带动县域经济的发展，如农副产品加工的资源优势、矿产资源、旅游资源等。区位主导型模式是指借助一定的交通枢纽位置以及临近某个港口、口岸或是大城市的区位优势发展县域经济。产业发展型则是通过特色产业和产业集

① 黄健英：《边境少数民族县域经济发展模式研究》，载《黑龙江民族丛刊》，2010（4）。

② 胡绍红、陈攀、李茂萱、张云倩：《关于云南边境民族地区发展县域经济的思考》，载《全国商情·理论研究》，2010（3）。

聚带动整个县域经济的发展。企业带动型可看作是产业发展型的高级形态，即凭借一个或几个大企业带动一方经济的发展。综合发展型是在多种因素共同作用下发展起来的模式，县域经济日趋成熟，拥有完整的产业体系，第一产业在 GDP 中的比重下降、第二产业比重上升、第三产业跨越性发展，可持续发展能力强，是县域经济发展的高级形态。我国边境地区的县域经济发展必须要把握好各边境地区的基本县情，特别是北部与南部、山区与牧区等地区的区域特色，充分发挥其比较优势，发展特色经济。依据对我国边境县域的周边环境、自然条件以及经济社会环境的分析，可以将边境县域相应地划分为口岸互市型、山区型和牧区型，实行因边制宜的发展战略和发展模式。

（一）口岸互市型边境县域

根据前述分析，在我国的沿边省区中，东北边境和广西边境的县域较为适合实施口岸、互市型发展战略，在发展模式上可以采用区位主导型模式为主，辅之以企业带动型模式。

东北边境口岸型县域由于区位与自然条件等的相似性，使其县域产业结构模式存在某些共性特征，但伴随经济发展的阶段性差异，使其产业结构模式也呈现出不同的个性差异。总体特点体现为：（1）以第三产业为主导产业的轻型化口岸经济特色明显。（2）第三产业中为人们生活提供服务的吃、穿、住、行等传统的口岸服务业占较大比例。（3）产业结构低级化，产业部门趋同化，产品缺乏特色性，比较优势没有得到有效发挥。

东北边境口岸型县域经济发展整体体现了口岸经济的特色，但目前普遍显示口岸经济的关联性与牵动性特征不明显，即口岸经济主导产业的作用没有充分发挥。该类县域口岸经济表现出较高的比较优势度和较强的市场扩张能力，但口岸经济的关联性产业范畴较小，基本以边境贸易基础上的初级产品加工及传统服务业为主，由于相邻的朝鲜、蒙古及俄罗斯远东地区均为经济相对欠发达区域，加之边境屏蔽效应影响深远，边境贸易始终徘徊在较低水平，一方面表现在进出口商品结构的长期单一性，即以我国对外出口劳动密集型产品和进口邻国的资源型产品为主；另一方面表现在长期的贸易逆差，即绝大多数边境口岸的进口额远大于出口额，净出口额长年呈负数；第三方面表现在贸易方式的简单化，至今仍以传统边境小额贸易为主，没有形成有效的区域合作组织。边境贸易发展的滞后制约了口岸经济对县域经济的带动作用，使得两者的关联度虽然呈正相关，但发展速度缓慢①。

以珲春为例。对珲春市经济发展所处的阶段、区域产业发展现状以及自然、经济、社会等方面的条件和资源进行分析后，发现外向型农业、资源密集型和劳动密集型工业、物流业和旅游业可作为珲春市的优势产业。选择外向型农业作为珲春市的优势产业，首先是因为珲春市盛产多种林特产品，生态环境优良，是生产绿色食品的优选区位。其次，珲春市与俄罗斯、朝鲜为邻，距日本、韩国也较近，这些国家又是农副产品相对短缺的国家，每年需从我国大量进口。再次，珲春市已形成英安、密江、三家子、敬信、杨泡和马川子等一些农业生产基地。由于珲春市处于“经济成长阶段”，而且其发展工业的资源非常丰富，劳动力供应充足而且廉价，因此资源密集型和劳动密集型工业是其经济发展的关键部门。另外，多项优惠政策使珲春市在利用外资和发展对外贸易方面具有得天独厚的政策环境。物流业能够作为珲春市的优势产业，首要原因是珲春市具有十分优越的区位条件，珲春市地处东北亚的重心地带，与俄罗斯、朝鲜、韩国、日本等国联系便利，与国内亦有铁路、公路相通，还有规划中的中蒙陆桥可通往欧洲，其作为未来国际物流中心的地位已得到普遍承认。其次，边境开放城市、边境经济合作区、出口加工区、保税区、中俄互市贸易区等优惠政策，也有利于珲春市物流业的发展。珲春市旅游资源丰富，独特的自然景观、众多的历史遗迹和浓郁的民族风情为珲春市旅游业发展奠定了最坚实与有利的基础②。

进一步优化边境口岸型县域经济发展模式，首先要依托口岸优势，调整思路，加大开发自身旅游资源，做大做强境外旅游和民族风情旅游等县域经济发展的朝阳产业；其次是完善县域经济基础设施和服务功能，全方位提高开放程度和服务档次，为县域经济创造优良的发展环境；第三是要拓宽口岸经济的内容，全面发展边境经济，应该站在区域经济开发的角度看待口岸经济的发展，发展外向型的第一产业和第二产

---

① 王楠、张本明：《东北边境口岸型县域产业结构发展研究》，载《开发研究》，2008（3）。

② 刘丽琴、刘秀敏：《论边境县域经济优势产业的选择——以珲春市为例》，载《经济问题探索》，2005（8）。

业，培育一批重点企业，带动边境地区经济的全面发展；第四是发挥各县（市）的资源和区位优势，建设各具特色的口岸经济，避免重复建设和盲目竞争；第五是适度超前，积极协调，推进边境县域的开放和开发，以求沿边开放和地方贸易的共同发展。

（二）山区型边境县域

边境地区的山区县域的传统产业以农业为主，但是都有着较为丰富的资源，如发展工业生产所需的能源、矿产资源、农副产品加工业资源等，因此，山区型边境县域在产业发展取向和经济增长极的选择上应立足于这些资源优势，采用资源主导型发展模式。

由于种种原因，资源优势并不必然能够转化为商品优势、市场优势，有些资源甚至完全无法利用。山区型边境县域所面临的最大困境是1. 非自然资源欠缺，如资金、技术、信息、人才等。2. 交通不便，物流不畅，投入产出效益低，不利于大规模发展工业经济。3. 缺乏必要的市场因素，传统上山区型县域大都形成了相对封闭的系统，产品仅为满足当地有限的需求，难以形成市场规模。有鉴于此，山区型边境县域经济发展，在客观上应遵循经济发展的规律，在国家和大区域宏观经济发展战略的框架下，结合县域本身的区位特点、资源条件、现有经济和工业发展基础，正确选择主导产业，选择工业生产点和工业生产组合链，大力发展地方特色的名优特产品生产，积极开拓与发展域外市场筹措产业发展资金，逐步发展规模生产，提高效益水平，整合现代化工业生产的发展。具体来看，可以发展特色农业；改造现有工业；加大劳动力的转移，其途径一是改善基础教育，二是发展劳务经济。

云南省沿边地区地貌复杂，气候多样，高原、草原、丘陵、盆地、峡谷一应俱全，大体上可以归纳为以山区型边境县域为主。其矿产资源、水能资源、农业与生物资源等自然资源十分丰富，此外，特殊的地理地貌、气候环境和众多的民族风情以及灿烂的民族文化也造就了丰富多彩的自然旅游资源和人文旅游资源。因此，云南省各边境县域应依托本地资源，以市场为导向，首先要形成云南县域特色农业格局，具体分为：（1）特色稻米生产区。云南大多数县域位于亚热带、热带地区的绿色坝子，这些地区由于土地肥美、气候宜人，已成为云南稻作农业最发达的地区，它们中的许多地区都被冠以粮仓的美称。（2）无公害蔬菜和果类生产区。如在西双版纳、瑞丽等热带、亚热带县域发展西瓜、甜瓜、香蕉、柑橘、菠萝等热带水果，积极种植核桃、板栗、梅子等干果，从而建成特色优质无公害蔬菜和果类生产基地。（3）特色经济作物生产区。如景洪、河口等县域可以发展热带兰花、鲜切花和室内观叶植物，从而建成特色花卉生产基地和出口加工区；发展优质烟叶，建设烟叶生产基地；在德宏、临沧等边疆地州的县域，适宜大力种植甘蔗，建设糖料生产基地；在西双版纳、瑞丽等地州的县域可以大规模种植橡胶，建设规模较大的天然橡胶生产基地。（4）特色中草药生产区。在迪庆、怒江等市县海拔2500米以上的高寒山区，发展贝母、虫草、黄边、雪上一枝蒿、雪莲花、明七等寒带药；在保山、德宏、西双版纳、思茅、临沧、红河、文山等市县的南部边缘低海拔地区，发展砂仁、肉桂等东南亚特种药材；在文山等县域适宜发展三七、当归、天麻、白芷、红花等家种药材，从而建成特色中药材生产基地。在此基础上，各边境县域应大力发展与周边国家的边境贸易。近几年，云南与缅甸、越南毗邻的县域积极疏通边贸渠道，改善双边地方政府的关系，致力于边贸发展，繁荣了边境地区的经济，把远离中心城市的劣势，变为沿边开放的优势，搞活、做大边贸产业。又如腾冲通过边境贸易，“两头在外”发展了545户木材加工厂和400多户玉石加工厂，年产值近20亿元①。这说明云南各边境县域应以边境贸易为突破口，积极发展对外经济贸易，抓住机遇，积极参与，加快与周边国家开展次区域经济合作步伐，真正做到以开放为动力，促进县域优势资源的开发转换，加速本地区县域经济的工业化进程，使沿边各县域形成优势功能互补，各具特色的对外开放区域，形成“立足次区域，面向两亚”的开放格局：一个是面向东南亚的大湄公河次区域（GMS），一个是面向南亚的孟中印缅次区域（BCIM）。

（三）牧区型边境县域

我国沿边县域中较为典型的牧区型县域主要分布在内蒙古、新疆、西藏和甘肃。如内蒙古的沿边县、市中除额尔古纳、根河市等属于典型的林业县市、二连浩特、满洲里属于典型的城郊型县域外，其余大都属

---

① 安敏：《云南特色县域经济发展刍议》，载《楚雄师范学院学报》，2009（12）。

于典型的牧业县市。根据克劳森判别法，通过县域人均 GDP 和 GDP 增长率与整体地区的对比，可将县域经济划分为繁荣型、潜在萧条型、落后型和萧条型四类。在内蒙古的整体县域经济中，较为发达的繁荣型县域基本上以城郊型和牧区型县域为主，其共同特点是人均 GDP 高于全区人均 GDP①，且基本分布在沿边一线。鉴于牧区型县域现有的资源特点和产业基础，较为现实的发展模式是产业发展型和资源主导型。

首先是充分利用已有的牧业发展比较优势，立足畜产品资源，推进畜牧业产业化，发展畜产品加工特色产业，并逐渐形成产业集聚，从而带动沿边县域乃至整个自治区的经济发展。其次，由于牧业旗县支撑资源开发的生态环境脆弱，必须抓好各县生态环境保护建设，实现可持续发展，把生态建设与农牧业结构调整、增加农牧民收入、扶贫开发、生态移民等紧密结合起来，促进生态和经济、社会的协调发展。充分发挥科技在生态建设中的主导作用，提高生态建设中的科技含量。资源主导型发展模式则适合草原、人文旅游资源丰富的旗县，通过开发旅游资源，把资源优势转化为产业优势和品牌优势，拉长开发链条，促进产业升级。如呼伦贝尔的额尔古纳市，自 2005 年以来，围绕打造“低碳、生态、可持续发展高端旅游区”的目标，着力实施城市品牌战略，旅游接待人数和收入都呈快速增长。仅 2009 年旅游接待人数达 78. 7 万，实现旅游收入 5. 96 亿元，分别比上年增长 334% 和 179% 。2012 年 1—7 月份共接待游客 49. 5 万人次，同比增长 125% ，旅游收入 2. 97 亿元，同比增长 108% 。

而内蒙古二连浩特的发展模式即是典型的以第三产业为主导的产业发展型模式。二连浩特市位于内蒙古自治区的正北部，与蒙古国东戈壁省扎门乌德市隔界相望，市区距中蒙边境线仅 4. 5 公里。在产业结构上，提出发展“四大支柱产业”，即大力发展边境贸易，加快发展旅游贸易，突出抓好加工贸易，积极发展服务贸易。二连浩特的发展经验具体可以归纳为：（1）创造适合自己发展的产业链条。过去二连浩特只依靠商贸流通搞一些边贸经济，结构单一，现在建立了多家木材、食品、畜产品等加工企业作为新的支柱产业。（2）服务贸易作为新型支柱产业，不断提升品位和档次。二连浩特市已经具备世界性的商品物流

① 高风：《内蒙古县域经济发展趋势分析》，载《内蒙古科技与经济》，2008（5）。

配送、仓储等一些有规模、现代化、高科技的机构。（3）旅游贸易成为二连浩特的重要支柱产业。境外旅游是二连浩特市旅游业最具特色的优势项目。2011 年，全年接待国内外游客 142.5 万人次，增长 14.6%。

通过前述分析，我们发现，民族地区的沿边发展环境既有自然资源优势、区位优势、人文优势等有利条件，又有受邻边国家经济发展水平制约、经济基础差、口岸建设滞后等约束条件。特别是北部边境地区和南部边境地区的发展环境差异非常大，边贸和口岸经济的发展条件与发展侧重点也有所不同，因此有必要在民族地区制定因边制宜的县域经济发展战略。为此，首先要转变对边和沿边开放的认识，一方面要认识到边的双重性，从中国内地的角度看，边境地区是远离政治中心、经济中心、文化中心的边地，而站在一个区域的角度看，则所谓的边境恰好位于区域的中心地带，甚至起到了枢纽的作用，蕴含着区域合作等发展机遇；另一方面，沿边开放不同于沿海开放，它有着更多的风险和困难，而边贸也不同于一般的外贸，在当前的发展条件和背景下始终需要各种优惠政策的扶持和引导。其次，要改变过去边贸和口岸经济扶持政策一刀切的做法。例如就边贸而言，对北疆和内蒙古的政策应有别于云南和广西，前者要着重解决边贸进出口平衡的问题，而后者是解决如何进一步扩大小额边贸和边民互市的问题。最后，制定发展战略时要突出民族特色和区域特色，促进边贸发展和沿边开放的经济政策必须同民族政策、扶贫政策和兴边富民政策相结合，才能最大限度地发挥其功效。

第五章　兴边富民行动的动力机制

兴边富民行动的活力源自深厚的内在动力，充分动员潜在的内在动力，完善动力机制的建设，是持续推进兴边富民行动的必然要求。

一、兴边富民行动的主体

（一）兴边富民，谁在行动

兴边富民行动在倡议阶段，便提出了“六动”方针：一是组织发动，要求各级政府加强领导，发动有关部门和社会各界力量，多形式、多渠道、多领域地参与行动；二是政策推动，要求从实际出发，制定特殊政策措施，加快行动步伐，争取工作实效；三是基础设施建设拉动；四是重点项目带动；五是改革开放促动，以改革促发展，以开放促开发，建立适合边境民族地区特点的发展机制；六是社会各界联动，动员全社会力量，调动各方面积极性，发挥各自优势，尽其所能，形成合力。

总结兴边富民行动10年的实践，基本上是政府在行动。兴边富民行动是政府倡议发动的，首先表现为政府行动也是符合逻辑的。但是，兴边富民行动不能仅靠政府行动，上述“六动”方针和“十一五”规划都提出动员社会各界力量支持边境地区开发建设，实际上就是要求形成全社会的行动。

其实，除了政府行动外还应该有市场行动、社会行动和边民行动。市场行动主要是通过市场机制形成对资源要素的动员、激励和优化配置，使边疆地区的特色资源、比较优势得到发现、发挥，从而激活边疆地区发展动力。实践中的边境贸易、经济技术合作等，都可以归为市场行动。社会行动就是通过宣传、社会舆论形成社会对兴边富民行动的关切，动员社会团体、机构、各界力量参与到兴边富民行动中来，也包括地方政府间积极开展的对口支援，形成全社会多层面、多形式的兴边富民行动。边民行动，即边民作为行动主体，自觉、主动介入兴边富民行动过程，激发兴边富民行动的内在动力。

政府、市场、社会、边民是兴边富民行动的基本动力。政府行动形成政府动力，具有导向、协调的效应；市场行动形成市场动力，具有效率激励、资源发现的效应；社会行动形成社会动力，具有道义动员的效应；边民行动形成边民动力，形成主体自觉、积极进取的效应。[①]

（二）边民角色缺位的结果

人类社会是在历史主体和客体的相互作用中运动、发展、进步的，其中历史主体是指处于一定社会关系中从事实践活动和认识活动的人。作为全部历史活动的发动者、组织者和担当者，边民在兴边富民行动中起着不可或缺的作用。

边疆的地理位置边缘性、民族成分复杂性以及相伴随的宗教信仰复杂性使得边民的身份更具特殊性。首先，作为华夏民族的一部分，边民在边疆地区经济社会发展中承担着和其他地区居民同样的责任，能动地促进当地经济社会文化全方位发展。

其次，我国边境地区往往也是众多少数民族的聚居地，多样的民族成分通常意味着多样的文化氛围、生活方式和生产方式。以新疆为例，新疆有 47 个民族，是全国少数民族最多的省区之一，其中世居民族有维吾尔、汉、哈萨克、回、柯尔克孜、蒙古、塔吉克等 13 个。2009 年，新疆总人口为 2158.63 万人，其中少数民族 1316.94 万人，占全疆人口的 61%。群众信仰的主要宗教有伊斯兰教、佛教、基督教、天主教、道教等，现有 10 个少数民族 1130 多万的群众信仰伊斯兰教。语言文字方面，使用少数民族语言文字的人口有 1200 多万，占总人口的 60% 以上。[②] 维吾尔、哈萨克、蒙古、柯尔克孜、锡伯、俄罗斯等少数民族各有其语言文字；塔吉克、乌孜别克、塔塔尔、达斡尔等少数民族有语言无文字，回族和满族使用汉语言文字，其中维吾尔、汉语言文字

---

① http://blog.163.com/mygreen365@126/blog/static/10337088620101124938349O8/）。

② 资料来源于新疆石河子大学张杰的博士学位论文《新疆特色城镇化动力机制研究》第 60 页。

是全疆通用语言文字，是政府的工作语言。

不同生活方式生产方式的长期共存以及不同宗教信仰的长期交融互补，形成了边境地区的特色文化，这种文化以边民为载体，一方面在促进边疆民族融合和经济发展方面起到了引领的作用，另一方面也在一定程度上限制了边疆地区的经济体制、产业结构、消费结构等。因此，激发边民自觉图发展的积极性，促使其在原有的生活习惯社会习惯的基础上自我奋斗是兴边富民行动的重要环节。

但就目前而言，边民在兴边富民行动中尚未能充分发挥足够的动力。还是以新疆为例，2011 年新疆总人口为 2208.71 万人，就业人员 924 万人，占新疆人口总数的 41.8344%；同年全国的总就业人数为 76420 万人，占全国人口总数的 56.7187%。[①] 表 5－1 显示了新疆和全国受教育人口比重的对比情况，显然新疆的总体受教育程度明显低于全国平均程度。当地居民的受教育程度、就业能力和意愿等因素在一定程度上反映了其在促进当地经济发展和社会进步中的贡献度偏低，边民动力不足一定程度上影响到边境地区的发展。

表 5－1　　新疆和全国受教育人口比重的对比　　单位：100%

地区	未上过学	小学	初中	高中	大专及以上
全国受教育人口占总人口比重	5.503	27.569	41.405	15.465	10.058
新疆受教育人口占自治区人口比重	3.948	29.924	37.32	14.663	14.145
备注：	总人口指6岁及6岁以上人口				

资料来源：2011 年全国统计年鉴，由笔者整理而成。

（三）开放社会的要求

开放社会对兴边富民的要求必然牵涉到边界效应的转化问题，边界

① 数据来源于新疆维吾尔自治区 2011 年国民经济和社会发展统计公报，http：//egov.xinjiang.gov.cn/xjgk/tjgb/2012/211411.htm 和中国统计年鉴 http：//www.stats.gov.cn/tjsj/ndsj/2012/indexch.htm。

效应包括边界屏蔽效应和中介效应。在两个经济地域系统的分界线两侧，由于语言、文化的差异、关税和非关税贸易壁垒、海关规制的不同、基础设施的不匹配、信息传输的障碍等，限制了跨边界商品、服务、生产要素的自由流动，称之为屏蔽效应；同时边界也是两经济系统间经贸交往的接触面，边界接触面的性质使得两侧区域经济合作和贸易交流具有天然优势，称之为中介效应。开放社会使边界屏蔽效应向中介效应转化，边界由经济“分隔线”向经济“接触带”演变，这种转化和演变促进边界两侧经济社会的发展①。

开放边境的直接作用机制是随着边界两侧贸易量的加大和经济合作的深化，口岸城镇的过货量将会显著上升，由此带动对劳动力、基础设施的需求和所属地方财政税收的增加，口岸城镇将会得到快速的发展。间接作用机制是利用边界两侧区域经济互补性和梯度差，通过对外贸易和次区域经济合作带动腹心地区经济发展，从而使腹心地区在更大区域内进行资源配置，促进腹心地区发展。

开放社会一方面使得边疆地区可以充分利用国内国外两个市场两种资源进行经济合作和资源配置，从而促进本地区经济发展，另一方面也对政府、市场、社会和边民四大动力提出了新要求。

就市场而言，边疆地区具有沿边开放的地缘优势，但外向型经济发展相对滞后，特别是外资和对外贸易对本地经济发展的带动作用十分有限。因此，新疆要加大“外引内联、东联西出、西来东去”，实行“引进来、走出去”的全方位对外开放战略。充分利用国家给予边疆的进出口优惠政策，按照“非禁即入”的原则，制定并实施外商投资产业目录，鼓励外商投资优势资源产业。加强对境外投资的协调和指导，配合国家有关部门尽快出台并贯彻落实好对外投资合作总体规划，鼓励本地企业到境外从事能源资源开发、农林业合作等项目。特别要重视外资和对外贸易的结构优化问题，调整结构的同时理顺外向型经济对当地城镇化建设的带动作用。

对政府而言，开放的边疆在带来发展机遇的同时也意味着发展的挑战，特别是国防的挑战。边疆地区民族关系的复杂性、宗教问题的特殊

---

① 资料来源于新疆石河子大学张杰的博士学位论文《新疆特色城镇化动力机制研究》第60页。

性，尤其是跨国民族、宗教问题极易引发地缘安全和政治稳定问题。宗教关系与民族关系相互纠缠，宗教关系往往具有突出的民族特色，民族关系与宗教影响盘根错节。各种宗教之间、甚至是同一宗教的不同教派之间，存在着很大的信仰差异和价值观差异，容易引发矛盾和冲突，冲突一旦发生就具有很强的破坏力。实际上，某些组织也假宗教之名利用其在少数民族中的影响从事某些非宗教的活动，干预政治生活，干预行政、司法、婚姻、计划生育、教育等，这种状况在一些地方还相当突出。[①]

此外，开放的边疆也意味着边疆毒品交易、拐卖人口、难民偷渡时有发生，恐怖主义的危险性短期内不会消除。西南边疆与世界上最大的罂粟产地——越缅泰地区接壤，西北边疆又毗邻目前最不稳定的地区之一——中亚地区（包括阿富汗），因此西部边疆多民族地区毒品犯罪频繁，并伴随着枪支走私、暴力袭击、扣押人质等犯罪行为。境内外不法分子借边境贸易通道拐卖妇女、儿童，中亚难民借机混入或偷渡到边疆村镇。这些问题成为影响西部边疆多民族地区构建社会主义和谐社会的重要因素。因此，如何在发展的同时维护政治稳定性，充分发挥边疆开放的正效应是政府的主要任务之一。

对于边民而言，在开放的边疆下，需要树立正确的民族观、宗教观，抵制外国反华势力、恐怖主义势力和极端宗教势力的侵蚀，正确对待民族关系，坚决反对民族分裂势力。同时，边民也应提高自身的综合素质，以适应开放条件下对劳动力市场的需要，提高自己适应开放社会的能力。

二、兴边富民行动的动力结构

（一）政府动力

政府动力机制是指国家（政府）通过履行政治、经济、文化等职能影响边疆地区发展以达到兴边富民目的的作用机理。兴边富民需要政府在保证边疆稳定安全的基础上尤其注重经济文化发展，协调配合市

---

① 资料来源于 http：//www. cssn. cn/news/409923. htm。

场、社会、边民以达到繁荣边疆的目的。[①]

从国内外不同地区的发展历程来看，仅依靠市场机制来协调所有经济发展问题是不可取的，政府在兴边富民进程中拥有重要地位。越南为维护边境地区社会稳定，促进边境发展也实行了稳民安边政策。1991年中越关系正常化后，越南政府为了鼓励战时迁到内地的居民重新回到边境地区原驻地，采取了国家免费建房、发放牲口、化肥，边境地区群众看病全免、适龄儿童入学全免，以更优惠措施吸引群众定居边疆，守土戍关。与此同时，越南政府对中越边境沿线的民族山区，一律实行免费医疗、免费防疫，对边民子女全部采取免费教育，并且对贫困学生、少数民族学生给予生活补助。此外，自 2001 年始，越南政府对边境一线 5 公里以内的边民又采取多项政策照顾：一是对初中以下学龄儿童免交学费，边民子女考上大学的政府给予资助，教师工资与中央国家机关公务员同等；二是边民看病免医药费的 70%；三是边民免交农业税；四是凡到边境一线定居的越南边民，政府将一次性发给每人相当于 3000 元人民币的安家补助费。政府扶持每户边民茅草房改造费用 3000 至 5000 元人民币。

我国的情况表现得更为明显，最为著名的便是西部大开发政策。但现实的问题是尽管政府倡议并积极行动，而实际投入尤其是平均投入却不足。10 年来中央政府累计安排的补助资金，如果分摊到每个边境县（团场），那么每县每年只有 100 万元。这与边境地区基础设施建设的历史欠账和现实需要相比，可谓杯水车薪。

政府期望对兴边富民行动形成广泛的力量动员，充分调动市场力量、社会力量、边民力量，这首先就要求政府要有足够强劲的投入力度去形成引动效应，以政府率先建设的基础环境为市场、社会、边民的行动创造一个平台。要走出政府行动势单力薄的窘境，关键是政府的启动力要充分，这是兴边富民行动的第一级推动力。政府的引擎有力，创造良好的前提条件，使得市场行动效率提高，社会行动难度降低，边民看到了希望，市场动力、社会动力、边民动力便能得到更有效的动员并形成良性互动，从而为兴边富民行动建构一个性能良好的动力机制。

---

① 资料来源于新疆石河子大学张杰的博士学位论文《新疆特色城镇化动力机制研究》第 60 页。

（二）市场动力

市场动力主要是通过市场机制形成对资源要素的动员、激励和优化配置，使边疆地区的特色资源、比较优势得到发现、发挥，从而激活边疆地区发展动力。实践中的边境贸易、经济技术合作等，都可以归为市场行动。

市场机制在资源配置中起到基础性的作用。西方国家政府对市场的干预很少，只是通过立法和产业政策来规范市场的运行。自 20 世纪 80 年代以来，温州、苏州、珠三角等东部沿海地区，由于区位条件好、改革开放早、市场经济的文化基础浓，市场这一无形的手在城镇建设中一直发挥着重要的作用，温州释放民间资本的活力，创新城镇建设的载体和方式，使经济在政府和市场两驾马车的驱动下得到了快速发展。温州市的龙港镇在 20 多年前还是个小渔村，之后当地政府充分利用市场机制，将城镇公用基础设施建设领域向农民放开，引导先富裕起来的农民进城建镇，使龙港镇发展为中国的第一座“农民城”。苏南乡镇企业的迅速崛起，珠三角巨额外资的大量涌入，都是得益于市场化的改革，因此市场化是城镇化的基础动力。而边疆地区特别是西南边疆市场发育程度还很低，市场化水平还不高，尤其是不同民族在面对市场竞争时的适应性存在很大的差别，极易产生利益分化影响社会稳定。因此在深化经济体制改革，加速市场化的同时，要高度重视政府在市场经济中的定位、任务和角色，在保证社会稳定和民族团结的前提下，进行市场化改革。张杰在其博士论文《新疆特色城镇化动力机制研究》一文中运用回归分析指出，市场动力在新疆城镇化的总动力中占 22.5% 的比重，政府动力占总动力的 44.73%，但相比其他动力市场动力的绩效是最高的。可见市场在城镇化进程中对资源的配置效率高于政府的计划机制。因此，边疆地区应加快对内对外的开放与改革，培育市场动力，充分发挥面向两个市场的有利条件以实现兴边富民。

（三）社会动力

社会动力即通过宣传、社会舆论形成社会对兴边富民行动的关切，动员社会团体、机构、各界力量参与到兴边富民行动中来，也包括地方政府间积极开展的对口支援，形成全社会多层面、多形式的兴边富民行动。

社会动力对兴边富民的影响无疑是巨大的，以对新疆支援为例。根据受援县市反馈的信息，至2010年19个省市在新疆开建项目约60个，即将开工或签约的项目超过70个。在已启动项目中，大部分是棚户区改造、公路、学校、医院、防洪设施等民生工程。北京市在新疆南部试点县实施的农村富民安居工程突破了以往盖房住屋的简单形式，不仅按每户28190元的标准配套了水、电、暖、厕、浴和天然气、太阳能，还融合当地特点规划了编织区、养殖区、特色林果种植区。①

由天津市妇联组织的对口支援新疆妇女手工编织项目，着眼于解决农民富余劳动力就业问题。来自天津5家企业的技术人员对和田策勒县100名妇女就儿童玩具、中国结、水晶串珠等产品编织进行了培训。项目将在5年内通过技术指导、提供订单、联系销售等全套支持帮助当地2000名妇女实现灵活就业。

2010年8月，浙江华孚集团、永翔集团和巨鹰集团分别在阿克苏纺织工业城投资兴建了棉纺项目，天达环保公司、博龙科技有限公司的建材项目和环保液态地膜项目也已开工。这一批产业合作项目不仅为新疆创造了大量就业岗位，也为东部企业升级开辟了空间，显示了双方优势互补的潜力。2010年8月26日，天津商会携20余家企业，采取打包的形式，分别与新疆策勒、于田、民丰三县就25个产业招商项目签订了框架协议，项目涉及农副产品加工、新型建筑材料、商贸物流等，协议投资总额22.5亿元。

上海市卫生系统派出45名医疗骨干和1名党政干部到新疆支援1—3年。教育支援也同时展开，2010年8月底，和田地区120名初中生前往天津市就读高中。人才输送与技能培训也在同时进行。新疆昌吉回族自治州编制了《昌吉州对口支援干部人才培训五年规划（草案）》，计划把握与福建和山西的对口关系，通过“万名干部赴闽培训工程”和“福建省干部和人才援疆计划”解决当地人才紧缺问题。

2010年8月底召开的广州博览会为对口支援的新疆疏附县提供了免费展位，当地盛产的果子酒和精美手工艺品摆上了展台。同年9月8日在福建召开的中国国际投资贸易洽谈会（厦投会）也为对口地

① 资料来源：http：//www.chinawest.gov.cn/web/NewsInfo.asp？NewsId＝58679。

州——昌吉设立了展位。

社会动力对边疆地区进行了资金、人才、技术和管理等全方位的支持，一定程度上解决了边疆地区发展基础薄弱、动力不足的问题，丰富了边疆与内地经济文化交流的渠道，是兴边富民行动的重要动力之一。

（四）边民动力

边民动力指边民作为行动主体，自觉、主动介入兴边富民行动过程，激发兴边富民行动的内在动力。兴边富民行动要求边民在发展中培育自力更生、艰苦奋斗的精神。

边民动力作为边境地区发展的内源动力，在兴边富民行动中占据重要地位。边民动力发挥作用的一个重要场所就是边民互市。边民互市是指边境地区边民在我国陆路边境 20 公里以内，经政府批准的开放点或指定的集市上，在不超过规定的金额或数量范围内进行的商品交换活动。以广西壮族自治区龙州县边民互市为例，2010 年该县参与互市贸易的边民达 1.62 万人，是 2006 年的 5 倍，占全县边民总数的 28.2%。贸易总额也从 2006 年的 1.23 亿元提高到 2010 年 8.3 亿元，从事边贸的边民年人均增收 576 元，是 2006 年的 4 倍多。在边民互市贸易的推动下，龙州县对外贸易也实现大幅增长。2010 年，该县贸易进出口总额完成 23.55 亿元。“十一五”期间，全县对外贸易年均增长 32.6%，对外贸易额翻了 3 番。2011 年该县第一季度互市贸易进出口总额 4.196 亿多元，同比增长 256%，互市贸易成为带动边民致富的有效途径。

三、动力结构的分工与互动

（一）结构功能的分工

1. 政府动力机制分工

政府在兴边富民行动中起着引导作用，主要通过调节收入分配、促进资源合理配置、行政区划分、相关制度安排四个方面来促进当地经济社会的发展。

（1）调节收入分配

政府通过各种政策工具，参与一定时期国民收入的初次分配与再分配，实现收入在全社会各部门、各地区、各单位以及各社会成员之间进行合理分割，缩小收入差距，体现社会公平。利益是人类从事一切社会活动的根本动因，政府对收入分配的调节本质上是一种利益分配的调节，通过缓和社会各阶层的利益冲突以充分调动社会各阶层参与经济活动的积极性。

（2）促进资源合理配置

政府通过参与经济活动，引导人力、物力、财力等社会资源流动，形成一定的产业结构、区域经济结构，优化资源配置，提高资源使用效率。政府通过为社会提供公共产品带动经济发展，如大型基础设施建设将会增加就业，为经济发展打下坚实基础，通过对教育科技文化事业、医疗卫生事业的投入提高边疆公共服务水平，促进地区经济发展。

（3）行政区划分

由于行政级别与财政、投资、土地以及项目审批等权力紧密相关，随着地区经济实力的增强，基础设施建设与发展的空间逐步饱和，行政级别所决定的权力以及行政界线成为地区规划建设深入开展的障碍性因素。因此可以通过行政区划调整，增大地方政府的行政权力，促进当地发展。行政区划的动态调整，一是通过提高行政级别增强其发展经济的决策自主权，促使城市规划和建设向深度发展；二是采取新建（比如切块设市）、合并等手段扩大中心城市（或城镇）的行政范围，以使城市规划和建设可以在更广阔的范围内整合经济资源，促进社会经济发展。具体来说行政区划调整变更的内容可分为：建制变更、行政区域界线变更、行政机关驻地迁移、隶属关系变更、行政等级变更、更名和命名6类。这些行政区划的调整一直伴随着新疆经济的发展，又反过来推进了区域的经济发展。

（4）相关制度安排

制度是社会历史发展的产物，它泛指协调人们经济关系和经济活动的组织结构和行为规范。我国制度变迁是由政府命令和法律引入实行的自上而下的制度变迁，因此政府是制度供给最主要的主体。户籍制度、土地制度、社会保障制度、就业制度、行政管理制度、城镇建设和投融资体制等对劳动力、土地等要素流动产生直接影响，进而对经济发展产生作用；民间资本积累与投资的激励机制、企业制度、投融资体制、财税等制度通过工业化的作用而间接地对经济发生作用和影响。制度通过减少经济发展进程中经济运行的不确定性和交易费用，促进地区发展，实现兴边富民。

2. 市场动力机制分工

市场动力主要是通过市场机制形成对资源要素的动员、激励和优化配置，使边疆地区的特色资源、比较优势得到发现、发挥，从而激活边疆地区发展动力。市场机制主要包括供求机制、价格机制、竞争机制和风险机制。

价格机制是指在市场竞争过程中，市场上某种商品市场价格的变动与市场上该商品供求关系变动之间的有机联系的运动。它通过市场价格信息来反映供求关系，并通过这种市场价格信息调节生产和流通，从而达到资源配置。另外，价格机制还可以促进竞争和激励，决定和调节收入分配等。供求机制是指通过商品、劳务和各种社会资源的供给和需求的矛盾运动来影响各种生产要素组合的一种机制。它通过供给与需求在不平衡状态时形成各种商品的市场价格，并通过价格、市场供给量和需求量等市场信号调节社会生产和需求，最终实现供求之间的基本平衡。竞争机制是指在市场经济中，各个经济行为主体之间为自身的利益而相互展开竞争，由此形成的经济内部的必然的联系和影响。它通过价格竞争或非价格竞争，按照优胜劣汰的法则来调节市场运行。竞争机制能够形成企业的活力和发展的动力，促进生产，使消费者获得更大的实惠。风险机制是市场活动同企业盈利、亏损和破产之间相互联系和作用的机制，在产权清晰的条件下，风险机制对经济发展发挥着至关重要的作用。市场动力主要通过要素市场和非公有制经济市场推进兴边富民。

3. 社会动力机制分工

社会动力即通过宣传、社会舆论形成社会对兴边富民行动的关切，动员社会团体、机构、各界力量参与到兴边富民行动中来，也包括地方政府间积极开展的对口支援，形成全社会多层面、多形式的兴边富民行动。社会动力对边疆地区发展的支持主要体现在投资合作、对口支援几个方面。

（1）投资合作动力

社会其他地区和边疆地区的投资合作对于实现优势互补、促进共同发展、落实全国区域发展总体战略、推动东中西部协调发展，都具有重大意义。以广西和北京企业的投资合作为例，2010 年 12 月广西防城港市在北京举行投资洽谈会暨项目签约仪式，签订内资协议项目 14 个，项目总投资约 62.7 亿元人民币；签订外资意向项目 1 个，项目意向投资 150 亿美元。这 15 个内资、外资项目总投资达 1062 亿元人民币。签约的项目中中国东盟传统医药文化养生城项目由同仁堂药膳公司出资建设，拟建于防城港市江山半岛，占地 1850 亩、总投资 10 亿元人民币，规划建设文化论坛、医药博物馆、游艇俱乐部、国际医疗中心、药用植物园、水疗中心等旅游养生设施。同日签约的项目，还有占地 600 亩、总投资 10 亿元人民币的北部湾电影学院项目；占地 110 亩、总投资 6.8 亿元人民币的东兴东盟国际大酒店项目；占地 30 亩、总投资 3 亿元的益海昌国际大厦项目；占地 170 亩、总投资额 3 亿元人民币的中草药生产基地和中草药市场项目；占地 100 亩、总投资 1.3 亿元人民币的钢结构生产加工项目以及占地 100 亩、总投资 1.2 亿元人民币的节能环保型汽油添加剂项目等 12 项。签订的外资意向项目是防城港年产 1500 万吨高科技环保节能高级燃油和 100 万吨乙烯环保石油化工低碳技术示范工程建设项目，该项目由香港佳园控股有限公司出资建设，拟建在防城港市企沙半岛，总投资 150 亿美元，规划建设年产 1500 万吨高科技环保节能高级燃油和 100 万吨乙烯环保石油化工低碳技术示范工程，建设期为 3 年零 6 个月。这些项目在为企业获取正当利润的同时也为边疆地区带来了先进的管理经验、尖端的技术人才，同时在一定程度上改善了当地的基础设施通达状况，有力地促进了当地经济社会发展。

（2）对口支援动力

对口支援即经济发达或实力较强的一方对经济不发达或实力较弱的一方实施援助的一种政策性行为，主要类型有：灾难援助、经济援助、医疗援助、教育援助。

对口支援如今已经成为边疆地区经济发展的主要动力之一。以西藏为例，改革开放以来，中央先后四次召开西藏工作座谈会，对西藏维护稳定、深化改革、加快发展做出许多决策部署，全国对口支援西藏就是其中的一项重要内容，它的实施为西藏经济社会发展注入了强大活力，促进了西藏各民族的团结、发展和繁荣。1984 年召开的第二次西藏工作座谈会，中央确定实施“国家直接投资项目、中央政府财政补贴、全国人民对口支援西藏”，决定由 9 个省市和有关部门分两批帮助西藏建设 43 项迫切需要的中小型工程项目。1994 年召开的第三次西藏工作座谈会决定采取“分片负责、对口支援、定期轮换”的形式组织干部、教师、医务人员和其他专业技术人员援助西藏，首批确定内地 14 个省市对口支援西藏 7 个地市的 44 个县，10 年内分 3 期进行轮换。中央在第三次西藏工作座谈会上号召全国各省市和中央国家机关援建 62 项大型工程，掀起了全国支援西藏的新浪潮。截至 2001 年第四次西藏工作座谈会召开，西藏自治区国内生产总值年均增速达到 11.9%，连年保持高于全国水平的速度，绝大多数群众的温饱问题基本解决。2001 年召开的第四次西藏工作座谈会做出了对口援藏工作在原定 10 年的基础上再延长 10 年的决定，将西藏尚未建立对口支援关系的 29 个县，以不同的方式全部纳入对口支援范围。根据《西藏民主改革 50 年》白皮书披露，1994 年以来，中央先后安排 60 多个中央国家机关、全国 18 个省市和 17 个中央企业对口支援西藏经济建设。截至 2008 年底，已累计投入对口援藏资金达 111.28 亿元，安排 6056 个对口援藏项目，选派 3747 名援藏干部进藏工作。在全国的支援下，西藏经济社会发展突飞猛进。据统计，1959 年至 2008 年，西藏生产总值由 1.74 亿元增长到 395.91 亿元，按可比价格计算，增长 65 倍，年均增长 8.9%，西藏人均生产总值由 142 元提高到 13861 元。[①]

4. 边民动力机制分工

作为边疆地区的主人，边民在兴边富民中占据不可或缺的地位。边民动力促进兴边富民的前提首先是边民树立社会主义新劳动观，破除过去那种轻视体力劳动、轻视脑力劳动或轻视服务性劳动的偏见，自觉克服和纠正在劳动问题上的种种不正确的认识，激发自我奋斗的劳动意识。自觉抵制某些极端民族主义思想，抛弃纯粹依赖东中部资金政策支援的思想，抛弃绝对平均主义思想，抓住西部大开发的机遇，发扬新时期的精神，通过自力更生艰苦奋斗实现边疆地区的发展。

其次，边民动力要想发挥其应有的作用，用知识武装自己是必不可少的途径。在当今知识经济时代，科学技术是第一生产力，成为综合国力竞争的核心。知识是人们认识世界、改造世界的重要工具，是推动历史发展和社会进步的重要力量。哲学社会科学知识属于文化软实力，是当今世界综合国力竞争中的一个重要组成部分。所谓“富民”不仅是人民收入水平的提高和生活水平的提高，更重要的是综合素质的提高。

---

① 资料来源于西部大开发网站 http：//www.chinawest.gov.cn/web/Column.asp? ColumnId = 12。

边民需要摒弃故步自封的思想观念，积极配合科教兴国战略，自觉吸收先进的科学文化知识，提高自我综合素质，凝聚和培育高水平的科技队伍。

（二）结构功能的互动

1. 政府动力与市场动力机制的互动

推动兴边富民进程的市场动力机制和政府动力机制的互动本质是市场和政府两种资源配置方式促进经济发展的效率问题。市场与政府动力机制的不协调主要表现在以下几个方面：第一，由于长期受计划经济体制的影响，再加上边疆地区特殊重要的战略地位，政府在城镇布局和建设方面受边疆安全和社会稳定的影响，很多城镇的设立是出于政治方面的考虑而不是经济发展的考量，致使很多城镇的政治职能远高于经济职能，如边境城镇和兵团城镇的设立和建设，这些城镇远离经济腹心地带，城镇基础设施和公共服务成本较高，这在一定程度上制约了经济聚集和辐射带动功能的发挥，不利于周边地区经济的发展。第二，由于边疆地区尤其是西南边疆地区远离我国经济核心区，各项市场化改革明显滞后于内地省区，市场在区域经济发展过程中对资源配置的基础性调节作用不强，在一定程度上制约着经济发展进程。第三，市场动力机制与政府动力机制的结合不协调，政府在培育和发展包括生产资料市场、金融市场、劳动力市场、房地产市场、技术市场、信息市场、产权市场等生产要素市场上投入不足，在公共品的供给、社会保障和行政管理等制度供给方面的滞后阻碍了市场机制在资源配置中基础性作用的发挥。因此，边疆发展中市场与政府动力机制的协调性需要进一步完善。

2. 边民动力机制与其他动力机制的互动

依托其丰富的资源优势和独特的区位特征，边疆地区发展必须探索边民动力和其他动力相结合。边民是兴边富民行动的主体，是推进兴边富民行动最根本的力量，只有真正启动边民兴边富民行动的内在动力，并在此基础上形成与其在动力上的协调，兴边富民行动才能获得更具效率的动力机制的支持。边民动力与其他动力机制的互动还存在较大的不足。主要表现在：一是受人文社会、自然条件和基础设施不足的制约，边民自我发展的能力和活力还未被激活，边民动力对兴边富民行动促进作用依然有限；二是受周边国家经济发展滞后、政治不稳定、恐怖主义活动突出等问题的影响，众多边疆地区对外开放程度还很低，边疆同周边国家的经贸往来远未达到应有的水平，主要表现在进出口和利用外资规模小、水平低，导致其对周边国家资源的配置水平不高，承接内地省区的产业转移的能力不强，内源发展能力不足。市场动力与边民动力相结合对边疆经济发展的促进作用十分有限；三是目前边疆地区的发展主要是依靠政府的帮助和扶持，社会动力中的对口支援在很大程度上也源自中央政府的舆论和财政支持，边疆地区发展的内源动力和外部动力机制二者并重的局面远未形成；四是相对封闭的社会环境以及长年来东中部地区的财政支持和其他援助，在一定程度上使得部分边民存在依赖心理和懒惰心理，自我奋斗意识薄弱。此外，偏低的受教育程度在很大程度上削弱了边民的边际产出，劳动力市场供给的素质水平和需求的技术水平不完全吻合。

3. *四种动力机制的互动*

在经济全球化的背景下，边疆地区正在利用国际国内两种资源、两个市场，统筹协调区域经济发展，兴边富民的动力已由计划经济时期的政府主导，逐渐转向为政府、市场、边民、社会多元动力并存的局面。作为我国边防战略屏障，独具特色的人文社会条件和独一无二的行政管理体制决定了大部分边境地区发展的动力不同于内地省区。边疆地区发展的理想动力是在保障边疆安全和社会稳定的前提下，合理有序地为各族群众提供充足的就业岗位和良好和谐的人居环境，实现边境地区经济可持续和多元文化融合的新型生产生活方式。

目前，政府动力依然是推动兴边富民行动最重要的力量，边疆的发展依然是自上而下由政府主导。市场动力和政府动力的协调性不够，边民自我发展能力不强，没能很好地利用外向型经济的优势，提高经济的自我发展能力。鉴于政府在兴边富民进程中所起的关键性作用，政府应积极地运用宏观调控政策和制度创新整合四种动力，增强四种动力机制的协调性，为深入推进兴边富民行动作出贡献。

四、动力机制的完善

（一）激发动力因素的能动性

边民、社会团体、政府、市场作为兴边富民行动的主要动力，充分调动各主体的积极性、主动性和创造性，是形成兴边富民行动合力的要求。

1. 合理需要的有效满足

不管是政府、社会团体还是边民，作为其构成部分的人，需要是驱使其从事物质生产及其他一切创造性活动的终极原因和最初的启动器。

合理需要是与生产力发展水平、生产目的、分配方式相适应的需要，是一种能够得到有效满足的需要，因而能充分调动人们从事社会生产的积极性、主动性和创造性。恩格斯在论及未来社会时说："确立这样一种状态，这时社会的每一成员不仅有可能参加社会财富的生产，而且有可能参加社会财富的分配和管理，并通过有计划地组织全部生产，使社会生产力及成果不断增长，足以保证每个人的一切合理的需要在越来越大的程度上得到满足。"合理需要的全面性、丰富性和层次性形成了一个不断扩大和日益丰富的需要结构体系，从而引起社会的全面生产，造就了社会的全面文明。这种需要与生产在结构与功能上的耦合，成为推动社会经济发展的内在动因。

对于市场动力而言，良好的市场运行环境是其利益需求。因此，要稳妥推进边疆地区发展，必须通过深化经济体制改革，培育经济的自我发展能力。尤其是要培育县域经济的自我发展能力。鼓励投资创业，改变其生产和生活条件；在边境条件比较好的地方建立边境自由贸易区或经济特区，扩大沿边开放，发展边境贸易。

2. 正当利益的公平实现

不同主体追求正当利益的动力作用需要经过利益协调来实现。合理的利益差距的存在，能激发不同利益主体从事社会生产的创造活力。但利益差距过大又会激化主体之间的利益矛盾，影响和破坏社会的发展。因此，社会主义条件下的利益关系应该是根本利益一致基础上的各种利益协调关系。通过利益协调，一方面使处于不同社会分工地位的各个集团和群体相互补济、相互促进，赋予每个人充分发挥自己潜能、按劳分配的平等权利，强化各利益主体需要功能，保障其正当利益；另一方面使国家能够从全局出发，兼顾、协调社会的分配关系，缓解和消除由于个体、集体和社会之间的利益对立所引起的活动内耗，增强人们劳动的个体和整体效益，促进经济社会发展。

（二）强化动力结构功能的整体性

动力结构的整体性发展牵涉到各动力机制的协调发展问题，即所谓的耦合问题。耦合原本是物理学的一个基本概念，指两个或两上以上的系统或运动方式之间通过各种相互作用而彼此影响以致联合起来的现象，是在各子系统间的良性互动下，相互依赖、相互协调、相互促进的动态关联关系。

兴边富民行动的绩效，实际上取决于由政府、市场、社会、边民共同建构的动力机制的质量及其发挥的功能。政府行动、市场行动、社会行动、边民行动可能各自行动，也可能合作行动。显然，合作行动有助于形成合力并产生合力效应，这也是兴边富民行动构建动力机制的内在要求，即促进政府、市场、社会、边民四种基本动力相互作用，达致协调均衡状态。当政府、市场、社会、边民四种基本动力都得到充分动员并形成目标规范的一致性时，兴边富民行动就获得了高质量动力机制的支持，形成了科学合力。

建构兴边富民行动的动力机制，对社会道义的动员一直被寄予厚望。但必须看到，社会行动的道义动员既有广泛的一面，又有不稳定的一面，而且总需要借助于政府行动。市场行动与社会行动不同的是市场行动更重视效益评估，利益驱动是市场行动的基本动因。在一种存在较多不确定性和风险的投资环境中，市场行动显然需要政府行动为其清除非经营性风险。相对而言，边民行动具有主体自发性。因为要生存发展，边民就要自觉行动起来，自力更生是最简单的行动要求。但在艰苦的生存发展环境中，仅靠边民自身去改变生存条件在事实上存在较大困难，而且封闭、节奏缓慢的生产生活方式本身极容易滋长惰性，导致主体自觉和积极进取精神的缺乏。在这种情况下，政府行动的带动、扶持便显得十分重要。

政府期望对兴边富民行动形成广泛的力量动员，充分调动市场力量、社会力量、边民力量，这首先就要求政府要有足够强劲的投入力度去形成引动效应，以政府率先建设的基础环境为市场、社会、边民的行动创造一个平台。由此反观现实的兴边富民行动及其动力机制，实际上隐含着政府动力不足的隐情。要走出政府行动势单力薄的窘境，关键是政府的启动力要充分，这是兴边富民行动的第一级推动力。政府的引擎有力，创造良好的前提条件，使得市场行动效率提高，社会行动难度降低，边民看到了希望，市场动力、社会动力、边民动力便能得到更有效的动员并形成良性互动，从而为兴边富民行动建构一个性能良好的动力机制。

在投入力度足够的前提下，政府的决策应周全考虑边民、市场、社会动力机制的作用，退出不应该由政府主导的领域，由更具有效率的市场动力、边民动力和社会动力参与这些领域的分工合作，实现政府职能的转变。

首先，要合理划分各级政府职责关系。正确处理中央和地方政府关系，根据责任与权力相统一、财权与事权相一致的原则，依法规范中央和各级地方政府经济社会管理的职能和权限，理顺中央和地方政府的职责和分工，形成合理的政府层级体系。完善垂直管理体制，包括中央垂直管理部门和省区以下垂直管理部门。在确保中央统一领导、政令畅通的前提下，充分发挥地方政府的积极性、主动性和创造性，强化地方政府的管理责任，防止出现“上面管到看不到、下面看到管不到”的现象。完善省区以下财政体制，有条件的地方可探索实行省区直管县的体制。加强和优化基层行政资源，增强基层政府提供公共服务的能力。①

其次，继续推进政企、政资、政事、政府与市场中介组织分开。要按照发展社会主义市场经济的要求，全面梳理各级政府管理的事务，坚决把那些政府不该管、管不好、管不了的事项转移出去，还权于民、还权于市场、分权于社会。应进一步明确细化“政府退出”的具体标准界限。比如，什么是“能够自主决定”的事项？应有更加明确细化可操作的标准，因为只要有模糊空间存在，就会出现“退”而“不出”的问题。要充分公开“政府退出”的过程程序，具体哪些行政审批事项应该“政府退出”，不能只由政府部门“说了算”，而应公之于众，确保社会的参与监督。全面贯彻实施《中华人民共和国行政许可法》，深化行政审批制度改革，促进行政审批制度化、规范化和法制化。改变政府直接管理和介入经济活动的做法，从直接代替企业决定项目、招商引资转到为市场主体服务和创造良好的发展环境上来，政府只审批关系经济安全、影响环境资源、涉及整体布局的重大项目和政府投资项目及

① 参考 http：//seamountlin. blog. 163. com/blog/static/6354102011102705545766/。

限制类项目。继续清理行政许可项目和非行政许可审批项目，该取消的要坚决取消，能下放的要尽量下放，对必须保留的行政审批项目要减少环节、简化程序、提高透明度。同时，要高度重视加快培育、发展和规范行业协会、中介组织等民间组织，增强政府职能退出后的社会接管能力。①

第三，提高公共产品的总量与公平性。为什么在国家综合实力有了很大提高、人民生活水平有了较大改善的情况下，社会矛盾还会如此突出？主要症结是政府提供公共服务和产品不足，且公平性不够高。就公共服务的总量而言，按照2008年《政府工作报告》的数据，过去五年（2002年—2007年）间，全国财政收入增长了1.71倍，但全国财政用于教育、卫生、社保、文化体育事业的支出分别增长了1.26倍、1.27倍、1.41倍、1.3倍。也就是说，财政对公共服务投入的增长速度慢于财政自身增长的速度，公共产品供给不足的问题依然很突出。老百姓所言的教育、医疗、住房“新三座大山”，就是公共服务不足的真实写照。就公共服务的公平性而言，主要问题是公共服务的覆盖面窄，公共服务水平在城乡之间、区域之间差距过大。要按照科学发展观的要求，加快实现人人享有基本公共服务的目标，重点推进教育、卫生、社保等基本公共服务均等化，解决公共服务和产品提供的公平性问题。要大幅度增加政府公共服务支出，调整和优化公共服务结构，将财政支出的重点转向公共教育、公共卫生、科技文化、社会保障、公共安全和公共基础设施方面，力争在不太长的时间内，使上述各方面支出占GDP的比重达到中等收入国家水平。同时，要改进提供政府公共服务的方式，实现从主办者向主导者转变，合理引入竞争机制和市场机制，增加公共服务的可及性，提高公共部门的效率和服务质量。为市场动力、社会动力和边民动力发挥作用提供相对完善的环境。②

---

① 参考 http：//www. yydj. gov. cn/html/xinwenzhongxin/shizhengredian/15512. html。

② 参考 http：//www. chinavalue. net/Finance/Article/2008 – 7 – 14/123973. html。

第六章　兴边富民行动的开放合作机制

推进兴边富民行动也是一种扩大开放的方式。兴边富民行动的特定内涵要求建设与之相适应的开放合作机制。

一、沿边开放的方式

（一）思维方式与开放方式

转变思维方式是实现开放的内在要求，具体体现在对于开放的内容和开放的广度与深度的认识上。广义的沿边开放实际上蕴含了两种内容的开放，即对内开放和对外开放。对内开放意味着沿边地区放开各种限制和消除进入壁垒，鼓励和倡导与内陆和沿海地区在商品、资金、技术、人员等的自由流动；对外开放则意味着面向边境另一端的外部世界打开大门，进行多种形式的沟通与合作。为此，在制定沿边开放的政策措施时，就要把两个方向的开放提到同等的战略高度，把二者的内容都纳入到政策框架中。此外，要认识到开放不是仅仅面向邻国，而应看得更远，考虑如何通过沿边开放使得中国从另一个层面更好地融入世界经济体系中，获得更多的经济、政治利益。这就决定了沿边开放不仅仅是发展边境贸易，与邻国互通有无，还包括加入和建立更高层次的合作机制，如区域和次区域经济合作。

首先需要考虑的问题是沿边开放能否运用沿海开放的模式。我国东部沿海地区的对外开放三十多年来已经取得了举世瞩目的成绩。以珠三角、长三角为首的沿海地区通过引进外商投资、大力开展加工贸易带动了制造业的发展，并逐渐形成了产业集群，进入了经济快速增长的通道。这样的对外开放模式给东部沿海地区带来了很高的经济收益和技术溢出效应，使得东部沿海地区成为全球产业链中的重要组成部分。从进出口商品结构来看，我国沿海地区在改革开放初期走的是进口工业制成品、出口初级产品的老路，主要是为了充分发挥劳动力优势，实施出口导向型战略，发展劳动密集型产业。之后，以外商投资企业主导的出口贸易商品逐渐由劳动密集型的纺织品向资本和技术密集型的机电产品转变，近年来高新技术产品出口比重也在提高。但总的来说，我国沿海地区的对外贸易结构始终处于低级化阶段，出口货物结构中劳动密集型和资源密集型产品所占比重较高，资本和技术密集型产品所占比重较低。即便是出口机电产品，也有相当一部分是日用小五金、金属制品等，其余部分的机械设备出口中附加值也明显偏低。此外，我国对外贸易方式初级化特征显著，低端加工贸易比重仍然较大，我国加工贸易的国内采购率低，即所谓的“两头在外”，加工链条短，虽说融入了国际分工体系中，但是只承担了产品增值链条中附加值低的加工组装环节，在国际分工体系中处于低端位置。我国目前的进出口商品结构和主要贸易方式决定了海运是实现对外贸易的最主要的运输方式。由于中国的出口大量依赖进口，沿海城市凭借着天然的地理优势，成为节省运输成本的重要节点。而沿边地区地处偏远，与主要贸易港口的空间距离大大增加了运输成本，而且缺乏以贸易为增长发动机从而吸引外商投资和通过“市场换技术”引进产业的基础，因此，东部沿海的开放模式无法完全复制到西部沿边地区。

与沿海开放情况不同的是，在沿边开放中，我国在进出口商品结构中处于经济的高位，即进口原材料等初级产品，出口工业制成品。事实上，我国与周边国家在资源结构、产业结构、技术结构等方面都具有很强的互补性，我国沿边带状地区的发展必须发挥其区位比较优势，构建和完善沿边贸易和生产开放体系。

沿边、沿海同时开放，实行功能互补，有利于我国经济的全面均衡发展。沿海、沿边是我国对外开放体系的两个组成部分，并且各有不同的开放对象：沿海主要是面对世界上发达的国家，开放以引进发达国家的技术、装备、外资为主，进口的产品主要是技术密集型高价值的资本产品。而出口主要是劳动密集型低价值的劳动产品。相比之下，我国处于低位，因此，在与外部市场的接轨点，形成进多出少的情况，一般会出现贸易逆差。沿海属生产主导型外向经济，其重点是提高工业生产水平，参与国际竞争。边境开放，面对的周边国家多数是发展中国家，从这里进口的主要是农副土特产品或者是初加工的劳动产品，而且有些是我国紧缺的原材料，而出口的主要是轻加工的工业产品，价值虽然不高，但相比之下，我国则处于经济的高位，这与沿海的开放所处的经济低位正好相反，具有鲜明的互补性。我国对外市场的接轨点，在与周边国家的贸易中，外贸一般呈顺差。这又为沿海的逆差起了互补和调节作用。边境属贸易主导型外向经济，它主要是为本地区经济和内地经济开辟市场，因此，这既可为内地省区提供贸易口岸对外服务，同时，又能按照自己的条件，发展境外市场所需产品①。

沿边开放与沿海开放有着诸多不同的特点，存在着更多的困难与风险，必须对这些问题深入分析研究。首先，在沿海开放中，一国可以选择在资金、技术、信誉、管理等方面的最佳伙伴进行合作，寻求利益的最大化；而在沿边开放中，邻居则是无法选择的，只能相互适应、相互理解、相互信任、相互配合，以期建立互利共赢的长效交往机制。二是在沿海开放中，物流体系、合作项目、投资规模等多数十分庞大，且主要是由国有和私有大公司和企业实施的，合作伙伴也多是国外大型企业，有些甚至是世界500强企业；而在沿边开放中，中外合作双方均缺少大企业和大公司，合作大项目很少，对地方经济拉动效益不明显。三是在沿海开放中，合作伙伴均是加入WTO的成熟的市场经济国家和地区，其贸易规范、信誉度高、履约率好、法规健全，确保了合作双方的投资增值和利益共享；而在沿边开放中与中国合作的许多国家没有加入WTO，不是西方所承认的市场经济国家，贸易不规范、法制不健全、人为因素干扰、办事效率低下等已成为长期以来困扰沿边经贸合作有序健康发展的重要原因②。

（二）边的双重性：边与枢纽

提起边境，我们往往不由自主地联想起偏远、封闭、落后等印象，而事实上，这恰恰是由于我们看待问题的角度过于单一，陷入了思维定式。如果站在不同的角度和环境，边境地区都具有双重性：既是边，也是枢纽。认识边的双重性有助于我们更好地理解边境地区，制定出适宜

① 陈晓娟：《关于沿边经济发展的几点认识》，载《中共南宁市委党校学报》，2008（5）。

② 刘爽：《国家沿边开放政策与黑龙江对俄开放战略升级》，载《黑龙江社会科学》，2011（3）。

的边境发展战略。我们可以以东北亚和欧盟为例进行分析。

东北亚，是指亚洲的东北部地区，按地理位置的分布，包括俄罗斯联邦的东部地区（萨哈林岛等地），中华人民共和国的东北和华北地区，日本国，大韩民国，朝鲜民主主义人民共和国以及蒙古国。从地理区位上，可以清楚地看到，我国的东北和北部边境，即东三省的沿边地区以及内蒙古的边境县市则刚好处于该区域的核心位置，位于区域内由北向南、由东向西的必经通道上，并且起到了上引下联的作用。而从经济实力上看，我国的东北和北部边境又恰好介于最为发达的日本、韩国、俄罗斯和不发达的朝鲜、蒙古之间，处于这一国家层面的梯级发展结构的中间水平，起着承上启下的过渡作用。即便是从政治与安全的角度看，东北与北部边境对于东北亚地区的战略意义也是不言而喻的，对于区域内的相对均势稳定格局的形成起着举足轻重的作用。因此，在不同的历史条件下，或是随着周边区域政治经济环境的变迁，一些曾经是偏居一隅的边境地区在参与区域政治经济合作时却成为枢纽。图 6－1 就是以东北的边境城市延吉为出发点，涵盖整个东北亚地区的区位图。从图 6－2 可以看到，欧盟东扩前，捷克原本是西欧与东欧的交界，而在东扩后，则成为新欧盟的内地，可以想见，随着欧盟的进一步东扩，

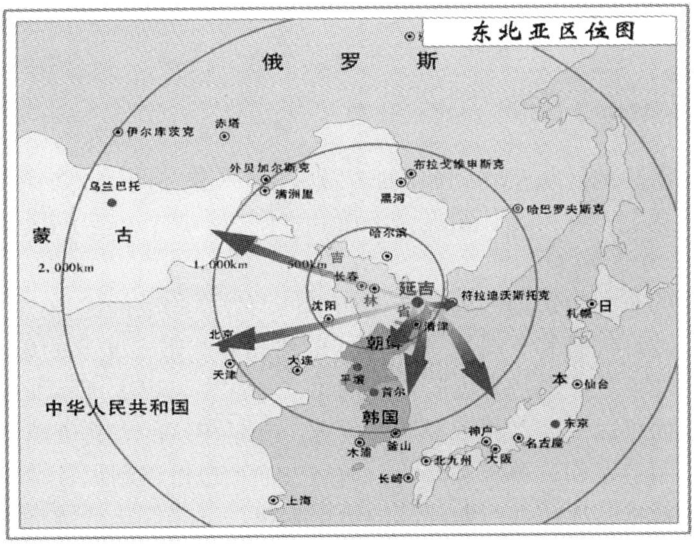

图 6－1　以中国东北边境为中心的东北亚区位图

捷克还将逐步成为欧盟的地理中心和交通枢纽。捷克的区位优势变迁也充分说明了不同历史条件下，原本封闭状态下的沿边可能转变为开放条件下的枢纽，成为市场的重要增长点。

图6－2　欧盟东扩后的区位优势变迁

（三）双向开放的区位比较优势

我国沿边地区从东北到西南，各地之间既有共同性又兼具差异性，在区位优势上表现得尤其明显。下面分别阐述沿边各地区的区位优势。

1. 东北沿边地区

我国的东北沿边地区可以依托如下得天独厚的区位优势：

一是地理优势和战略地位优势。东北三省位于东北亚的中心地带，且处于东北亚三个经济发展阶梯中的第二梯次，可以发挥承上启下的作用：一方面可以充分利用俄罗斯、蒙古、朝鲜丰富的自然资源，发展传统的装备制造业和资源能源产业，另一方面，也可以利用日本、韩国的先进产业技术，抓住其产业转移的历史契机，逐步优化低层次的产业结构，实现产业结构快速升级。

二是产业基础优势。不同于其他沿边省区，作为老工业生产基地，东三省地区的经济发展水平相对较高，有着巨大的产业优势，是我国重要的商品粮基地、装备工业基地、石油化工基地和能源、材料基地。东北有全国最大的绿色食品制造基地，全国最大铸锻钢生产基地，有全国最大的发电设备制造和成套设备出口基地，全国微型汽车和汽车发动机生产基地，在石化、食品加工、医药、钢铁、能源、飞机、军工等领域都有较大的基础优势发展潜力。

三是人才优势。东北三省汇集了诸多高校和科研院所，培养和储备了大量的人才，人才综合实力雄厚，特色优势十分突出。在全国 116 所“211”高校中，辽宁、吉林、黑龙江分别占有 4 所、3 所和 4 所，相比之下，其他沿边省区大多只有 1 所；全国 39 所“985”高校中，东北三省也有 4 所上榜，占比十分之一强。以黑龙江为例，在 2006 年末，全省共有科学研发机构 605 个，从事科研活动的人员有 10.5 万人。根据《黑龙江省 2007 至 2010 年人才发展规划》，全省至 2010 年的人才资源总量约达 353 万。资料显示，目前，东北三省平均每万人拥有的人才资源为 266 人，是长三角地区的一半，是珠三角地区的三分之一；每万人中有研发人员 36.5 人，相当于全国平均水平；每万人中有高技能人才即高级技师 23.5 人，明显高于京津冀和长三角地区①。

四是资源优势。东北三省自然资源丰富，仅黑龙江省就拥有耕地面积 960 万公顷，是全国耕地最多的省份；黑龙江省森林面积达 1880 万公顷，森林蓄积量 14 亿立方米，森林覆盖率 42.9%，均居全国首位。此外，东北沿边地区的避暑旅游资源、冰雪旅游资源、边境旅游资源、历史遗迹和民俗风情旅游资源极为丰富。所有这些宝贵资源如能得到合理开发和利用，都将转变成沿边开放优势②。

2. 内蒙古沿边地区

一是基础设施优势。内蒙古交通便利，基础设施建设相对其他沿边省区较为完善，已经形成了空运、铁路、公路连为一体的国际通道运输网络。境内先后有 18 个一类和二类开放口岸，一类口岸数量仅次于新疆，其中，满洲里口岸是全国最大的综合性内陆口岸，有“欧亚第一大陆桥”之称；滨州线和集二线两条国际铁路线以及多条国内铁路干

① 新华网。http://news.xinhuanet.com/tech/2012-07/06/c_123379052.htm。

② 安兆祯：《黑龙江省沿边开放研究》，载《黑龙江研究》，2009 年第 2 期，第 90 页。

线，便利的铁路运输为内蒙古乃至我国北方的货物输往中亚、西亚、欧洲提供了通道。因此，内蒙古具备了对内对外双向开放的良好的交通和通讯基础。

二是地理区位优势。内蒙古北部与俄罗斯、蒙古交界，边境线长达4200公里，边境线长度在各省区中仅次于新疆。俄罗斯和蒙古的共同特点是自然资源丰富，同时经济都处在转轨期，既需要快速发展，又缺乏必要的资金，在经济贸易合作方面有着迫切的需求。而内蒙古近些年来经济增长速度很快，以GDP增速和人均GDP指标来衡量，在沿边省区中的发展水平方面跃居第一位；以GDP总量指标衡量，仅次于辽宁省。这为内蒙古实施“走出去”战略，与对方在农业、工业、贸易等方面进行合作提供了很好的发展前景和有利条件。

三是资源优势。内蒙古自身的自然资源也十分丰富，并有一定的能源和重化工业生产基础，为加快对外对内开放提供了有力的物质保障。内蒙古有714.9万公顷耕地，占全国耕地面积的5.5%；草原面积8666.7万公顷，占全国草原面积的21.7%；森林面积2366.4万公顷，占全国森林总面积的13.5%。内蒙古是国家重要商品粮、油、糖生产基地，也是国家重要的畜牧业生产基地，毛、绒、皮、牛羊肉、牛奶等畜产品产量居全国前列，畜牧业综合生产能力居全国五大省区之首。矿产资源储量居全国第三位。

四是人文优势。由于历史原因，我国与俄罗斯和蒙古两国的政治外交关系较为复杂，但是内蒙古的主体民族之一蒙古族与蒙古国的亲缘关系身份亲密，同宗同源，语言相通，文化背景和生活习性相同。内蒙古地区特有的许多工艺产品和食品，如蒙古民族服饰、蒙古刀、牛角制品、纯银镀银餐具、皮画等都在蒙古有着广泛的销路。

3. 新疆沿边地区

一是地理优势。新疆是我国面积最大的省区级行政区，面积约166.5万平方公里；同时也是我国拥有陆地边境线最长的省区级行政区，边境线长达5600多公里，占全国边境线总长度的四分之一。新疆还是我国毗邻国家最多的省区级行政区，与俄罗斯、哈萨克斯坦、吉尔吉斯斯坦、塔吉克斯坦、巴基斯坦、蒙古、印度、阿富汗等8个国家接壤。基于如此特殊的地理条件，新疆所面对的是本地的2181万人口、周边中亚五国6000多万人口、内地13亿人口的大市场。因此，新疆自然而然地成为连接国内、国际两个市场的承接者。

二是人文优势。新疆有着多元文化背景，居住着维吾尔、汉、回、哈萨克、蒙古、柯尔克孜、锡伯等47个民族，族际文化成为其一大人文优势。生活在新疆的诸多少数民族与周边国家和地区在语言文字、宗教信仰、生活习俗、消费习惯等方面都非常接近（如伊斯兰文化、阿勒泰语系诸多语言相通），甚至很多民族都是跨境而居，双方开展边境贸易，特别是边民互市的文化障碍相对较小。

三是口岸和交通优势。新疆的边境贸易有着悠久的历史传统。新疆是古“丝绸之路”的重要通道，自古以来与中亚、西亚、南亚及欧洲等地有着密切而频繁的经济、文化交往，有着许多传统的商道和口岸。新疆现有17个国家批准的一类口岸，其中11个位于北疆，4个在南疆，另有2个航空港。航空口岸有乌鲁木齐航空口岸、喀什航空口岸。陆路口岸中，新疆与蒙古的边境口岸有4个，与哈萨克斯坦的边境口岸有7个，与吉尔吉斯斯坦的边境口岸有2个，与巴基斯坦的边境口岸1个，即红其拉甫口岸（喀什地区），与塔吉克斯坦的边境口岸有1个，即卡拉苏口岸（喀什地区）。周边国家中，目前仅与阿富汗和印度没有直接接壤的口岸。另外，在虽然远离边境线，但是已经具备物流、报关等一条龙服务的地区也开辟了12个二类口岸。新疆的交通优势也非常明显，欧亚大陆桥自东向西贯穿全疆，并自新疆向西辐射到欧洲内陆。

四是资源优势。新疆地域辽阔，可供开发的资源十分丰富，有发展特色经济、形成新的经济增长点的巨大潜力。农业发展的水、土、光、热等资源组合条件优越；煤、石油、天然气储量丰富：石油资源量300亿吨以上，天然气资源量10.3万亿立方米；有色金属、稀有金属和贵金属储量也十分丰富，特别是铜、黄金和新近探明的罗布泊钾盐更具优势。

五是经济互补优势。新疆周边国家大多资源丰富、重工业发达，而我国是一个巨大的生产基地，特别是轻工业发达，与周边国家形成鲜明的互补优势。近年来，新疆对周边国家的出口主要为服装、鞋帽、针织、石化制品、粮油和棉花加工机械、农用机械设备、畜产品和农副产品加工制成品、机电等工业制成品，而进口则多为木材、毛皮、钢、铁、铜、铝、石油等原材料及变压器和摘棉机等机电和机械设备的零部件。其中相当部分在经过来料加工后返回原地或出口至第三国，使新疆制造业产品在出口贸易中比重明显上升①。

上述种种区位优势仅仅是新疆从事边境贸易和对外开放可能具有的比较优势，只有充分利用比较优势，并使之进一步转化成为竞争优势，才能提升新疆开放合作的竞争力，并成为新疆经济发展的助推器。

4. 云南沿边地区

一是地理优势。云南与缅甸、老挝、越南三国交界，彼此之间没有任何天然屏障，来往便利。我国西部内陆省经过云南到中南半岛国家，比经过沿海港口运输距离少3000公里左右，我国东南部各省区由云南通往南亚、中东、欧洲，比经海路绕马六甲海峡短5000公里左右，省时2/3，省费1/3。

二是历史传统优势。早在2000多年前的汉代，云南就是著名的南方陆上丝绸之路的主要通道，对外经济交往密切。

三是文化人缘优势。云南有8个边境地州，25个边境县（市），边境地区国土面积占全省面积的51%，有16个少数民族跨境而居，与周边国家民族同宗，文化同源，语言相通，习俗相近。我国的22个人口较少民族中，云南省有7个，基本居住在边境线一带。苗、瑶、傣、哈尼等少数民族甚至跨越中国、越南、老挝、缅甸、泰国五国而居。

四是经济落差的优势。云南地处中国内地、东南亚、南亚三大市场和两大洋结合的地带，与周边国家的经济发展水平存在着“梯次级”，在资源、产业、技术、人才等方面都有互补性。云南与周边邻国的贸易不同于东北和西北地区，呈现出互补性极强的结构。云南出口产品95%以上是工业制成品，而进口95%以上是林、矿、水产、牧、农等资源型初级产品。

5. 广西沿边地区

一是地理优势。广西最具特色的区位优势就是其既沿边又沿海的特殊地理位置。因此，广西是中国唯一既能享受国家给予的沿海开放、沿边开放特殊政策，又能享受西部地区和少数民族自治区优惠政策的省区。广西海岸线长1595公里，拥有大小港口21个，其中可开发泊靠能力万吨以上的港口有防城、钦州、北海、珍珠和铁山，最终开发潜力可

---

① 李豫新、王雪锋：《新疆与周边国家经贸合作的历史回顾及发展趋势》，载《中国经济评论》，2007年第6期。

达年2亿吨以上的吞吐能力。广西沿海各港口距离东南亚诸国的港口都较近，如防城港距离越南海防港仅151公里，钦州港距新加坡港1338海里，是中国大西南的最佳出海口。而广西的沿边地理优势同样突出，8个边境县（市、区）与越南4个省17个县毗邻，现有9个国家一类口岸和4个边境贸易点，各边境口岸和边贸点都有公路相通。从凭祥市友谊关至越南谅山市仅18公里，到越南首都河内市180公里。湘桂铁路与越南铁路相接，火车可直达河内市。广西沿边的开放，为中国西南地区与越南和东南亚国家的直接贸易、双边和多边贸易、转口贸易提供了便利。

二是枢纽优势。广西处在我国大陆东、中、西三个地带的交汇点，是华南经济圈、西南经济圈与东盟经济圈的结合部，是西南乃至西北地区最便捷的出海通道，也是连接粤港与西部地区的重要通道。所以，广西极有可能成为沟通中国与东盟关系的最便捷的国际大通道和中国—东盟合作的经济走廊。

三是人文优势。广西是中国第三大侨乡，拥有大量侨眷、侨属、侨胞资源；同样，广西许多民族与东盟国家的多个民族有着亲缘关系，彼此的文化产品和文化服务有着共同的文化基础；广西的文化资源如民歌、铜鼓、服饰、戏曲等在东盟有广大的受众知音。近年来，广西以南宁国际民歌艺术节为交流平台，不断加强同东南亚各国的文化交流①。

我们在看到我国沿边地区开放所具备的区位比较优势的同时，也必须客观分析沿边开放所面临的各种约束条件，主要是来自自然条件的约束和地缘安全的约束。

二、沿边开放的约束条件

（一）自然的约束

我国大部分沿边地区的地理条件不甚理想。边民们有的身处大山深处，出行不便，交通设施不完备；还有的地区地广人稀，收入水平十分低下，缺乏消费市场规模。

目前存在的最突出的几个问题包括：

---

① 杨文哲：《广西边境贸易现状、存在问题及发展对策》，载《全国商情：经济理论研究》，2010年第8期。

一是自然地理环境差，基础设施薄弱。沿边地区有的位于高寒地带，有些地区是典型的山地丘陵，地少人多。以新疆为例，其边境线占全国四分之一左右，但是大部分地区在山地、高原、戈壁、沙漠，气候多变，严重缺水，自然灾害频繁，很多沿边地区甚至缺乏生产生活的基本条件。截止到2008年12月，新疆的32个边境县还有428个贫困村不通水，158个贫困村不通电，213个贫困村不通路，474个贫困村的贫困户用不上安全水，有60%以上的农牧民长期居住于土坯房中。

二是交通不便，沿边地区距离中心城市路途遥远，在很大程度上限制了当地与外界的物流、人流和信息流。高昂的运输成本和不便利的交通使得外来投资者望而却步。此外，电力、通讯等基础设施脆弱，也不同程度上打击了投资者投资的积极性。

三是当地劳动力受教育程度低。由于自然条件和经济水平的限制，使得当地的孩子很多未能接受9年义务教育，往往初中甚至小学未毕业就辍学打工；当地教育投入严重不足，缺少必要的校舍、师资等。教育的落后直接导致当地的劳动力素质始终在低水平徘徊。并且由于收入水平低，对各类人才的吸引力也较差。一方面当地通过高考接受了高等教育的人才不愿意回来，土生土长的人才留不住；而另一方面外部的人才也吸引不进来。所以人才成了沿边地区开发和开放的最大瓶颈。

四是工业化和市场化程度低。沿边地区的经济普遍欠发达，市场化程度低，经济活动成本高，贸易处于低端水平，工业化处于初期发展阶段。新疆的32个边境县国内生产总值仅占全区的16%，财政自给率只有19.9%，自给率最低的阿合奇县只有4.34%。

五是受到与我国沿边地区相对的邻国沿边地区的地理条件、经济发展水平、市场规模等的限制。如第四章所述，我国东北和北部沿边地区的邻国经济发展水平相对较高，形成了一定的市场规模，且交通运输较为便利，开展边境贸易的优势明显；而西南沿边和新疆南部沿边邻国大多为低收入国家和中等偏下收入国家，且南疆和西藏沿边邻国的地理条件同样恶劣，交通运输同样不发达，限制了双边开展经济合作的可能性。

（二）地缘安全的约束

除了自然条件的约束以外，影响开放的另一个重要约束是地缘安全。我国部分沿边地区是国际恐怖势力和民族分裂势力异常活跃的地区，再加上周边国家政治经济形势多变，给沿边开放增添了很多不确定因素。特别是新疆和西藏的边境沿线，反恐、防渗透的任务要远远大于其他省市边境线。而云南和新疆的部分边境线都紧邻世界著名产毒、贩毒地区。近年来，中亚毒品问题与恐怖主义、宗教极端主义、武器走私、国际犯罪网络等暴力犯罪活动的联系日渐紧密，随着阿富汗毒品大量涌进中亚国家，渗透到社会生活的各个领域，毒品问题已构成对中亚国家的主要威胁。而我国的新疆出于地缘、宗教等因素，在经济、政治、社会和安全等多个方面也受到严重影响。以新疆的瓦罕走廊为例，瓦罕走廊与三个国家交界，也是我国唯一和阿富汗交界的地方，是我国自古以来通往中亚的重要通道。然而这里的贩毒、贩枪事件时有发生，反恐、防渗透的形势十分严峻。“金新月”位于阿富汗、巴基斯坦和伊朗交界的三角地带，由于自然灾害和连年战争，在 20 世纪 80 年代以后发展成为一个新的毒品产区。据统计，这里的毒品产量达到全世界的 92%—96%，与金三角、哥伦比亚并称全球三大毒品生产基地。毒品已成为中亚极端宗教主义、民族分裂主义和国际恐怖主义赖以生存和发展的主要资金来源。在“9・11”事件之后，乌兹别克斯坦伊斯兰运动（IMU）以及近年来在中亚地区迅速崛起的“伊斯兰解放党”（即伊扎布特，HIZBUT TAHRIR）等势力，在国际反恐战争的重压之下实力大大减弱，转而进入重整阶段。目前这些势力越来越专注于干预和控制中亚地区的毒品交易，借此推动实现其最终政治目标。日益严峻的毒品问题使得原本并不稳定的中亚国家政局更添变数。中亚地处我国西部周边地区，双方有 3000 多公里的共同边界。漫长的边界线为毒品的渗透提供了有利条件。此外，随着我国与中亚国家边界问题的圆满解决，双边经贸合作规模不断扩大，人员往来不断增多，这也为中亚及周边国家的毒贩提供了可乘之机。所以，如何在继续扩大对外开放的同时能够强化地缘安全、打击贩毒、贩枪以及反动势力的渗透活动成为我国沿边地区面临的一个重要课题。

在新疆的调研过程中我们走访了红其拉甫边检站。红其拉甫边检站位于塔什库尔干塔吉克自治县，紧邻塔吉克斯坦、巴基斯坦和阿富汗，平均海拔 3500 米以上。而这样一个高海拔、高寒缺氧地区所毗邻的三个国家的政局都比较动荡，经济发展滞后，给三股势力的滋生、发展提供了一个土壤。特别是美国“9·11”事件后，反分裂、防渗透的任务很重。作为中巴之间唯一的陆路口岸，红其拉甫口岸1976年建成，1986年正式向第三国开放，是著名的古丝绸之路，慕士塔格峰吸引着众多的登山客和探险家。直至20世纪90年代末期，口岸过境人员约有三分之二是来往于中国和巴基斯坦的商人，三分之一是前来观光旅游的欧美和日本游客。但是在“9·11”恐怖事件之后，这条线路不再安全，旅游观光的人大为减少，来自第三国的过境人员基本消失，贸易往来也大为萧条，只有零星从事贸易的人员从此过境。与此同时，反恐压力却递增，打击三股势力的任务十分艰巨。该口岸贸易功能的发挥受到严重影响，而政治功能则突显。

此外，经济社会发展基础薄弱和政策支持力度不够等也是约束沿边地区对外开放的重要因素。例如，尽管国家出台了经济技术合作优惠政策，边境地区经批准有对外经济技术合作经营权的企业（建成边境地区外经企业），与毗邻国家边境地区经济合作进口的商品、承包工程和劳务合作项目换回物资的进口商品，不受经营分工的限制，减半征收进口关税和进口环节税。但是，各沿边省区的企业很少能真正从中受惠，沿边的经济技术合作在边境贸易额中所占的比重也非常小。鉴于以上种种约束条件，沿边开放的优势和特色未能充分彰显。

三、沿边开放的途径和机制

1992年，我国开始正式实行沿边开放战略，国务院发布了一系列文件，陆续批准珲春、黑河、绥芬河、二连浩特、满洲里、博乐、伊宁、塔城、瑞丽、畹町、河口、东兴、凭祥等13个城市为沿边开放城市，加上辽宁丹东，共批准设立了14个国家级边境经济合作区，并给予类似于沿海地区的优惠政策。同时根据新疆的特殊情况，下发了《关于新疆维吾尔自治区进一步对外开放问题的批复》。这些政策对沿边民族地区开展边境贸易提供了更加优惠的政策。自此，各沿边地区利用各自的地缘优势等，在发展边境贸易、建设经济贸易合作区和次区域经济合作等领域开展了有步骤、多层面的开放实践。

（一）边境贸易

边境贸易兼具国际贸易与民族贸易的特点。大力发展边境贸易是我国沿边对外开放战略的重要组成部分。所谓边境贸易是指毗邻国家边境地区和边民之间进行的商品交换，包括边民互市、边境小额易货贸易（或边境民间贸易）和边境地区政府之间的贸易以及其他边境地方经济技术合作和科学技术交流活动的总称。它是一国对外经济贸易活动的重要组成部分，也是毗邻国家之间特有的一种经济贸易联系方式。国际规则对边境贸易的规定主要以 GATT/WTO 第 24 条为依据，即：边境贸易是指毗邻邻国边境地区的企业和居民，在距边境线两边各 15 公里以内地带从事的贸易活动。这条规定是最惠国待遇的一个例外，也为边境贸易的开展提供了法律空间。

2004 年 7 月 1 日起实施的《中华人民共和国对外贸易法》第十一章附则第 68 条对边境贸易做了规定：国家对边境地区与接壤国家边境地区之间的贸易以及边民互市贸易，采取灵活措施，给予优惠和便利。具体办法由国务院规定。改革开放以来，我国对外贸易的持续迅猛发展对我国经济增长和经济体制改革起到了巨大的促进作用，然而，边境贸易作为对外贸易的重要补充和形式之一，其发展却并非一帆风顺，并没有取得沿海地区的对外贸易那样的持续快速发展。

通过考察和分析具有代表性的五大边贸省区的边境贸易发展现状，可以帮助我们更好地认识我国现阶段边境贸易中存在的问题及未来的发展趋势。

1. 新疆边境贸易发展现状

边境贸易已成为新疆对外开放的一大特色和优势。目前，新疆的边境贸易就其规模而言，已经连续 8 年列全国陆路边境省区之首。就其边贸在外贸中所占比重来说，新疆的边贸也是名列榜首，连续十几年占了半壁江山。新疆虽是经济弱区，但却是边贸大区，边贸是其外经贸发展的主力军。

自 1986 年 2 月经当时的外经贸部批准，恢复新疆同苏东地区开展边境贸易以来，新疆的外贸已经从单一的易货贸易发展为多层次、多渠道、多形式的对外贸易格局，并始终保持着旺盛的增长势头。新疆的进出口贸易额由最初的几千万美元发展到 1994 年突破 10 亿美元，2000 年突破20亿美元，2003年突破40亿美元，2007年突破100亿美元，边境贸易可以说功不可没。自1993年以来，边境贸易进出口规模已经连续18年占据新疆对外贸易的一半以上，已构成新疆对外贸易的主要组成部分和增长点。2010年新疆外贸进出口总额为171.28亿美元，其中边境贸易进出口额达100.42亿美元，边贸进出口对全区外贸进出口总额的贡献度高达58.63%。2011年新疆的边贸总额为128.63亿美元，同比增长27.8%，占新疆外贸进出口总额228.22亿美元的56.2%左右。

在进出口贸易结构方面，边贸出口对边贸进出口总额的贡献度达到76.43%，边贸进口仅占不到30%，存在较为明显的顺差。而出口贸易中旅游购物代理出口较为突出，旅游购物出口占了边贸出口的70%左右。新疆从周边国家进口的资源类商品的70%最终是销往内地的，而出口产品中的70%来自于内地沿海地区的生产。在进出口地理方向方面，新疆同中亚五国的贸易量占了新疆对外贸易总额的约80%，其中出口到哈萨克斯坦、吉尔吉斯斯坦的贸易额就占了总出口额的70%左右，出口地理方向高度集中。

新疆目前有包括兵团在内的边贸企业7000多家，不包括兵团在内的边贸企业1600家左右，其中能进入海关统计的进出口额在百万美元以上的企业有1300多家，对新疆边贸起着决定性作用的大企业有380家左右，其中最大的51家企业进出口额均超过亿美元，在很大程度上支撑着新疆的边贸①。

从以上新疆发展边境贸易的优势以及目前的发展现状中，我们发现新疆的边境贸易具有如下特点：

（1）边境贸易的主体发生改变

新疆地区的贸易方式与沿海地区的贸易方式有着很大的不同，目前旅游购物已构成边贸的主体。从事旅游购物的很多国外客商都是过境自行采购、自行打包、自行托运，采购的货物不是单一品种，而是种类较多、数量较少，这些货物由于没有增值税发票，按照国家海关的规定，在出口之后往往无法退税。

---

① 数据来自2012年新疆商务厅的调研资料。

（2）市场集中度高，对周边国家经济依赖性强

新疆对外贸易市场集中度较高，与新疆贸易总额排在前五位的分别为哈萨克斯坦、吉尔吉斯斯坦、塔吉克斯坦、俄罗斯和乌兹别克斯坦，2011 年上述中亚五国及俄罗斯市场的贸易额为 179 亿美元，占新疆进出口贸易的份额为 78.4%。哈萨克斯坦依然是新疆最大的贸易国，2011 年，对哈贸易额达 106 亿美元，占新疆外贸总额的 46.4%，并保持持续快速增长态势。而仅就边贸来看，2011 年新疆口岸与哈萨克斯坦和吉尔吉斯斯坦两国边贸进出口值合计 113.5 亿美元，占新疆口岸同期边贸进出口总值的 88.5%。

（3）具有较强的贸易通道性质

分析新疆的进出口商品结构，可以看到一个明显的贸易通道的特点，表现为从中亚等周边国家进口原材料运往内地，而出口商品也主要是来自于内地的服装鞋帽、玩具等传统产品，经过新疆输往周边各国。出口生产型企业少，可提供的出口产品规模小、品种少，外贸发展方式单一、粗放，自营规模小。且由于缺乏工业基础作支撑，单靠做贸易的“二传手”，无法有效拉动当地的就业和经济增长。

2. 黑龙江边境贸易发展现状

黑龙江省边境贸易发展历史悠久，早在 17 世纪中叶，黑龙江省与沙俄就有民间贸易活动。东北解放后，与苏联建立的边境贸易往来由于国际政治环境的原因，到 1966 年中断。1982 年黑龙江省又恢复了与苏联的边境贸易，之后两国贸易往来逐步走上了稳步快速发展之路。中俄历史上传统的边境贸易形式主要是边民互市贸易，其主要交易商品是日常生活用品，进行贸易的目的是为了满足边境地区居民的生活需要。边民互市贸易规模小、层次低、交易品种单一，对周边地区经济发展影响较小。改革开放后，中俄边境贸易以边境小额贸易为主导，以边民互市贸易为补充，交易商品品种日益丰富。中方对俄边贸出口以服装、家电、鞋类、纺织品、粮食、蔬菜、水果等商品为主，中方从俄方进口以原木、石油、化肥、钢材、纸浆、橡胶、铁矿砂等商品为主。边境小额贸易是黑龙江省对俄边境贸易的重要组成部分，占到了 70% 的比重，近年来在黑龙江省对外经济贸易增长中起到了主要拉动作用，特别是“旅游购物”成为边贸新的增长点。

自 1996 年至 1999 年，黑龙江省先后批准了东宁、黑河、绥芬河等

9个互市贸易区。2004年4月28日正式开通东宁—波尔达夫卡互市贸易区，区内实行了免关税等优惠政策，进一步带动了口岸城市的发展。在以绥芬河、东宁为主的对俄口岸，边贸主体均以私营企业为主，占了85%以上的比重。但是，这些私营企业多数经营规模较小，在由金融危机、扶持政策变化等引起的各类市场动荡中抗风险能力较差，加之经营不规范、恶性竞争等因素，成为影响各口岸边贸健康发展的一大隐患。

绥芬河是黑龙江对外开放的前沿，连续多年进出口额占全省外贸的1/4，边境贸易额占全省边贸的1/3以上。2012年，绥芬河紧紧抓住俄罗斯入世的有利时机，优化进出口结构，引导企业把目光瞄准俄罗斯的矿业，力争煤、铜、玉石等进口有突破。一是推动俄罗斯煤炭进口实现规模化，力争2012年进口煤炭100万吨，贸易额实现1亿美元；二是进口俄罗斯玉石有望有突破，预计年进口量100吨，年贸易额约600万美元；三是推动进口俄罗斯铜矿砂工作，预计年进口量40000吨，贸易额4000万美元左右；四是推进重大项目建设，以重点项目作支撑，加快推进进口钾食盐加工氯化钾等项目；五是重点开发俄远东地区的林业、能源、矿产、化工等多种资源，鼓励和支持企业将矿产资源产品在俄境内和绥芬河就地加工，延长产业链条，提高产品附加值和技术含量。

黑龙江边贸目前存在的问题主要有：（1）市场主体弱小。黑龙江省对俄经贸企业无论在数量上、质量上还是规模上都不足以适应对俄经贸合作快速发展的需要。目前黑龙江省对俄贸易50%以上是由个体商贩实现的，还有相当部分是中小民营企业承担的，还没有形成一批具有跨国生产经营能力的市场主体。企业实力弱，缺少专业化、规模化出口加工企业，使得黑龙江对俄经贸合作多数是中小项目，而对一些大的项目则无力承担，对俄市场竞争力不强。（2）基础设施有待加强，运输瓶颈问题突出。目前黑龙江省很多口岸基础设施陈旧，一些服务设施也不完善，无法满足大通关的需要。另外，黑龙江省几个公路口岸由于运力有限，限制了过货量，特别是绥芬河口岸铁路运力不足，已严重影响了商品的运输，成为制约黑龙江省边境贸易规模扩大的瓶颈。大多数口岸是对应口岸的点对点运输，口岸的功能和作用不能得到充分发挥。国内运输也成问题，交通不便利，路况差，运输成本高，严重影响了黑龙江省边境贸易的发展。（3）商品结构单一，缺少名牌创汇产品。黑龙江省传统产业结构与俄罗斯趋同，俄市场大量需求的商品，如：服装、鞋帽、家电和其他日用消费品，黑龙江省的生产能力较弱；对俄出口商品中，黑龙江省当地产品所占比重仅为20%左右，特别是口岸地区经济基础薄弱，缺少本市本县的企业和本地区名牌产品，口岸变成了主要出口外省商品的口岸，只起到了“通道”作用。由于加工能力较弱，多是原字号进原字号出，没有形成产业链，对地方经济拉动作用不强。(4) 市场相对窄小。目前黑龙江省边境贸易往来主要集中在俄罗斯东部地区，向俄罗斯腹地延伸不够，市场空间相对窄小，并且合作层次较低。(5) 贸易层次仍较低。几年来黑龙江省与俄罗斯贸易主要以原木、废钢、水果、蔬菜等低值地税大宗货物为主，服装、日用消费品也以中低档为主，利润空间有限，高技术含量和高附加值的商品比重很小，仍停留在低层次的贸易往来，其结果很容易受到贸易政策调整的冲击和市场波动的影响。此外，俄罗斯的“灰色清关”始终是中俄贸易的一个未解难题。

3. 内蒙古边境贸易发展现状

俄罗斯和蒙古国作为内蒙古自治区的第一大和第二大贸易伙伴，其中边境贸易的发展起到了积极的促进作用。内蒙古对俄罗斯和蒙古的边境贸易总额已由2006年的28.71亿美元上升到2010年的42.34亿美元，2011年边境小额贸易进出口额达46.58亿美元，占全区进出口总额的39%。2012年，边境小额贸易进出口额达47.25亿美元，占全区进出口总额的42%，增长1.4%。其中，边境小额贸易进口达43.66亿美元，出口额仅3.49亿美元，贸易逆差极为显著。

内蒙古现有口岸19个，对俄罗斯6个，对蒙古国10个，3个航空口岸，是我国和全区向北开放的重要窗口和桥头堡。对蒙口岸中，二连浩特铁路口岸、二连浩特公路口岸、策克公路口岸、甘其毛道公路口岸、珠恩嘎达布其公路口岸、阿日哈沙特公路口岸为国家一类口岸。满洲里和二连浩特分别为全国第一大和第四大陆路口岸，二者合计最高曾占内蒙古口岸总过货量的92%，目前为66%。有3个煤炭交易口岸，分别为阿拉善盟策克口岸、巴彦淖尔市甘其毛道口岸以及锡林郭勒盟的二连浩特口岸。策克、甘其毛道、珠恩嘎达布其是具有后发优势的新兴口岸。全区已初步形成了全方位、多层次的口岸开放格局。尤其是满洲里口岸已具备了对原木、原油、液体化工、气体化工、机械设备、集装箱等各种物资的综合换装能力，成为我国功能最为完备的陆路口岸。但是，除满洲里、二连浩特口岸外，大多数口岸基础设施建设比较落后，致使通关能力和运输能力跟不上迅速发展的进出口贸易，贸易效率大受影响[①]。2010 年，全区口岸进出境货运量的增长贡献主要来自对蒙口岸。对蒙口岸的进境货运量大于出境货运量，并且对蒙口岸进境货物的增长幅度也远远大于出境货物的增长幅度，这与我国近年来加大对蒙古国矿产资源的投资与开发有着密不可分的联系[②]。2010 年内蒙古自治区各口岸进出境客运量为 400.7 万人次，其中通过对蒙口岸进出境的人员约占了 62.6%，特别是进境客运量的增长幅度远远高于对俄口岸的增长幅度。2010 年，全区口岸进出境交通工具为 104.5 万列辆架次，其中 77% 以上是通过对蒙口岸完成的，其增速也主要归因于对蒙口岸进出境交通工具的快速增长。相比之下，对俄口岸的交通工具进境数量甚至出现了负增长。2011 年内蒙古各口岸进出境货运量突破 6000 万吨，达到 6172.8 万吨，2011 年进出境的客运量达到 447.2 万人次。

（1）与蒙古国的边境贸易。内蒙古自治区对蒙古国边境贸易始于 1985 年，当年易货贸易进出口总额只有 46 万美元。此后两国边境贸易从最初的边民互市贸易、现汇贸易为主体，逐渐发展到了现在的边民互市贸易、现汇贸易、旅游贸易、边境小额贸易、边境经济技术合作和国际物流业等多种形式并存的新格局。对蒙边境贸易经历了五个发展阶段：1985 年至 1986 年为起步时期。两年易货贸易额 147 万美元。1987 年至 1993 年进入快速发展时期。内蒙古以国家实施全方位对外开放为契机，组建了大批有实力的边贸公司从事边贸经营。边贸进出口总额由 1983 年的 274 万美元增至 8312 万美元，增加 30 倍。1994 年至 1995 年为回落调整时期。这一时期由于国家外汇管理体制改革和自治区外经贸体制改革等因素的影响，大批边贸公司亏损，中蒙边境贸易发展较为困难。1994 年、1995 年的边境贸易额分别为 5454 万美元和 4718 万美元，边贸额较 1993 年减少了近一半。1996 年至 1999 年为跨越式增长时期。国家边贸管理政策的贯彻实施使内蒙古中蒙边境经贸合作逐渐升温，四

---

① 徐海清等：《新形势下内蒙古对外贸易发展对策探讨》，载《内蒙古财经学院学报》，2010 年第 8 卷第 5 期。

② 喆儒：《我国内蒙古自治区对蒙口岸经济发展探析——以珠恩嘎达布其口岸为例》，载《对外经贸实务》，2012（1）。

年间边境贸易额由5352万美元迅速增长至30050万美元，年平均增加8233万美元。2000年至今为调整发展时期，边境贸易额虽有所起伏，但始终呈现出较好的发展态势①。中蒙双方在资源和商品结构上互补性强，贸易表现为垂直型商品结构：对蒙出口产品多为农副产品、轻工产品、纺织产品、机电产品、家用电器和装饰材料等劳动密集型产品，从蒙进口商品主要为化工原料、有色金属原料、煤炭等资源密集型商品，对蒙长期存在贸易逆差。人民币在中蒙边境贸易结算中成为主要支付手段。

（2）与俄罗斯的边境贸易

内蒙古与俄罗斯的边境贸易始于1983年，当年边境贸易额仅为110万美元。进入90年代后，特别是2000年以来内蒙古与俄罗斯的边境贸易发展迅速，呈现出直线上升的局面。2007年，对俄罗斯口岸进出口总额87.3亿美元，同比增长28. 48%，其中边境贸易28.85亿美元，同比增长33.8%，占进出口总额的33%。2008年，口岸进出口总额108.9亿美元，同比增长26.7%，其中边境贸易32.5亿美元，同比增长10.7%，占进出口总额的29.3%。2009年上半年，口岸进出口总额29.05亿美元，同比下降47.8%，其中边境小额贸易8.89亿美元，同比下降41.2%，占进出口总额的66.1%。外汇局备案登记的进出口企业家数由2007年的775家发展到2009年上半年的889家，但每年经常发生业务的只有200家。

表6－1　2007年至2009年上半年内蒙古对俄罗斯贸易额一览表

金额：亿美元

年份	进出口总额	同比增长%	边境贸易额	同比增长%	边贸占比
2007	87.3	28.48%	28.85	33. 8%	33%
2008	108.9	26.7%	32.5	10.7%	29.3%
2009.1—6	29.05	－47.8%	8.89	－41.2%	66.1%

内蒙古与俄罗斯商品结构和资源结构互补性强。从对俄罗斯边贸出口商品的品种看，多为我国具备比较优势的劳动密集型产品，主要是农

① 周英杰等：《内蒙古自治区中蒙边境贸易发展研究》，载《内蒙古师范大学学报（哲学社会科学版）》，2008年11月第6期。

副产品、轻工产品、纺织产品、机电产品、家用电器和汽车、装饰材料等商品。进口商品为俄罗斯资源密集型产品，主要有原木、石油、化工产品、化肥等，能源产品与加工制成品之间的贸易增强了两国经济的互补性。

中俄边境贸易长期呈现逆差。长期以来，内蒙古自治区对俄罗斯的边境贸易一直为逆差。内蒙古自治区中俄边境贸易呈逆差主要是由边贸进出口商品结构所致。内蒙古对俄边境贸易出口以粮食、蔬菜、服装、鞋帽等农产品和轻工产品为主，货值较低；进口以燃料、原料、木材等资源性产品为主，单宗物品的货值较高，进口商品的金额远远大于出口商品的金额。由于边境贸易的商品结构长期稳定，所以对俄边境贸易的逆差存在一定的必然性。另外，如果考虑到大量异地企业通过满洲里口岸过货，则逆差将更大。

对俄口岸经济发展较快。在中俄边境贸易中，口岸较好地发挥了畅通物流的桥梁与辐射作用。口岸边境贸易已不再局限于双方边境地区，而在俄罗斯也已扩大到其远东地区，如与口岸有经贸关系的企业分布在俄罗斯赤塔、后贝加尔等边境地区以及乌兰乌德、伊尔库斯等中腹地区。除满洲里之外的其他边境口岸的发展也较快，2008 年，室韦及黑山头口岸的边境贸易进出口总额达到 1019 万美元，两口岸进出口货物总计 25670 吨，进出境旅客 27118 人次①。

4. 广西边境贸易发展现状

近年来，广西与越南边境贸易得到较快发展，边境小额贸易已成为广西对外贸易的重要组成部分，也是目前广西与越南最主要的贸易方式。据海关统计，2012 年 1—11 月广西与越南边境贸易额近 72 亿美元，同比增长 38.8%；边境小额贸易额占同期广西贸易总额的 27.3%，占同期广西与越南贸易额的 85%。广西与越南之间的边境贸易构成了中越边境贸易的主要部分。从越南的角度看，中越边境贸易的总体发展态势较好。据越南工贸部称，虽然世界经济充满不确定因素，但 2006—2011 年中越边境贸易仍强劲增长，年均增幅约 29%。2006 年中越边境贸易额仅为 28 亿美元，2010 年增至 71 亿美元，2011 年前 9 个月达 63

---

① 中国人民银行呼伦贝尔市中心支行课题组：《内蒙古中俄边境涉外经济发展问题的调查》，载《内蒙古金融研究》，2009 年第 12 期。

亿美元。中越边境贸易额为双边贸易发展做出了积极贡献。根据对毗邻中国的越南北部7个省的统计，2006—2011年阶段，通过各口岸、通道的商品交易量均保持增长。其中，国际口岸商品交易量占48%；边境互市通道占33%；附属口岸占15%；主要口岸占4%。越南企业主要自中国进口各种物资、设备、日用品等；对广西出口的主要商品为农产品、水产品、食品、原料、木制品等①。

广西的边境贸易与中俄、中蒙、中缅等边境贸易有所不同，形式上2001年以前基本上以边民互市贸易为主，边境小额贸易次之，2002年起，则以小额贸易为主②。商品交易自由度较大，价格随行就市，两国在商品的选择上既有共性，又有一定的互补性，在经营上采取更加灵活的方式。中越间的边境贸易市场大多设在山坡、村头、路边。中越边民可自由出入境参加边贸活动，无须办理签证。这种近似我国自古以来的民间边关互市，管理方法具有民间化、灵活方便的特色。伴随着中国—东盟自由贸易区的建设与发展，未来广西边境贸易的发展也面临新的历史机遇。特别是中国—东盟博览会在中国南宁的定期召开，为广西全方位、多层次、宽领域地加强与国内外各方的交流合作创造了有利条件。

目前广西边境贸易中存在的问题主要是：（1）越南方面的问题包括历史形成的心理障碍制约其发展以及法律法规不健全、贸易管理体制不够完善。由于历史原因及现实领土争议等问题，使得越南在对外经济交往中明显表现为重西方轻中国，重台湾轻大陆，对中国贸易反应冷淡，给两国边贸也带来负面影响。两国开展边贸的潜在优势未能充分发挥出来。越南对华政策在实践中存在诸多变数。如近年来采取非关税壁垒政策，禁止从中国进口17种商品，而这17种商品都是广西边贸出口的主要大宗商品。越南的贸易立法较为落后，一些立法仍带有计划经济的痕迹，且很多法规执行困难。口岸办事效率低，商检、防疫、海关相互协调少，通关时间长。（2）广西产品在越南的市场份额不断缩小。广西虽然通过外贸或者边贸将一些当地的名优产品推向越南市场，但是毕竟经济、文化、科技基础较内地发达城市薄弱，由于质量、价格、售

① 数据引自商务部网站。

② 黎鹏：《提升沿边开放与加强跨国区域合作研究——以CAFTA背景下中国西南边境跨国区域为例》，经济科学出版社，2012年12月，第111页。

后服务等原因，广西产地的商品已有部分被广东、浙江等省份所取代。（3）产业结构不合理，边境产品附加值低。由于中越边境口岸的县域工业和农业不发达，所以口岸城市的产业结构呈现“三二一”型。缺乏第一第二产业支持基础上的第三产业作为主导产业是极不稳定的，容易受外部环境条件变化的影响。边境贸易商品的种类、数量受限，对内地市场过度依赖，对当地的经济促进作用有限。

5. 云南省边境贸易发展现状

云南省边境线长4046公里，中老边界710公里，中缅边界1997公里，中越边界1353公里，全省17个地州市中有8个属于边境地区，其中6个地州与缅甸的掸帮和克钦邦接壤。因此，云南与缅甸、越南、老挝均有边境贸易往来，但是与缅甸的贸易额最大。2010年，对缅甸出口达到11.1043亿美元，从缅甸进口达到6.49亿美元。云南对缅甸出口占到总出口的60.41%；其次是与越南的边贸额，占进出口总额的32.59%。与老挝的边贸额相比之下较小，占比仅7%。云南2011年边境贸易总额达20.08亿美元，占全省进出口总额的13%，同比增长15.8%，其中，出口12.16亿美元，同比增长23.19%；进口7.92亿美元，同比增长6.01%。2010年云南边境小额贸易进出口总额达17.36亿美元，同比增长37.37%。自2001年至2010年，云南省边境贸易额占GDP的比重基本呈一条水平直线，保持在1.38—1.64%之间，可见，边境贸易对云南省的经济总量贡献有限；而边境贸易占云南省对外贸易总值的比重从2001年的17.39%下降到2010年的12.98%，对本省外贸的作用有限①。2001年至2010年间，云南省边境贸易在全国五大边贸省区中始终排在第五位，占全国边贸的比重徘徊在4.65—7.62%之间。2010年，云南进口商品第一位的是金属原材料，占比46.7%，第二位的是农产品，占比15.1%，机电产品占比14.6%。出口产品中第一大产品、第二大产品、第三大产品和第四大产品分别是机电产品、农产品、磷化工和纺织服装，占比分别为22.6%、17.8%、15.1%和9.2%。云南边贸结算95%以上是通过人民币结算，周边国家对人民币的认可度较高，人民币已经成为边贸双方自发选择的最主要结算

① 王乾星：《新疆与云南经贸发展比较研究》，新疆财经大学硕士学位论文，2011（5）。

工具①。

总体来说，云南沿边地区的边境贸易主要以边境小额贸易为主，加工贸易、技术贸易、服务贸易等方式所占比重较小。在出口方面，由于缺乏技术优势和资本优势，出口产品主要是日常生活用品、农副土特产品、工业原材料、半制成品等加工或粗加工品，技术含量低，附加值低，出口创汇能力和国际竞争能力较弱，没有利用自有的丰富资源形成自有的优势产业。云南现有的边贸企业绝大多数是民营的贸易流通企业，小部分为加工贸易企业，总体实力弱，人才缺乏，组织化、集团化程度低，抗风险能力差。边境地区的基础设施比较落后，信息闭塞，城市综合服务跟不上，严重制约了边境贸易的发展。随着边贸规模的不断扩大，一些口岸通道由于建设缓慢，使得物资出入只能采取小批量运输，导致跨境物流成本高，耽误交货期等后果。如河口、磨憨、瑞丽三大口岸均无大型物流企业参与运作，仅有一些小型民营物流公司承担部分低层次的物流业务，国际多式联运、冷链物流、保税物流等专业化、国际化物流业务尚待开发，没有形成与贸易相辅相成的物流体系和应有的物流规模。

从以上五个主要边贸省区的边贸发展经验可以看出，“贸易兴边”的效果显著。首先，边贸已经成为推动边境地区经济快速发展的重要因素。自 1993 年以来，新疆边境贸易一直占新疆对外贸易的 50% 以上，个别年份（2006 年）甚至达到了 71.23%，成为新疆对外贸易的重要支柱和主要增长点，占新疆生产总值的比重也不断上升，2005 年达到 17.52%②。其次，通过边贸发展带动了相关产业的发展，优化了产业结构，如广西壮族自治区边贸出口产品柑橘、苹果、梨等，均是在口岸进行包装再出口，而边境贸易进口的铁矿石、锆矿石、锰矿石等均在边境地区进行洗选加工，对边贸进口的木薯淀粉进行分拣包装及深加工③。再次，增加了当地的财政收入。据云南瑞丽、畹町、河口、腾冲、盈江 5 个边贸地区的统计，“九五”期间年均提供的边贸税收，分

① 中国新闻网，http：//www.chinanews.com/qxcz/2011/11－17/3468282.shtml。

② 程云洁：《新疆边境贸易发展绩效分析和对策》，载《科技信息》，2007 年第 2 期。

③ 徐剑斯：《促进广西边境贸易发展的思考》，载《中国商界》，2010 年 11 月第 210 期。

别占到当地财政收入的20%到75%[①]；最后，边贸还带动了水、电、路等基础设施的建设，促进了第三产业的发展，提高了边境地区的城市化水平。边境贸易的快速发展有效集聚了人流、物流、资金流、信息流，促进了流通，活跃了市场，带动了边境地区交通通讯、餐饮服务、房地产及信息咨询产业的发展，也推动了边境旅游业的发展。如凭祥市已形成了“中越边境跨国游”、“南国边关风情游”、“边贸购物考察游”三大旅游线路，初步构架了具有特色的“以边贸带动旅游、以旅游促进边贸”的旅游产业体系。昔日贫困的小镇已经成为令人向往的现代化的新型城镇，如云南省的瑞丽、畹町都率先进入了小康水平。由此可见，沿边开放为边境贸易创造了政治经济环境，而边境贸易在自身发展的同时又推动了沿边的进一步开放。但边境贸易的发展也存在一些特殊困难和基础的不稳定性，必须予以高度重视。

（二）经贸区建设

沿边开放的主要问题是长期以来主要依靠与周边国家的贸易尤其是边境贸易的往来，且规模不大；以口岸为依托的窗口和通道的作用不明显；制造业没有发展起来，与接壤国家的合作不足，相互间经济互补的优势没有充分发挥。随着形势的发展变化，我国原有的沿边开放措施已经与边境地区扩大开放、加快发展的需要不相适应。因此，进一步探索沿边开放新模式、出台沿边开放新举措就成为未来我国提升沿边开放的必然要求。首先，为了满足对外开放的要求，国内可以设立边境经济合作区，其次，“走出去”在国外设立境外经贸合作区。

1. 边境经济合作区

1992年，为进一步加快对外开放，发展与周边国家的经贸合作，繁荣沿边少数民族地区经济，在开放14个沿边城市的同时，国务院先后批准设立了广西的凭祥、东兴，云南的河口、畹町、瑞丽，新疆的伊宁、博乐、塔城，内蒙古的满洲里、二连浩特，黑龙江的黑河、绥芬河，吉林的珲春和辽宁的丹东共14个边境经济合作区，总面积78平方公里。2011年，国务院又批准设立了吉木乃边境经济合作区。目前，

---

① 格桑顿珠：《边贸兴边，强国富民——来自云南边境贸易的调研报告》，载《今日民族》，2001年第12期。

15个边境经济合作区总核准面积总计92平方公里。国务院制定了贴息贷款、税收优惠、财政定额返还等一系列扶持政策。从2008年起，边境经济合作区管辖单位由原来的国务院特区办划转到商务部，对国家级边境经济合作区比照执行中西部地区国家级经济技术开发区基础设施项目贷款财政贴息的优惠政策。

表6-2　我国沿边省/自治区的国家级经济技术开发区与边境经济技术合作区一览表

省/自治区	经济技术开发区	边境经济合作区	相邻国家
辽宁	沈阳经济技术开发区、大连经济技术开发区、大连长兴岛经济技术开发区、锦州经济技术开发区、营口经济技术开发区	丹东边境经济合作区	朝鲜
吉林	长春经济技术开发区、吉林经济技术开发区、长春西新经济技术开发区	珲春边境经济合作区	朝鲜、俄罗斯
黑龙江	哈尔滨经济技术开发区、哈尔滨利民经济技术开发区、大庆经济技术开发区、宾西经济技术开发区、海林经济技术开发区、明水经济技术开发区	黑河边境经济合作区、绥芬河边境经济合作区	俄罗斯
内蒙古	呼和浩特经济技术开发区	二连浩特边境经济合作区、满洲里边境经济合作区	蒙古、俄罗斯
甘肃	兰州经济技术开发区、金昌经济技术开发区、天水经济技术开发区	/	蒙古
新疆	乌鲁木齐经济技术开发区、石河子经济技术开发区、库尔勒经济技术开发区、奎屯经济技术开发区、阿拉尔经济技术开发区、五家渠经济技术开发区、准东经济技术开发区、甘泉堡经济技术开发区	伊宁边境经济合作区、博乐边境经济合作区、塔城边境经济合作区、吉木乃边境经济合作区	俄罗斯、哈萨克斯坦、吉尔吉斯斯坦、塔吉克斯坦、巴基斯坦、蒙古、印度、阿富汗

续表

省/自治区	经济技术开发区	边境经济合作区	相邻国家
西藏	拉萨经济技术开发区	/	印度、缅甸、不丹、尼泊尔
云南	昆明经济技术开发区、曲靖经济技术开发区	瑞丽边境经济合作区、畹町边境经济合作区、河口边境经济合作区	越南、老挝、缅甸
广西	南宁经济技术合作区	东兴边境经济合作区、凭祥边境经济合作区、中国—马来西亚钦州产业园区	越南

资料来源：根据中华人民共和国商务部网站资料整理。http：//ezone. mofcom. gov. cn/article/ao/，访问时间：2013－2－20。

边境经济合作区自成立以来，经济社会发展取得了显著成绩。2011年，14个边境经济合作区共实现地区生产总值433亿元人民币，工业总产值567亿元人民币，进出口总额143亿美元，实际利用外资金额5.6亿美元。此外，边境经济合作区的发展带动了当地边贸的发展，14个边境城市的边境进出口贸易额由1992年的14亿美元增加到“十一五”末期的约100亿美元；不仅促进了边境地区的经济发展，并且加快了边境地区工业化和城镇化建设，增进了与周边国家的合作与交流，有力地提升了我国的沿边开放水平。

首先，通过边境经济合作区的设立，中国边境口岸城市由过去的单边对外开放功能转变为参与区域经济合作的多边开放前沿的功能。以云南省和广西壮族自治区的瑞丽、河口、凭祥、东兴为例，在建立中国—东盟自由贸易区的大背景下，这些边境口岸城市由单边对外开放的功能转变为承担中国—东盟自由贸易多边开放前沿的功能。

其次，对于东北地区来说，建立边境经济合作区，是改变其传统产业比重较大的重要途径，是以开放带动经济结构战略性调整和实现地区振兴的重要组成部分；对于西部地区来说，建立边境经济合作区，使中国对外开放的后队变前队，可以通过前沿功能建设、基地功能建设和通道功能建设，在产业结构、资源结构、技术结构和进出口结构互补中，深化边境两边的经济合作，带动和提升沿边地区的经济地位。从地缘经济与地理空间看，在我国的边境经济合作区建设中，应该立足于加强周边合作发展格局，通过边境经济合作区发展衔接东北亚经济圈、新丝绸之路经济圈、大湄公河经济圈和喜马拉雅经济圈，利用好周边国家众多及迫切需要共同发展的良好环境。具体地说，东北亚经济圈指由中国东北部的内蒙古自治区东部、黑龙江、吉林、辽宁与俄罗斯的沿海地区、哈巴罗夫斯克地区、阿穆尔州、赤塔州、蒙古东部和南部、朝鲜北部、日本、韩国等国家建设的东北亚经济合作的延伸范围；新丝绸之路经济圈指由中国西北部的新疆维吾尔自治区、甘肃西北部和内蒙古西部与中亚诸国、俄罗斯联邦南部以及蒙古西部建立起来的经济合作延伸范围；大湄公河经济圈指中国西南部的云南省、广西壮族自治区与中南半岛的越南、老挝、缅甸、泰国等国家建立的经济合作延伸范围；喜马拉雅经济圈指中国西南部的西藏自治区和印度、尼泊尔等国家建立起的经济合作延伸范围。经由边境经济合作区这一重要平台，拓展边境两边的经济联系范围，有效利用经济圈的跨界资源，集成各种先进生产要素，推动互补式一体化发展。从资源整合角度，边境经济合作区可以把国外资源与国内资源、货币资本与人力资本、本地资本与外地资本结合起来，充分利用周边国家的资源，依托沿边开放前沿的有利区位和较低的商务成本，建立沿边地区相对于周边国家的经济优势，输入资源，输出制成品；同时，利用沿边地区自身的资源和从国外输入的资源，建立相对于国内发达地区的资源优势，输出资源和初级制成品，输入高级制成品，促进区域经济结构的优化。

最后，边境经济合作区可以把经济合作全球化与要素集聚地方化结合起来，在边境地区构筑网络化的实体经济。这种网络化的经济联系，立足于新型工业化和新型城镇化背景，符合产业链的发展规律，可以带动服务业的发展。统计规律显示，加工贸易 3.4 元的产业投入可以带动 1 元钱相关配套服务业发展。从产业链的发展角度看，边境经济合作区在产业链上游可以形成产业化过程中的服务投入，包括可行性研究、风险资本投入、产业导向目录、市场调研等培育发展基础的工作；在产业链中游的生产投入中，可以提供必要的服务性投入，包括质量管理、设备租赁、维护维修等工作。而在产业链中游，还可以建立平行型的服务投入，包括会计、培训、法律、人事管理、人员招聘、运输、通信、软件、保险、金融、不动产、保安、清洁、餐饮等工作；而在产业链下游，可以形成广告、分销、运输、维修、客户培训等工作。可见，在建立生产基地、构筑产业链过程中，涉及投入、转化、流通、消费的许多行业，能够提升区域经济竞争力和创造多样化就业，创造新的内需空间和发展空间。在这种模式下，边境经济合作区可以以建设集投资贸易、出口加工、国际物流于一体的要素密集型发展区为目标，以市场为导向，面向周边国家市场和国内市场，建立和完善生产者驱动的生产网络和消费者驱动的生产网络，积极发展进口矿产资源加工及轻纺、电子、家电、机械、建材等工业。同时，进一步开拓物流、商贸、旅游、信息、会展、文化等服务业。在巩固传统优势工业、促进加工贸易转型升级中提高合作区的政策运用能力、项目承载能力、配套服务能力和集聚带动能力。

2. 境外经贸合作区

境外经贸合作区是实施“走出去”战略的一条重要途径。同时对于中国企业来说，可以为我国企业“走出去”搭建平台，引导和带动企业对外投资，拓展发展空间，实现原产地多元化，缓解国际贸易摩擦，是一种全新的对外直接投资方式。我国政府和企业都希望境外经贸合作区的建设能够让中国企业更好地分享国际市场资源和发掘开拓国际市场，以增强企业国际化和全球化的竞争实力。

境外经贸合作区将对我国企业成功合理规避贸易壁垒减少经贸摩擦实现外贸转型、集中争取东道国土地及税收等方面的优惠政策、降低企业生产经营成本、提高我国资金使用效率、寻找企业新的经营增长点等产生重要作用。从宏观经济层面来看，我国在境外建设园区也具备投资发展的几大因素，包括我国综合国力提高、外汇储备增加、我国的比较优势增强、双边经贸合作需求增加等动因。2005 年底，商务部为贯彻实施“走出去”战略，提出建立境外经济贸易合作区的对外投资合作举措。目的是通过国家政策引导和扶持，在境外不同地区设立若干由中资企业控股的投资园区，吸引国内企业进入园区投资，从而为国内企业赴境外投资搭建平台，推动“走出去”的可持续发展。2006 年 11 月，中国国家主席为首个具有政府专项资金扶持背景的巴基斯坦海尔工业园揭牌（对每一个经国家商务部批准设立的境外经贸合作区，经审核授牌后，国家都将给予合作区中方开发商前期投资额的 30%，每个园区不超过2亿元人民币的财政补贴和不超过20亿元人民币的中长期贷款)。截至目前，我国共批准建设19家境外经济贸易合作区。

现有的境外经贸合作区大多分布在东南亚、非洲、南美等发展中国家。在合作区的规划面积上，最少不低于1平方公里。商务部、财政部出台的支持和规范境外经济贸易合作区建设的主要政策文件有两个：一是2008年发布的《境外经济贸易合作区发展资金管理暂行办法》，该文件明确制定了具体办法，由国家建立发展资金对经国家批准、确认、考核通过后的合作区建设过程中发生的相关支出给予资助。二是2008年出台的《境外经济贸易合作区确认考核暂行办法》，该文件规定了国家如何对合作区的建设进度、建设质量、招商进度和资金使用等进行监督管理。另外，商务部在其《关于2010年全国对外投资合作工作的指导意见》当中，列出了四项主要任务，其中之一就是“推进境外经贸合作区建设，借鉴国内建设开发区的成功经验，创新境外经贸合作区的建设发展模式，完善相关政策措施，加强政府双边合作，为境外经贸合作园区建设企业提供投资服务和制度保障。”

(三) 跨境合作与邻边区域一体化

1. 跨境合作

跨境合作是近些年发展起来的，两国沿边地区经济合作的一种重要形式。跨境经济合作区是比边境经济合作区更进一步的两国双边经济合作。跨境经济合作区指根据两国边境地区对外开放的特点和优势，划定特定区域，跨境区域合作主要着眼于地区的发展和比较优势的发挥，以促进当地的发展为目标。合作参与方多为两个或两个以上经济体边界毗邻的部分关税领土，如欧洲上莱茵地区、中哈霍尔果斯国际边境合作中心等。也有经济体的全部关税领土与另一方部分关税领土进行跨境合作的情况，如新加坡、马来西亚和印度尼西亚的新—柔—廖成长三角。虽然大多情况下双方都存在合作机制，却往往没有达成正式的、有约束力的协议，需要参与方自行实施各自的政策以促成合作。

跨境经济合作区在两国边境附近划定特定区域，赋予该区域特殊的财政税收、投资贸易以及配套的产业政策，并对区内部分地区进行跨境海关特殊监管，吸引人流、物流、资金流、技术流、信息流等各种生产要素在此聚集，实现该区域加快发展，进而通过辐射效应带动周边地区发展，是由两国或两国以上政府间共同推动的享有出口加工区、保税区、自由贸易区等优惠政策的次区域经济合作区，是集投资贸易、出口加工、国际物流于一体的多功能经济区。跨境经济区功能不仅限于双边贸易，而且能够扩展到生产、物流、旅游等多个领域的合作，并且由政府主导。[①]

2005 年，国家批准设立了首个跨境经济贸易区——霍尔果斯口岸经济合作中心，总面积为 5.28 平方公里，其中中方区域面积为 3.43 平方公里，哈萨克斯坦方区域面积为 1.85 平方公里，实行全封闭管理。合作中心的中方区域的主要功能定位为贸易洽谈、商品展示和销售、仓储运输、金融服务、举办各类区域性国际经贸洽谈会等。

2009 年 2 月，云南省政府向国务院上报瑞丽、河口、磨憨三个跨境合作区建设报告。2010 年《国务院关于中西部地区承接产业转移的指导意见》（国发［2010］28 号）和 2011 年《国务院办公厅关于印发兴边富民行动规划（2011—2015 年）的通知》（国办发［2011］28 号）提出支持在有条件的沿边地区设立跨境合作区，2011 年 5 月国务院云南桥头堡建设意见正式提出“瑞丽、河口、磨憨三个跨境经济合作区建设”。

近年来，随着中国—东盟博览会在广西南宁举办和中国—东盟自由贸易区建设的不断推进，广西与越南跨境经济合作区正成为推动广西与越南、广西与东盟深化互利合作的新亮点，如凭祥—同登、东兴—芒街跨境经济合作区建设等。2011 年 10 月，中越双方签署了《中越经贸合作 5 年发展规划》等协议，中越跨境经济合作区建设写上双方共同发表的《中华人民共和国与越南社会主义共和国联合声明》。2012 年 5 月，商务部草拟了《跨境经济合作区工作程序和政策框架（征求意见稿）》，首次提出了跨境合作区的工作机制、工作流程、管理模式和政策框架。跨境合作区实行“一区两国、境内关外、自由贸易、封闭管理”的管理模式，这一特殊管理模式使跨境合作区既不同于国内的特殊经济区域，也不同于一般意义上的次区域合作，运作起来十分复杂。与一般区域合作相比，跨境合作除具有跨境这一特点外，其他方面与区域合作相一致。

---

① 张旭华：《跨境经济合作区的构建与中国的跨边境合作策略探析》，载《亚太经济》，2011（4）。

2. 邻边区域和次区域合作

我国与多个国家接壤，边境线长，有着实现邻边区域一体化的良好现实条件。目前，我国已经形成了国家战略对接、次区域合作、双边合作等多层次合作平台。在西南，中国—东盟自贸区已经建成。大湄公河次区域合作、泛北部湾经济合作区建设步伐加快。“黄金四角”经济合作区和“两廊一圈”开发计划也相继提出并启动建设。在东北，出台了《中华人民共和国东北地区与俄罗斯联邦远东及东西伯利亚地区合作规划纲要（2009—2018)》，2009 年国家正式批复《中国图们江区域合作开发规划纲要——以长吉图为开发开放先导区》的规划，规划指出，要在图们江区域开拓通往俄、朝、韩、日、蒙五国的海陆联运国际运输通道，推动建设中俄朝三国跨境经济合作区。这将有力地促进东北亚经济一体化的发展。在西北，我国与中亚国家在上海合作组织框架内的经济合作日渐增强。

（1）中国—东盟自由贸易区

中国—东盟自由贸易区是中国与东盟国家自 2001 年开始推动的双边经济一体化机制，经过近 10 年的努力，2010 年 1 月 1 日中国—东盟自由贸易区在中国与东盟六个老成员国之间建成。这是中国对外洽谈的第一个自由贸易区，也是世界上由发展中国家组成的最大自贸区，涵盖 19 亿人口、近 6 万亿美元国内生产总值、4. 5 万亿美元贸易额。其启动后，中国对东盟 6 个老成员国文莱、印度尼西亚、马来西亚、菲律宾、新加坡、泰国的平均关税从 12. 8% 降低到 0. 6%，4 个新成员国越南、老挝、柬埔寨和缅甸，90% 的商品将于 2015 年实现零关税。中国—东盟自贸区在 2010 年 1 月全面建成后，双边贸易增长迅速。2011 年 1 月至 10 月，双边贸易总额达到 2959 亿美元，较 2010 年同期增长 25. 7%。2012 年，中国与东盟双边贸易额由 2003 年的 782 亿美元升至 4001 亿美元，其中中国—东盟自由贸易区起着重要作用。目前，中国是东盟第一大贸易伙伴，而东盟是中国第三大贸易伙伴。中国—东盟自贸区是一个双赢的制度性的安排，在充分照顾协定各方经济发展水平和市场承受能力的基础上，通过扩大市场准入、消除贸易投资壁垒，实现了双方经济一体化效益的共享。

（2）图们江区域开发合作

1992 年，图们江区域合作开发项目在联合国开发计划署的倡议下，由中、俄、朝、韩、蒙五国共同启动。此后，图们江区域合作取得了较大进展。近年来，随着中国国力日益增强，东北地区经济发展加快，对周边国家跨境区域合作需求日趋强烈。同时，俄罗斯、蒙古境内的资源开发、产业投资及区域开发等领域与中、韩、日等国的经济合作活跃，为图们江区域经济合作创造了有利的外部条件。为此，2009 年 8 月 30 日，国务院批复了《中国图们江区域合作开发规划纲要——以长吉图为开发开放先导区》，为未来十余年中国参与图们江区域经济合作开发确立了行动纲领，提供了编制相关项目规划的依据。长吉图开发开放先导区，区域为吉林省范围内的长春市吉林市部分区域和图们江地区，总面积约 3 万平方公里、人口约 770 万。这一区域面积和人口均占吉林省的三分之一，经济总量占一半以上，是中国参与图们江区域合作开发的核心地区。长吉图先导区立足图们江，面向东北亚，会提升吉林省在国际地区合作中的格局和地位。通过对先导区的建设，可以建设省际、国际产业园区，推动建设跨境的经济合作区，包括图们江边境的自由贸易区的探索，把长吉图打造成引领东北亚合作区域的新的载体。

（3）上海合作组织

中国与中亚五国的合作始于“上海五国”元首会晤机制。“上海五国”最初是一个讨论和解决边境地区军事信任与裁军问题的元首会晤机制，随着边境地区信任的建立，会晤的内容逐步扩大到政治、安全、外交、经贸等各个领域。2001 年 6 月 15 日，“上海五国”元首在上海举行第二次会晤，乌兹别克斯坦加入该组织，六个国家元首共同签署了《“上海合作组织”成立宣言》，把元首会晤机制提升为制度化的合作组织。上海合作组织是第一个由中国倡导创立的区域性组织，成员国中除了乌兹别克斯坦外，俄罗斯、吉尔吉斯斯坦、哈萨克斯坦、塔吉克斯坦都与中国新疆接壤。该框架下的交通部长年度定期会晤机制为我国与毗邻国家经济合作奠定了良好的协调机制。

（4）大湄公河次区域经济合作

大湄公河次区域主要指澜沧江—湄公河流域国家，包括中国、缅甸、老挝、越南、泰国和柬埔寨。澜沧江—湄公河是东南亚地区最重要的一条国际河流，在中国境内称澜沧江，境外称湄公河，流经上述六国，全长 4880 公里，总流域面积 81 万平方公里，流域地区人口 6550 万。流域内有着丰富的水能资源、生物资源、矿产资源和旅游资源，在区位上处于中国、东南亚、南亚三大区域和太平洋、印度洋两大洋的结合处，合作开发潜力巨大。20 世纪 90 年代以来，随着全球经济一体化的推进，澜沧江—湄公河次区域经济合作逐渐成为亚太地区经济贸易、合作开发的热点地区，不仅沿岸国家和东盟积极参与，也吸引了日、美、欧和亚洲开发银行等发达国家和国际组织的投资。1992 年以来，在有关国家和国际社会的共同促成下，逐渐形成了以亚洲开发银行为主导的“大湄公河次区域经济合作”（简称 GMS），由东盟主导的“东盟—湄公河流域开发合作”等合作机制并行运作的势头。

自成立后，大湄公河次区域经济合作的范围已经扩大到交通、通讯、能源、旅游、环境、人力资源与开发、农业、贸易和投资等 9 个领域，并形成了多层次的组织架构体系与运行机制，包括：最高决策机构——大湄公河次区域合作领导人会议，常设磋商、协调和机构决策机制——大湄公河次区域合作部长级会议，议事机制——大湄公河次区域合作高官会议，常设专业机制——大湄公河次区域合作工作组和主题论坛，常设办公机制——大湄公河次区域合作秘书处。大湄公河次区域合作的合作战略遵循了循序渐进的推进模式，从交通走廊、物流走廊、经济走廊再到全面合作，目前已进入全面实施阶段。大湄公河次区域经济合作已经成为国家实施“走出去”战略的重要组成部分。

（四）多层面交流合作机制

我国原外交部长杨洁篪 2013 年 3 月 9 日答中外记者问时指出，中国同绝大多数周边国家已经建立了不同类型的战略伙伴关系，高层互访频繁，2012 年已经达到 100 多次。中国与周边国家贸易额（包括日韩）已经超过中欧、中美贸易之和，达到 1.2 万亿美元。2012 年，中国同周边国家的人员交流达到 3500 多万人次；中国和东盟国家建立了发展中国家之间最大的自贸区①。这段话概括了我国目前与周边国家的多层面交流合作现状。

随着大通道、口岸和边境经济合作区的建设，边境贸易和跨国旅游业已经成为沿边开放城市发展的主要动力。沿边省区的开放思路也从注

① 法制网：http：//www.legaldaily.com.cn/direct_ seeding/content/2013 -03/09/content_ 4259363.htm? node =42151。

重边境贸易转向贸易、投资、经济技术合作以及区域合作等多元合作。现有的“哈洽会”、“乌洽会”、“昆交会”、“东北亚博览会”以及“中国—东盟博览会”等，为我国与周边国家洽谈贸易和投资，开展互利合作提供了良好的平台。我国目前已与周边国家开展了多种区域合作，包括中国—东盟自由贸易区、上海合作组织、中国—巴基斯坦自由贸易区、东北亚合作、大湄公河次区域合作、中亚次区域合作和大图们江次区域合作等。

在中亚经济合作区域中，中国在“上海合作组织”的框架下，积极与中亚五国在新欧亚大陆桥建设、能源开发、贸易、投资等方面开展合作。新疆为了更好地发挥地缘优势，近年来对口岸进行了大规模改造和建设，如边境市场的改造、货物中转和加工设施以及以边贸为主导的新兴城市基础设施的建设，使其成为公路、铁路、民航配套的主体口岸群，成为新疆通往中亚各国最便捷的前沿阵地。新疆明确划定 10 个地州为边境州、30 个县市为边境县市，开放一类口岸 15 个，初步形成了以沿边开放城市为窗口、以边境市县为前沿、以省会城市和中心城市为依托、面向中亚各国开放的新格局①。

在东南亚和南亚地区，中国积极参与了澜沧江—湄公河流域开发的四种合作机制，即亚洲开发银行推动的大湄公河计划、联合国开发计划署和日本支持的新湄公河计划、由东盟发起的东盟—湄公河流域开发合作计划和由泰国提出的中、老、缅、泰毗邻地区的黄金四角计划。其中，大湄公河次区域经济合作的成效最大。澜沧江—湄公河国际航运已于 2001 年正式通航；昆明—曼谷公路在中国境内路段和泰国境内路段已逐步改建成高等级公路；连接东南亚各国与欧亚大陆桥的泛亚铁路建设方案已形成。黄金四角经济合作开发区指的是澜沧江—湄公河中国、老挝、缅甸、泰国结合部次区域，包括中国云南思茅地区和西双版纳，老挝上寮地区 5 省，缅甸东掸邦 4 县 1 特区以及泰国清迈府和清莱府。黄金四角计划的主要合作内容包括改善交通、通讯、港口码头等基础设施建设，加快能源与旅游业开发、贸易投资与经济技术合作，保护生态环境，防止毒品和艾滋病扩散等，并把疏通次区域合作的交通运输动脉

---

① 董藩、郭波：《延边次区域合作与中国对外经济规划的调整》，载《财贸研究》，2004（4）。

作为近期合作的重点。合作开发推动了人口的空间流动与地域重组，国际航道的逐步开通导致中、老、缅、泰间的边境贸易随之大幅增长，旅游业也进入新的发展时期。

在东北亚地区，我国的《振兴东北老工业基地规划》与俄罗斯所制定的《远东及贝加尔地区 2025 年经济社会发展战略》，标志着中俄两国对东北亚区域内各自的经济社会发展高度重视；《中国东北地区同俄罗斯远东及东西伯利亚地区合作规划纲要（2009—2018）》的签署则表明中俄将通过卓有成效的区域合作，全面推进双方区域发展战略的实施，中国东北振兴和俄罗斯远东开发战略的互动对接已经全面启动。辽宁省沿海经济带和吉林省长吉图开发开放先导区建设已经上升为国家对外开放战略。自 1992 年图们江区域合作开发项目启动以来，东北地区，特别是吉林对东北亚俄、蒙、朝、韩的经济交流与合作取得较大进展。长吉图开发开放先导区所主要覆盖的长春市、吉林市、延边朝鲜族自治州的 GDP 占吉林省的 GDP 比重达到 61%[①]。目前长吉图正在建设以现代农业和特色农业为基础，以先进制造业和现代服务业为主体的产业体系，构建以中蒙大通道、哈大线、东边道等干线为依托，沟通东北经济区以及中、俄、蒙、朝、韩的现代综合运输体系。黑龙江是对俄贸易大省，正在打造东北亚经济贸易开发区和哈牡绥东对俄贸易加工区等八大经济区。黑龙江在绥芬河市建立了一区跨两国的“绥—波贸易综合体”，相当于封闭的边境自由贸易区；2010 年 8 月，中俄边境第一个绥芬河综合保税区建成，在中俄一些重要领域，如石油贸易领域，两国都同意采用人民币结算；2010 年 9 月 9 日，俄中外汇交易所开始推出卢布—人民币直接挂牌交易[②]。此外，绥芬河的一些企业已在俄罗斯远东地区辟建了波格拉尼奇内新北方工业园区等境外加工园区。

在对外开放和区域合作的项目上，各沿边省区发挥了各自的优势和有利条件，表现出鲜明的特色：黑龙江的优势是对俄蒙森林和矿产资源开发为重点，吉林对外经济合作的亮点是向日韩的劳务输出，新疆则首

① 王胜今、赵儒煜：《论长吉图开发开放先导区建设与发展战略》，载《社会科学战线》，2010（4）。

② 赵传君：《推进黑龙江沿边开放的新思路》，载《黑龙江对外经贸》，2010（12）。

推与中亚等国的油气等能源合作，云南主要是工程承包①，广西则积极开展与周边国家的人文交流和教育合作。

（五）安全开放保障机制

我国改革开放的顺利进行，特别是东南沿海地区的快速发展与沿边省区为保证国家领土安全和边境地区稳定所做出的贡献是分不开的。沿边稳定、沿边开放和沿边发展同等重要。中国作为一个快速发展的人口、经济、科技和军事大国，在世界上有着举足轻重的地位，雄厚的国力成为扩大沿边开放的坚强后盾，为在沿边地区建设关系国计民生的大型和特大型项目提供了安全保障。发展经济是当今、特别是后金融危机时代各国普遍追求的目标，中国需要与周边国家扩大贸易，周边国家同样也需要与中国建立更加紧密的经贸往来。正是在这样的大背景下，广西与东盟的合作、新疆与中亚各国的合作、东北地区与俄罗斯东西伯利亚及远东合作规划纲要等沿边开放的大项目相继出台，标志着中国的沿边开放正在进入一个新的历史时期。通过扩大沿边开放，建立新的区域经济增长极，把沿边地区纳入中国经济增长的快车道，已经成为我国结构调整的重要任务。其目标就是：通过与周边国家建立日益紧密的经贸关系，带动地区经济的快速发展，促进区域安全长效机制的形成。因此，沿边开放不仅具有重要的经济意义，同时对于中国现代化的协调可持续发展，对于边疆地区的长治久安也有着重要的战略意义。沿边开放对未来中国的能源、消费品与劳动力市场开发具有重要意义。与中国陆路接壤的国家，在经济上基本属于中等发达或欠发达水平。正是这些没有经历现代经济高速发展的国家，由于能源和资源的消耗十分有限，却保留了巨大的不可再生资源和石油天然气等能源；由于市场发育不良，又潜藏着十分广阔的消费品市场；由于区域经济长期滞后，急需地区经济的快速发展；由于资金、技术和劳动力的缺乏导致的基础设施建设滞后，又有着迫切的基础设施建设需求。这些要素不仅对于振兴边疆经济具有重要拉动作用，同时对于整个中国未来能源战略的建构、劳动力的

---

① 国家发改委外经所课题组：《建立和完善沿边开放的政策体系》，载《国际贸易》，2011（2）。

合理配置和输出等都具有重大的战略意义①。

扩大沿边开放，加强与周边国家各个领域的合作，可以巩固和发展我国与周边国家的合作关系。如开展人力资源培训、旅游、文化教育等人文交流与合作，在打击走私、贩毒、黄赌等跨境犯罪活动、打击跨境恐怖主义等方面的活动，巩固和加强了边境安全和两国人民的友谊，增进了与周边国家的互信，为我国的政治安全提供了有力的地缘保障②。

四、沿边开放的分区策略

由于沿边开放比沿海开放有着更多的复杂制约因素，因而大多数沿边地区经济社会发展相对滞后的局面并未得到根本改变。为此，有必要根据沿边各地的比较优势与区位优势，采取适宜的分区开放战略。

（一）面向中亚的沿边开放

中亚五国位于欧亚大陆腹地核心，属内陆国家和地区，是古“丝绸之路”要冲和东西文化交汇之地，现又是新亚欧大陆桥中心地段。中亚五国北抵西伯利亚大草原南缘，南与伊朗、阿富汗接壤，东与我国新疆为邻，西至里海和伏尔加河，南北宽约 2200 公里，东西长达 3000 公里，总面积占独联体的 18.11%，2002 年总人口达 5723 万人，占独联体的 20.37%。新疆与中亚国家毗邻，许多民族有历史亲缘关系，在语言、文化生活习俗乃至宗教信仰等方面有许多相通之处，民间往来与贸易交往源远流长，资源环境和经济结构上有较强的互补性。因此利用地缘优势，扩大沿边开放，发展外向型经济，积极参与中亚国家次区域经济合作，建立高层次长远的经贸关系是新疆经济走向 21 世纪持续发展的必由之路。

新疆在面向中亚的开放战略首先仍然以外贸为支点，在此基础上进一步扩大与中亚各国在能源合作、矿产资源勘探与开发、旅游、交通、通讯、金融等领域的投资与合作。

---

① 刘爽：《国家沿边开放政策与黑龙江对俄开放战略升级》，载《黑龙江社会科学》，2011（3）。

② 崔玉斌：《我国沿边开放的回顾与展望》，载《边疆经济与文化》，2010（10）。

1. 扩大边境贸易，开拓出口市场，在条件许可的情况下建立出口产品基地

2012 年新疆对外贸易额达到了 250 亿美元，其中 70% 以上是与中亚五国进行的，而其中哈萨克斯坦占了一半左右，其次是吉尔吉斯斯坦和塔吉克斯坦。对外贸易地理方向高度集中，对于新疆对外贸易的健康稳步发展极为不利，易受到主要贸易伙伴国政治经济社会发展情况波动的影响。因此，新疆的对外贸易应在现有基础上向西辐射，努力实现市场多元化，以降低市场风险，扩大贸易规模。新疆目前在产品价值链中大多充当二传手角色，出口产品中新疆本地产品的出口份额大约只占 30% 左右，被称为“走廊型”外贸，对新疆本地经济的拉动作用小。在贸易方式上，旅游购物贸易占了出口总额的 70% 以上。旅购贸易在特定的历史阶段和条件下有其合理性，但毕竟是一种非常态和非正规的贸易方式，未来一定要向着建设出口制造业基地和一般贸易等方向发展。新疆目前一方面要基于比较优势，继续扩大边境贸易、一般贸易、转口贸易等多种贸易方式，建设贸易大通道；另一方面也应积极打造和拓展竞争优势，尝试在天山北坡经济带建立出口产品基地，形成产业群，使出口贸易更好地带动当地的经济发展，并形成完备的产业价值链。

2. 吸引外资和对外投资

充分利用国内外“两个市场、两种资源”，在引资方面要同时面向国内外市场开放，短时间内仍以吸引沿海和内地资金为主。新疆作为面向中亚开放的桥头堡，虽然本身缺乏资金、技术上的比较优势，但是可以先立足贸易，利用其地缘优势、文化语言优势等帮助内地企业开拓中亚五国市场，特别是数码产品、计算机等电子产品，逐渐吸引更多的内地企业向新疆投资，借此改变新疆的贸易结构和经济结构。例如，投资建设“特色服装城”、“特色果品出口加工基地”、“小型家电出口加工基地”，使新疆成为沿海省区挺进中亚市场的重要出口加工区，同时也利用中亚各国的资源与市场，建成有较大规模的天然气加工、精细化工等进口加工基地，以满足国内工业需求。在对外投资方面，鼓励新疆企业立足石油和天然气开采业以及石化工业等优势主导产业，通过风险勘探、购买油田、合资合作、参股控股等方式赴周边邻国在石油天然气、林木、农业等领域进行资源开发性投资，建立矿产资源开发基地，鼓励企业开

展境外加工贸易以及在境外设立农产品种植和养殖生产基地以及农业技术示范区。此外，境外投资还应向纵深拓展，可从传统的探矿、油气、资源类领域向金融、风力发电、大型商品交易市场、制造等领域拓展。

3. 继续建设霍尔果斯经济开发区和喀什经济特区

中哈两国之间的边境贸易主要是在伊犁哈萨克自治州和博尔塔拉蒙古自治州与哈萨克斯坦之间展开，对应的一类口岸有霍尔果斯口岸、阿拉山口口岸、吉木乃口岸、都拉塔口岸等6个口岸。在这6个口岸中，由于第二条亚欧铁路桥的经过，使得阿拉山口的通货能力最大，霍尔果斯是全疆最大公路口岸。但是，2009年12月18日，精伊霍铁路的正式竣工以及2011年12月2日中哈国际铁路成功对接，伊宁—霍尔果斯的整体区位优势已经凸显，未来将成为我国对外开放的物流中心。目前，在新疆和哈萨克斯坦边境，最有条件建设边境自由贸易区的就是中哈霍尔果斯国际边境自由贸易区。目前已启动的中哈霍尔果斯国际边境合作中心，在未来将形成人流、物流高度开放的综合性国际贸易中心及集多种功能于一体的自由贸易区。为此，应加快大通关体系建设，实现电子通关查验，全面改善通关软硬环境建设，创造便捷、高效的通关服务体系；加快口岸物流平台建设，围绕边境地区产业结构调整和农产品基地建设，加快绿色通道建设和农产品出口平台建设，在重点口岸建成一批保鲜仓库和综合物流市场；完善边境贸易公共服务体系，创造公平有序的市场竞争环境。

位于南疆的喀什地区自古就是丝绸之路中段中线的重要城市，与中亚、南亚、西亚乃至欧洲的通商贸易有着深厚的渊源。2010年，中央新疆工作座谈会议在北京召开，会议决定设立喀什经济特区。近年来，喀什一直致力于发展外向型经济，推进“两个基地、一个中心”经济战略，打造“东联西出”的出口商品加工基地，特别是农副产品的加工基地，打造“西进东销”的商品集散基地和商贸旅游购物中心。喀什地处亚洲腹地，与8个国家接壤或毗邻，独特的区位优势、口岸优势和人文优势，使得喀什最有条件成为中国与中亚、南亚经贸合作的前沿，成为南疆地区的经济增长极，并进一步带动整个南疆地区的经济社会发展。为此，喀什提出了“打造喀什在中亚南亚经济圈重心地位”

的发展战略，确立“贸易先行，产业联动”的发展思路①。未来，喀什经济特区将建设喀什特殊经济开发区国际商务行政服务中心（CBD）、喀什特殊经济开发区国际文化交流中心、国际信息传播中心和国际高级人才创业园。

4. 打通新丝绸之路，扩大向西开放

中亚是“新丝绸之路”的必经之地，不仅是中国向西开放、西部大开发、发展向西经贸合作的直接客体，同时也是中国陆路通往西亚与欧洲的桥梁和通道。在今天经济全球化和区域经济一体化的发展趋势下，随着第二欧亚大陆桥的贯通，中亚将越来越突显其巨大的经济战略价值。新丝绸之路经济带的建成将会辐射30亿人口，而新疆作为向西开放的前沿和桥头堡，未来应发展成为“中亚地区经济高地”②。

首先，新疆应继续发挥作为能源通道的战略地位优势，制定“空中走电、地上走煤、地下走油气”的立体能源国际大通道战略，将新疆建成“新丝绸之路”上的重要能源和矿产运输枢纽和节点。

其次，构建中国新疆与中亚次区域经济合作平台，具体可以建立经济增长三角（如伊宁—霍尔果斯—贾尔肯特（哈）、喀什—土尔尕特—奥什（吉））为基础，以建立跨国经济合作开发区和边境自由贸易区为过渡，通过分步骤、分阶段的双边合作，最终实现建立多边边境自由贸易区，形成中亚经济圈，最终建成中亚自由贸易区③。

在面向中亚开放的过程中，尽管新疆具有不可替代的地理优势和特殊战略地位，但是由于新疆的经济发展长期在全国处于落后地位，因此在承担中国与中亚区域经济合作中的战略地位时仍存在着一些缺陷，如：（1）经济综合实力欠缺。具体体现为经济基础薄弱，经济规模偏小，产业结构不合理，地方财政严重依靠中央财政输血；新疆区域内经济发展不平衡，南疆三地州经济社会发展严重滞后，全疆27个国家级贫困县中有21个集中在克孜勒苏柯尔克孜自治州、喀什及和田地区；

① 李忠民、霍学喜主编：《欧亚大陆桥发展报告2011—2012》，社会科学文献出版社，2012年9月，第113-124页。

② 张文中：《中国西部大开发中新疆的地位——一个中亚视角》，载《新疆财经》，2013（4）。

③ 高志刚、柴利：《基于三类模式中国新疆与中亚次区域经济合作平台构建》，载《全国经济地理研究会第十二届学术年会暨“全球化与中国区域发展”研讨会论文集》，2008年。

新疆还面临着水资源严重缺乏，生态系统脆弱等自然条件的制约，使新疆在许多重要的经济指标上都落后于全国平均水平和近邻哈萨克斯坦①。（2）经济开放度和外向型经济发展欠缺。无论是用对外贸易依存度、对外贸易密度还是外资依存度指标衡量外向型经济格局，新疆都低于全国平均水平和哈萨克斯坦，仍处于半封闭的经济发展阶段。（3）经济结构与产业结构存在缺陷。中国与中亚国家具有很强的经济结构和产业结构的互补性，而新疆却与中亚国家表现出了经济结构和产业结构的同构型和相似性：都是第一产业比重过高，第二产业中重工业过重，第三产业欠发达。这必然会影响到新疆与中亚国家在贸易和投资规模和领域的扩大。（4）基础设施瓶颈和政策支持缺乏。新疆基础设施建设仍然远不能满足需要，在发展外向型经济、扩大对外开放方面，铁路运输的瓶颈制约依然十分严重，而亚欧第二大陆桥运营至今，仍无法实现无障碍运输。此外，新疆长期处于相对闭塞的地位，随遇而安等保守观念根深蒂固，由于饱受“三股势力”威胁且多民族聚集，稳定一直是新疆最大的政治任务。因此，以新疆目前的自然条件和发展水平，要想发挥在中亚区域经济合作中的承担者作用，必然离不开国家政策的强有力支持②。

（二）面向东北亚的沿边开放

1. 东北三省面向东北亚的沿边开放

东北三省总体来看，工业基础相对较好，经济较发达，因此在开放的程度和层级上也应高于其他沿边省区，除了商品贸易以外，还可以在服务贸易和技术贸易上进一步拓展。

为了实现贸易、经济合作与投资相结合，“引进来”与“走出去”相结合，黑龙江提出了“南联北开”全方面开放的战略和“对俄经贸科技合作战略升级”，定位于“我国开拓俄罗斯与东欧市场的桥头堡”，发展与东北亚国家经贸关系的“平台”。吉林省的珲春、图们、集安、临江、大安市等都依托口岸建立了经济开发区，并在图们江流域开展经济合作，积极打造长吉图开放带，建立中国、俄罗斯、朝鲜三国自由贸

① 秦放鸣：《中国与中亚国家区域经济合作研究》，科学出版社，2010 年，第 166 – 167 页。
② 秦放鸣：《中国与中亚国家区域经济合作研究》，科学出版社，2010 年，第 168 – 171 页。

易区。珲春现已发展成为全国唯一集边境经济合作区、出口加工区、中俄互市贸易区“三区”为一体的开放型窗口，是具有工业生产、边境互市、保税仓库、商业服务、居住旅游等多项功能的综合性经济特区。辽宁也依托口岸城市丹东探索建设边境经济合作区、出口加工区、互市贸易区，并积极鼓励企业“走出去”，在朝鲜境内兴办合资合作企业，以经济技术合作促进外贸发展。目前，丹东已经成为中国最大的对朝贸易商品集散地和对朝贸易物流中心，其对朝贸易占我国对朝贸易总额的70%以上①。

根据东北地区的区位优势、资源和产业优势，可提出如下具体的开发与开放战略目标，一是利用黑龙江省是全国第一石油生产大省和自俄罗斯进口石油的基础和优势，打造全国最大的能源战略储备基地；二是打造全国最大的境外森林采伐和粮食生产战略基地；三是利用东北亚国家市场空间巨大、消费能力旺盛的客观条件，打造全国最大的绿色有机食品出口加工基地；四是积极引进俄罗斯的高新技术，日本的制造业技术以及韩国的电子技术，实现多国技术的本土化和产业化，打造全国最大的引进俄、日、韩先进技术的产业化基地；五是发挥东北地区边境线长、口岸众多的比较优势，打造全国最大的沿边开放自由贸易区②。在面向东北亚的开放过程中，最终目标是建成东北亚经济贸易开发区。因此，目前要做好几个建设工作：一是强化由中心城市向沿边开放带延伸的交通建设，形成全国一流的连接东北亚的贸易大通道。二是建设面向东北亚的具有产业竞争优势、辐射带动能力强的沿边开放城市集群。三是建设全国一流的面向东北亚的国家级服务外包基地，创办对俄、日、韩的劳务输出基地以及高层次复合型人才培训基地③。

2. *内蒙古面向东北亚的沿边开放*

按照2011年6月26日中央政府公布的《国务院关于进一步促进内蒙古经济社会又快又好发展的若干意见》，国家有意利用内蒙古打造开放合作平台，加强与俄蒙毗邻地区的交流和联系，积极参加东北亚和中亚等国际区域合作。同时，支持开展政府间互访、商贸往来、人文交流

① 程云川、陈利君：《中国沿边开放的态势与前景》，载《云南社会科学》，2009（6）。

②③ 黑龙江省社会科学院课题组：《黑龙江省建设东北亚经济贸易开发区研究》，载《社会科学战线》，2009（5）。

等双边多边活动，形成多层次、宽领域的合作交流机制。因此，内蒙古应抓住机遇，在面向东北亚的开放中，可立足口岸经济，建设向北沿边开放经济带，加强区域经济合作，以期最终建成中俄蒙自由贸易区。

（1）加快口岸经济的发展

口岸经济在内蒙古贸易和经济中发挥着重要的作用。内蒙古目前的口岸经济主要分为三种类型，一是综合开发型。满洲里与二连浩特两市是依托口岸发展起来的城市，整体经济即为口岸经济，其综合开发型特征明显。满洲里口岸为我国第一大陆路口岸，满洲里市经济门类较齐全，对外贸易、技术合作、旅游、服务业、出口加工、外向型农业等重要产业并举；二是资源开发与转化型。依托黑山头、室韦口岸的额尔古纳市、珠恩嘎达布其口岸所在地东乌旗、策克口岸所在地额济纳旗经济具有明显的资源引进与转化的特征；三是旅游与贸易型。这是各口岸最基本的功能，内蒙古阿日哈沙特、额布都格、阿尔山、满都拉等小口岸从目前的状况看这一特征突出一些。而目前内蒙古的口岸基础设施建设虽有改善，但由于历史欠债多，资金投入渠道不畅等因素的影响，远远跟不上口岸物流快速增长的需求，严重制约着边境口岸功能的提升，只能满足基本的通关要求。由于内蒙古地区，特别是沿边口岸地带地广人稀的地理特点，可从加快口岸城镇化建设入手，通过聚集人气、完善口岸群的交通通讯基础设施和医疗教育等服务水平，吸引人流、物流和资金流，使其人口规模和经济总量得到提升，提高经济技术合作的层次。

（2）参与区域经济合作

区域合作能促进合理的地区产业分工并实现规模经济，提升区域国际竞争力，进而在国际贸易中获得相应利益。从国内区域合作看，内蒙古靠近东北经济区和环渤海湾经济区，具有建立地缘经济区的先天优势，可以在外贸产业方面建立优势互补的产业链条。例如，可以建立区域性外向型加工工业，通过引进韩国、日本的技术以及俄罗斯的原料，在本区域进行生产加工，然后再出口到韩国、日本等国家和地区。无论从国际合作还是国家长远发展战略来看，俄罗斯、蒙古都是今后一个时期我国特别是内蒙古自治区对外开放的重点和对外经贸交流与合作的主要国别市场。因此，内蒙古要进一步加大向北、向西开放的力度，提升沿边开放水平。一方面，要进一步开拓俄罗斯和蒙古市场，使合作的范围逐步向俄、蒙腹地延伸，甚至进一步向欧洲市场延伸；另一方面，合作领域逐渐由目前的边境贸易为主发展为资源开发、生产经营、科技交流等全方位的合作。特别是加强与俄、蒙在矿产资源开发、冶金化工、木材加工、农业种植、食品加工等重点领域的合作，充分利用蒙古国矿产资源，繁荣和发展口岸经济①。未来开放的长远目标是以内蒙古为地缘枢纽，建立中俄蒙自由贸易区，从而在更大程度和更大范围上推动东北亚区域发达国家与发展中国家之间的经济融合。

国家发展改革委于2012年8月印发了《中国东北地区面向东北亚区域开放规划纲要（2012—2020年）》（以下简称《规划纲要》）。《规划纲要》是指导东北地区面向东北亚各国加强区域合作与扩大开放的行动纲领，范围涉及东北三省和内蒙古的东部盟市，在通道、口岸等方面兼顾内蒙古中西部的其他盟市。目前，内蒙古正在积极打造呼伦贝尔市中俄蒙合作先导区和推动满洲里重点开发开放试验区建设以及立足煤炭进口的乌拉特中旗开放功能区。此外，积极构建互联互通国际通道。公路方面：对俄口岸内蒙古已全部贯通二级及以上公路，俄方为三四级油路及砂石路。对蒙口岸中，二连浩特口岸双方已经建成一级公路，蒙方公路为我方援建项目；阿日哈沙特口岸、额布都格口岸我方为三级公路，阿尔山口岸、珠恩嘎达布其口岸、满都拉口岸、甘其毛道口岸我方为二级公路，策克口岸我方已建成一级公路，而蒙方口岸对应公路等级均较低，有些为砂石路及自然路。铁路方面：海拉尔至拉布大林至黑山头铁路、室韦口岸至莫尔道嘎铁路正在开展项目前期工作，珠恩嘎达布其口岸铁路计划2015年全线建成通车，甘其毛道口岸铁路、策克口岸铁路已经建成通车。民航方面：呼和浩特、呼伦贝尔、满洲里3个运输机场是长年开放的口岸机场，二连浩特运输机场是季节性开放的口岸机场，包头、鄂尔多斯、阿尔山3个运输机场正在积极争取成为口岸机场。到2013年10月底，内蒙古共开通至俄蒙的国际航线8条。

（三）面向东南亚、南亚的沿边开放

云南和广西是我国面向东南亚、南亚（简称两亚）开放的桥头堡，并且在参与GMS合作和中国—东盟自由贸易区建设中取得了较大的进

① 徐海清等：《新形势下内蒙古对外贸易发展对策探讨》，载《内蒙古财经学院学报》，2010年第8卷第5期。

展。云南和广西向两亚开放所面临的共同问题主要是邻国政策变化大、对接难，口岸对区域经济支撑力度不够。周边国家越南、老挝、缅甸都处在经济转型期，市场发育不充分，政策法规不健全，贸易法规变化大，影响双方经济贸易的稳定发展。

云南境内很多民族跨境而居，居民点相邻，过境点多，边境人口密集，边贸发展早，以小额边境贸易为主，边民互市是在1996年逐渐发展起来的；过境人员占五省区的58.4%；车辆出入境占64%[①]。

广西的边境地区发展的主要特点是：地理环境特殊，农业生产和生活条件较差；经济发展和社会建设相对滞后；少数民族高度聚居，人口所占比重高（占边境地区总人口的80.68%）；口岸相对较多，有发展边贸的优势。广西的边境贸易自2002年起以边境小额贸易为主，2011年小额贸易占边贸比重为82.52%[②]；且边境贸易成为当地的主要经济增长点，如凭祥80%的财政收入来自边贸，2010年口岸边境小额贸易近30亿美元。西南口岸的另一个重要特征是出口大于进口。

基于以上特点，未来云南和广西的沿边开放应将重点放在边贸、交通、通讯、水电、旅游和教育等领域，形成以周边为基础，次区域为核心，涵盖东盟和南亚，多层次、宽领域的区域性国际合作框架。具体包括：

（1）继续推动“两廊一圈”[③] 建设，即“昆明—老街—河内—海防”、“南宁—谅山—河内—海防”两个经济走廊和“环北部湾经济圈”，使之进入产业实质性操作阶段，充分发挥海陆两方面的地缘优势；积极推动大湄公河经济合作、黄金四角计划和孟中印缅地区经济合作机制，减少贸易与投资障碍；将以上次区域经济合作作为参与中国—东盟自由贸易区的重要载体，以推动后者的建设。

（2）构建国际大通道。尽快建成以通信为先导，以公路、铁路、航空为骨干，以水运为补充，集多种运输方式和信息网络为一体的综合运输体系，并配套现代物流系统。目前铁路通道的主要问题是中越双边

---

① 陈清华等：《振兴口岸边贸之战》，载《中国财经报》，2011-11-19。

② 黎鹏：《提升沿边开放与加强跨国区域合作研究——以CAFTA背景下中国西南边境跨国区域为例》，经济科学出版社，2012年12月，第111页。

③ 2004年5月20日越南总理潘文凯访华时，提出了中越合作建设“两廊一圈”的建议。同年10月8日，温家宝总理访越后，两国政府发表联合公报，双方同意合作建设“两廊一圈”。

铁轨的标准不一致，影响到运输的便捷性和运力。公路交通的问题是在一些重要口岸没有相应的通道配套。未来随着中国与两亚的经济贸易往来的增多，必须开辟或增加水路和航空的客货运输服务。

（3）加快建设东兴边境经济合作区、凭祥边境经济合作区、瑞丽边境经济合作区、畹町边境经济合作区、河口边境经济合作区等，使之真正成为我国西南边境的第一级增长极。这些地区相对而言，交通设施较好，有一定的发展基础，集聚能力较强，并可以以口岸为依托，可通过其极化效应和扩散效应影响与带动区域经济。在项目选择上，可以优先考虑那些原材料丰富，加工增值潜力大，双边要素互补性好的产业与行业建立边境出口加工产业区，如农产品加工业、纺织业和一般日用品制造业等。

（4）大力发展服务贸易，加强国际人文交流，扩大教育和学术合作。充分发挥云南、广西开展教育国际化的区域和资源优势，从实施对外开放的国家战略高度，结合国家中长期教育改革和发展规划纲要，积极推进与周边国家的教育合作和学术交流，将西南两省建成面向东南亚、南亚的学术与教育开放的重要窗口。具体措施包括：①打造国际教育基础建设平台、国际教育人才培养平台和国际教育交流合作平台。完善双边、多边教育与学术合作交流机制，由政府出面牵头定期举办东南亚、南亚高等教育论坛等会议，建设面向东南亚、南亚国家的国际远程教育信息网络。②将云南和广西建设成为面向南亚开放的国际语言教育基地，实施汉语国际推广计划和东南亚、南亚的小语种教育计划。③推进国际教育服务市场建设，促进教育服务贸易的发展。一方面扩大东南亚、南亚国家学生来华留学的规模，另一方面积极鼓励当地的大中小学和职业学校走出国门办学。④支持国内的学生以各种形式到周边国家学习交换，同时大力支持大中小学教师对周边国家的教育支援和学术交流。

（5）全面加强与东南亚、南亚在文化、体育与旅游等方面的交流与合作，在云南和广西建设对外进行文化、体育与旅游合作的重要窗口和平台。例如，发展外向型文化产业，扩大与东南亚、南亚各国的文化贸易；举办各种民族体育运动博览会，展示各种传统民族体育文化；建设国际旅游经贸人才培养基地，举办各种国际民族文化艺术节，展示区域内民族的传统文化和风俗，加强在非物质文化遗产方面的合作等。

第七章　兴边富民行动的制度建设

兴边富民行动是一项国家战略性的、长期的制度安排。国家战略和长期性构成兴边富民行动两大基本特征。

一、作为国家战略的兴边富民行动

从民间自发行为，发展为理论意识的舆论行为，再上升至国家意志的政策行动，兴边富民跨越历史，见证不同背景下国家对边疆发展地位的不同治理观念。兴边富民行动的国家战略性制度安排，有其深刻理论内涵和长远发展愿景。

（一）兴边富民行动国家战略定位的含义

"战略"观念最早出现于人类社会发展的军事活动中。战略，是一种谋划，是对于战前准备、战时策略以及战后修复治理的整体思考。战略的制定，必须因地制宜应时应势衡量比较。所谓"天时、地利、人和"无外乎于此。①

中国古代关于战略观念的记录主要通过史书和兵书两类。"战略"一词最早出现在西晋史学家司马彪（？—约306年）所著《战略》一书中，当时战争是国家的主要大事之一。左传云："国之大事，在祀与戎。"（《左传·成公十三年》）此外春秋时期著名政治家、军事家孙武所著的《孙子兵法》无疑是得到公认的最早和影响最大的战略学著作。②

---

① 出自《孟子·公孙丑下》："天时不如地利，地利不如人和。"此外《孙膑兵法·月战》中也提到："天时、地利、人和，三者不得，虽胜有殃。"

② 参见李少军：《国际战略学》，中国社会科学出版社，2009年，第3－5页。

在西方，战略观念最早产生于地中海地区，希波战争、伯罗奔尼撒战争及一系列重大战役所形成的战略观念及实践记录成为战争的遗产。不过这些观念随着帝国的更迭而逐渐为人们所遗忘，直到中世纪晚期，军事战略思想才被文艺复兴的浪潮重新唤醒。

然而随着现代文明的演进，军事战争已不是政治生活的主流，“战略”一词作为战争的衍生品也逐渐扩大到政治、经济、文化等其他领域。人们开始对战略的概念进行更为全面的定义，有学者认为：“战略就是调动一切力量与资源以实现既定政策目标的艺术与科学，这样的一般性界定，可以应用于不同的时间与空间，也可以应用于不同的领域与问题。”①

所谓国家战略，是作为战略的最高指挥指南和设计形态出现的。对于一国之最高战略，不同的国家称谓不同，在美国和中国，一般称作“国家战略”；英国称之为“大战略”，法国则是“总体战略”。② 然而无论何种称谓，其都基于国家在竞争中的长期利益需求而存在，并由此制定国家要实现的中长期目标和达到该目标所实行的手段。它往往具有以下几方面的特征：

首先，国家战略反映国家整体的利益需求。在中国，国家代表广大人民群众的根本利益，因此国家战略以实现全体人民的整体利益为捍卫和谋求的总体目标。

其次，国家战略是站在国家高度的全局性的战略，基于国际竞争关系。由此，需要根据国际战略环境确定国家在世界上的地位，目的在于通过国家的整体力量，制定全面、长期、系统的发展策略，从而争取国际竞争优势。

再次，国家战略中实施战略的主体是国家，体现战略的整体性和综合性，具有最高权威，便于发挥宏观指导作用。

在华夏五千年文明长河中，对于边疆的治理观念随着时代和历史背景的不同而发生着变化，对于这种观念有学者称之为“筹边观”，即“国家经略和底定边疆的总体观念……它从意识形态上体现了中国人民

① 转引自李少军：《国际战略学》，中国社会科学出版社，2009 年，第 18 页。

② 同上，第 20 页。

的边疆观念，体现了历朝历代治边管边的历史经验和政治智慧。”[①]

中国古代其筹边观念以“夷夏之分”为前提、“尊王攘夷”为核心、维护“天下一统”为实质，讲求“建、守、防”三位一体。边疆的基本问题既是民族关系问题，也是社会经济文化结构问题。夷夏观念本质实为“内治”，在中国古代边疆治理中占据重要的地位。它有着完整的体系，是历代政权制定统治方略、边政边防政策的理论基础，也体现了中国古代“重农轻牧”的统治思想和价值理念。[②]

近代中国国家利益的焦点都集中在国家主权与领土完整的矛盾斗争上，筹边的重点由“内治”变为“外防”，原本的“夷夏之辨”也因为中华民族的统一对外要求，转化为应时应势的“中外之防”。然而，以外防为特征的“重边主义”体现了一种狭隘的边疆观念，它以防代治，将筹边观念纯军事化、片面化，从而忽略了边疆地区的社会发展。[③]

新中国的成立，意味着时代背景和国家性质发生了根本性变化，加上国际新格局的建立，一系列的治国方针和经略边疆理念也随之改变。无论是最初内忧所导致的“内治”还是其后外患引发的“外防”，都是片面边疆发展观念的产物。新中国成立之后，对周边环境和国际国内形势的认识是制定边疆战略、解决边疆问题的基本依据，既不允许存留古代泱泱中华的民族自大情结，又避免近代“弱国”思想带来的民族自卑心理作祟，而是需要正视比较国内外的势力，以开放和发展的心态看待边疆问题的解决。因此，新中国的筹边观是一种“大边疆观念”。它是建立在独立自主基础上的全新的开放理念，它将传统的平面边疆向立体即海陆空多级方向引领，也将传统的边疆地理理念升华为战略性的边疆发展问题。[④]

由此可见，致力于民富边兴的兴边富民行动具有国家战略的高度和性质，其核心要义表现为：

第一，从时代背景上看，兴边富民行动是从大处着想，从人民的根本利益出发，把握历史发展的机遇，目的在于维护国家的生存与发展，

---

① 转引自郑灿：《中国边疆学概论》，云南人民出版社，2012 年，第 42 页。

② 同上，第 61 – 62 页。

③ 同上，第 65 – 86 页。

④ 同上，第 86 – 100 页。

促进与国际的竞争交流合作并提高国际地位和影响力。第二，作为西部大开发战略的具体实施行动，兴边富民是国家的战略选择。广大西部地区地处边陲，受自然环境、生产方式等各种因素影响，落后于东部沿海地区。1999 年中国提出实施西部大开发战略，作为发展西部的重大战略部署，随后，国家民委倡议发起“兴边富民行动”，从试点到推进，在边境地区全面展开。① 第三，从国家安全的角度考虑，兴边富民行动是维持社会稳定的一项重大措施。诚如费孝通先生所说，“天下未乱边先乱，天下已定边未定。观边疆治乱兴衰，可知国家统一还是分裂，国力强盛还是贫弱，民族和睦还是纷争，都与边防有着密切的联系。”② 第四，从民族团结和民族发展的利益角度来看，兴边富民行动有别于古代君权思想下“夷夏观念”以防治为主的解决民族矛盾和冲突策略，取而代之的是与民族边疆地区“和平共处”“和谐共荣”的“大边疆”概念。

（二）在战略高度上推进兴边富民行动的要求

新中国成立以来，边疆治理由地理边疆理念向战略边疆理念转化，这是意识层次的飞跃，它要求在边疆治理的战略制定上始终坚持以历史唯物主义与辩证唯物主义认识论为基础，充分考虑地理、生态环境等客观因素影响以及国家安全、国防等现实需求，目的在于实现国内各民族的共同利益，同时加强与周边国家的睦邻友好关系。因此，作为国家战略高度的兴边富民行动，必须满足以下方面的要求：

首先，坚持以民为本的思想，树立大边疆观念，摒弃旧有“夷夏之争”的偏见，以实现民族“共同繁荣”为根本目的。

中国古代处理边疆民族关系的“大一统”理念，其实质是君权的体现和狭隘民族保护主义观念。受“夷夏之争”的影响，长期以来中原地区与边疆少数民族之间处于统一与分裂交替、融合与斗争不绝的矛

① 参见舒展：《实施“兴边富民行动”政策的理论思考》，载《黑龙江民族丛刊》，2007 年第 5 期，第 5 页。

② 参见费孝通：《致“兴边富民行动”领导小组的一封信》，载《民族团结》，2000 年第 3 期，第 8 页。

盾状态。这在现今的古代题材艺术作品中大多可一窥其貌。① 也正是由于民族间的不平等和欺压的长期存在，导致民族间矛盾的激化，历史上许多战争都是因为不同民族之间为了政治经济利益的争夺而导致生灵涂炭的。但不可否认，古代的“大一统”民族政策也有其积极影响的一面，如多面性、融合性等。这在客观上为今天的民族融合与共同繁荣发展观念的形成奠定了基础。②

新中国成立以来，从根本上改变了历史上各民族之间不平等的社会地位，并通过不断摸索和改革进行边疆区域的建设。世纪交替，国家站在战略高度提出西部大开发建设的宏伟目标，推行兴边富民行动，并将其提到国家战略高度，在保障民族平等的基调上实现各民族的共同繁荣发展。

其次，坚持实事求是的原则，正视边疆地区发展现状，综合考虑历史、地理等客观环境因素，因地制宜，实现可持续性发展。

翻开中国几千年历史画卷，不难发现，边疆地区——尤其是西部边境地区曾经历了从兴盛到衰落的过程。西汉和唐时期，西域地区的繁盛达到巅峰，当时世界著名的陆上丝绸之路不仅促进了东西方的经贸往来与文化交流，也带动了西域的繁华和兴盛。随后，唐朝逐渐将西部版图扩大，并设置安西、北庭两个督护府，从而为丝绸之路的畅通提供了巨大的政治保障。但自唐以后，随着海上丝绸之路的发展，中国的经济中心开始向东南方向转移，西域经济开始逐渐衰退。北宋之后，各个朝代尤其是明清时期，中央对边疆地区的开发主要以守护疆土、巩固边防为考虑，甚少从发展经济角度寻求开拓，从而更加削弱了西部边境地区经济发展的物质基础和内在活力。③

新中国的成立，对西部地区进行建设，使得西部经济得以重新发展，但由于受到历史等各方面条件限制，西部边疆与东部沿海地区的发展差距不断扩大，区域发展的不平衡也日益突出。1979 年至 1999 年，

---

① 如金庸先生的著名武侠小说《天龙八部》，反映了在宋哲宗时代，宋、辽、大理、西夏、吐蕃及女真等王国之间的武林恩怨和民族矛盾。

② 参见贾东海：《中国历代民族理论民族政策研究》，中央民族大学出版社，2010 年，第 43－54 页。

③ 参见曾培炎：《西部大开发决策回顾》，中央党史出版社、新华出版社，2010 年，第 28－29 页。

西部地区生产总值年均增长率比东部沿海地区低1.4个百分点，边疆地区教育、医疗等基本公共服务发展滞后，交通通信设施落后，对外联络能力较差。另外，西部能源工业水平低下，矿产资源没有得到合理开发和有效利用；同时西部地区生态环境恶化问题非常严重，其水土流失面积占全国水土流失面积一半以上。从产业结构转型的态势来看，西部地区也面临很大的困难，再加上民族矛盾导致的社会稳定问题突出，使得西部经济、政治结构调整任务十分巨大和繁重。①

边疆建设，尤其是西部地区发展，任重而道远。因此，实行兴边富民行动，要求始终坚持以实事求是为原则，注重科学谋划、系统安排、整体推进、统筹协调，积极创新、完善工作机制，加大工作力度，破解工作难题，最终实现“富民、兴边、强国、睦邻”的伟大目标。

再次，坚持睦邻友好观念，正确、谨慎处理与周边国家关系。

边疆是与周边国家发生联系最多的地方，难免因为领土、边界、边事、民族、宗教等因素发生矛盾和冲突。古代，中国分别与朝鲜、沙俄、爱乌罕（今阿富汗）、浩罕、印度（包括巴基斯坦）、哲孟雄（锡金）、布噜克巴（不丹）、廓尔喀（尼泊尔）、缅甸、南掌（老挝）、越南等国家接壤；由于封建时期的中国农业生产力先进，经济发达，国家资本雄厚，军事强大，科技文化事业繁荣，因此疆域辽阔，吸引四方来朝。除俄罗斯、印度等大国外，其他周边国家基本与中国属于藩属关系。② 尽管如此，崇尚“和”为贵的中国向来主张与邻国的相处坚持友好交往的原则，除非特殊情形不与周边发生任何冲突。

进入近代，受西方资本主义扩张的影响，中国与周边国家的关系也发生了根本性变化。中国的对外交往主要对象从最初的周边国家，逐渐变成西方殖民地政府。疆域概念的突出使得中国与周边关系从此具有国际法意义上的“中外关系”。同时，由于遭遇相同的被殖民背景，在反抗西方侵略的斗争中，中国与周边各国深切体会到“唇亡齿寒”与“车辅相依”的相互关系特征，这种关系不仅增进了中国与周边各国人民的民族主义情感和革命情谊，也为彼此独立后建立新的周边关系奠定

① 曾培炎：《西部大开发决策回顾》，中央党史出版社、新华出版社，第35－37页。
② 参见郑灿：《中国边疆学概论》，云南人民出版社，2012年，第223页。

了基础。[①]

步入新时期，中国受国际关系格局的影响，与周边国家的发展合作观念也发生了更为深层次的改变。尽管新中国成立初期基于冷战和两极格局的影响，中国曾出现外交关系“一边倒”现象，但随着两极格局的解体，中国对外开放的大格局形成，也打开了中国对外交流合作的新局面。一直以来，中国坚持推行睦邻友好的周边政策，将周边关系放在对外关系的首要地位，这主要体现在以下方面：

当今的中国与周边国家关系，体现了全球化时代背景下的明显特征。20 世纪 50 年代，第二次世界大战结束，全球化初露端倪，1953 年，中国提出“和平共处”五项原则，标志着新中国外交政策的成熟。此后，随着改革开放的发展，中国与周边邻国的关系突破了意识形态和地缘政治的限制，以更高的战略思维和国际视角，处理周边事务。其利益的多元化和利益主体关系的复杂化，使国际关系特别是相邻国家之间的利益关系，变成互帮互助的“利益边疆”现象。这无疑是全球化条件下周边关系的时代特征。

当今的中国与周边国家关系，体现了中国自古以来坚持和平共处的处世特征。以“和”为贵，和平至上是崇尚儒家观念的中国一直信奉的对外基本原则。1953 年 12 月 31 日时任国务院总理的周恩来同志在北京同印度政府代表团谈话时提出和平共处的五项基本原则。后来，又在万隆会议等重要外交场合中进行多次强调。和平共处五项原则对中国在处理各种国际争端中发挥了重大作用，并发展成为世界公认的国际法准则。

当代中国与周边国家，秉承合作共赢的开放特征。对外开放是中国的一项基本国策，也是现代中国同周边关系的一个重要特征。一方面，中国在对外合作中增强自身的发展能力；另一方面，也帮助发展中国家共同实现发展，创造合作共赢的新局面。[②]

（三）边疆新增长中心的培育

依据地理位置、资源环境、经济发展程度、产业结构等特征的差

---

① 参见郑灿：《中国边疆学概论》，云南人民出版社，2012 年，第 246 页。

② 同上，第 261 – 273 页。

异，中国边疆地区可分为西北、西南、北部、东北四部分。

中国边疆地区的经济发展以及产业结构演进，就其整体而言，滞后于内地以及东部沿海地区；就其内部各区域之间而言，呈现发展极不平衡现象，具体来说：

第一，就其总体而言，边疆地区产业结构调整缓慢，第一产业比重偏高，第三产业比重偏低。边疆地区尤其是西北西南边陲，在历史上主要以发展农牧业为主。近几年，随着资源开发为主的工业项目在边疆地区的建立，第二产业也逐渐发展起来，但就目前而言边疆地区的产业结构总体具有农业比重偏高，工业生产水平较低，服务业发展滞后的严重问题。[①] 东北边疆地处老工业基地，以重工业发展为主，第二产业在边疆地区中发展程度较高。但随着近年来的国企改制和产业升级，使得东北边疆地区亟须从原有的单一生产方式中解放出来。

第二，就其工业发展方式而言，边疆省区的工业经济大多是以利用当地资源为主的产业，如矿产、能源工业等，经济发展的重点多为传统工业及民族特色工业，工业发展水平较为落后，发展速度缓慢。东北地区作为国家的老工业基地，第二产业虽然占较大比重，但多为重工业及石化、能源类工业，有竞争力的现代制造业不多，而现代服务业更是成了制约其经济发展的瓶颈。[②]

第三，就其经济效率和循环发展空间而言，目前边疆地区能源使用效率较低，不符合生态发展的需求。以西部地区为例，其单位规模以上工业增加值能耗、单位 GDP 电耗、单位 GDP 能耗均远远高于东部沿海发达地区，其中仅单位规模以上工业增加值能耗就高达东部的 2.21 倍，可见边疆地区的生产方式相比沿海地区来说，粗放型特征十分显著。[③]

第四，就其主导产业而言，由于关联程度低，带动作用小，不能为当地就业带来更多的机遇。带动型产业是指影响力系数大，对其他产业发展带动力强的产业。在边疆地区总产值比较高的行业中，以化工类产业、矿产相关产业、能源工业、食品相关产业及利用当地资源为主的加

---

① 参见梁双陆：《边疆经济学：国际区域一体化与中国边疆经济发展》，人民出版社，2009 年，第 246 - 248 页。

② 同上，第 249 页。

③ 参见陈耀等著：《中国工业布局调整与产业转移》，载李平等著：《中国区域经济学前沿：2011—2012：资源型城市转型与区域协调发展水平》，经济管理出版社，2012 年，第 334 - 335 页。

工产业等几类行业占有比例最大。但这些产业主要以初级加工为主，受当地技术水平及人力资源所限，并没有纵横延展的空间，从而也就没有给当地经济发展起到更大的带动作用，这在很大程度上局限了当地的就业空间，也制约了边疆地区经济的进一步发展。

由此可见，边疆地区单一的产业结构和粗放型的资源开发方式，不仅严重影响其经济实现及可持续发展，也对整个国家的能源利用形成负面影响。因此，兴边富民行动站在国家战略的高度，必须针对边疆地区的产业结构特征及经济增长方式寻求新的经济增长点。

首先，优化农业和工业产业结构，加快产业升级。

在农业方面，兴边富民行动应重视扶持特色农牧产品加工，着力延长农业产业链条，大力发展品种优良、特色明显、附加值高的优势农产品。以内蒙古自治区为例，2000 年开始实施围封禁牧措施，牧民在此背景下为使生活不受影响，就开始对牲畜“压缩数量、提高质量”。这等于开始新一轮的畜种改良。同时，地方政府也提供了诸如草场优惠、低息贷款和其他配套措施并出台了许多优惠政策和免费培训的机会，目的在于改变传统的农牧养殖方式，使农业产业化能力增强。①

工业方面，兴边富民行动应强调实现产业升级和多样化发展，带动带活当地经济和就业条件。地方的支柱产业往往是一个地区的标志，其影响力往往决定了其主导地位的强弱，而由此引申的横向或纵向产业发展更是为地区带来整个产业链的收益，甚至提高整个城市或者地区的整体竞争力。然而单独企业的容纳毕竟有限，中小企业作为城市市场竞争和就业的活力源泉，往往给城市建设提供多样化发展空间。随着近年来东部沿海城市生活和就业成本的增加，为人才的东流增添了阻力。边疆地区应该趁此机遇，利用政策和成本优势吸引广大的人才和中小企业创业资本、技术回流，为边疆地区的发展增添勃勃生机。

此外，在资源开发与利用上，边疆地区应该果断抛弃旧有的粗放模式，推进优势资源富集地区科学有序开发，深入实施以市场为导向的优势资源转化战略。以新疆为例，过度粗放的开发利用不仅降低了能源的使用效率，也为能源储备和持久开发带来巨大威胁。因此，有学者建议

---

① 参见赛汉：《内蒙古国营 B 牧场的移民、发展与畜种改良》，载宋敏主编：《边疆发展中国论坛文集》，中央民族大学出版社，2012 年，第 92 页。

应发展低碳经济，即在遵循相关法律法规的基础上建立起一整套保障促进低碳经济发展的政策体系。如促进低碳经济发展的税收制度，产学研合作机制及建筑节能监管制度等，保障资源有效合理的开发与利用。[①]

其次，利用边疆优势发展边境旅游和边境贸易，加快边疆城市化建设，促进边疆教育事业的快速发展。

边疆地区幅员辽阔，人员稀少，既有原生态的自然风光，又富有浓郁的人文特色，具有极大的旅游开发潜力。兴边富民行动，打造边疆新经济增长中心，离不开边疆旅游文化的发展。以西北、西南边疆少数民族地区为例，少数民族集中且具有丰富的民族传统文化资源。大力发展旅游文化事业，一方面可以打造特色文化品牌，推动非物质文化遗产的保护和利用；另一方面依托旅游资源优势，大力培育开发具有边境特色的重点旅游景区和线路，鼓励发展集边境旅游、民族特色村寨旅游、休闲度假旅游、生态旅游、探险旅游、农业旅游为一体的特色旅游。

边境地区的另外一大特点就是与周边国家的地理区位优势，便利了边境贸易的发展。汉唐陆上丝绸之路带动了西域边疆地区的贸易文化发展，对后世产生了深远影响。兴边富民作为具有国家战略高度的边疆发展规划行动，自然少不了利用这一优势，加快与周边国家的互惠贸易合作。以广西壮族自治区为例，近年来东兴市高度重视边境贸易发展，并将其作为“兴边富民”、“开放带动”的重要工作来抓，一方面不断加大基础设施建设，建立互市贸易点和国际商贸城等多个项目开展边境贸易；另一方面，积极利用国家给予的边境经济合作区和边境贸易的优惠政策，使东兴边境贸易得以迅速发展。2011 年，东兴市的中越边贸成交额达 142.62 亿元，增长 27.82%。边贸互市进出口总额达 95.29 亿元，增长 47.73%。[②]

市场经济的发展必然伴随着城市化的兴起。由于传统农业生产方式的提升，产生大批剩余劳动力纷纷涌入城市，在为城市提供丰富劳动资源的同时，也要求城市提供更多的就业机会。作为边境地区，城市化的

---

① 参见张艳：《低碳经济引领下的新疆经济发展方式转变探析》，载李平等著：《中国区域经济学前沿：2011—2012：资源型城市转型与区域协调发展水平》，经济管理出版社，2012 年，第 300－302 页。

② 资料来源于广西新闻网 2012 年 3 月 21 日报道：《边境贸易成东兴市不可替代的重要支柱产业》。http：//www.gxnews.com.cn。

发展无疑会扩大劳动力的利用率，从而对教育提出了更高的要求。边疆少数民族由于经济条件贫穷，基础设施落后，教育资源缺乏，导致教育水平相对于内地及东部沿海地区差距较大。而教育是科学技术创新以及社会经济文化发展的重要原动力。一直以来，党和国家高度重视边疆少数民族地区的教育事业发展建设问题。《中共中央、国务院关于进一步加强民族工作加快少数民族和民族地区经济社会发展的决定》（中发［2005］10号）中提出："中央财政要加大资金扶持力度……大力发展民族地区职业技术教育和职业培训。积极发展民族地区高等教育……加强教育对口支援和师资队伍建设，鼓励和支持大中城市教师、高等学校毕业生到民族地区基层任教。支持民族地区发展科学技术事业，推动科学技术进步，普及科学知识，推广使用先进适用技术。"①

（四）沿边发展带建设

沿边发展带，顾名思义，是以边境省、区、市为中心，打破国界的限制，与接壤国家通过协商逐步消除贸易及非贸易壁垒，并通过提供其他优惠措施，旨在拓展经贸文化科技等交流关系，加强区域合作，这种合作关系在地理上呈现带状的空间结构。但是沿边发展带不仅仅局限于带状区域本身，它是国际区域一体化的初始形态，其最终目标是以边疆区域合作为契机，向内陆延展辐射，从而便利国家与国家之间顺畅的经济文化交流。因此，从这个角度来看，其战略意义是深远的。

随着经济全球化和区域经济一体化的发展，借助边疆地区的地理优势与周边国家开展政治、经济、文化交流已成为各个国家对外关系发展的重要方式之一。作为国家与国家之间的陆上纽带，边疆地区具有与周边邻国土壤相连，生产力水平相似，民族相融，宗教、文化生活习惯相近等先天性优势条件，并俨然成为实现国际区域经济一体化的重要组成部分。作为国家战略振兴边疆的重大规划行动，兴边富民行动应把握时机，借助国际区域经济一体化发展浪潮，大力推进沿边发展带建设，巩固和推动边疆地区甚至整个中国在国际上的竞争合作，从而提高中国的国际地位与影响力。

---

① 详细内容参见《中共中央、国务院关于进一步加强民族工作加快少数民族和民族地区经济社会发展的决定》全文。

中国自古幅员辽阔。东南与越南、老挝、缅甸三国接壤，积极参与东盟的经贸文化交流；西北与哈萨克斯坦、吉尔吉斯斯坦和塔吉克斯坦以及俄罗斯相连，以主人翁的姿态同其他四国创建上海合作对话机制；西南与印度、巴基斯坦毗邻，印度是“金砖五国”成员之一，中国与巴基斯坦保持着长期友好与全面合作伙伴关系；东北与蒙古、朝鲜交界，中国同两国始终坚持在经济文化等多方面交流合作。

东盟，即东南亚国家联盟（ASSOCIATION OF SOUTHEAST ASIAN NATIONS）简称，1967 年 8 月 8 日于泰国首都曼谷成立。如今，东盟已成为中国的第三大贸易伙伴，双方在货物、投资、服务、金融、能源、旅游、海关、商检、交通、信息等领域进行合作。[①] 中国西南地区的云南、广西两个省、自治区与东盟国家接壤，是发展与东盟沿边合作的最佳伙伴。过去这两个省区由于处在农业化和工业化发展早期阶段，生产力水平低下，一直是全国的贫困区域。但该地区资源富集，且踞于连接东南亚的陆上交通要道，因此具有巨大的发展潜力。以广西壮族自治区和越南边境贸易合作为例，近二十年，双方的经贸往来大致经历了三个阶段。

第一是起步阶段，即从 1982 年 9 月至 1988 年 9 月。这一时期，中国在广西先后开办 9 个贸易点，并允许越南边民前来参加集市贸易。这些贸易活动既起到了宣传作用，也促进了边境地区经济的启动，改善了边民生活。

第二是快速增长阶段，即从 1988 年 9 月至 2002 年 11 月。自 1989 年初，广西政府提出了“通贸兴边”的战略，随后与越南的边境贸易发展迅速，商品成交额每年成倍增长，商品品种也由以前的农副产品、日用品向工业制成品和生产资料发展。并且边境贸易逐渐向越南内地的河内、海防以及胡志明市延伸。

第三是新的发展阶段，即从 2002 年 11 月起至今。2002 年第四次东盟和中国（10 + 1）领导人会议在柬埔寨金边举行，会议签署《中国—东盟全面经济合作框架协议》以及《中国—东盟农业合作的谅解备忘录》，这一事件标志着中国—东盟自由贸易区进程开始启动，广西与越

① 参见中国—东盟商务理事会中方秘书处：《中国—东盟互联互通》，中国铁道出版社，2011 年，第 3、8 页。

南的边境贸易开始迈入新的阶段。①

1996 年 4 月 26 日，中国、俄罗斯、哈萨克斯坦、吉尔吉斯斯坦、塔吉克斯坦五国元首在上海举行会晤。自此，“上海五国”会晤机制正式建立。2001 年 6 月，乌兹别克斯坦加入，各国元首举行首次会谈并签署《上海合作组织成立宣言》，上海合作组织宣告正式成立。如今，上海合作组织成员方已成为中国企业海外投资最重要、最优先的区域之一。②

中亚国家由于深居内陆，就地缘角度而言对发展经济存在一定的限制因素。因此，中国的新疆、甘肃地区成为其连接太平洋的必经通道。新亚欧大陆桥（又称第二亚欧大陆桥）东起江苏连云港，西至荷兰鹿特丹，是横贯亚欧大陆的重要经济文化通道，也必将成为兴边富民行动打造新疆—中亚沿边发展带的关键枢纽。兴边富民行动应该利用新疆维吾尔自治区的这一地理优势，向东吸引沿海开放城市的投资和技术资源，向西加快新疆边境口岸自由贸易区及出口加工区建设，借助平台的优势迅速开拓中亚市场。以乌鲁木齐市为例，2004 年，规划面积 3 平方公里，总投资 8000 万元的出口加工区正式通关运作。该出口加工区对于东西经济文化的交融发展体现出三大特色：

一是引东出西，开拓中亚。乌鲁木齐开发区积极开展东部沿海开发区与出口加工区的合作，吸引在昆山、浙江等地投资的台商；在温州、义乌等地投资的港商；在烟台、威海等地投资的韩商；在大连、青岛等地投资的日商来出口加工区投资设厂。

二是变“产地销”为“销地产”。将内地生产并通过新疆口岸贸易出口的商品，吸引到出口加工区内进行采料、进料加工和组装生产。

三是实行“前店后厂”、“头尾进去，身子在外”的方式，充分利用出口加工区的优惠政策促进出口贸易加工企业及二类口岸的发展。

目前，已有 11 个项目已经或即将进入加工区开展投资建设。出口加工区的兴起，为新疆与中亚市场的对接、互动以及实质意义上的“东联西出”带来了巨大的贸易商机，为新疆维吾尔自治区与中亚地区

① 参见崔强等：《广西与越南边境贸易发展浅析》，载《商场现代化》，2008 年第 6 期，第 20－21 页。

② 参见赵进军：《中国经济外交年度报告（2012）》，经济科学出版社，2012 年，第 135－136 页。

的沿边发展带建设带来重要的示范作用。①

西藏自治区与南亚、东南亚地区接壤，是建设南亚、东南亚沿边发展带，进行与周边国家经贸合作的重要省区，对于促进与南亚的和平友好发展，实现更为合理的产业分工和大规模的贸易往来具有巨大的战略价值。西藏自治区与南亚地区开展经贸合作的优势为：首先，西藏有着独特的自然景观和丰富的自然资源，无论是投资还是旅行都具有极大的吸引力；其次，西藏的区位地理优势是中国打通南亚贸易的重要通道。目前，西藏与周边国家联系的基础设施条件已基本具备，各种交通道路共计312条，分别通向尼泊尔、印度、缅甸、克什米尔地区。其中，中尼国际公路是西藏的主要交通干线之一，全长736公里。此外，西藏自治区共开辟各类边贸市场28个，连接尼泊尔王国的边境口岸5个；再次，西藏与南亚各国产业结构的差异性为双方开展区域经济技术合作提供了巨大的空间。根据调查分析，农产品方面，印度粮食产出规模较大，尼泊尔则存在平原多余粮食向国外出口而山区缺粮的现象，西藏的畜产品比较丰富，但大米、小麦等农产品规模较小；工业方面，印度的钢铁、软件、机械、纺织、食品、化工产品、汽车工业等发展较快，尼泊尔、不丹的工业较为落后，西藏工业虽然比较落后，但工业原料、化工产品、皮革制品等产出较多，这些产业上的差异使西藏与南亚周边各国之间存在着互补性，这在发展互通有无的贸易往来和以各自的比较优势进行合作方面具有巨大的潜力。②

二、作为长期制度安排的兴边富民行动

中国古代，治理边疆，稳固边防的制度化建设一直都是历朝君主的重要筹边思路，但随着朝代的更迭而几经变迁。近代，由于不断抵御西方资本主义和日本军国主义的滋扰侵犯，边疆建设更多的只与国防相关联。中华人民共和国成立60多年来，党和国家始终高度关注边疆地区的发展，通过各项措施力求克服其历史和地理因素不足，大力发展基础

---

① 参见涂裕春：《我国民族地区与毗邻周边国家边境地区经济一体化的实践探析》，载乐长虹、刘永佶等：《兴边富民：兴边富民行动理论研讨会论文集》，中国经济出版社，2010年，第297－298页。

② 同上，第295－296页。

设施、教育、医疗以及生态环境建设，时至今日已取得明显成效。然而必须看到，边疆建设是一项长期的工程，并非一朝一夕能够实现。因此，制度建设是该实践得以牢固执行的有力支柱，加上持续性地坚持，才可能保障行动得以有步骤、分阶段实现。作为国家的一项长期战略，兴边富民行动离不开制度和时间保障两大关键因素。

（一）兴边富民行动的制度化

所谓制度也就是一系列规则的总称，它具有明显的约束效力，同时又具有一定的激励作用，是行动的加固剂。探究人类发展历程不难发现，制度变迁与经济发展具有非常直接的关联，从某种意义上说，一部人类发展史也就是制度的变迁史。关于制度变迁的方式，有学者认为一般可以通过两种途径实现："一种是诱致性变迁，即社会群体或个人在响应由制度不均衡引导的获利机会时所进行的自发性变迁；另一种是强制性变迁，是指由政府主导自上而下强力推进的制度变迁。"[①] 目前中国的边疆少数民族地区面临发展的关键时期，一方面国家通过推进一系列的重大政策改革以期促进民族地区经济、文化发展，稳固边境民族地区安全；另一方面，受历史变迁的影响及地理环境的制约，边疆民族经济与东部沿海地区的发展由于区域间、民族间差异其差距拉大已成态势。因此，从中央到边疆地方政府，都在试图通过大规模的制度创新以推动民族地区经济社会的跨越式发展。

由于看到诱致性制度变迁带来的低社会成本和潜移默化的深入影响力，因此，最初边疆少数民族地区试图通过诱致性制度变迁进行制度化建设，但对于边疆地区而言这种变迁带来的经济发展主要来自区域之外的企业推动，其内部受市场开放程度、政府监管力度以及社会文化习惯等条件制约导致诱致因素的成长效果不甚明显。这种制度变迁造成的发展模式使得边疆少数民族地区的经济呈现边缘化趋势，从而宣告了诱致性制度变迁方式在边疆少数民族地区进行制度化建设的实践失败。[②]

当前一种模式宣告失败之后，政府便习惯性地承担起了推动制度变

---

① 参见李俊清：《民族地区制度变迁的路径选择与可持续发展》，载乐长虹、刘永佶等：《兴边富民：兴边富民行动理论研讨会论文集》，中国经济出版社，2010 年，第 101 页。

② 同上，第 101－105 页。

迁的责任，于是不可避免地利用政策、法令等具有强制色彩的工具，这就使得整个边疆少数民族地区的制度变迁从诱致性逐渐向强制性发生转变。但这种单一法令和政策转变仍然导致大量问题的产生。第一，政府庇护下的企业、产业，其竞争力具有一定的虚假性。由于政府的强制性制度变迁一般都是直接针对特定企业或者特定产业，其主要内容往往都是通过新制度的实行为企业提供便利，但这是否为企业真实的市场竞争力，恐有待考证；第二，强制性的产业集聚并没有带来经济效益的实际提升。在边疆少数民族地区，开发区遍地开花，但由于其目标设立不明确，主导产业不清晰，入驻企业数量少等导致了资源的巨大浪费；第三，在政府掌握大量资源并且对这些资源的分配具有支配性影响的时候，权力滥用、腐败现象便不可避免地产生。腐败的根源在于权力的集中和对利益的贪婪，因此，由政府对资源的支配势必会导致腐败的滋生。除此之外，在政府整合社会资源推动强制性制度变迁的进程中，以非法手段剥夺弱势群体利益，对丧失土地、房产等基础型生活资料的群体补偿不公等权力滥用现象也时有发生；第四，强制性制度变迁过程中还存在一个非常严重的问题，便是路径依赖现象。由于边疆少数民族地区的制度变迁往往依赖通过照搬发达地区经验，并习惯性地依赖行政命令或政府的组织力量推进社会制度改革，或者习惯性地为当地企业和产业的社会责任规避进行维护等，导致制度的转变呈现愈加僵化的态势，甚至成为边疆少数民族地区发展的一大障碍。由此可见，纯粹国家强制性进行的制度转化对于边疆少数民族地区的发展来说依然是弊大于利①。

总之，无论是片面的诱致性制度变迁方式，还是单一的国家强制性制度变迁方式，其特点都是忽略了人本的要求，将制度建设的重点偏离边疆建设的中心，二者皆不可取。

因此，结合边疆少数民族地区的特殊发展背景，兴边富民行动的制度化建设路径应该坚持“以人为本”的重要思想，合理利用诱致性与强制性两大制度变迁方式的优势特征，取长补短，相辅相成，最终完成真正意义上的兴边富民任务。

---

① 参见李俊清：《民族地区制度变迁的路径选择与可持续发展》，载乐长虹、刘永佶等：《兴边富民：兴边富民行动理论研讨会论文集》，中国经济出版社，2010年，第105－110页。

首先，实行兴边富民行动，选择战略制度建设途径，必须坚持“以人为本”科学发展观的指导，以经济发展为基础，立足长远，争取实现社会的全面整体发展。当前的边疆少数民族地区，经济发展水平较低，尚未彻底解决贫困问题，更谈不上其他方面的建设，从而限制了社会的整体发展。因此，兴边富民行动的制度建设应在以经济建设为基础内容的同时坚持“以人为本”的科学发展观指导为前提。但需要注意的是市场竞争力与经济成长数据之间的区别，即后者并不完全体现前者。历史的经验表明，单纯地追求短期经济成长但不能带来边境少数民族地区可持续、长远发展的经济发展模式，并不是好的模式。尽管在多年对边疆社会的治理中，各地政府能够意识到制度化建设与经济发展的重要关系，而一旦遇到短期利益和政绩驱使便会改变初衷。作为国家战略高度的边疆建设，不是一蹴而就的，它需要坚持站在民生的角度，通过制度建设的推进，提升自我发展的能力，形成当地具有长期发展的动力。

其次，兴边富民行动中的制度化建设，应该坚持诱致性与强制性制度变迁方式相结合。诱致性变迁是基于社会自发形成的强烈诉求，而强制性变迁则是基于政府所拥有的强制性权力。诱致性制度变迁成本较低，变迁所产生的新的制度体系与社会的融合程度较高，制度效果也会更好。目前，中国的边疆少数民族地区制度变迁的诱致因素如资源、劳动力、市场潜力等依然存在，而近年来之所以效果不明显，主要是由于内部响应不足。因此，如果采取两种制度变迁方式相结合的方法，刚柔并济，内外兼控，则更有利于产生理想的制度改善。具体说来就是采取恰当的方式，激发本地社会力量对本地诱致因素的响应，同时通过政府的作用加强对外部响应者的引导与约束，便可以将本地的诱致因素充分利用，使制度变迁高效而成本低廉。①

再次，实行兴边富民行动，推进少数民族地区制度建设，需要充分发挥市场与宏观调控的双重作用。由于民族地区的市场机制还不完善，社会成员的市场观念、权利观念、制度观念和风险意识都亟待培育。因此，仅仅通过市场的力量推进兴边富民行动的制度建设是远远不够的。

---

① 参见李俊清：《民族地区制度变迁的路径选择与可持续发展》，载乐长虹、刘永佶等：《兴边富民：兴边富民行动理论研讨会论文集》，中国经济出版社，2010 年，第 110 – 111 页。

在这种情况下，就需要各地政府有计划、有步骤地通过一些强制性的手段，如对市场、权利、制度和风险意识等观念的宣传和贯彻、推动市场经济建设政策法规的出台、适当进行有重点有目的的扶持和帮助以及政府持续的政策活动，推动边疆少数民族的市场化建设。不过应该看到，宏观调控是一把双刃剑，用得好便是利器，用得不好便成为强制性的掠夺工具。因此边疆少数民族地区在体现其宏观调控职能的过程中，一定要以培育民族地区市场环境的制度和法规为主要内容，引入自身相对缺乏的诸如产权制度、交易制度及体制、竞争机制、权利观念等有利于市场经济体制完善的制度和观念，为资本市场的形成、金融服务体系的完善、市场中介组织的成长以及市场活力的提升注入能量。

最后，在充分尊重边疆少数民族文化及宗教信仰的前提下，通过发展社会主义教育、文化等事业，提升制度建设的原动力。教育是知识传播的重要途径，也是制度建设的动力。教育的发展促使人们通过研究、修正、精炼的方式传播知识，从而通过日积月累的影响将观念深植于被传播者的信念中，这便是教育的魅力。当前边疆少数民族地区之所以在制度建设中除了观念和意识的改变外，教育事业发展相对落后，教育投入不足，教育水平不高，这也影响了边疆少数民族制度发展的内部诱致因素的积极性。反观国内外制度变迁的成功范例，都以优先发展教育，提升整体居民的社会知识水平作为制度建设的基本前提保障。由此可知，教育和社会知识水平对于一个地方制度变迁与经济发展而言，具有决定性的意义。另外，由于边疆地区多是少数民族聚居地，在历史的发展进程中，各民族形成了其特有的民族文化及宗教信仰。因此，在发展社会主义教育、文化事业的同时，应该充分尊重边疆少数民族的文化和宗教信仰，做到因地制宜，因材施教。

作为国家战略高度的制度建设，兴边富民行动自实施以来，其在制度化推行过程中始终受到党中央、国务院的高度重视。2005 年中共中央和国务院发布《中共中央、国务院关于进一步加强民族工作，加快少数民族和民族地区经济社会发展的决定》（中发［2005］10 号）、2010 年发布《中共中央、国务院关于深入实施西部大开发战略的若干意见》（中发［2010］11 号）及国务院发布的《国务院实施〈中华人民共和国民族区域自治法〉若干规定》，都对推进兴边富民行动做出了明确部署和具体规定。中国共产党第十七届五中全会通过《中共中央关于制定国民经济和社会发展第十二个五年规划的建议》，该《建议》明确提出要促进区域协调发展，加快沿边地区开发开放，深入实施兴边富民行动。此外，兴边富民行动还多次被列入中央政治局常委会和国务院工作要点。第九届、十届、十一届全国人大会议《政府工作报告》中也多次强调要求推进兴边富民行动。[①] 在制定行动纲要方面，2007年6月，国务院颁布了《兴边富民行动“十一五”规划》（简称《十一五规划》），2011年6月5日，国务院向各地方政府颁布《兴边富民行动规划（2011—2015年）》（简称《十二五规划》）。

《兴边富民行动“十一五”规划》分为指导思想和发展目标、主要任务以及政策措施三个部分，强调以邓小平理论、“三个代表”重要思想和科学发展观为指导，突出改善民生尤其是贫困边民的生活状况，大力发展基础设施建设和边境贸易。另外，在“十一五规划”中，将商品、技术、劳务和出入境旅游作为发展重点考虑。[②]

总结过去十年的成就与不足，为贯彻落实党中央、国务院关于深入实施兴边富民行动的战略部署，“十二五规划”由国家民委、发展改革委和财政部组织编制完成，首先总结了之前十年兴边富民行动的建设成就，即自兴边富民行动实施以来，边境地区经济社会快速发展，人民生活水平明显提高，民族团结、社会稳定、边防稳固，为“富民、兴边、强国、睦邻”做出了重要贡献。[③]

在中央的指导下，各自治区、省以及边疆地区政府也对兴边富民行动的制度建设积极响应。

东北地区以黑龙江省为例，该省依据国务院针对兴边富民行动出台的五年规划先后制定了省内范围的兴边富民行动规划。在黑龙江省2008年提出的“十一五”规划中，总体目标是“通过5年左右的努力，显著改善边境地区基础设施和群众生产生活条件，使边境县（市、区）及边境农场、林场经济社会发展达到全省中等或以上水平。”[④] 2011年，黑龙江省发布《黑龙江省兴边富民行动规划（2011—2015年）》，该规

---

① 资料来源：国家民委网站专题《构建和谐边疆：兴边富民行动十周年》http：//www.seac.gov.cn/gjmw/zt/M226522index_ 1.htm。

② 详细内容参见《兴边富民行动“十一五”规划》全文。

③ 详细内容参见《兴边富民行动规划（2011—2015年）》全文。

④ 详细内容参见《黑龙江省兴边富民行动“十一五”规划》全文。

划以解决边境地区乡村民生问题及发展中的特殊困难和问题为切入点，紧紧围绕该省的“八大经济区”和“十大工程”建设，着力加快农业增效和农民增收，着力维护民族团结和社会稳定，以调整产业结构为突破口，以地缘、资源为优势，加大扶持力度，全力促进边境地区经济社会发展。①

广西壮族自治区位于西南边陲，是中国面向东盟的重要门户和前沿地带，2000 年 8 月，该区党委和政府制定了《关于加强广西边境建设的若干意见》，提出了目标和重要任务，即在边境地区 8 个县（市、区）开展边境建设大会战，利用两年左右的时间办好以交通、通讯、教育、卫生等基础设施建设为重点的 24 件实事。②

内蒙古东部总面积 66.5 万平方公里，占全区的 56.2%；总人口 1279.6 万人，占全区的 53.6%，其中少数民族人口 427.9 万人，占全区的 83%。对于兴边富民行动而言，内蒙古东部地区的发展具有重要战略意义。2008 年，内蒙古自治区制定了《内蒙古东部区域经济“十一五”发展规划》，目的在于实现该区域经济的高效、快速发展。③

新疆生产建设兵团是集党政军企为一体的特殊组织。2009 年兵团 58 个边境团场被纳入国家“兴边富民行动”资金扶持范围，兴边富民行动全面展开。由于意识到这是一项长期工程，并且为确保这项工程从一开始就步入科学化、规范化的发展轨道，新疆生产建设兵团注重建立健全规章制度，规范运作规程，兵、师、团均制定了项目管理办法，项目团场大都建立健全了安全生产、质量监督、检查验收、责任追究制度等多项制度。④

（二）兴边富民行动的连续性

连续性是兴边富民行动得以长期推行的时间保障。历史上，任何一

---

① 详细内容参见《黑龙江省兴边富民行动规划（2011—2015 年）》全文。

② 参见郑信哲：《略谈对“兴边富民行动”的几点认识》，载《兴边富民与少数民族发展——第十次全国民族理论专题学术讨论会论文集》，辽宁民族出版社，2001 年，第 11 页。

③ 详细内容参见《内蒙古东部区域经济“十一五”发展规划）》全文。

④ 参见报道《新疆生产建设兵团：开展兴边富民行动提高维稳戍边能力》，转载于中国民族宗教网“兴边富民十周年”专题。http：//www.mzb.com.cn/html/Home/report/156636 - 65121.htm。

项行动如果不能得到持续的推进，便会中途夭折从而招致前功尽弃的命运。作为一项长期性的国家战略，兴边富民行动从酝酿、筹划到提出以及逐步实现，都是历史积淀的产物，意在实现边疆地区的社会经济稳定、持久增长，人民未来生活永远的富庶安康。

改革开放以来，国家一直十分重视边疆地区的发展，制定了一系列帮助边疆少数民族地区实现发展经济、改善生活的方针、政策与法律法规。

1979 年 4—5 月，中共中央召开全国边防会议。这次会议对边疆地区产生了重大而又深远的影响。会议制定了《边疆建设规划》，即中央财政决定连续 3 年每年拨出专款 4 个亿用于支援边疆建设，同时积极倡导组织内地发达省市对边疆民族地区进行对口支援。1992 年，国务院又批准了三个沿边开放城市，在 2 万多公里长的边境线上开放了一批对外交流的“窗口”，从而为边疆民族地区的进一步改革、开放和发展注入了新的活力。1997 年 4 月，全国边境地区民委工作会议召开，国家正式提出“兴边富民”的主张。会后，全国边境民族地区纷纷畅言，开展设计本地区的“兴边计划”、“兴边工程”建设。1999 年，国家民委决定开展兴边富民行动的筹备试点工作，并于 2000 年 2 月 24 日正式向社会推出。世纪之交，党中央、国务院先后提出实施“西部大开发战略”、“东北老工业基地振兴战略”，为兴边富民行动的顺利实施提供了前所未有的环境条件和机遇。[①]

兴边富民行动从提出至今，大致经历了以下三个阶段：

第一，2000—2003 年的试点阶段。按照 1999 年中央民族工作会议的精神，国家民委、财政部本着“试点先行、总结经验、逐步推进”的原则，于 2000 年在 9 个边疆省、自治区确定了 9 个“兴边富民”行动试点县（旗、市、市辖区），2001 年又将试点数量扩大到 17 个，同时为了确保兴边富民行动的切实推进，真正实现富民、兴边、强国、睦邻的目的，国家民委在综合考察了兴边富民行动的背景、涉及范围、有利和不利条件、任务、目标、重点、难点以及边境地区的实际状况的基础上，提出了“六动”方针和应坚持的三条原则：即组织发动、政策

① 参见梁双陆：《边疆经济学：国际区域一体化与中国边疆经济发展》，人民出版社，2009 年，第 364－365 页。

推动、基础设施拉动、重点项目带动、改革开放促动、社会各界联动；三原则分别是坚持因地制宜、分类指导的原则，坚持民族关系“三个有利于的原则”①，坚持自力更生、艰苦奋斗的原则。国家在长期国债等财政性建设资金分配上，按照同等优先原则重点支持边境地区，同时减免或降低地方配套比例；扩大小额信贷规模及其覆盖面，支持特色农牧林业产品的生产和加工；对能够发挥边疆地区资源优势又有市场潜力的建设项目，适当减少投资者的自有资本金比例，响应扩大国家政策性贷款的比例，在中央、边疆省（区）财政设立“边境乡镇建设补助费”，专项用于解决边境乡镇的交通、通讯、教育、文化、医疗卫生等方面的问题；要求每年每乡镇办好一件事，重点向边境一线乡镇倾斜；积极争取各类国际组织、政府机构、企业、个人等援助、捐助，主要用于帮助边境地区社会事业的发展。在三年的时间里，一些部门和地方已经把这一行动纳入各自工作计划和长期行动规划中。此外，国家民委还成立了“兴边富民领导小组”，下设办公室，要求各地民委建立相应的配套机构，全国民委系统自上而下地形成兴边富民行动的组织网络，储备了一批有市场前景、有资源依托、有技术保障、符合国家产业政策的项目。

开展兴边富民行动以来，无论是中央各部门还是地方各级政府，都从政策、资金、项目等方面向边疆地区倾斜，重点帮助解决基础设施落后等问题。除国家民委外，国家科委、教育部、财政部等部委都积极地响应并支持。从 2000 年到 2002 年年底，全国 17 个试点县固定资产投资年均增长率达到 27.7% 。比开展兴边富民行动之前三年的年均增长率高了 21 个百分点。吉林省政府将兴边富民行动列入年度工作要点并作出部署，大力实施“省级政府推动”，先后将边疆民族地区的 9 个大型项目列入省“十五”计划重点项目，将 59 个中小型项目列入省直部门专项规划，累计对边境县投资超过 50 亿元，建设项目 140 多个。

1998 到 2003 年，投入西藏自治区的少数民族发展资金共 7900 万元，其中边境县总共投资 3133 万元，安排了 134 个项目。以西藏自治区兴边富民行动试点县之一的岗巴县为例，在试点过程中，岗巴县共接

① 这“三个有利于”原则分别是：一切工作都必须有利于加强各民族大团结，有利于增强中华民族的凝聚力，有利于维护祖国统一和巩固边防。

受投入资金665万元，其中包括新修龙中乡至推固乡的公路建设，琼修村的农田开发项目，水库、饮水渠、拦水坝的修建，县城有线电视建设、孔码乡龟曲桥建设，昌龙乡改善办公条件投资以及北村搬迁等。这些投资极大地解决了该地区农牧民群众种田、放牧、灌溉等基本生产生活问题，有力地促进了该区域农牧民脱贫致富奔小康的进程。①

第二，2004—2005年的重点突破阶段。国家民委、财政部、发改委在对试点工作进行总结验收的基础上，从2004年开始确定全国兴边富民行动的重点县，并在资金、政策上给予适当的倾斜。到2005年底，全国兴边富民行动重点县共37个，占边境县总数的27.4%。为了继续推进兴边富民行动，加快边境地区的发展，改善当地少数民族群众的生产生活条件，中央财政在少数民族发展资金中安排了兴边富民行动资金，专项用于扶持兴边富民行动的重点县，并随同少数民族发展资金一并下达到各省、自治区。地方财政根据需要和财力状况安排兴边富民行动资金，并由地方自主用于扶持边境县。在2005年，交通部对边境地区安排投资23.5亿元；教育部对边境地区安排“两免一补”资金5.7亿元；农业部对边境地区安排基础设施建设投资6.8亿元；商务部确定86个边境县为“万村千乡市场工程”试点县，共建设农家店3600多个。

各地政府也纷纷组织边境建设大会战，加强边境地区基础设施等各项建设。其中，广西壮族自治区在这个阶段共修建边境公路2700多公里，新建、扩建中小学校800多所；完成村村通电话工程；新建了130个村委会办公用房和2500多个地面接收站，改造了1万多户茅草房，使广西边境地区行路难、饮水难、看病难、上学难等问题逐一得到较好解决。

云南省民族事务委员会在这一期间牵头开展了边境温饱工程、边境教育工程、边境科技工程、边境文化工程四项工程，并取得了初步成效。该省坚持始终把工作重点放在边境乡镇，集中资金，投入到温饱问题、公路建设等扶贫项目中。2004年至2006年共计安排资金5400万元（每个县900万元），实施水、电、路、种植、养殖、技术培训和整村

---

① 参见梁双陆：《边疆经济学：国际区域一体化与中国边疆经济发展》，人民出版社，2009年，第365－367页。

推进等项目298个，使重点县建设获得了显著成效。[①]

第三，2006年以来的整体推进阶段。在经过了试点阶段和重点突破阶段后，兴边富民行动在促进边疆地区发展方面有了一定的成效。国家和地方民委在总结经验和巩固提高的基础上，进一步完善兴边富民行动计划，由点到面，整体推进，加大规划项目的实施力度，全面推进兴边富民行动的建设和发展。各边疆省区把建设社会主义新农村、重大基础产业和基础设施项目、振兴老工业基地项目、产业结构调整项目以及环保、社会事业等方面的项目确定为兴边富民行动的项目发展重点领域，并围绕这些领域展开工作。

首先，保证足够的资金支持。一方面，中央和省级财政进一步加大对边境县的财政转移支付力度。中央财政性建设资金、其他专项建设资金、各项财政扶贫资金适当向边境地区倾斜。中央财政继续安排边境地区专项转移支付资金，主要用于边境事务、边境地区公益事业和基础设施建设。中央和地方财政增加少数民族发展资金，并向边境地区倾斜，重点用于解决经济社会发展中的一些特殊困难和问题，逐步改善边民的生产生活条件。国家帮助边境地区拓宽融资渠道，加大对边境地区的金融扶持力度。金融机构对边境地区符合国家政策规定和信贷原则的贷款需求给予积极支持，政策性银行对边境地区开发建设给予重点倾斜。另一方面，边疆省区则积极争取资金，充分利用当前国家关于振兴东北地区等老工业基地、西部大开发以及建设社会主义新农村等相关优惠政策，加大资金争取工作力度。

其次，实行特殊的贫困边民扶持政策。要求将边境地区的贫困村全部纳入国家整村推进扶贫开发规划，并优先实施。采取政府补助和个人自筹相结合的办法加大对贫困地区茅草房、危旧房进行改造。中央和省区级财政加大资金投入，支持加快建立边境农村最低生活保障制度。

再次，支持边境贸易发展和区域经济合作，完善和加强重点边境口岸的基础设施建设。在进出口税收政策、人员出入境等方面，制定改革措施，简化管理程序，优化通关环境，进一步提高服务效率和便利化水平。加大投入，建设好互市贸易区和边境经济合作区。并根据有关法

---

① 参见梁双陆：《边疆经济学：国际区域一体化与中国边疆经济发展》，人民出版社，2009年，第367－369页。

规，在具备条件的边境地方，推动建设出口加工区、保税区和边境贸易区，促进边境地区积极参与区域经济合作。国家民委与财政部从 2007 年起每年安排兴边富民行动资金 1.8 亿元，比上一年度增加 6900 万元，兴边富民行动的重点县也由 37 个增加到 60 个，占边境县总数的 45%，这些资金和措施积极推动了全国范围内兴边富民行动的开展。

在这个阶段，党和国家还进一步提出了完善“兴边富民工程”的具体措施，即全面取消农业税，完善税费改革；积极推进农村综合改革试点，加大财政转移支付，保证基本需求；完善并加强“三补贴”政策，13 个粮食主产省（区）的粮食直补资金再增加 10 亿元，全部达到本省粮食风险基金总规模的一半；积极支持农业综合生产能力建设，重点支持农村“六小”工程等项目建设；将新型农村合作医疗改革试点范围扩大到全国 40% 的县（区），中央和省级财政补助标准分别由 10 元提高到 20 元；对部分公益性项目减少县市级配套的比例；下放投资项目审批权限；加大发展外向型经济的积极支持；加强适用人才的培训和科技推广；用好用活用足中央和省区提出的各项政策；实施兴边富民工程行动计划。[①]

尽管在整体推进阶段，兴边富民行动无论在行动结果还是影响力上都获得了前所未有的积极成效。但作为国家战略高度的一项整体规划，兴边富民行动仍有待深入推进，要求作为一项长期的制度建设进行规划和逐步改善，力图在不远的将来实现边疆地区的真正意义上的繁荣富强。

三、兴边富民行动制度安排的贯通

作为一项具有国家战略高度的长期制度安排，兴边富民行动既非一句口号，也不是一纸空文，更不应仅仅是停留在人们设想中的美好愿景。从军事角度看，任何一项战略，除了必不可少的运筹规划外，其贯通实施的过程也是尤为关键的。如果说制度建设是其庙堂内的筹备与思考，那么对于这一战略规划的有效贯通就是战场上兵法要领上传下达的

① 参见梁双陆：《边疆经济学：国际区域一体化与中国边疆经济发展》，人民出版社，2009 年，第 369－372 页。

效力体现。良好的贯通是成功的前提，当今社会，信息化传递高速发展，如何让信息实现有效的传递与贯通便成为人们不得不思考的一个重要话题。

信息的传递离不开信息的辨识与判断以及信息的采纳与应用并最终执行。倘若发出信息与执行者为同一人，那么信息在应用执行中的偏差会降低至最小。但倘若该信息经由多人传递，其面目全非的可能性便会随之增大，并与传递人数成正比。之所以最初的信息与最后执行的结果之间出现如此大的差异，根本原因在于人的思想、理解能力以及价值观念的不同导致。作为一项国家战略高度的兴边富民行动，其在贯彻过程中不得不充分考虑到组织架构对于执行的影响。从贯通的纵横向关系来看，可分为沟通和协调两个方面。前者指的是上下层级之间的信息交流与反馈，后者代表同层级之间不同组织、部门之间的相互协作与利益调配。

（一）国家规划与基层实践的沟通机制

对于一个大国来说，首要的是保持国家的统一；在保持国家统一的前提下，则要努力改进政府管理，使政令通畅，上情能够下达，下情能够上达。这种上下级政府之间的关系，称之为政府间纵向关系。[①]

中国古代中央与边疆少数地区的关系受民族、宗教、历史背景等多方面的影响，具有“因俗而治”的特点。同时具有以下几大重要特征：

第一，在管理民族宗教上层机构中，多采取“会盟”和“朝贡”制度。“会盟”有两层含义，一是指古代诸侯相互结盟，二是指两个政权（或民族、部落）间的友好盟会。“朝贡”则是指古代藩属国（含边疆地区的藩属地）或外国使臣入朝，向中央封建王朝呈献贡品（一般来说以当地的土特产为主）。“会盟”与“朝贡”作为古代边务的基本形式，体现了中国古代中央政府与边疆地区政府间的纵向关系。其中会盟的主要内容包括结盟、议和、息兵、议界、划界以及相互间重要事务的处理等。会盟的主要形式是各会盟主体全权代表之间的平等会谈，一般还要缔结协议，并对各会盟方产生约束力。由此可见，对于会盟双方

---

① 所谓政府间纵向关系的类型，是指政府间纵向诸要素相结合而形成的具有某种特征的政府间纵向关系类别。

的主体而言，虽然存在着一定的附属关系，但其地位较普通的中央地方纵向关系要更具平等性。即便是位居藩属，边疆地区政权的势力也是一般中原省级政府所不能比拟的。

另外管理朝贡事务也是历代边务的重要活动。在古代，由于生产力水平的限制，中央政权对广大的边疆地区只能保持有限的控制，因此为了加强边疆与周边藩属国家的联系，建立了“朝贡”体制。[①] 这种关系存在，虽然对于地方有一定的牵制因素，但其地位更加具有自主性和灵活性，同时也对中央政府产生了一定的威胁。

第二，在中央与边疆地方的沟通方式上，采取驿站管理与烽燧传信形式。驿站是中国古代供传递公文的人员或往来官员中途换马、歇宿的地方，从交通的角度来看，驿站是道路交通体系中最小的标志点、歇脚点、食宿点和养护点。从通信的角度来看，驿站是地面通信体系中的基本节点和接力转换点。历代王朝为了保证边疆军情、政情的畅通和军政系统的高效运转，均非常重视建立和完善驿站系统，以适应维护边疆安全的需要。此外，古代边务还建立了以烽燧、亭、斥候等军事设施为标志的专用军事通信系统。烽燧是观察敌情，以烟、火、表（类似旗帜）等信号进行目视联络、报警的一种军事设施。一般建在沿边冲要之地。烽堠发出的信号，可以从沿边地区一直发到国都所在地。在古代没有电讯装置的情况下，烽堠报警成为传递情报的最简便手段。[②]

由此可知，中国古代政府间纵向关系受传统军务边防观念和藩属关系的影响，存在重军务轻经济，重防守轻管理的特点。一方面中央政府高度重视边疆边情的发展，用最快的信息传递方式进行中央和边陲机关之间的沟通，以备边乱之变；但社会经济文化建设则主要以藩国治理为主，仅在定期的会盟与朝贡做出原则性问题的磋商。

中国近代边务管理受半殖民地半封建社会国家行政的影响，具有屈辱性、复杂性和松弛性三个特征。因此其政府间的纵向关系更为复杂、微妙与被动。

第一，从边疆事务的管理范围来看，边务的媚外性决定其屈辱性。中国近代处于皇权国家向民族国家的过渡时期，但由于这一过程受到西

---

① 参见郑灿：《中国边疆学概论》，云南人民出版社，2012 年，第 342－343 页。

② 同上，第 344－346 页。

方列强的侵略，主权独立无法实现，领土完整遭到侵害，这就使得中国近代的边务管理无论在边政机构设置、边务运转方式还是管理机制上都要受到外来势力的限制和制约。边务管理不能独立进行，既要考虑帝国主义在华利益的需要，又要满足半殖民地半封建国家行政的需要，还要照顾新兴资产阶级的利益。各方利益的综合调和，必然使近代边务和政府间纵向关系体现媚外性、屈辱性特征。

第二，从近代边疆事务的复杂格局来看，边务管理受到社会主要矛盾的影响，必然产生复杂性特征。近代边务的管理复杂性特征，体现在反侵略斗争上。西方列强侵华，激化了中国社会的各种矛盾，特别是民族矛盾和阶级矛盾交织在一起，使民族矛盾上升为主导地位，阶级矛盾退居次要地位。因此中央政府与边疆少数民族地区政权的关系，显得更为微妙和复杂。

第三，从近代政局动乱的形势背景来看，边疆治理出现了松弛性的特征。进入近代以来，经历了晚清政府、北洋政府、国民政府三个阶段。由于国家长期处于动荡之中，政府的精力更多地用于镇压人民革命，以确保其统治地位；加上政府的腐败无能使边务管理的职能作用发挥失当，因此，近代边务管理始终处于松弛无力的状态。从内部来看，政府的软弱和腐败是造成边务松弛的主要原因。在中国近代的一百多年间，无论晚清政府、北洋政府还是国民政府，都没有处理好"中心—边疆"的关系，对边疆事务管理不够重视，所设置的边务机构也缺乏权威，官员办事不力，再加上指导思想、人员编制、财务经费等方面的因素限制，导致不同政府统治时期发挥职能作用都有区别，在这种变动与松散的状态下，中央政府势力，尤其在西北西南地区显得越来越薄弱，地方基本处于各自为政的半独立阶段。①

二战之后，国际政治局势相对稳定。根据各国的政府纵向关系形态，有学者将其分为分散型和集中型两大类。分散型政府间纵向关系的基本特点是，纵向政府之间有制度性的分权，特别是实行地方自治，任何层级政府的权限都受到宪法和法律的保障，任何层级政府都没有权利单方面改变既定的政府间纵向权限划分。集中型政府间纵向关系的基本特点是，纵向政府之间没有制度性的分权，权力集中在中央政府，并且

---

① 参见郑灿：《中国边疆学概论》，云南人民出版社，2012 年，第 375 - 379 页。

中央政府有权改变政府间纵向权限划分。由于各国政府间纵向关系的实践多种多样，而且政府间纵向关系又是不断变化的，因此分散型和集中型的政府间纵向关系又分为若干亚类型。比如，分散的政府间纵向关系可以分为高度分权型（又叫高度分散型，其代表国家为美国）、中度分权型（又称中度分散型，其代表国家为德国、澳大利亚）、低度分权型（又叫低度分散型，其代表国家为英国和日本）。集中的政府间纵向关系则一般有两个亚类型——高度集权型、授权型。[①] 新中国成立以后，以改革开放为时间划分点，中央政府与边疆地区的事务管理即纵向关系也呈现不同的状态。在改革开放之前，国内的政府间纵向关系受政治形势影响，处于高度集权状态，随着改革开放的推进，国家政府的逐渐放权，国内政府间纵向关系转为授权型。[②]

具体就中央与边疆地区政府纵向关系而言，改革开放以前，中央政府与边疆少数民族地区政府间的纵向关系属于典型的中央高度集权体制，其主要特征包括：第一，就党政机关与其他单位关系而言，一切社会权力高度集中于党政机关，其余单位缺乏自主权；第二，在党政关系上，政府的权利高度集中于党委，使各级政府也失去了应有的管理自主权；第三，在上下级关系和中央地方关系上，下级的权力往往集中于上级，地方的权力过分集中于中央。这种纵向的高度集权，既包括党的领导机关，也包括政府管理系统；在党的领导机关内部，在个人与组织的关系上，一切权力集中于党委，党委的权力又集中于主要负责人。[③]

这种高度集中的政府间纵向关系使得中央对边疆的政府管理限制过多，未能充分发挥地方政府的能动性。

党的十一届三中全会以来，随着改革开放的进行，国家经济体制由计划经济体制向市场经济体制逐步转变。此外，随着政治体制和行政体制改革的推进、社会转型的发展以及全球化、国际区域一体化趋势的影响，中央和边疆民族地区政府间的纵向关系发生了复杂而深刻的变化。政府间纵向关系的模式也由高度集权制逐步转变为授权体制。这种授权

---

① 此外，还有一种处于两大类型之间的过渡型的政府间纵向关系，如法国20世纪80年代以来通过地方分权改革由集中型向分散型过渡。

② 参见薛立强：《授权体制：改革开放时期政府间纵向关系研究》，天津人民出版社，2010年，第130－131页。

③ 同上，第133页。

形态的政府纵向关系，主要有以下几种形式：

第一，是全面授权的形式。它指的是中央和上级政府普遍地将某些权力授予地方政府和下级政府。全面授权是实现“职责归位”的重要表现，其目的是为了全面改变改革开放前权力过于集中的状况。全面授权在经济领域表现得最为突出。改革开放以来，中央政府，特别是计划管理部门，对广泛的经济管理权限进行了全面授权，这充分表现在行政审批的改革中。自 2002 年以来，国务院分四批取消和调整了 1968 项行政审批项目，随着国务院改革的加强，省级政府也相应进行了行政审批的改革，即下放部分行政审批项目给其更下级的政府单位机构。

第二，是倾斜授权的形式。所谓倾斜授权，是指中央政府或上级政府根据自身发展战略，将特定权力有选择地授予某些地方政府或下级政府。从客观上看，倾斜授权的出现，是基于全国或者某一地区内各种条件不平衡的现实条件而采取的政策倾斜，也同样是为了授权更加稳妥。改革开放时期，在以经济建设为中心的前提下，由于各种条件的限制，地区之间不可能平衡地、同步地获得发展。在此情况下，中央政府和上级政府首先选择一些条件比较好，能够较快见效的地区率先发展，然后再带动其他地区发展。而要实现这一目标，就要打破之前高度集权、各地灵活性普遍较小的局面，授予这些地区较大的发展权。倾斜授权主要表现在中国全方位对外开放格局的形成过程中，如经济特区、沿海开放城市、台商投资区、上海浦东新区、保税区、沿边开放城市（1992 年 3 月以来，进一步开放黑龙江省黑河市、绥芬河市、吉林省珲春市、内蒙古自治区的满洲里市、二连浩特市、新疆维吾尔自治区的伊宁市、塔城市、博乐市，云南省的瑞丽市、畹町市、河口市和广西壮族自治区的凭祥市、东兴镇 13 个市镇）以及沿海和内陆开放城市。经过这些开放步骤，使得中国形成了三大获得倾斜授权的地区：一是自辽东半岛至海南的沿海获得倾斜授权的地区；二是以上海为龙头直至四川的长江沿岸获得倾斜授权的地区；三是以沿边开放城市组成的获得倾斜授权的地区。主要包括黑龙江省黑河市、绥芬河市，吉林省珲春市，内蒙古自治区的满洲里市、二连浩特市，形成“东北沿边开放地区”；新疆维吾尔自治区的伊宁市、塔城市、博乐市形成的“西北沿边开放地区”；云南省的瑞丽市、河口市和广西壮族自治区的凭祥市，东兴镇形成的“西南沿边开放地区”。倾斜式授权的每推进一步，都伴随着一系列特殊权力的授予并意味着国家对这一地区发展的重视和对地方政府的信赖。

第三，是个别授权形式。所谓个别授权，是指中央政府和上级政府根据自身发展战略，将特定权力有选择地授予个别地区。上述倾斜授权中各个具体授权地区的选择，一定意义上也有个别授权的性质。与全面授权、倾斜授权相比，个别授权更具特殊性，所授之权更具有鲜明的“试验”性质，代表的是国家一段时间内的发展方向和重点。

第四，是选择性集权形式。所谓选择性集权，是指中央政府和上级政府有选择地将那些对国家整体或者本区域至关重要的权力重新集中起来。授权并不意味着彻底的放权，否则与松懈无异。因此进行选择性集权，其实质是充分发挥政府的宏观调控职能，在必要时刻将关乎国计民生的决定权集中到中央政府手中，以防止由于地方保护主义以及地方竞争等狭隘片面的观念在缺乏统一行动的调配下触动国家及人民的根本利益。

因此，兴边富民行动，作为国家全局高度的战略规划行动，一方面必须始终坚持统一领导、统筹兼顾，站在国家的全局角度制定长远发展规划；另一方面，结合各区域实际，充分发挥基层政府的主观能动性，在以国家整体发展规划为纲要的前提下制定具体的方针措施，层层递进，逐级细化，保证基层政府计划方案的切实可行。同时，在上下级的沟通方面，应建立固定且有效的沟通对话机制，及时准确地反馈在兴边富民行动中遇到的各种问题，并定期对行动成果进行汇报和反思，确保兴边富民行动在每个阶段完成其既定目标。另外，由于边疆少数民族地区的特殊历史、宗教、文化背景，中央政府在与地方进行沟通时，要充分尊重当地的文化风俗习惯，以发展民生为基础，保障边疆稳定。

（二）兴边富民行动的协调机制

如果说政府间纵向关系的关键在于“管理”，那么同级单位的横向关系核心要义便是“协调”。同级政府机构之间，受相同或不同上级领导机构的领导，其地位平等。按照部门分工最初的设定，各部门如同机器的各个零部件，要求各司其职，相互配合。然而在现实情形中，由于政府机构间历史或其他原因导致分工不明、职责交叉紊乱，各部门习惯从不同的利益角度出发从而难免产生彼此间的分歧和利益冲突。

长久以来，由于政府间协调不力，导致行政效能存在着诸多问题：

第一，由于部分政府行政人员服务意识不强导致部门间协调困难。由于受传统“官本位”思想的束缚，许多行政人员思想上缺乏服务意识，对自己所负责的区域采取保守封闭态度，对服务对象冷漠敷衍了事。在部门分工合作中采取消极怠惰态度，遇到事情一味推卸逃脱，毫无责任感。

第二，跨部门项目涉及行政审批过多，程序冗繁。由于受传统计划经济体制的影响，行政审批制度的过分冗繁严重制约了行政效率。尤其在跨部门行动中，涉及审批环节较多，程序繁杂，审批时间长，这些都极大地妨碍了行政的高效化和跨部门合作项目的顺利实施。

第三，有法不依，行政不作为、乱作为现象仍然存在。现行法律对行政不作为和乱作为惩治尚不够严厉，有法不依、执法不严的现象时有发生，行政权力得不到有效的约束和监督。尤其是在更为复杂的跨部门合作中，行政不作为和乱作为等滥竽充数的行为时有发生，这在相当程度上影响了政府的整体形象。

第四，利益冲突导致部门之间缺乏协调合作。跨部门政府行动的顺利进行，关键在于各部门的协调和配合程度，但由于各部门利益角度不同，因此部门之间相互推诿责任，争抢功劳的现象时有发生。各部门之间各自为政，缺乏协调合作，导致沟通不强，办事不力，责任不到位，极大地影响了行动的整体效率。①

由此可知，相较于社会经济的快速发展和全球化、国际区域一体化的迅猛趋势，中国行政体制显得被动和落后，与社会的飞速发展形成明显的“差距”。

然而作为西部大开发建设的重要组成部分，兴边富民行动也是一项长期的国家战略建设工程，它涉及政治、经济、文化、军事等多项领域。因此政府的作用成为影响该建设能否顺利贯通实施的关键因素。兴边富民行动既包含制度建设，也包括各项改革，同时也需要维持边疆少数民族地区的团结和稳定，促进与周边地区的和平友好发展，政府作为推动其改革建设最有效和最合适的主体，其在兴边富民行动中的作用是无法替代的。因此，推进兴边富民行动，要求政府各部门必须坚持以服

---

①　参见滕媛：《政府效能与权力制约》，载《政府效能建设研究》，湖南人民出版社，2011年，第45页。

务边疆群众为利益衡量标准，改变僵化落后的行政体制，精简机构，提高办事效率，同时加强行政监督，加强法制建设，保持各部门之间的高度的协调和一致。

上述要求不仅体现在行动的规划方针里，也应落实在具体实践中。在兴边富民行动《十一五规划》中要求各有关地区和部门要按照“统一领导，国家扶持，省负总责，县抓落实”的方针，加强领导，密切配合，明确分工，落实责任，认真组织好规划的实施工作。这一要求具体体现为：在中央，各部委要积极配合国务院和国家民委的统一安排，把规划的相关内容纳入本部门、本领域的专项规划、年度计划中并单列出来予以优先安排；在地方，各级政府民族工作部门要切实履行职责，加强协调，加大督促检查力度，定期向本级政府报告规划实施和进展情况。

兴边富民行动开展的头十年，国务院各个部委领先示范《十一五规划》要求，以兴边富民行动制度建设为优先考虑，积极协调与配合，取得丰硕的阶段性成果：

农业部历来高度重视边境地区农牧业发展问题。尤其是“十一五”以来，农业部认真贯彻中央加快边境地区发展的各项方针政策，按照《兴边富民行动“十一五”规划》确定的方向和重点，针对边境地区农牧业发展特点与实际需求，在政策、资金、人才、科技等方面采取一系列帮扶措施，有力地促进了边境地区农牧业又好又快发展。2006—2009年，农业部累计安排边境 9 省区及新疆生产建设兵团农业基本建设项目资金 150 亿元，其中安排边境县及新疆生产建设兵团边境团场项目资金 11. 21 亿元，重点实施了种养业良种、动植物保护、农村沼气、退牧还草、游牧民定居、渔政渔港等一大批农牧业基础设施建设项目。此外，针对大多数边境地区生态脆弱的实际，农业部不断加大退牧还草等生态工程实施力度。截至目前，农业部已帮助新疆建设围栏 8411 万亩，完成退化草原补播 2370 万亩。同时，在西藏率先启动草原生态保护补偿机制试点，积极推动《西藏生态安全屏障保护与建设规划》实施，并对西藏草原防火基础设施建设给予重点支持。

自兴边富民行动实施以来，民政部紧紧围绕解决边境地区人民群众最关心、最直接、最现实的利益问题，以解决边民贫困问题为重点，建立社会救助体系，发展社会福利事业，保障群众的基本生活，提高老年人、残疾人、困境儿童的社会福利水平，有力地维护了边境地区的社会和谐稳定。截至 2010 年 6 月底，全国共有农村低保对象 5006.6 万人，平均低保标准为每人每年 1284 元，月人均补助 61 元，有效保障农村困难群众基本生活。此外，民政部还通过指导边境地区建立应急预案体系、加强救灾物资储备、救灾资金重点倾斜等措施，旨在提高边境地区防灾减灾能力。

实施兴边富民行动 10 年来，教育部在政策导向、项目支持和资金分配等方面向边境地区倾斜，促进了边境地区教育事业的长足发展。此外，教育部还制定了一系列优惠政策，国家教育专项工程实施、中央财政扶持教育重点、公共教育资源分配等均向边境地区倾斜，有力地促进了边境地区教育事业的发展。

兴边富民行动是促进边境地区实现全面进步的重要载体，是顺民心、合民意的德政工程，对维护边疆稳定，加强民族团结，建设社会主义和谐社会具有十分重要的意义。科技部以深入贯彻落实科学发展观为基础，充分发挥科技优势，与相关部门密切配合，为推动边境地区发展提供强有力的科技支撑，取得了良好成效。10 年来，科技部围绕边境地区经济社会发展对科技提出的实际需求，从政策和经费投入上不断加大支持力度，累计投入科技经费 119.97 亿元，有力促进了边境地区科技创新、成果转化和科技能力建设。

实施兴边富民行动以来，外交部把“外交服务发展、促进发展、保障发展”作为新时期对外工作的中心任务，以“富民、兴边、强国、睦邻”为目标，积极参与了兴边富民行动的各项工作。第一，加强周边外交工作，促进睦邻关系和谐；第二，加强边界管理，妥善处理跨界纠纷；第三，为边境地区与周边国家合作铺路架桥。同时妥善处理我国边境地区企业涉外经济摩擦，有效保护了边境地区企业在外人员、机构和资产安全；第四，积极推动我国与周边国家互联互通建设，协助边境地区推进涉外交通运输和通关便利化，与多个邻国签订了边境口岸协定，协议开放边境口岸近 100 个；第五，帮助边境地区“走出去，请进来”，推动外国知名政要到边境地区参观访问，扩大边境地区对外开放渠道和国际知名度，协助边境地区做好友城建设，积极为边境地区引进先进技术、人才和管理经验创造条件；第六，加强对边境地区外事工作支持与指导，帮助边境地区外办做好干部培养工作，提高工作能力和水平；第七，认真贯彻执行国家扶贫开发工作战略。外交部本着“动真情、真扶贫、扶真贫”的精神，全力帮扶对口支援云南麻栗坡和金平两个重点扶贫县。多年来，外交部累计筹措资金2.1亿元，实施扶贫项目1000多个，对两县社会发展起到了重要推动作用。①

在中央各部委的号召影响下，各边境省区和新疆生产建设兵团纷纷响应，切实加强组织领导，不断加大工作力度，形成了多部门协作、多渠道投入、多措施并举、多层次推进、多方力量参与的工作格局，推进兴边富民行动不断取得实效，促进边境地区经济社会又好又快发展。概括起来主要有：强化领导，建立健全工作机制，形成推进兴边富民行动的强大合力；明确规划，以兴边富民行动统领边境地区经济社会发展，着力解决突出困难和问题；落实项目，确保兴边富民行动各项任务落实，夯实发展基础；创新思路，不断丰富兴边富民行动内涵，始终保持旺盛活力；成效显著，各族群众得到实惠，边境地区迈上发展快车道。②

迈向新的十年，兴边富民行动展开更为全面深入的贯彻实施过程，因此需进一步加强对兴边富民行动的组织领导和协调，要加强各级政府各部门之间的协调，注意将各省区的兴边富民行动规划与相关专项规划全面衔接，统筹安排好各领域的兴边富民项目。③

《十二五规划》建立兴边富民行动部际协调机制，统筹协调兴边富民行动重大问题，研究部署兴边富民行动重点工作和重点任务。要求各成员单位要按照规划，把主要任务和重点工程纳入本部门“十二五”专项规划、年度计划并给予优先安排。国家民委、发展改革委、财政部要适时督查规划实施情况，协调解决规划实施过程中的问题，定期向国务院报告。边境省区要切实履行职责，全面负责本省区的规划组织实施工作，制订配套规划或实施意见，明确责任分工，确保规划落到实处。地方各级政府民族工作、发展改革和财政部门要加强综合协调，监督检查规划的实施和进展情况，及时研究规划实施过程中出现的新情况、新问题，定期向本级政府报告规划实施情况。

---

① 资料来源：国家民委网站专题《构建和谐边疆：兴边富民行动十周年》。http：//www.seac.gov.cn/gjmw/zt/M226522index_1.htm。

②③ 参见李寅：《从战略和全局高度谋划兴边富民行动》，载《中国民族报》2012年10月30日第001版。

2010年11月，国家民委和财政部联合出台《国家民委财政部关于继续推进兴边富民行动的意见》，强调进一步加大工作力度，继续推进兴边富民行动向纵深发展。在该《意见》中要求各级民委和财政部门加强对兴边富民行动资金的管理，并积极主动开展工作，为社会各界参与兴边富民行动创造良好的氛围和条件。此外，该意见还要求各级民委和财政部门进一步协调落实好兴边富民行动建设项目，继续围绕基础设施建设、生态环境保护、特色县域经济、发展科技教育、对外经贸合作等方面组织兴边富民行动建设项目，争取使一些重点项目列入国家和地区的发展规划之中，早日开工建设，早日发挥效益。[①]

① 资料来源：国家民委网站专题《构建和谐边疆：兴边富民行动十周年》。http：//www.seac.gov.cn/gjmw/zt/M226522index_ 1.htm。

第八章　兴边富民行动绩效评估

兴边富民行动规划是国家解决边境地区经济社会全面发展的规划性政策。而任何一项公共政策，在政策制订、实施后，都需要对政策的实际效果进行绩效评估和分析。科学、准确的政策绩效评估既能衡量政策是否实现预期目标，也为政策的修改和完善提供了数据支持。

一、政策绩效评估的基本步骤和方法

政策绩效评估属于综合评价，因为一个项目或政策通常都是多目标的，包括经济、社会、文化目标等。综合评价是指对评价对象的全体，根据既定的政策目标，采用一定的方法，赋予每个因素相应的权重，得到每个评价对象的综合评价值，据此择优、排序以及分析的活动。

（一）政策绩效评估的步骤

一般来说，政策绩效评估有以下几个步骤：

（1）确定评价目的。在评价之前，首先需要确定评价的目的。对于政策绩效评估而言，通常评价目的是为了衡量政策在实施过程中的绩效，即通过评估确认政策是否实现了政策制订之初所设定或预期的目标。

（2）明确评价对象。评价对象是评价活动的客体，既可以是人，也可以是事物。一般情况下，参与评价的对象是多个。通常来说，评价对象属于同一类别，具有共同的或者相似的影响因素的多个个体。

（3）选定评价者。评价者是评价活动的主体，可以是个人，也可以是组织。评价者根据评价目的的要求，确定评价指标体系、指标权重以及指标合成的方法，并运用来自评价对象的实际数据最终得出评估结果。在政策绩效评级领域，评价者既可以是政府机构，也可以是政府委托的第三方机构，或独立的第三方机构。

（4）设定评价指标体系。评价指标应根据评价目的来设定，应充分反映评价对象的特征。因政策目标通常是多目标构成的一个目标体系，因此评价指标也是由若干相互联系的指标所构成的一个评价指标体系。

（5）确定指标权重体系。指标权重是指标之间相对重要性的度量。权重越大，表示所对应的指标对总目标的贡献程度越大；权重越小，表示所对应的指标对总目标的贡献程度越小。根据确定指标权重的不同方法，有主观赋权法和客观赋权法两大类。前者多是邀请专家对各指标权重予以打分，而后者主要是利用数据本身所蕴含的特征来确定权重。

（6）指标合成。对于综合评价问题，因政策或项目是多目标的，所以通常涉及多个评价指标。指标合成是指通过一定的方法将多个评价指标合成为一个综合评价值。实际操作过程中，是在众多评价方法中选择一种适用的方法进行评价分析，或者将多种评价方法组合起来进行评价分析。

（7）给出评价结果。根据建构的或者选用的指标合成方法，代入来自评价对象的相关数据，得到综合评价结果，并结合评价对象的实际特性，对最终评价结果进行分析。通过对政策绩效评价结果的分析，不仅可以反映政策绩效的现状，而且还能发现政策绩效结果与预定发展目标的偏离状况，并采取积极有效的对策对政策本身或实施过程进行相应的调节。

从操作程序角度讲，综合评价通常要一个确定评价目标和评价对象，构建综合评价指标体系，选择定性或定量评价方法，选择或建构综合评价模型，最终得到评价结果并加以分析的一个复杂的过程。

（二）政策绩效评估的基本方法

目前，政策绩效评估基本方法可以分为两大类，一类是定性评价法，另一类是定量评价法。定性评价法是采用文字语言描述的方法。评价者根据对评价对象的观察和分析，直接对评价对象做出定性结论的价值判断，比如评出等级、写出评语、排出优劣顺序等。定性评价充分利用评价者的知识、经验以及直觉、知觉和判断，强调观察、分析、归纳与描述，对评价对象的性质、特点、发展变化规律做出主观判断。

定量评价法是采用数学语言描述的方法。评价者依据统计数据，建立数学模型，并用数学模型计算出评价对象的各项指标及其数值，并根据计算结果，做出判断。当前，常用的定量综合评价方法包括层次分析法、模糊综合评价法、数据包络分析法、人工神经网络评价法和熵权法等。

虽然定性评价与定量评价法在使用何种语言描述上不尽相同，但是两者是协调统一，相辅相成的。一方面，定性评价是定量评价的前提，没有定性分析的定量评价是一种盲目的、毫无价值的定量评价，另一方面，定量评价使定性分析更加科学、准确，它可以促使定性分析得出广泛而深入的结论。

通常情况下，当来自评价对象的数据难以直接获得，或获取成本太高时，往往使用定性评价方法；如果能较经济地获得关于评价对象的大量统计数据，往往使用的是定量评价方法。此外，在定量评价过程中，在评价指标确定、评价结果分析时，也会运用定性分析方法。在实际运用中，由于定性评价方法受评价者个人的知识、经验和主观判断的影响过大，而且由于文字语言相对于数字语言不够精确，往往导致不同的评价者之间缺乏一致性，对于指导政策修改和完善存在一定的困难。定量评价法如果能够获得相应数据，可以在很大程度上避免上述问题，因此，定量评价法是实际工作中所使用的主要方法。

（三）多指标评价方法的基本原理

政策绩效评估涉及多指标综合评价，而多指标综合评价的基本思想是："要反映评价对象的全貌，就必须把多个单项指标组合起来形成一个包含各个侧面的综合指标；数学实质是：把高维空间中的样本投影到一维直线上通过投影点来研究样本的规律。"① 多指标综合评价有以下几项基本原理②。

---

① 陈述云、张崇甫：《多指标综合评价方法及其优化选择研究》，载《数理统计与管理》，1994，(03)：18。

② 参考：1. 邱东. 多指标综合评价方法的系统分析［D］. 东北财经大学博士学位论文，1990，第136－140页；2. 宋延山，王坚，姜爱萍. 应用统计学：以EXCEL为分析工具［M］. 北京：清华大学出版社，2012，第353－389页。

1．评价的范式

评价方法有基本的范式：一是选取指标构建评价指标体系；二是根据被评价对象客观情况选取无量纲化和合成公式；三是确定每个指标在评价指标体系中的权重；四是将各评价指标值转化为无量纲指标评价值；五是将各指标评价值加权平均得出评价综合指数；六是根据综合指数的大小对各评价事物按自高到低的顺序排列。前三项是综合评价的准备工作，尤其是确定权数环节相当重要，因为权重系数设置的合理与否事关综合评价结果的信度和效度。第四和第五项是多指标综合评价的核心和关键所在，最后一项是对测评结果的实际运用。

2．指标的标准化

指标体系评价方法是把若干个描述评价对象各个不同方面的，数量级和量纲不同的计量指标转为标准化相对评价值，并合成这些经标准化处理过的评价指标以得出对评估对象一个整体评价的方法。因为各指标实际值量纲和数量级是不同的，这种不同量纲和不同数量级严重地影响了对事物整体的评价，所以他们不能直接合成，只有经过标准化处理的指标评价值才可以合成。此方法包含以下若干要点：（1）该方法包含多个评价指标，各评价指标的量纲可能相同，也可能不相同；（2）体系中各个指标分别描述被评价事物各个不同方面信息，指标体系描述被评价事物的全部信息；（3）综合评价前务必把不同数量级和量纲的指标实际值处理为标准化的相对评价值；（4）指标体系评价方法是把各评价指标综合起来获得一个全面的客观的整体评价。

3．指标合成的实质

多指标综合评价方法的实质是计算统计相对数的加权平均，用平均数方法来解决指标的合成问题。统计相对数是指对指标实际值的标准化处理结果总是得到一个统计相对数，这些指标相对数表示每个被评价对象在该指标上的相对地位，把各指标对应的相对指数合成就反映了所评价的个体在整体的相对地位。多指标综合评价方法是用相对方法来解决指标的可综合性问题，对各指标的统计相对数是采用平均数的方法加以合成的。统计平均数是用来反映事物的一般趋势和综合水平，多指标综合评价的任务正是要反映被评价对象的一般趋势和综合水平，所以采用平均方法来合成各指标评价值是可行的。

4. 测评结果的性质

指标体系测评的结果是对被评估对象抽象程度较高的描述，该结果具有整体性及全面性。首先，多指标综合评价方法结果的抽象程度是指标评价方法中最高的，其实际社会经济含义是不易把握的，但不能因为综合评价结果的抽象程度较高而忽略了其社会经济含义的存在，多指标综合评价结果的实际含义就是以被评价对象相对地位表示的被评价事物的一般水平和趋势，这正是客观性和抽象性的统一。当我们从各个方面来评价兴边富民行动绩效时，评价结果就代表着兴边富民行动绩效水平。其次，多指标综合评价结果具有整体性，由于多指标综合评价中采用了平均数方法将各指标的评价值合成在一起，所以得到的结果就可以在整体上反映被评价对象。再次，应用多指标评价方法所得到的综合指数是在各个具体量化指标实际值的基础上产生的，又因量化指标分别描述被评估事物的诸方面信息，故而指标体系测评的结果在一定程度上反映了事物较全面的信息。

二、兴边富民行动绩效评估结构体系

（一）兴边富民行动绩效评估指标体系选取原则和方法

兴边富民行动涉及的目标是多重的，有经济、社会、环境、民族等多方面的内容，因此兴边富民行动绩效评估指标体系也是一个多指标的综合指标体系。

1. 确定兴边富民行动目标

2007年国务院颁发并实施了《兴边富民行动“十一五”规划》，明确了国家层面支持边疆地区经济社会事业发展的各项优惠政策，在此指导下，国务院各部委，各省、自治区及边境地方各级人民政府相继出台配套政策和具体措施，进一步推动兴边富民行动的顺利实施。《兴边富民行动“十一五”规划》其核心思想是国家加大对边境地区的投入，加大帮扶力度使边境旗县、兵团和边境团场经济社会发展总体上达到所在省、自治区和生产建设兵团中等以上水平。

《兴边富民行动“十一五”规划》提出了明确的具体目标：边境地区交通、电力、水利等基础设施落后状况明显改善，边境一线的茅草房、危旧房基本消除；贫困边民的基本生活得到保障，边境农村最低生活保障制度加快建立；社会事业得到较快发展，边民教育、卫生、文化等基本公共服务条件明显改善；县域经济发展能力明显增强，地方财政收入和居民收入水平较大幅度提高；边境贸易得到较快发展，重点边民互市点和口岸设施建设得到加强，对外经济技术合作领域继续扩大；生态环境保护和建设取得重要进展；社会治安状况良好，睦邻友好关系进一步巩固，民族团结进步事业全面发展。

2011 年国务院又颁布并实施了《兴边富民行动“十二五”规划》。《“十二五”规划》强调指出，兴边富民行动的目标是：完善边境地区的基础设施，包括生态环境保护和建设取得重要进展；边民生活质量明显提高；社会事业长足进步；民族团结、边防巩固、睦邻友好；沿边开发开放水平显著提升；特色优势产业较快发展，突出县域经济得到较快发展。①

显然，上述兴边富民行动的政策目标包括基础设施、人民生活、社会发展、经济发展、边贸发展、生态环境和安定团结等七个目标。

2. 指标遴选原则

作为政策绩效评估，本章所选取的指标应主要是分析性和调节性——即在兴边富民行动实施后对边境地区经济社会状态和水平做出价值判断和事后总结，并反馈兴边富民行动信息进而调节政策导向以推进兴边富民行动政策目标的实现。

苏联统计学家苏斯洛夫教授曾指出“统计指标体系应当具有最大限度的分析性，以便使管理机构能对现实形势迅速而正确地做出判断，并采取相应的决策。”② 兴边富民行动绩效评估系统是若干指标的合成，其基本出发点就是把国家颁发的兴边富民行动规划目标涉及领域的复杂问题分解为可以度量的指标。建构兴边富民行动绩效评估指标体系是用简单的评估指标获取尽可能多的评估信息，为把握和了解国家兴边富民行动绩效现状提供科学判断依据。

多指标综合评价是对各评价指标的信息合成，评价结果是否客观准

---

① 国办发［2011］28 号：《国务院办公厅关于印发兴边富民行动规划（2011—2015 年）的通知》［EB/OL］，中华人民共和国国务院网站，http：//www. gov. cn/zwgk/2011 －06/13/content_1883222. htm。

② ［苏］伊·彼·苏斯洛夫：《统计指标理论》，陆戈译，哈尔滨：黑龙江人民出版社，1983 年，第 309 页。

确首先依赖于选取什么指标来表达被评价对象。为了准确地描述边境地区经济社会事业发展的各个方面以便准确地衡量政策绩效，本章在设计兴边富民行动绩效评估指标体系时考虑了以下 7 点原则：

（1）评价的目的性原则。即是对“我要做什么”的推敲，指标选取首先从综合评估的目的出发，与评价目标一致。兴边富民行动《“十一五”规划》和《“十二五”规划》规定了兴边富民行动的目标，因此，设计绩效评估指标时，必须能够反映这些目标。

（2）评价的全面性原价。全面性原则也是系统性原则。多指标综合评价是一种全面性的评价，选取指标时应从被评价对象的各个方面着眼。根据兴边富民行动规划的目标，兴边富民行动绩效水平应选取基础设施、人民生活、社会事业、经济发展、边贸发展、生态环境和安定团结等经济社会方面的指标，全面反映边境地区经济社会发展情况。

（3）评价数据的可获得性原则。可获得性原则是指，指标的数据应容易取得并且可以保证数据是真实可靠的。这要求所选择的指标要满足两个基本条件：一是该指标数据可以在年鉴、政府报告等权威性的资料中获取，或是在上述权威数据资料基础上简单加工整理得到；二是该指标数据资料可量化。能够量化的指标能够更准确地反映指标本身的变化，当然，有些指标本身属于定性指标，难以量化，需要设计其他方法来反映指标所代表的内容的相对重要性。

（4）评价的有效性原则。有效性原则是指所设计的兴边富民行动绩效评估体系要反映政策实施的实际效果。国家层面制订的兴边富民行动政策只是行动的纲领性文件，各民族地区在执行时，需要根据自身的实际情况出发，制订相应的实施细则，包括具体的行动方案、相关政策措施、资金筹集和支配等具体内容。由于每个民族地区经济社会发展基础不同、发展水平不同、自然条件不同，具体的兴边富民行动方案和项目略有区别。因此，衡量兴边富民行动实际绩效还必须考虑到所选择的指标要与民族地区的实际情况相符合，能够体现民族地区的兴边富民行动政策绩效的要点。

（5）评价指标的可对比原则。一方面，所选择的指标能够反映各民族地区的兴边富民行动的实际情况；另一方面，所选择的指标以及最后得到的绩效评估结果在评估对象间能够进行横向比较和纵向比较。进行纵向比较是通过比较不同时期的指标变化从而反映出某个边境地区兴边富民行动实际绩效的变化趋势。横向比较是为了在不同的边境地区之间进行比较，从而对不同边境地区兴边富民行动的实际绩效进行评价和对比，从中发现每个边境地区兴边富民行动中的问题和成绩。

（6）评价指标的独立性原则。所选择的评价指标要能描述独立的信息，即该指标所描述的内容不能被体系中其他指标全部替代。遴选指标时尽量选择那些反映信息量多又能最恰当地反映目标工作特点的指标。

（7）定量和定性相结合原则。作为测评兴边富民行动绩效的指标要尽可能地量化，这样便于进行横向和纵向对比，能得出更准确、合理的结论。边境地区经济社会发展状况的许多方面是可以通过定量指标来进行描述的，比如衡量经济总量的地区生产总值指标。但是在目前的统计数据中，边境地区发展中的某些方面仍只能依赖定性指标来反映，比如反映民族团结的某些指标，因此还需要合理地设计定性指标，并通过合理的量化方法来描述其反映的内容。

3. 指标选取方法

本章在设定兴边富民行动绩效的指标体系时，其总体思路是：

首先确定兴边富民行动一级指标。根据兴边富民行动总目标，本章从基础设施、人民生活、社会事业、经济发展、边贸发展、生态环境和安定团结这几个方面建构了兴边富民行动绩效这一核心概念结构。在概念分解的同时，兴边富民行动绩效评估一级指标层也同步构建出来，如图 8 - 1 所示。

然后，对每一个一级指标（子目标）再细化分解，如兴边富民行动评价指标体系的一级指标“基础设施”可以细分为“水利建设、电力建设、电信建设和公路建设”等 4 个二级指标，一级指标“社会事业”可以细分为“科技事业、教育事业、文化事业和卫生事业”等 4 个二级指标……

最后，对每一个二级指标再进一步细化分解……直到每一个指标都可以直接用一个或多个具体指标来表达为止。

经以上三个步骤就可以得到如图 8 - 1 所示的多指标综合评价体系树形层次结构图。

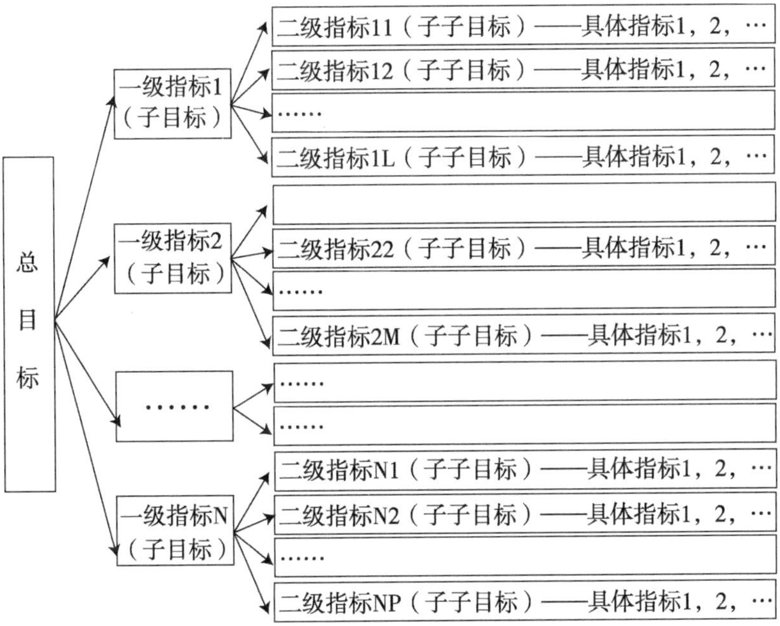

图8－1　评估指标体系结构图

（二）确定指标体系

本章以兴边富民行动《“十一五”规划》和《“十二五”规划》中所涵盖的7个具体目标和若干具体任务为依据，根据民族经济学学科原理，运用上述逻辑思路、指标体系构建原则和分析方法，参考近三年来公开出版或刊登的国内经济社会发展评估指标体系研究最新成果①，设计出如下的兴边富民行动绩效评估体系（见图8－2所示）。

① 本指标体系参考的研究成果有：国务院发展研究中心课题组．“十二五”发展十二题［M］．北京：中国发展出版社，2010. 第24－30页；国家民委经济发展司，中南民族大学课题组．少数民族事业发展综合评价检测体系［R］．2011年，第18－19页；国家统计局农村社会经济调查总队．县（市）社会经济综合发展指数测评方法［J］．调研世界，2002，(01)：18－19。南开大学科学发展评价指标体系研究课题组．科学发展评价指标体系研究［EB/OL］．http：//www.022net.com/2012/1－13/434231232239058.html；范柏乃，龙海波，王光华．西部大开发政策绩效评估与调整策略研究［M］．杭州：浙江大学出版社，2011，第31－32页；姜涛．县域科学发展综合评价指标体系研究［D］．天津大学博士学位论文，2010，第92－95页。

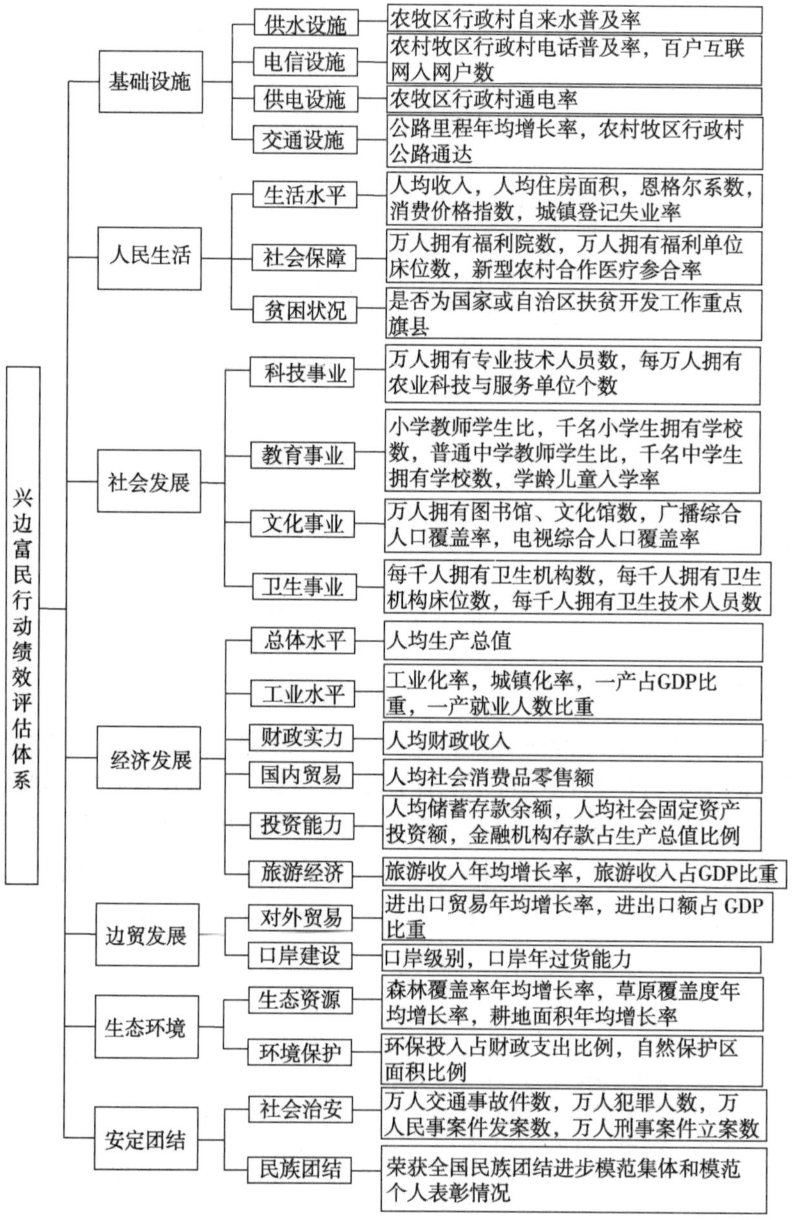

图 8－2　兴边富民行动评估指标体系框架图

1. 基础设施指标

该一级指标反映了边境地区对群众生活和生产发挥关键作用的物质基础设施的情况。本章用农牧区行政村自来水普及率、农村牧区行政村电话普及率、百户互联网入网户数、农村牧区行政村通电率、公路里程年均增长率、农村牧区行政村公路通达率等6个指标进行评价，具体计算公式见表8-1。

表8-1　基础设施指标

	指标名称	评价目标	指标计算公式
基础设施指标	农牧区行政村自来水普及率	反映农村牧区饮水工程效果	农村牧区通自来水村数/农村牧区村委会（嘎查）*100
	农村牧区行政村电话普及率	反映农村牧区电信建设水平	农村牧区通电话村数/农村牧区村委会（嘎查）*100
	百户互联网入网户数	反映农村牧区电信建设水平	年末互联网用户/年末总户数*100
	农村牧区行政村通电率	反映农村牧区电网建造水平	农村牧区通电村数/农村牧区村委会（嘎查）*100
	公路里程年均增长率	反映农村牧区交通建设水平	[（期末数据/期初数据）∧{1/(6-1)}-1]×100%
	农村牧区行政村公路通达率	反映农村牧区交通建设效果	农村牧区通汽车村数/农村牧区村委会（嘎查）*100

2. 人民生活指标

人民生活指标集中反映边民生活情况，这里用加权人均收入、加权人均住房面积、加权恩格尔系数、消费价格指数、城镇登记失业率、万人拥有福利单位数、万人拥有福利单位床位数、新型农村合作医疗参合率、是否为国家级或自治区级贫困县①等9个指标来测评，见表8-2。

① 该定性指标的取值源于专家给予相应的分值，专家按照百分数进行打分，即打分范围是0-100。

表 8－2　人民生活指标

	指标名称	评价目标	指标计算公式
人民生活指标	加权人均收入	反映生活水平	（城镇居民人均可支配收入＊市镇人口＋农村居民人均纯收入＊乡村人口）/年末总人口
	加权人均住房面积	反映生活水平	（城镇居民人均住房面积＊市镇人口＋农村居民人均住房面积＊乡村人口）/年末总人口
	加权恩格尔系数	反映生活水平	（城镇居民年人均消费性支出中食品支出＊市镇人口＋农村牧区居民家庭人均年支出中食品支出＊乡村人口）/（城镇居民年人均消费性支出＊市镇人口＋农村牧区居民家庭人均年支出＊乡村人口）＊100
	消费价格指数	反映生活水平	居民消费价格总指数
	城镇登记失业率	反映生活水平	城镇登记失业率
	万人拥有福利单位数	反映社保水平	社会福利收养性单位数/年末总人口＊10000
	万人拥有福利单位床位数	反映社保水平	各种社会福利收养性单位床位数/年末总人口＊10000
	新型农村合作医疗参合率	反映社保水平	参加农村合作医疗的人数/乡村人口＊100
	是否为贫困县	反映贫困状况	非贫困县分值（100），自治区级贫困县分值（88），国家级贫困县分值（83）

3. 社会发展指标

科教文卫事业是社会发展的重要组成部分，事关国家发展、民族振兴和社会和谐。本章用万人拥有专业技术人员数、万人拥有农业科技与服务单位个数、小学教师学生比、千名小学生拥有学校数、普通中学教师学生比、千名中学生拥有学校数、学龄儿童入学率、万人拥有图书馆、文化馆数、广播综合人口覆盖率、电视综合人口覆盖率、每千人拥有卫生机构数、每千人拥有卫生机构床位数、每千人拥有卫生技术人员数等13个指标来测评，见表8－3。

表8－3 社会发展指标

	指标名称	评价目标	指标计算公式
社会发展指标	万人拥有专业技术人员数	反映科技发展情况	各类专业技术人员/年末总人口＊10000
	万人拥有农业科技与服务单位个数	反映科技发展情况	农业科技与服务单位个数/年末总人口＊10000
	小学教师学生比	反映教育发展情况	小学专任教师数/小学在校学生数
	千名小学生拥有学校数	反映教育发展情况	小学数/小学在校学生数＊1000
	普通中学教师学生比	测评教育发展情况	普通中学专任教师数/普通中学在校学生数
	千名中学生拥有学校数	测评教育发展情况	普通中学数/普通中学在校学生数＊1000
	学龄儿童入学率	反映教育发展情况	学龄儿童入学率
	万人拥有图书馆、文化馆数	反映文化发展情况	图书馆 文化馆数/年末总人口＊10000
	广播综合人口覆盖率	反映文化发展情况	广播综合人口覆盖率
	电视综合人口覆盖率	反映文化发展情况	电视综合人口覆盖率
	每千人拥有卫生机构数	反映卫生发展情况	医院、卫生院数/年末总人口＊1000
	每千人拥有卫生机构床位数	反映卫生发展情况	医院、卫生院床位数/年末总人口＊1000
	每千人拥有卫生技术人员数	反映卫生发展情况	医院、卫生院卫生技术人员数/年末总人口＊1000

4. 经济发展指标

经济指标反映一个地区经济发展水平和综合经济实力。考虑到民族地区实际情况，本章选择了人均生产总值、工业化率、城镇化率、一产占GDP比重、一产就业人数比重、人均财政收入、人均社会消费品零售额、人均储蓄存款余额、人均社会固定资产投资额、金融机构存款占生产总值比例、旅游业收入年均增长率、旅游收入占GDP比重等12个指标共同度量，见表 8－4。

表 8－4　经济发展指标

	指标名称	评价目标	指标计算公式
经济发展指标	人均生产总值	反映经济总体水平	人均生产总值
	工业化率	反映工业水平	工业企业增加值/生产总值 * 100
	城镇化率	反映工业水平	市镇人口/年末总人口 * 100
	一产占 GDP 比重	反映工业水平	第一产业生产总值/三产业生产总值之和 * 100
	一产就业人数比重	反映工业水平	第一产业就业人数/三产业就业人数之和 * 100
	人均财政收入	反映财政实力	财政总收入/年末总人口
	人均社会消费品零售额	测评国内贸易情况	国内社会消费品零售总额/年末总人口
	人均储蓄存款余额	反映投资实力	城乡居民储蓄存款余额/年末总人口
	人均社会固定资产投资额	反映投资实力	全社会固定资产投资总额/年末总人口
	金融机构存款占生产总值比例	反映投资实力	年末金融机构各项存款余额/生产总值 * 100
	旅游业收入年均增长率	反映特色产业发展情况	$(\sqrt[t]{期末数据/期初数据}-1)*100\%$
	旅游收入占 GDP 比重	反映特色产业发展情况	旅游业收入/GDP * 100

5. 边贸发展指标

随着边境地区对外开放程度逐渐扩大，边境贸易得到快速发展，本章选取了进出口贸易年均增长率、进出口额占 GDP 比重、口岸级别[①]、口岸年过货能力等 4 个边贸发展测评指标，见表 8－5。

① 该定性指标的取值源于专家给予相应的分值，专家按照百分数进行打分，即打分范围是 0－100。

表 8－5　对外经济指标

	指标名称	评价目标	指标计算公式
边贸发展指标	进出口贸易年均增长率	反映对外贸易水平	$(\sqrt[t]{\text{期末数据/期初数据}}-1)*100\%$
	进出口额占 GDP 比重	反映对外贸易水平	外贸进出口总额/生产总值＊100
	口岸级别	反映口岸建设情况	无口岸分值（0），二类口岸分值（50），一类口岸分值（100）
	口岸年过货能力	反映口岸建设情况	边贸口岸年过货能力

6. 生态环境指标

生态环境指标由生态指标和环境指标两个子指标构成，本章用森林覆盖率年均增长率、草原覆盖度年均增长率、耕地面积年均增长率、环保投入占财政支出比例、自然保护区面积比例等 5 个指标共同评价，见表 8－6。

表 8－6　生态环境指标

	指标名称	评价目标	值的取得
生态环境指标	森林覆盖率年均增长率	反映生态水平	$(\sqrt[t]{\text{期末数据/期初数据}}-1)*100\%$
	草原覆盖度年均增长率	反映生态水平	$(\sqrt[t]{\text{期末数据/期初数据}}-1)*100\%$
	耕地面积年均增长率	反映生态水平	$(\sqrt[t]{\text{期末数据/期初数据}}-1)*100\%$
	环保投入占财政支出比例	反映环保情况	环境污染治理投资总额/财政支出＊100
	自然保护区面积比例	反映环保情况	自然保护区面积/行政区国土面积＊100

7. 安定团结指标

安定团结指标反映了社会治安和民族团结进步综合情况，本章选用万人交通事故数、万人犯罪人数、万人民事案件发案数、万人刑事案件立案数、荣获民族团结集体和个人表彰情况[①]等 5 个指标来测评，见表 8－7。

表 8－7　安定团结指标

	指标名称	评价目标	值的取得
安定团结指标	万人交通事故数	反映社会治安状况	交通事故件数/年末总人口 ＊10000
	万人犯罪人数	反映社会治安状况	犯罪人数/年末总人口＊10000
	万人民事案件发案数	反映社会治安状况	民事案件发案数/年末总人口 ＊10000
	万人刑事案件立案数	测评社会治安情况	刑事案件立案数/年末总人口 ＊10000
	荣获民族团结表彰情况	反映民族团结情况	无表彰分值（75），民族团结先进个人分值（100），民族团结先进集体分值（100）

最后，我们得到了如图 8－8 所示的兴边富民行动绩效多指标综合评价体系。该“金字塔”形状综合评价模型包含三个层次，第一层次 7 个指标，第二层次 23 个指标，第三层次 54 个指标。其中，44 个指标属于正向指标，这些指标值越高，政策绩效水平越高，越低表明绩效水平越低。有 10 个指标属于逆向指标，它们的值越高，表明政策绩效水平越低。

（三）指标权重体系

得到绩效评估综合指标体系后，我们邀请了 6 位专家对该指标体系中的每个指标权重进行主观评价。6 位专家来自中央民族大学、中国社会科学院等研究民族经济的权威机构。他们所赋予的主观权重代表了他们的知识、经验和主观判断，具有一定的权威性和科学性。将 6 位专家的主观权重进行简单平均后得到了表 8－8 所示的指标体系和权重结构。

① 该定性指标的取值源于专家给予相应的分值，专家按照百分数进行打分，即打分范围是 0—100。

表 8－8　兴边富民行动绩效评估综合指标体系和权重结构

<table>
<tr><th>总目标</th><th>权数</th><th>一级指标</th><th>权数</th><th>二级指标</th><th>权数</th><th>三级指标</th><th>权数</th><th>属性</th></tr>
<tr><td rowspan="30">兴边富民行动</td><td rowspan="30">100</td><td rowspan="7">基础设施</td><td rowspan="7">17.0</td><td>供水设施</td><td>25.0</td><td>农牧区行政村自来水普及率</td><td>100.0</td><td>+</td></tr>
<tr><td rowspan="2">电信设施</td><td rowspan="2">24.0</td><td>农村牧区行政村电话普及率</td><td>45.0</td><td>+</td></tr>
<tr><td>百户互联网入网户数</td><td>55.0</td><td>+</td></tr>
<tr><td>供电设施</td><td>22.5</td><td>农村牧区行政村通电率</td><td>100.0</td><td>+</td></tr>
<tr><td rowspan="2">交通设施</td><td rowspan="2">28.5</td><td>公路里程年均增长率</td><td>42.5</td><td>+</td></tr>
<tr><td>农村牧区行政村公路通达率</td><td>57.5</td><td>+</td></tr>
<tr><td colspan="5" style="display:none"></td></tr>
<tr><td rowspan="9">人民生活</td><td rowspan="9">17.5</td><td rowspan="5">生活水平</td><td rowspan="5">42.0</td><td>加权人均收入</td><td>36.0</td><td>+</td></tr>
<tr><td>加权人均住房面积</td><td>18.0</td><td>+</td></tr>
<tr><td>加权恩格尔系数</td><td>14.5</td><td>－</td></tr>
<tr><td>消费价格指数</td><td>14.5</td><td>－</td></tr>
<tr><td>城镇登记失业率</td><td>17.0</td><td>－</td></tr>
<tr><td rowspan="3">社会保障</td><td rowspan="3">36.5</td><td>万人拥有福利单位数</td><td>27.5</td><td>+</td></tr>
<tr><td>万人拥有福利单位床位数</td><td>29.0</td><td>+</td></tr>
<tr><td>新型农村合作医疗参合率</td><td>43.5</td><td>+</td></tr>
<tr><td>贫困状况</td><td>21.5</td><td>是否为国家级或自治区级贫困县</td><td>100.0</td><td>－</td></tr>
<tr><td rowspan="13">社会发展</td><td rowspan="13">17.5</td><td rowspan="2">科技事业</td><td rowspan="2">21.0</td><td>万人拥有专业技术人员数</td><td>50.0</td><td>+</td></tr>
<tr><td>万人拥有农业科技与服务单位个数</td><td>50.0</td><td>+</td></tr>
<tr><td rowspan="5">教育事业</td><td rowspan="5">28.5</td><td>小学教师学生比</td><td>17.5</td><td>+</td></tr>
<tr><td>千名小学生拥有学校数</td><td>22.5</td><td>+</td></tr>
<tr><td>普通中学教师学生比</td><td>17.5</td><td>+</td></tr>
<tr><td>千名中学生拥有学校数</td><td>22.5</td><td>+</td></tr>
<tr><td>学龄儿童入学率</td><td>20.0</td><td>+</td></tr>
<tr><td rowspan="3">文化事业</td><td rowspan="3">22.5</td><td>万人拥有图书馆、文化馆数</td><td>36.5</td><td>+</td></tr>
<tr><td>广播综合人口覆盖率</td><td>31.5</td><td>+</td></tr>
<tr><td>电视综合人口覆盖率</td><td>32.0</td><td>+</td></tr>
<tr><td rowspan="3">卫生事业</td><td rowspan="3">28.0</td><td>每千人拥有卫生机构数</td><td>31.0</td><td>+</td></tr>
<tr><td>每千人拥有卫生机构床位数</td><td>32.0</td><td>+</td></tr>
<tr><td>每千人拥有卫生技术人员数</td><td>37.0</td><td>+</td></tr>
</table>

续表

总目标	权数	一级指标	权数	二级指标	权数	三级指标	权数	属性
兴边富民行动	100	经济发展	20.0	总体水平	17.0	人均生产总值	100.0	+
				工业水平	15.0	工业化率	25.0	+
						城镇化率	25.0	+
						一产占 GDP 比重	25.0	−
						一产就业人数比重	25.0	−
				财政实力	17.5	人均财政收入	100.0	+
				国内贸易	18.0	人均社会消费品零售额	100.0	+
				投资实力	15.0	人均储蓄存款余额	37.0	+
						人均社会固定资产投资额	31.5	+
						金融机构存款占生产总值比例	31.5	+
				旅游经济	17.5	旅游业收入年均增长率	50.0	+
						旅游收入占 GDP 比重	50.0	+
		边贸发展	9.5	对外贸易	50.0	进出口贸易年均增长率	50.0	+
						进出口额占 GDP 比重	50.0	+
				口岸建设	50.0	口岸级别	50.0	+
						口岸年过货能力	50.0	+
		生态环境	9.0	生态资源	50.0	森林覆盖率年均增长率	27.0	+
						草原覆盖度年均增长率	42.0	+
						耕地面积年均增长率	31.0	+
				环境保护	50.0	环保投入占财政支出比例	55.0	+
						自然保护区面积比例	45.0	+
		安定团结	9.5	社会治安	50.0	万人交通事故数	17.5	−
						万人犯罪人数	25.0	−
						万人民事案件发案数	32.5	−
						万人刑事案件立案数	25.0	−
				民族团结	50.0	荣获民族团结集体和个人表彰情况	100.0	+

三、兴边富民行动绩效评估案例——以内蒙古为例

按照表 8－8 所示的兴边富民行动绩效评估指标体系以及权重结构，本小节将对内蒙古 19 个边境旗市的兴边富民行动绩效进行评估。

（一）数据来源和处理

1. 数据来源

根据数据的可获取性，我们选择了内蒙古边境旗市在两个时间点上的数据，2005 和 2010 年。前者是十五末期，后者是十一五末期，因此两个时间的变化可以看出是兴边富民行动在十一五期间所取得的绩效。之所以选择 2005，而非 2000 年，是因为表 8－8 所列的许多指标大多数边境旗市缺失，而且缺失情况过于严重，以致我们认为不适于寻找相应的替代值。之所以选择 2010 年，是因为本研究开始之时，绝大多数边境旗市 2011 年数据还没有公布。

内蒙古 19 个边境旗市以及自治区的数据（为了与自治区平均水平做对比）的主要来源是：内蒙古自治区和边境旗市的《国民经济和社会发展统计公报（2005 年，2010 年）》，《内蒙古经济社会调查年鉴（2006，2011）》，《中国县（市）社会经济统计年鉴（2006，2011）》，《内蒙古统计年鉴（2006，2010）》，内蒙古自治区和边境旗市的《政府工作报告（2006 年，2011 年）》，《内蒙古年鉴（2006）》，《呼伦贝尔市统计年鉴（2005，2010）》，《锡林郭勒盟统计年鉴（2006，2011）》，《阿拉善统计年鉴（2006）》等，个别数据来自边境旗市政府官方网站或报刊网站等，统计数据来源如表 8－9 所示。

但是按照表 8－8，有个别边境旗市某些指标值数据缺失。对这些缺失值的处理方法，我们用如下的方法寻找其替代值。首先，如果某个边境旗市 2005 年数据缺失，我们用其 2006 年的代替；如果不能解决问题，我们用该旗市所属盟市的该指标值代替（相当于用整个盟市的平均水平代替）；如果盟市相应数据也缺失，我们则用 19 个边境旗市的均值代替。

此外，对于某些地区有些指标不适用，比如满洲里市，根据统计年鉴，其乡村人口非常少，可以忽略，因此表 8－8 中所列出的三级具体指标“农村牧区行政村自来水普及率、电话普及率、通电率、公路通达率、新型农村合作医疗参合率这些涉及农村地区的指标不适用。为

此，我们需要对权重做相应的调整。例如，根据表8－8，一级指标基础设施分解为供水、供电、通信和交通基础四个二级指标，其中供水和供电二级指标分别用三级指标农村牧区行政村自来水普及率和通电率来衡量。但满洲里市这两个指标不适用，因此，二级指标供水设施和供电设施缺相应的三级指标。为了保证满洲里市兴边富民行动绩效评估值能够与其他边境地区相比较，对于满洲里市，我们将剩余的两个二级指标通信和交通基础设施对于所属的一级指标基础设施的权重按照它们的相对大小同比例地进行调整，使调整后的两者权重之和为100（调整前，通信和交通基础设施对于一级指标基础设施的权重是22.5和28.5，调整后变为45和55）。对应其他边境地区类似的情况，全部按照上述方法微调相应的权重。

表8－9　评价指标统计数据来源

评价指标	统计指标	统计指标来源	备注
农牧区行政村自来水普及率	农村牧区通自来水村数	内蒙古经济社会调查年鉴（2006，2011），各盟市统计年鉴（2005）	
农村牧区行政村电话普及率	农村牧区通电话村数	内蒙古经济社会调查年鉴（2006，2011），各盟市统计年鉴（2005）	
百户互联网入网户数	互联网用户	内蒙古年鉴（2006），各盟市旗县统计公报（2005，2010），各盟市统计年鉴（2005，2010值），内蒙古统计年鉴（2011）	2005年兴安盟互联网用户选自《“十一五”期间兴安盟邮政电信业增势强劲》①
农村牧区行政村通电率	农村牧区通电村数	出自《内蒙古自治区实现村村通电》②	2005年通电率用自治区代替，选自《光明普照新农村》③

① “十一五”期间兴安盟邮政电信业增势强劲［EB/OL］，兴安盟统计局，http：//www.xamtj.gov.cn/fxjd/ztfx/161716.htm。

② 内蒙古自治区实现村村通电［EB/OL］，国家电网公司网站，http：//www.sgcc.com.cn/ztzl/hhtd/dfbd/66258.shtml。

③ 光明普照新农村［EB/OL］，新华网内蒙古频道，http：//www.nmg.xinhuanet.com/xwzx/2006－04/16/content_6754810.htm。

续表

评价指标	统计指标	统计指标来源	备注
公路里程年均增长率	公路里程	内蒙古统计年鉴（2006），内蒙古经济社会调查年鉴（2011）	
农村牧区行政村公路通达率	农村牧区通汽车村数	内蒙古经济社会调查年鉴（2006，2011），各盟市统计年鉴（2005）	
加权人均收入	城镇居民人均可支配收入	内蒙古年鉴（2006），各盟市旗县统计公报（2010）	
	农牧民家庭人均纯收入	内蒙古统计年鉴（2006，2011），各盟市旗县统计公报（2010）	
加权人均住房面积	城镇居民人均居住面积	内蒙古统计年鉴（2007，2010），各盟市统计年鉴（2010值）	2005年数据用2006年代替
	农民人均居住面积	内蒙古经济社会调查年鉴（2007，2011），内蒙古统计年鉴（2011）	2005年数据用2006年代替
加权恩格尔系数	城镇居民年人均消费性支出	内蒙古统计年鉴（2006，2011），各盟市统计年鉴（2005，2010值）	
	城镇居民年人均消费性支出中食品支出	内蒙古统计年鉴（2006，2011），各盟市统计年鉴（2005，2010值）	
	农村牧区居民家庭人均年支出	内蒙古统计年鉴（2006，2011），各盟市统计年鉴（2005，2010值）	
	农村牧区居民家庭人均年支出中食品支出	内蒙古统计年鉴（2006，2011），各盟市统计年鉴（2005，2010值）	

续表

评价指标	统计指标	统计指标来源	备注
消费价格指数	居民消费价格总指数	各盟市统计年鉴（2005，2010值），内蒙古统计年鉴（2006，2011），各盟市旗县统计公报（2005，2010）	2010年兴安盟消费价格指数参考《兴安盟发改委主任尤国钧同志在全盟发展和改革工作会议上的讲话》①
城镇登记失业率	城镇登记失业率	内蒙古统计年鉴（2006，2011），内蒙古年鉴（2006），各盟市统计年鉴（2005，2010值），各盟市旗县统计公报（2005，2010）	
万人拥有福利单位数	社会福利院数	中国县（市）社会经济统计年鉴（2006，2011），内蒙古统计年鉴（2006，2011）	
万人拥有福利单位床位数	社会福利院床位数	中国县（市）社会经济统计年鉴（2006，2011），内蒙古统计年鉴（2006，2011）	
新型农村合作医疗参合率	参加农村合作医疗的人数	内蒙古卫生年鉴（2007），各盟市旗县统计公报（2010），政府工作报告（2011）	2005年数据用2006年代替，阿尔山2007年才实行新农合制度，所用的2007年数据参考《阿尔山市大力发展社会事业构建和谐城市》②

① 兴安盟盟委委员、统战部长、发改委主任尤国钧同志在全盟发展和改革工作会议上的讲话［EB/OL］，兴安盟发展和改革委员会网站，http：//fgw. xam. gov. cn/zwgk/ldjh/133668. htm。

② 阿尔山市大力发展社会事业构建和谐城市［EB/OL］，内蒙古新闻网，http：//xam. nmgnews. com. cn/article/20081125/197586_ 1. html。

续表

评价指标	统计指标	统计指标来源	备注
是否为国家或自治区贫困县	是否为扶贫开发工作重点旗县	内政办发［2011］91号①，《民族自治地方国家扶贫工作重点县一览表》②，《内蒙古自治区国家及自治区级扶贫开发工作重点县名单》③	自治区均值为101个县级行政区均值
万人拥有专业技术人员数	各类专业技术人员	内蒙古统计年鉴（2006，2011）	
万人拥有农业科技与服务单位个数	农业科技与服务单位个数	内蒙古经济社会调查年鉴（2007，2011）	2005年数据用2006年代替
小学教师学生比、千名小学生拥有学校数	小学专任教师数	内蒙古统计年鉴（2006，2011）	
	小学在校学生数	内蒙古统计年鉴（2006，2011），内蒙古经济社会调查年鉴（2011）	
	小学学校数	内蒙古统计年鉴（2006，2011），内蒙古经济社会调查年鉴（2011）	
普通中学教师学生比、千名中学生拥有学校数	普通中学专任教师数	内蒙古统计年鉴（2006，2011）	
	初中在校学生数	内蒙古统计年鉴（2006，2011）	
	高中在校学生数	内蒙古统计年鉴（2006，2011）	

① 内政办发［2011］91号：内蒙古自治区人民政府办公厅关于印发《内蒙古自治区扶贫标准调整方案》和《内蒙古自治区国家和自治区扶贫开发工作重点旗县调整方案》的通知。

② 民族自治地方国家扶贫工作重点县一览表［EB/OL］，中央人民政府网站，http：//www.gov.cn/test/2006－07/14/content_ 335883.htm。

③ 内蒙古自治区国家及自治区级扶贫开发工作重点县名单［EB/OL］，正镶白旗扶贫办网站，http：//fpb.zxbq.gov.cn/fpb_ xgyw/fpb_ zctj/200806/t20080606_ 8037.html。

续表

评价指标	统计指标	统计指标来源	备注
普通中学教师学生比、千名中学生拥有学校数	普通中学在校生数	内蒙古统计年鉴（2011），内蒙古经济社会调查年鉴（2011）	
	普通中学学校数	内蒙古统计年鉴（2006，2011），内蒙古经济社会调查年鉴（2011）	
学龄儿童入学率	学龄儿童入学率	内蒙古统计年鉴（2006，2011），内蒙古经济社会调查年鉴（2011）	
万人拥有图书馆、文化馆数	图书馆、文化馆数	内蒙古统计年鉴（2006，2011），各盟市旗县统计公报（2005，2010）	
广播综合人口覆盖率	广播综合人口覆盖率	内蒙古年鉴（2006），各盟市旗县统计公报（2005，2010），各盟市统计年鉴（2005，2010值），内蒙古统计年鉴（2011）	
电视综合人口覆盖率	电视综合人口覆盖率	内蒙古年鉴（2006），各盟市旗县统计公报（2005，2010），各盟市统计年鉴（2005，2010值），内蒙古统计年鉴（2011）	
每千人拥有卫生机构数	卫生机构数	内蒙古统计年鉴（2006，2011）	
每千人拥有卫生机构床位数	床位数	内蒙古统计年鉴（2006，2011）	
每千人拥有卫生技术人员数	卫生技术人员	内蒙古统计年鉴（2006，2011）	
人均生产总值	人均生产总值	内蒙古统计年鉴（2006，2011），各盟市统计年鉴（2010值）	

续表

评价指标	统计指标	统计指标来源	备注
工业化率	工业企业增加值	内蒙古统计年鉴（2006，2011），各盟市旗县统计公报（2005，2010）	
城镇化率	市镇人口	内蒙古统计年鉴（2006，2011）	
一产占GDP比重	第一产业生产总值	内蒙古统计年鉴（2006，2011）	
一产就业人数比重	第一产业就业人员	内蒙古统计年鉴（2006，2011）	
	第二产业就业人员	内蒙古统计年鉴（2006，2011）	
	第三产业就业人员	内蒙古统计年鉴（2006，2011）	
人均财政收入	地方财政收入	内蒙古统计年鉴（2006，2011），各盟市旗县统计公报（2005），内蒙古经济社会调查年鉴（2011）	
人均社会消费品零售额	社会消费品零售总额	内蒙古统计年鉴（2006，2011）	
人均储蓄存款余额	城乡居民储蓄存款余额	中国县（市）社会经济统计年鉴（2006，2011），各盟市旗县统计公报（2005，2010）	
人均社会固定资产投资额	全社会固定资产投资	内蒙古统计年鉴（2006，2011）	
金融机构存款占生产总值比例	各项存款余额	内蒙古年鉴（2006），各盟市旗县统计公报（2005），内蒙古统计年鉴（2006，2011），内蒙古经济社会调查年鉴（2011）	
旅游业收入年均增长率、旅游收入占GDP比重	旅游收入	各盟市旗县统计公报（2005，2010）	

续表

评价指标	统计指标	统计指标来源	备注
进出口贸易年均增长率、进出口额占GDP比重	外贸进出口总额	内蒙古年鉴（2006），各盟市旗县统计公报（2005，2010），内蒙古统计年鉴（2006，2011），各盟市统计年鉴（2010值）	2005年汇率（8.0702） 2010年汇率（6.6227）
口岸级别、口岸年过货能力	口岸建设情况	内蒙古经济社会调查年鉴（2006，2011），批准开放文号参考《内蒙古自治区对外开放口岸一览表》①	自治区均值为21个边贸口岸地区均值
森林覆盖率年均增长率	森林覆盖率	各盟市统计年鉴（2005，2010值），内蒙古年鉴（2006），内蒙古统计年鉴（2011），各盟市旗县统计公报（2010）	2010年包头森林覆盖率参考《包头市森林覆盖率10年提高一倍多》②
	森林面积	各盟市统计年鉴（2005，2010值），政府工作报告（2011），内蒙古统计年鉴（2011），内蒙古经济社会调查年鉴（2011）	

① 内蒙古自治区对外开放口岸一览表［EB/OL］，内蒙古自治区商务厅，http：//www. nmgswt. gov. cn/kagk/ShowArticle. asp？ArticleID = 13663。

② 包头市森林覆盖率10年提高一倍多［EB/OL］，内蒙古日报社数字报刊，http：//szb. northnews. cn/nmgrb/html/2010 -08/03/content_ 752860. htm。

续表

评价指标	统计指标	统计指标来源	备注
草原覆盖度年均增长率	草原总面积	各盟市统计年鉴（2005，2010 值），政府工作报告（2006），内蒙古统计年鉴（2011），内蒙古 2010、2000 年数据出自《内蒙古草原面积 10 年增加 1300 万亩》①、2005 年数据根据《2005 年内蒙古自治区环境状况公报》算得	2010 年阿拉善草原总面积参考《阿拉善盟 2011 年草原生态保护补助奖励机制实施方案》②
耕地面积年均增长率	年末实有耕地面积	各盟市统计年鉴（2005），内蒙古年鉴（2006），政府工作报告（2006），内蒙古统计年鉴（2011），内蒙古经济社会调查年鉴（2011）	
环保投入占财政支出比例	环境污染治理本年完成投资总额	内蒙古经济社会调查年鉴（2007，2011），内蒙古年鉴（2006）	2005 年阿拉善环境治理投资额参考《阿盟环保局 2006 年大事记》③
	地方财政支出	内蒙古统计年鉴（2006，2011）	
自然保护区面积比例	自然保护区面积	内蒙古经济社会调查年鉴（2007，2011），科右前旗数据参考《兴安盟自然保护区名录》④	2005 年数据用 2006 年代替

① 内蒙古草原面积 10 年增加 1300 万亩［EB/OL］，中国网络电视台新闻中心网站，http://news. cntv. cn/20110301/101468. shtml

② 阿拉善盟 2011 年草原生态保护补助奖励机制实施方案［EB/OL］，阿左旗财政局网站，http：//www. azqcz. gov. cn/zcfg/ShowArticle. asp？ArticleID = 1074。

③ 2006 年大事记［EB/OL］，阿盟环保局网站，http：//www. als. gov. cn/hbj/dsj/713d8130 - 1a95 - 4298 - 85c2 - e26ea2d00e30. shtml。

④ 兴安盟自然保护区名录［EB/OL］，内蒙古自治区环境保护厅网站，http：//www. nmgepb. gov. cn/ywgl/stbh/zrbjq/201009/t20100929_ 43149. html。

续表

<table>
<tr><th>评价指标</th><th>统计指标</th><th>统计指标来源</th><th>备注</th></tr>
<tr><td>万人交通事故数</td><td>交通事故件数</td><td>内蒙古经济社会调查年鉴（2007，2011）</td><td rowspan="4">1. 2005 年数据用 2006 年代替
2. 内蒙古自治区数值为 99 个旗县之和
3. 苏左旗 2005 年犯罪人数和民事案件数用 2007 年代替</td></tr>
<tr><td>万人犯罪人数</td><td>犯罪人数</td><td>内蒙古经济社会调查年鉴（2007，2011）</td></tr>
<tr><td>万人民事案件发案数</td><td>民事案件发案数</td><td>内蒙古经济社会调查年鉴（2007，2011）</td></tr>
<tr><td>万人刑事案件立案数</td><td>刑事案件立案数</td><td>内蒙古经济社会调查年鉴（2007，2011）</td></tr>
<tr><td>荣获民族团结集体和个人表彰情况</td><td>民族团结表彰情况</td><td>国发［2005］16 号①，《全国民族团结进步模范集体模范个人推荐名单公示》②</td><td>2010 年用 2009 年数据代替，自治区用边境地区均值代替</td></tr>
<tr><td rowspan="5">行政区基本情况</td><td>行政区域土地面积</td><td>内蒙古统计年鉴（2006），内蒙古经济社会调查年鉴（2011）</td><td></td></tr>
<tr><td>农村牧区村委会（嘎查）</td><td>内蒙古经济社会调查年鉴（2006，2011），各盟市统计年鉴（2005 值）</td><td></td></tr>
<tr><td>年末总户数</td><td>内蒙古统计年鉴（2006，2011）</td><td></td></tr>
<tr><td>年末总人口</td><td>内蒙古统计年鉴（2006，2011）</td><td></td></tr>
<tr><td>乡村人口</td><td>内蒙古统计年鉴（2006，2011）</td><td></td></tr>
</table>

① 国发［2005］16 号：国务院关于表彰全国民族团结进步模范集体和模范个人的决定［EB/OL］，中国政府公开信息整合服务平台，http：//govinfo. nlc. gov. cn/jlsfz/zfgb/200512/201010/t20101009_ 444241. htm？ classid =464。

② 全国民族团结进步模范集体模范个人推荐名单公示［EB/OL］，中央人民政府网站，http：//www. gov. cn/gzdt/2009 -09/07/content_ 1410987. htm。

续表

评价指标	统计指标	统计指标来源	备注
行政区基本情况	生产总值	内蒙古统计年鉴（2006，2011）	
	盟市土地面积	内蒙古统计年鉴（2006，2011）	
	盟市户数	内蒙古统计年鉴（2006，2011），各盟市统计年鉴（2005，2011）	
	盟市人口	内蒙古统计年鉴（2006，2011）	
	盟市生产总值	内蒙古统计年鉴（2006，2011）	
	盟市地方一般预算支出	内蒙古统计年鉴（2006，2011）	

如表 8－9 所示，评价指标的数据来源中无论是国家统计局公开出版的统计年鉴，通过内蒙古盟（市）或旗（县）官方网站或其他网站公开的数据资料，还是权威报纸杂志公布的数据，最终都是来自官方的统计数据。所以，这里采集的统计数据的真实性和权威性是有保证的。

2. 数据处理

上述兴边富民行动绩效多指标评价中各个指标的单位不同、量纲不同、数量级也不同从而不便于分析，甚至会影响评价的结果。为此需要对所有评价指标进行标准化处理将其转化成无量纲、无数量级差别的标准化值后再进行分析评价。本章参考李光、吴昕宗（2011）关于“数据标准化方法”① 的探讨，主要采用“标准 0－1 变换法”对指标进行初值标准化处理：对各个具体量化指标计算相对分，各个指标中数据实际值最大的评估对象在该项最终得分为 1 分，数据实际值最小的评估对象在该项最终得分为 0 分，其他评估对象在该项的得分为其数据数值与

① 李光、吴昕宗：《基于结论一致的综合评价数据标准化研究》，载《数学的实践与认识》，2011，41（03）：74。

极值的相对分数。

如果 X_1 为评价指标集 X 中第 1 个变量，X_0 为 X 中适中值，X_{max} 为变量 X 中最大值，X_{min} 为最小值；Z 为标准化值，初始值标准化处理过程如下：

指标是正指标即要求越大越好就用上限效果测度：

$$Z = \frac{X_1 - X_{min}}{X_{max} - X_{min}} \tag{8.1}$$

反之，若评估指标是逆指标，即越小越好，就采取下限效果测度：

$$Z = \frac{X_{max} - X_1}{X_{max} - X_{min}} \tag{8.2}$$

当指标是中性指标时，要求适中为宜时就采用中心效果测度：

$$Z = 1 - \frac{|X_1 - X_0|}{|X_{(max;min)} - X_0|} \tag{8.3}$$

其中 $|X_{(max;min)} - X_0|$ 取 $|X_{max} - X_0|$ 和 $|X_{min} - X_0|$ 中绝对值最大的。

经 0－1 变换法标准化处理后，正指标、逆指标极大值为 1，极小值是 0，但对恒定指标因分母为 0 而不实用，考虑到兴边富民行动绩效评估中有恒定指标，本章还采用了“线性变换法”对指标进行初始值处理，计算方法如下：

当指标是正向指标时：

$$Z = \frac{X_1}{X_{max}} \tag{8.4}$$

经过处理后的标准化值最大值为 1，最小值不一定为 0；

当指标是逆向指标时：

$$Z = 1 - \frac{X_1}{X_{max}} \tag{8.5}$$

经处理后的值最小值为 0，最大值不一定为 1。

“标准 0－1 变换法”和“线性变换法”两种处理方法各有利弊，本章综合运用两种方法能较好地克服兴边富民行动绩效评估指标初始值标准化处理上遇到的麻烦。

（二）计算绩效评估指数

1. 综合绩效指数计算方法

上文中我们已经得到主观赋权的指标体系权重，这里采用加权指数法对内蒙古边境旗市兴边富民行动绩效综合得分（F）进行统计计算，过程如下：

三级指标层各项指标指数的计算公式是

$$I_i = Z_i \times 100 \tag{8.6}$$

其中 Z_i 是三级指标层中第 i 项指标的标准化值，I_i 是其转化后的相对指数，经过式（8.6），最终我们得到的 I_i 是为区间 0 - 100 的指数值。

二级指标层中各项指数的计算公式为：

$$P_j = \sum_{i=1}^{n_j} I_{ji} W_{ji}^{I} (j = 1, 2, 3 \cdots m;\ i = 1, 2, 3 \cdots n_j) \tag{8.7}$$

其中下标 j 表示第 j 个二级指标，i 表示的三级指标，P_j 是二级指标层中第 j 个指数，I_{ji}是第 j 二级指标所包含的三级指标中第 i 个指标值，W_{ij}^{I}是指标 I_{ji}所对应的权重，n_j 表示第 j 个二级指标所包含的三级指数个数。

一级指标层各项指数的计算公式为：

$$F_K = \sum_{j=1}^{m_k} P_{kj} W_{kj}^{P} (k = 1, 2, 3 \sim K;\ j = 1, 2, 3 \sim m_k) \tag{8.8}$$

其中 F_k 是一级指标层中第 k 个指标，P_{kj}是第 k 个一级指标所包含的二级指标值，W_{kj}^{P}是指标 P_{kj}所对应的权重，m_k 是第 k 个一级指标所包含的二级指标的个数。

目标层综合指数的计算公式

$$F = \sum_{k=1}^{K} F_k W_k^{Q} (k = 1, 2, 3 \sim K) \tag{8.9}$$

其中 F 是兴边富民行动绩效综合指数，F_k 是第 K 个一级指标值，W_k^{Q} 是指标 F_k 所对应的权重。

2. 绩效评估指数

按以上步骤可以计算出内蒙古自治区 19 个边境旗市兴边富民行动绩效综合指数和一级指标绩效指数，见表 8 - 10 和 8 - 11。

表 8-10 内蒙古兴边富民行动 2005 年绩效指数

测评对象	F	F_1	F_2	F_3	F_4	F_5	F_6	F_7
额济纳旗	44.26	20.54	66.20	61.52	28.96	23.85	43.94	67.41
二连浩特	42.94	19.98	77.40	28.40	38.25	77.45	32.82	32.22
满洲里	39.90	19.96	67.10	37.48	31.14	49.89	43.53	34.93
达茂旗	38.23	56.83	40.05	34.81	17.47	20.19	15.69	90.97
阿左旗	37.38	32.28	45.43	36.05	26.89	11.58	31.88	87.25
新右旗	36.68	25.76	55.10	35.57	23.71	17.03	29.87	77.73
阿巴嘎	34.97	27.42	51.70	33.24	18.01	11.05	20.91	93.74
额尔古纳	34.46	25.95	49.25	36.48	16.60	58.74	26.07	40.03
阿尔山	33.14	27.56	58.95	37.77	22.21	16.25	20.73	38.67
四子王	32.72	36.34	32.99	22.10	10.38	25.06	34.16	98.60
乌中旗	32.57	42.91	40.04	24.61	7.54	16.45	19.77	95.90
阿右旗	32.49	23.43	51.90	49.52	17.94	11.58	28.53	36.92
苏右旗	31.54	24.47	36.25	28.02	21.86	11.05	16.47	97.11
乌后旗	31.37	16.47	35.59	38.97	15.77	16.45	20.74	94.03
自治区	29.31	36.75	27.99	25.50	15.98	20.84	24.15	66.90
新左旗	29.17	23.28	50.66	41.25	8.26	21.27	22.16	36.38
陈旗	28.90	19.87	46.70	29.50	20.38	15.29	36.94	35.05
东乌旗	27.02	22.69	44.04	31.45	21.12	11.05	9.40	40.39
苏左旗	26.97	26.35	27.42	35.95	20.14	11.05	27.16	40.80
科右前旗	23.51	25.77	29.82	30.42	7.31	10.27	19.32	46.48

注：F：兴边富民行动综合绩效指数，F_1：基础设施绩效指数，F_2：人民生活绩效指数，F_3：社会发展绩效指数，F_4：经济发展绩效指数，F_5：边贸发展绩效指数，F_6：生态环境绩效指数，F_7：安定团结绩效指数。

表 8 - 11　内蒙古兴边富民行动 2010 年绩效指数

测评对象	F	F_1	F_2	F_3	F_4	F_5	F_6	F_7
额济纳旗	57.94	80.30	61.85	66.52	66.73	36.65	38.82	15.82
二连浩特市	55.11	68.44	75.61	50.61	60.23	53.84	31.14	14.99
阿左旗	53.94	70.61	57.49	46.34	56.33	24.38	24.83	83.70
满洲里市	52.14	61.16	71.69	37.45	44.69	66.02	44.44	36.12
达茂旗	50.84	84.21	65.22	32.32	37.15	18.09	16.04	93.26
东乌旗	49.19	57.34	64.89	40.91	39.14	23.02	26.39	89.86
乌后旗	49.05	51.70	66.19	43.74	42.09	22.94	23.24	87.71
阿右旗	48.77	55.40	62.67	53.96	37.20	24.38	16.39	81.22
额尔古纳市	47.84	49.73	64.20	49.08	19.69	34.39	41.35	90.85
新右旗	46.17	55.22	67.63	42.88	45.00	29.83	35.05	25.80
陈旗	42.95	58.31	55.50	39.99	37.67	16.29	45.03	33.57
自治区	42.48	70.77	61.85	31.16	27.34	21.47	20.49	65.83
乌中旗	40.44	78.73	48.47	34.88	22.38	29.24	16.70	39.08
阿巴嘎	40.03	58.85	51.27	42.58	33.09	10.75	33.02	31.54
苏左旗	38.25	60.01	48.32	44.25	26.31	10.75	15.07	44.29
新左旗	37.94	56.41	52.66	39.54	24.23	16.29	22.57	39.90
阿尔山市	36.81	59.40	39.52	42.40	28.64	10.23	19.47	41.23
四子王旗	36.54	70.37	36.69	20.42	10.31	8.08	25.98	99.08
苏右旗	36.51	59.52	43.69	31.76	27.79	10.75	32.07	39.11
科右前旗	35.15	60.99	39.94	29.46	7.29	4.26	17.81	96.57

注：F：兴边富民行动综合绩效指数，F_1：基础设施绩效指数，F_2：人民生活绩效指数，F_3：社会发展绩效指数，F_4：经济发展绩效指数，F_5：边贸发展绩效指数，F_6：生态环境绩效指数，F_7：安定团结绩效指数。

（三）兴边富民行动综合绩效测评结果分析

根据表 8 - 10 和 8 - 11，我们能够对内蒙古 19 个边境旗市兴边富民行动综合绩效进行详细的分析。2005 年综合绩效指数最高的是额济纳旗的 44.26，最低的是科右前旗的 23.51；从表 8 - 11 可以看出，2010

年综合绩效指数最高的仍是额济纳旗，分数为57.94，最低的还是科右前旗，分数为35.15。

为了便于直观比较各地区排名，我们将综合绩效指数转化为取值范围为［0，100］的相对绩效值来表示边境旗市兴边富民行动成效的高低。计算公式为 $F_i = \frac{F_x}{F_{max}} \times 100$，其中 F_x 为各旗市兴边富民行动综合指数，F_{max} 为 F_x 中的极大值。转换后，综合绩效指数得分最高的地区其相对绩效值为100。19个边境旗市按照上述线性变换可以得到表8－12。

表8－12 内蒙古2005年和2010年19个边境旗市兴边富民行动综合绩效排名

地区	*F*（2005）	*F*（2010）	排名（2005）	排名（2010）
额济纳旗	100	100	1	1
二连浩特	97	95	2	2
满洲里市	90	90	3	4
达茂旗	86	88	4	5
阿左旗	84	93	5	3
新右旗	83	80	6	10
阿巴嘎	79	69	7	13
额尔古纳市	78	83	8	9
阿尔山市	75	64	9	16
四子王旗	74	63	10	17
乌中旗	74	70	11	12
阿右旗	73	84	12	8
苏右旗	71	63	13	18
乌后旗	71	85	14	7
自治区	66	73	–	–
新左旗	66	65	15	15
陈旗	65	74	16	11
东乌旗	61	85	17	6
苏左旗	61	66	18	14
科右前旗	53	61	19	19

从表 8－12 可以看出，少数旗市 2005 年和 2010 年绩效值在全区总排名比较稳定，变化幅度较小。其中：额济纳旗、二连浩特市、新左旗、科右前旗等 4 个旗市在这 2 个样本年中分别稳居第 1、第 2、第 16、第 20 位；满洲里市、达茂旗、阿左旗、额尔古纳市、乌中旗这 5 个旗市在这 2 个样本年中变化在两个档次以内（包含两个档次），除乌中旗外均在前 9 位，处在总排名中等以上水平。

大多数旗市从 2005 年到 2010 年综合绩效指数排名变化在三个名次以上（包含三个名次），变化幅度较大。这些旗市是新右旗、阿巴嘎旗、苏尼特右旗、阿尔山市、四子王旗、阿右旗、苏尼特左旗、乌后旗、陈旗、东乌旗 12 个地区。其中新右旗、阿巴嘎、苏右旗、阿尔山市和四子王旗这 5 个旗市在 2010 年综合绩效排名与 2005 相比有所下降，其中四子王旗和阿尔山市排名下降幅度最大，分别从 2005 年的第 9、第 10 位下降为 2010 年的第 17、第 18 位；阿右旗、苏左旗、乌后旗、陈旗、东乌旗这 6 个地区在 2010 年综合绩效排名与 2005 年相比上升了，其中东乌旗排名上升幅度最大，从 2005 年第 18 位升至 2010 年的第 6 位。

“十一五”期间内蒙古自治区边境旗市兴边富民行动绩效排序发生以上变化的原因是多方面的，下面我们对排名均稳居第一位的额济纳旗、始终处于最后一位的科尔沁右翼前旗、下降幅度最大的阿尔山和上升幅度最大的东乌旗进行典型分析。

1. 综合绩效排名最高的额济纳旗

额济纳旗排名稳居第一位的原因归纳起来有以下四点：

（1）国家的扶持。额济纳旗曾流传的民谣“额济纳旗慢在路上、苦在水上、穷在电上”是其历史上基础设施建设落后的真实写照，落后的基础设施严重阻碍了额济纳旗的经济腾飞。2000 年后，党和国家在额济纳旗兴建了一批水利、电信、道路等基础工程，额济纳旗生态环境、交通运输、电力设施等基础设施条件明显改善——油路贯通、航天公路通车、策克口岸繁荣、嘉策铁路正式运营、临策铁路开工建设[①]，这一切努力极大地改变了额济纳旗落后的基础设施。

---

① 额济纳旗 60 年发展建设成就回眸［EB/OL］. 新华网内蒙古频道，http：//www.nmg. xinhuanet. com/nmgwq/2009－08/11/content_ 17363125. htm。

（2）当地政府的重视。“十一五”期间，额济纳旗旗委、旗政府围绕构建稳定和谐、富裕文明的额济纳，强化改革开放和科技进步两大动力，致力于把额济纳旗建成西北地区工业原材料基地、国际贸易大通道、特色旅游区和沟通内外的重要交通枢纽，贯彻落实生态立旗、工业强旗、口岸兴旗、旅游富旗和文化塑旗等五大战略，团结带领额旗各族干部群众开拓进取、扎实工作，把额济纳旗的各项事业继续推向前进，2003 年额旗财政收入 3020 万元，至 2005 年达 13124 万元，2008 年突破 3 亿元大关。[①] 2007 年 5 月，旗委针对旗经济社会发展现状，组织领导班子以及相关部门负责人赴中西部地区中国县域经济百强县（市）学习县域经济发展的成功经验，以创新思路、开阔眼界，为额旗经济社会全面发展打基础。[②]

（3）具有较好的发展基础。2000 年国家实施的西部大开发战略和兴边富民行动为额济纳旗经济发展提供了契机，额济纳旗加大生态和基础设施建设力度，大力推进全旗工业化、城镇化和产业化进程。“九五”时期以农牧业为基础、工矿业为支柱、加工业迅速发展的三次产业格局已成雏形；2000 年年底全旗生产总值达 1.44 亿元，财政收入达 1402 万元；“十五”末期，额济纳旗主要经济指标在阿拉善盟所属旗县中名列前茅：2005 年生产总值达 13.5 亿元，是“九五”末的 9.4 倍，财政收入达 1.31 亿元，是“九五”末的 13 倍，是全国经济发展最快的百强县之一。[③]

（4）额济纳旗人口少，地广人稀。额济纳旗国土面积 11.46 万平方公里，截止到 2011 年底，仅有人口 1.72 万人，是内蒙古自治区面积最大、人口最少的旗，人口密度 10 平方公里仅 1.5 个人。本章选择评价指标的一个重要原则是可比性原则，为了确保评估结果能够在评估对象间进行横向比较，在遴选内蒙古兴边富民行动绩效评估指标时偏重选取人均指标、结构指标或增长率指标等而避免采用绝对指标，因额济纳旗人

---

① 额济纳旗 60 年发展建设成就回眸［EB/OL］. 新华网内蒙古频道，http：//www.nmg.xinhuanet.com/nmgwq/2009－08/11/content_ 17363125.htm。

② 额济纳旗组团赴中国县域经济百强县学习考察［EB/OL］. 内蒙古新闻网，http：//news.nmgnews.com.cn/information/article/20070521/93407_ 1.html。

③ 额济纳旗［EB/OL］. 内蒙古广播网新闻中心，http：//www.nmrb.cn/Article/200711/20071116114419.html。

口稀少而在人均指标上占有绝对优势，这是其排名位居前列的重要原因。

2. 综合绩效排名最低的科尔沁右翼前旗

至于科尔沁右翼前旗排名落后的原因，首先要澄清两点：

一是并非国家不重视。科右前旗2004年和2008年都是国家实施兴边富民行动重点地区，仅科右前旗北民族聚集区就投资2100多万元实施7大类36项工程，使该民族地区基础设施得到明显改观、群众生活和生产受益。①

二是并非因为科右前旗推进兴边富民行动不积极。科右前旗2004年被国家列入兴边富民行动重点旗以来，认真贯彻把握重点、全面推进、惠泽于民的原则，积极推进少数民族地区经济发展和社会进步，积极做到：（1）明确思路，科学规划，为兴边富民行动有效实施明确方向。（2）因地制宜，精选项目，有针对性地选择扶持项目——在牧区围绕草原建设、棚舍建设、种畜改良；在半农半牧区围绕农田水利基础设施建设、基层医疗卫生、文化教育等为重点开展兴边富民行动。（3）统筹兼顾，艰苦创业，在争取上级扶持和帮助的同时，广泛动员农牧民投工投劳，为推进兴边富民行动创造了良好的发展条件。（4）严格监督，确保质量。旗领导经常深入项目区进行督促检查，跟踪指导项目运行过程。②

我们认为科尔沁右翼前旗兴边富民行动综合绩效指数低可能存在两方面的原因：

（1）评估指标和绩效指数计算方法的影响

兴边富民行动绩效评估所选取的指标，采取的绩效指数计算方法是造成科尔沁右翼前旗排名落后的原因之一。其影响表现在以下两个方面：

①绩效评估的偏向。这集中反映在所选择的指标和确定的权重上。在选取兴边富民行动绩效评估指标体系时，是依据兴边富民行动规划总体目标所涵盖的基础设施、人民生活、社会发展、经济发展、边贸发展、生态环境、安定团结这7个子目标，并遵循适用于大多数边境地区

---

① 内蒙古科右前旗实施“兴边富民行动”改善群众生产生活纪实［EB/OL］. 中国共产党新闻网，http：//cxzy. people. com. cn/GB/194307/15645427. html。

② 科右前旗积极推进兴边富民行动［EB/OL］. 内蒙古农牧业厅信息中心，http：//www. hhhtagri. gov. cn/sites/mainsite/detail. aspx？structid = 170405。

而能被广泛接受原则，评价指标不照顾某地区强项也不针对其他地区劣势。科尔沁右翼前旗强势在于农牧业，而此类指标在整个指标体系中比重不大。加之在确定指标权数时，基础设施、工业经济、城市化、外贸经济等领域得分会影响总绩效，这对农牧业旗县不利。从内蒙古兴边富民行动绩效整体评估而言，上述指标选择和权数设置的倾向是非常必要的，但不可避免的是，对科尔沁右翼前旗这样的农牧业大旗而言，会使其在兴边富民行动绩效评价中的排名靠后。

②评估指标标准化处理方法也会影响排序。本章对原始数值的标准化处理是将所有边境地区 2005 年和 2010 年指标数值分别进行 0 ~ 1 极差转换，以此来消除量纲和数量级差异，最后得到的加权指数是一个相对绩效指数，表示的是某一边境地区在所有边境地区中的相对位置。从科尔沁右翼前旗实际情况来看，虽然“十一五”期间兴边富民行动工作取得了一些成效，但距离兴边富民行动绩效各指标的平均值仍有较大的差距，这必然造成科尔沁右翼前旗兴边富民行动绩效加权指数得分低，最终排名落后了。

（2）科尔沁右翼前旗自身经济社会发展情况的影响

科尔沁右翼前旗土地面积 1.74 万平方公里，年末总人口 33.76 万人，乡村人口 31.31 万人，是内蒙古自治区总人口和乡村人口最多的旗市之一。科右前旗以农村牧区经济为主，分农区经济、牧区经济、半农半牧区经济。科右前旗在全区 19 个边境旗市兴边富民行动综合绩效排名中始终处于垫底位置，的确反映出其经济社会发展状况同自治区其他边境旗市相比还存在很大差距。2010 年，兴边富民行动一级指标中，科右前旗除安定团结绩效得分 96.57 排名第 2 位，以及基础设施绩效得分 60.99 排名第 8 位外，其余一级指标绩效得分在总排名中名次都很靠后，其中生态发展绩效得分 17.81，排名第 15 位，人民生活绩效得分 34.94，排名第 17 位，社会发展绩效得分 29.46，排名第 18 位，经济发展绩效得分 7.29，排名第 19 位，边贸发展绩效得分 4.26，排名第 19 位。对科尔沁右翼前旗一级指标排序的分析显示，它与其余边境地区差距显著，“十二五”时期兴边富民行动面临的形势依然非常严峻。

可见，科尔沁右翼前旗兴边富民行动主要涉及的各项经济社会事业发展水平与其他边境地区相比的确还存在相当大的差距，2005 年和 2010 年内蒙古兴边富民行动综合绩效排名中科右前旗始终连续均处于最后一位，这从一定程度上反映出科右前旗经济社会事业发展相对缓慢的整体态势未发生根本性改善。兴边富民行动绩效排名落后也在情理之中。

3. 综合绩效排名的变动

（1）导致排名变化的主要因素分析

根据表 8 - 8 可知，兴边富民行动综合绩效的计算公式是：

$$F = 0.17F_1 + 0.175F_2 + 0.175F_3 + 0.20F_4 + 0.095F_5 + 0.09F_6 + 0.095F_7 \quad (8.10)$$

其中，F 是综合绩效指数，F_1 是基础设施绩效指数，F_2 是人民生活绩效指数，F_3 是社会发展绩效指数，F_4 是经济发展绩效指数，F_5 是边贸发展绩效指数，F_6 是生态环境绩效指数，F_7 是安定团结绩效指数。

由式（8.10）可知，兴边富民行动综合绩效得分 F 主要是由代表基础设施绩效、人民生活绩效、社会发展绩效、经济发展绩效的变量 F_1、F_2、F_3、F_4 的得分数值决定的。

从表 8 - 10 和 8 - 11 可以看出，阿尔山市和东乌旗兴边富民行动基础设施绩效指数、人民生活绩效指数、社会发展绩效指数、经济发展绩效指数排名变化幅度很大：2005 年和 2010 年这两个样本年里，阿尔山市 F_1、F_2、F_3、F_4 在全区排名中分别从第 5、4、5、6 位下降至第 11、18、10、12 位；东乌旗 F_2、F_3、F_4 在全区排名中分别从第 12、13、8 位上升至第 6、11、7 位。对阿尔山市和东乌旗兴边富民行动绩效贡献率大的 4 个一级指标绩效排名下降或上升的分析结果正好与它们在全区兴边富民行动绩效排名中的变化现实相一致。

19 个边境地区兴边富民行动绩效排名仅仅是反映各地区政策实施成效在全区中的大致水平，为更精确权衡各旗市兴边富民行动实施绩效，我们接着对各地区 2005 年和 2010 年这两个样本年兴边富民行动绩效绝对增长量和相对增长率进行分类研究。

（2）综合绩效得分的绝对增长量分析

各旗市兴边富民行动综合绩效得分的绝对增长量见表 8 - 13 所示。就全区兴边富民行动绩效整体实施情况而言，各地区绝对增长量所属区间实际接近于正态分布。我们认为：绝对增长量在 20 分以上属于兴边富民行动绩效很好，15 ~ 20 分为较好，10 ~ 15 分为一般，5 ~ 10 分为差，5 分以下为较差，0 分以下是特别差。从表 8 - 13 可以看出，绩效水平处于 0 以下的地区个数为零，也就是说对于兴边富民行动综合绩效得分而言，19 个边境地区 2010 年绩效与 2005 年相比都有所增加，没有开倒车的旗市，并且大多数地区处在一般水平以上。

表 8－13　内蒙古兴边富民行动绩效绝对增长量

地区	F（2005）	F（2010）	F（2010）－F（2005）	增长量区间	累积地区数
东乌旗	27.02	49.19	22.17	[20，25]	1
乌后旗	31.37	49.05	17.68	[15，20]	4
阿左旗	37.38	53.94	16.56		
阿右旗	32.49	48.77	16.28		
陈旗	28.90	42.95	14.05	[10，15]	13
额济纳	44.26	57.94	13.68		
额尔古纳	34.46	47.84	13.37		
自治区	29.31	42.48	13.16		
达茂旗	38.23	50.84	12.61		
满洲里	39.90	52.14	12.24		
二连浩特	42.94	55.11	12.18		
科右前旗	23.51	35.15	11.64		
苏左旗	26.97	38.25	11.28		
新右旗	36.68	46.17	9.49	[5，10]	17
新左旗	29.17	37.94	8.77		
乌中旗	32.57	40.44	7.87		
阿巴嘎	34.97	40.03	5.07		
苏右旗	31.54	36.51	4.97	[0，05]	20
四子王	32.72	36.54	3.82		
阿尔山	33.14	36.81	3.67		

注：F（2005）表示边境旗市 2005 年兴边富民行动绩效综合指数，F（2010）表示 2010 兴边富民行动绩效综合指数；F（2010）－F（2005）描述的是各边境旗市兴边富民行动绩效得分的绝对增长量。

为了便于更直观地对比分析，我们将表 8－12 中的数据用折线图 8－3 来表示。图 8－3 中 F（2010）－F（2005）已按降序排列，曲线离横坐标越远表明绩效越高，相应绩效值对应纵坐标上的刻度值。

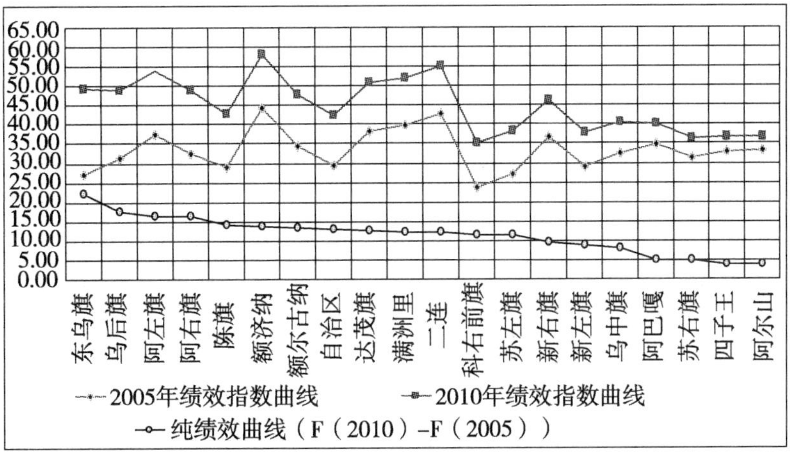

图 8－3　内蒙古边境旗市兴边富民行动综合绩效绝对增长量

从图 8－3 中我们可以看出：①总体上 19 个边境旗市综合绩效指数都在 2005 年之上，尤其是曲线 F（2005）和 F（2010）波峰位置上，明显可以看出阿左旗、额济纳旗、二连浩特市、新右旗兴边富民行动综合绩效在两个样本年均遥遥领先。表明这些地区“十一五”期间兴边富民行动各项经济社会事业取得了较快发展。②具体到各个旗市，综合绩效增长量上存在较大差异。图上可见纯绩效曲线在指数刻度值 0～25 之间变动，纯绩效高的东乌旗和最低的阿尔山市之间差距明显。③除了发展程度上不同之外，在发展动力上各地区仍有差距。2005 年经济社会各项事业发展程度并不必然决定 2010 年结果，像满洲里市、新左旗等 2005 年经济社会发展程度高、潜力较大的地区到 2010 年反而被阿左旗、苏左旗等潜力低的地区所超越。

（3）综合绩效得分的相对增长率分析

各旗市兴边富民行动综合绩效相对增长率见表 8－14 所示。表中最后一列描述的是各边境旗市 2010 年兴边富民行动综合绩效指数相对 2005 年的增长率，也反映各评估对象“十一五”期间兴边富民行动政策综合的相对变化情况。

表 8－14　内蒙古兴边富民行动综合绩效相对增长率

地区	F（2005）	F（2010）	$(\frac{F(2010)}{F(2005)}-1)\times 100$
东乌旗	27.02	49.19	82
乌后旗	31.37	49.05	56
阿右旗	32.49	48.77	50
科右前旗	23.51	35.15	49
陈旗	28.90	42.95	49
自治区	29.31	42.48	45
阿左旗	37.38	53.94	44
苏左旗	26.97	38.25	42
额尔古纳	34.46	47.84	39
达茂旗	38.23	50.84	33
额济纳	44.26	57.94	31
满洲里	39.90	52.14	31
新左旗	29.17	37.94	30
二连浩特	42.94	55.11	28
新右旗	36.68	46.17	26
乌中旗	32.57	40.44	24
苏右旗	31.54	36.51	16
阿巴嘎	34.97	40.03	14
四子王	32.72	36.54	12
阿尔山	33.14	36.81	11

注：F（2005）表示各边境旗市 2005 年兴边富民行动绩效综合指数，F（2010）表示 2010 年兴边富民行动绩效综合指数。

从表 8－14 可以看出，全区兴边富民行动绩效相对增长率分布区间是［0.11，0.82］，全部在 1 以下，也就是说“十一五”期间没有翻倍的旗市。为便于分析，我们根据表 8－14 做出如下的综合绩效相对增长率折线图。从图中可以看出，相对增长率曲线在乌后旗、达茂旗、苏右旗处有 3 个折点，根据这 3 个折点将全区兴边富民行动综合绩效相对增长率大致归为 4 类。

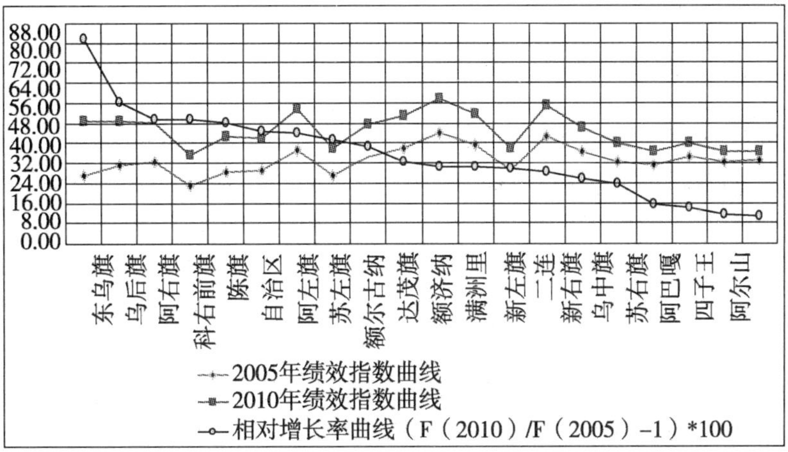

图 8-4　内蒙古兴边富民行动综合绩效相对增长率

第一类是东乌旗，也是唯一一个相对增长率超过 80% 的旗市，这也解释了东乌旗在 2005 年和 2010 年这两个样本年里排名上升幅度为什么会最大。相对增长率曲线上可以看出东乌旗的相对增长率远远高出其他地区。东乌旗兴边富民行动绩效相对增长率高居榜首，反映出它们在兴边富民行动政策实施中的绩效显著，属于县域经济社会发展潜力较大的地区，因此被归为第一类。

第二类地区包括乌后旗、阿右旗、科右前旗、陈旗、阿左旗、苏左旗、额尔古纳市这 8 个地区，相对增长率取值区间是［39，56］，它们与第一类的东乌旗差距明显，但相对于第三类的达茂旗、乌中旗等而言仍具有明显优势，总体来说属于靠前的水平。

第三类地区包括达茂旗、额济纳旗、满洲里市、新左旗、二连浩特市、新右旗、乌中旗 7 个地区，兴边富民行动绩效相对增长率在 24～33 之间。从 2005 和 2010 年的综合绩效曲线走向严格一致可以看出，第三类地区发展动力没有明显提升，维持着经济社会发展的固有惯性，兴边富民行动综合绩效的提升也不明显。

第四类地区是苏右旗、阿巴嘎、四子王旗、阿尔山市，它们的兴边富民行动综合绩效相对增长率在 11～16 之间。这 4 个旗市绝对增长率量的得分在0附近，其相对增长率水平排名靠后也在情理之中。在“十一五”期间，这些地区的经济社会发展水平基本没有变化，表明这些地区县域经济社会发展潜力较差。

（四）兴边富民行动一级指标绩效测评结果分析

仅仅对内蒙古边境旗市兴边富民行动综合绩效测评结果进行分析，可能会导致“以全概偏”。以阿尔山市为例，在2005年和2010年这两个样本年里，阿尔山市综合绩效排名下降幅度最大，从第9位跌至第16位，但在一级指标中的安定团结绩效得分却从第14位上升至第10位。因此，本章将进一步分析兴边富民行动7个一级指标的绩效得分测评结果。

为便于对19个边境旗市在基础设施、人民生活、社会发展、经济发展、边贸发展、生态环境和安定团结这些一级指标上的绩效得分进行分析，我们将表8-11中的一级指标绩效得分进行如下的转化

$$F'_{ij} = \frac{F_{ij} - F_{i0}}{F_{i,max} - F_{i,min}} \times 100 \tag{8.11}$$

其中，下标i表示第i个一级指标，j表示第j个边境旗市；F_{ij}表示表8-11中的第j个边境旗市在第i个一级指标上的绩效得分；F'_{ij}表示转化后的得分；F_{i0}表示内蒙古自治区的第i个一级指标的绩效得分；$F_{i,max}$和$F_{i,min}$分别表示19个边境旗市在第i个指标绩效得分上的最大值和最小值。可见，转化后的绩效得分F'_{ij}就表示在第i个指标方面，第j个边境旗市与全区平均水平的相对差距，具体得分见表8-15。

表8-15　内蒙古2010年19个边境旗市兴边富民行动一级指标绩效得分相对数值

测评对象	F_1	F_2	F_3	F_4	F_5	F_6	F_7
额济纳旗	28	0	77	66	25	61	-59
二连浩特	-7	35	42	55	52	36	-60
阿左旗	0	-11	33	49	5	14	21
满洲里市	-28	25	14	29	72	80	-35
达茂旗	39	9	3	17	-5	-15	33

续表

测评对象	F_1	F_2	F_3	F_4	F_5	F_6	F_7
东乌旗	-39	8	21	20	3	20	29
乌后旗	-55	11	27	25	2	9	26
阿右旗	-45	2	49	17	5	-14	18
额尔古纳市	-61	6	39	-13	21	70	30
新右旗	-45	15	25	30	14	49	-48
陈旗	-36	-16	19	17	-8	82	-38
乌中旗	23	-34	8	-8	13	-13	-32
阿巴嘎	-35	-27	25	10	-17	42	-41
苏左旗	-31	-35	28	-2	-17	-18	-26
新左旗	-42	-24	18	-5	-8	7	-31
阿尔山市	-33	-57	24	2	-18	-3	-29
四子王旗	-1	-65	-23	-29	-22	18	40
苏右旗	-33	-47	1	1	-17	39	-32
科右前旗	-28	-56	-4	-34	-28	-9	37

1. 基础设施绩效测评结果分析

从图8-5可以看出，2010年19个边境旗市在基础设施绩效得分上除达茂旗、额济纳旗、乌中旗3个地区比较突出外，其余16个边境旗市仍处于自治区平均水平以下。从基础设施绩效得分曲线来看，大致可以把19个地区划为三类：①达茂旗、额济纳旗、乌中旗这3个地区得分遥遥领先，处在自治区平均水平以上，具有明显优势。我们认为重要的原因是地方政府政策倾向和多因素共同作用的体现。“十一五”期间政府实施了“公路村村通”工程，公里里程年均增长率方面得分高正是兴边富民行动政策的积极体现。这与我们的评价结果吻合。②阿左旗、四子王旗、二连浩特市为第二类，这3个地区 F_1 的得分在 -7 ~0之间，即它们基础设施发展水平尽管没有达到自治区平均水准，但基本接近平均水平。③第三类地区包括满洲里市、科右前旗、苏左旗、苏右旗、阿尔山市、阿巴嘎、陈旗、东乌旗、新左旗、阿右旗、新右旗、乌后旗、额尔古纳市，这 13 个地区基础设施绩效处于较低水平，额尔古纳市基础设施得分 - 61 为最低，排在最后，表明该地区在“十一五”期间基础设施建设上的政策绩效不明显。

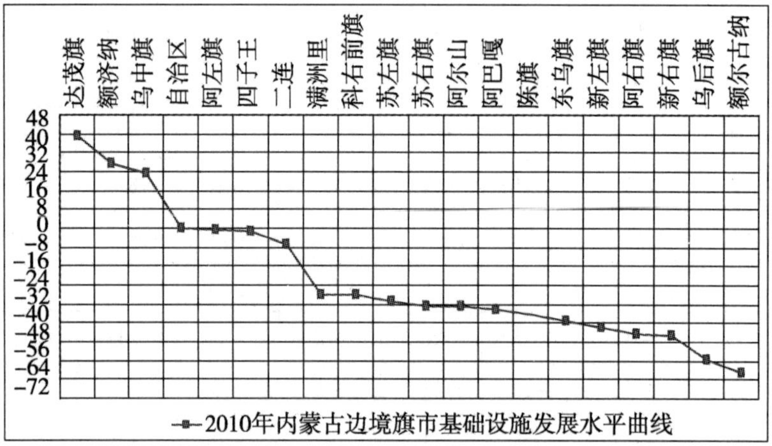

图 8 - 5　2010 年内蒙古边境旗市基础设施绩效得分图

2. 人民生活绩效测评结果分析

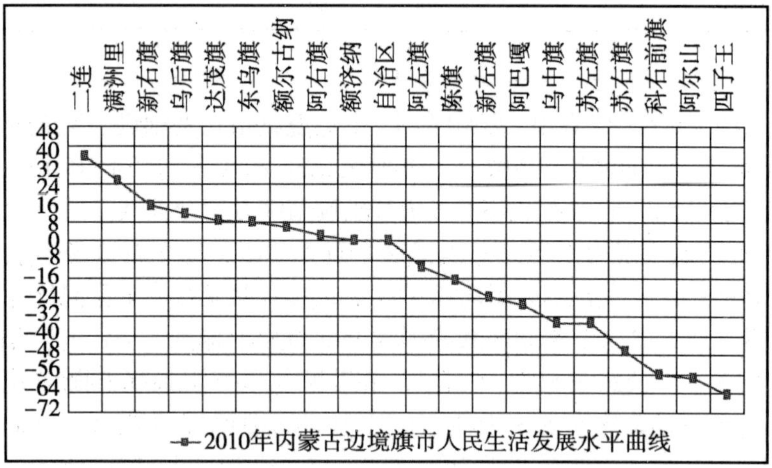

图 8 - 6　2010 年内蒙古边境旗市人民生活绩效得分图

从图 8－6 可以看出，在人民生活绩效得分上 19 个边境旗市与自治区平均水平的差距也很明显，9 个旗市处于自治区平均水平以上，从原始数据上看，二连浩特市、满洲里市等旗市人均收入也名列前茅，这是生活水平最好的体现。10 个旗市在自治区水平以下，绩效得分在－65～－11 之间，他们是阿左旗、陈旗、新左旗、阿巴嘎、乌中旗、苏左旗、苏右旗、科右前旗、阿尔山市、四子王旗。这些旗市需要进一步加大政策实施力度，改善投资环境，创造良好的就业机会，促进经济快速发展进而提高人民的生活水平。以阿尔山为例，在人民生活指标项上 2010 年得分还不如 2005 年，也就是人民生活指标下降，这与原始数值"城市登记失业率、消费价格指数"等逆向指标值较高相吻合，所以其 2010 年人民生活绩效得分低也在情理之中。

3. 社会发展绩效测评结果分析

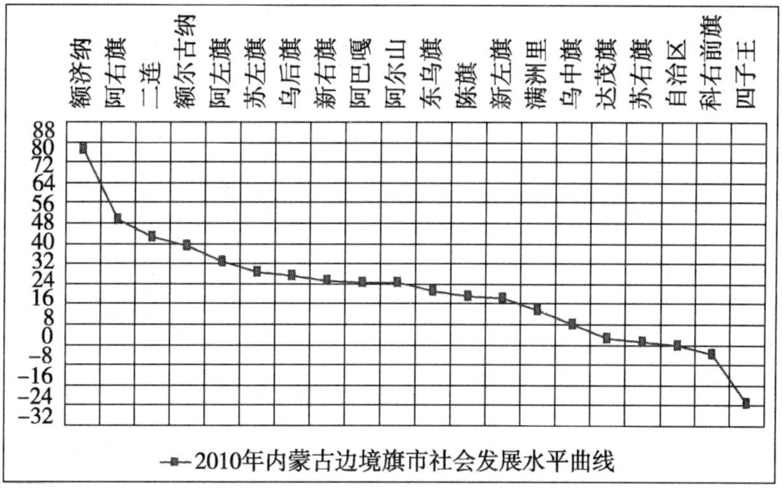

图 8－7　2010 年内蒙古边境旗市社会发展绩效得分图

从图 8－7 可以看出，2010 年 19 个边境旗市在社会发展绩效得分上除科尔沁右翼前旗、四子王旗 2 个地区较差外，其余 17 个边境旗市都处于自治区平均水平以上，表明整个边境地区社会发展绩效从总体看是良好的。从社会发展绩效曲线走势来看，除额济纳旗、四子王旗处比较倾斜外，其余较为平缓，实际意义是，除去最好的额济纳旗和最差的四子王旗外，17 个边境地区社会发展绩效比较均衡并且除科尔沁右翼前旗外都高于自治区平均水平。额济纳旗等2010年社会发展绩效得分高的地区，它们在原始数据上每千人拥有卫生机构数、每千人拥有卫生机构床位数、每千人拥有卫生技术人员数等指标上要好于其他旗市，因此，在卫生事业指标上的指数高于其他地区；2010年社会发展绩效得分低的四子王旗，其2010年绩效得分还不如2005年得分，且处于自治区水平之下，该旗急需在社会发展方面作出努力。

4. 经济发展绩效测评结果分析

从图8－8可以看出，19个旗市经济发展绩效得分总体上处于良好水平。2010年经济发展绩效得分上，额济纳旗、二连浩特市、阿左旗、新右旗、满洲里市、乌后旗、东乌旗、陈旗、阿右旗、达茂旗、阿巴嘎、阿尔山市、苏右旗这13个旗市处在自治区平均水平之上，只有苏左旗、新左旗、乌中旗、额尔古纳市、四子王旗、科右前旗这6个旗市与自治区平均水平有一定差距。从图中我们可以看到2010年经济发展水平曲线总体倾斜程度较大，这与19个边境旗市经济发展极不平衡的现实相吻合。

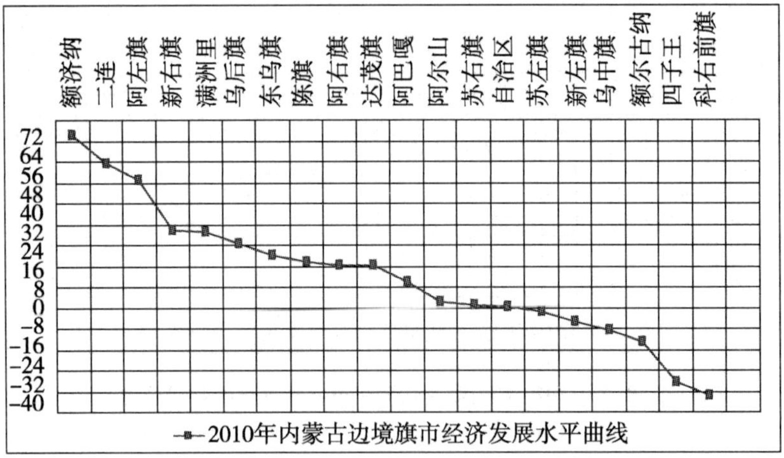

图8－8　2010年内蒙古边境旗市经济发展绩效得分图

5. 边贸发展绩效测评结果分析

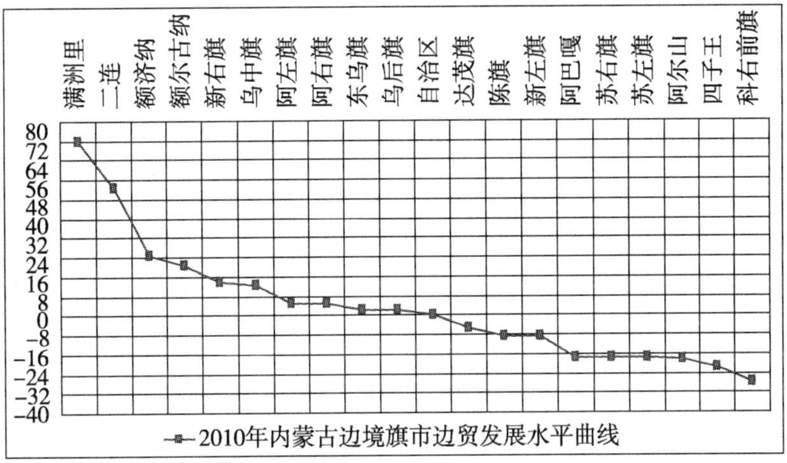

图 8-9 2010 年内蒙古边境旗市边贸发展绩效得分图

从图 8-9 可以看出，2010 年的边贸发展绩效得分上，除达茂旗、陈旗、新左旗、苏左旗、阿巴嘎、苏右旗、阿尔山市、四子王旗、科右前旗这 9 个旗市绩效得分在 0 以下，还不及自治区平均水平外，其余 10 旗市绩效得分均高于自治区平均水平。从边贸发展绩效曲线上发现，满洲里市和二连浩特市优势明显，与其余 17 个边境地区差距大，这与实际情况很吻合。满洲里市和二连浩特市是内蒙古自治区重要的边境口岸，也是自治区重要的经贸大市，在边贸发展指标上得分排在前两位，说明这两个地区在边贸发展上具有明显优势。从原始数据看，它们的对外贸易系数、口岸年过货量和口岸级别、进出口总额占 GDP 的比重等值都很高。

6. 生态环境绩效测评结果分析

从图 8-10 可以看出，在生态环境指标上，陈旗、满洲里市、额尔古纳市、额济纳、新右旗、阿巴嘎旗、苏右旗、二连浩特市、东乌旗、四子王旗、阿左旗、乌后旗、新左旗这 13 个旗市绩效较好，处于自治区平均水平以上，但从生态环境绩效得分曲线来看，13 个旗市间差距也较明显。生态环境绩效处于自治区平均水平以下的有阿尔山市、科右前旗、乌中旗、阿右旗、达茂旗、苏左旗等 6 旗市，它们的生态环境绩效得分在 -18 ~ -3 之间，且这 6 个旗市生态环境发展绩效得分曲线相对平缓，实际意义是水平相当。从原始指标数值看，它们的森林覆盖率年均增长率、草地覆盖度年均增长率、耕地面积年均增长率等指标上出现过负增长率，而自然保护区面积比例提高也不大，这就是它们绩效值处于低水平的原因。

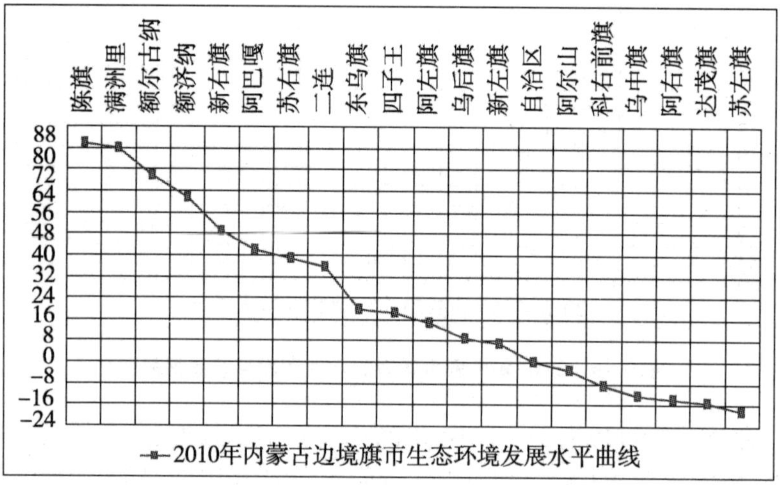

图8-10　内蒙古边境旗市生态环境绩效得分图

7. 安定团结绩效测评结果分析

从图8-11可以看出，2010年19个边境旗市的安定团结指标绩效得分曲线以自治区平均水平为界大致分为两段较平滑的部分，由此可以把19个地区划为两类：一类包括四子王旗、科右前旗、达茂旗、额尔古纳市、东乌旗、乌后旗、阿左旗、阿右旗这8个旗市，它们的绩效水平在18~40之间，比自治区平均水平高，并且内部各旗市得分差距相对较小。第二类包含苏左旗、阿尔山市、新左旗、苏右旗、乌中旗、满洲里市、陈旗、阿巴嘎旗、新右旗、额济纳旗、二连浩特市等11个旗市，它们的绩效水平在-60~-26之间，跟自治区平均水平有较大差距，11个旗市两个极值相差34，相对于前一类地区较不平衡。

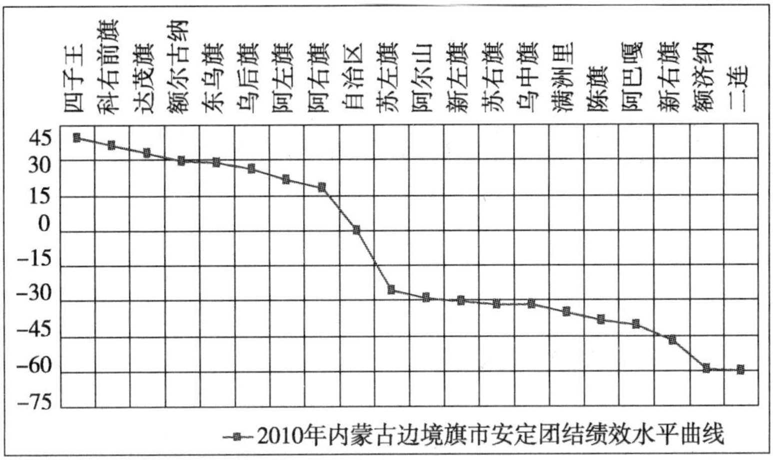

图 8－11　内蒙古边境旗市安定团结绩效的得分图

（五）测评结果小结

我们利用多指标综合评价模型对内蒙古边境旗市兴边富民行动绩效进行了评估。评估结果显示，总体而言内蒙古自治区各边境旗市“十一五”期间经济社会事业取得进一步发展，反映在各旗市 2010 年兴边富民行动综合绩效得分较 2005 年都有增加。但各边境旗市兴边富民行动绩效水平之间存在较大的差距。

此外，边境地区 7 个一级指标上的绩效得分上也存在一定的不平衡，意味着各旗市在一级指标上都存在着这样或那样的不足之处。而且 2010 年没有任何一个旗市 7 个一级指标绩效得分都高于自治区平均水平，也就是说各旗市经济社会事业发展与全区平均水平相比都存在着薄弱环节。比如额济纳旗“安定团结”得分，二连浩特市“基础设施、安定团结”得分，阿左旗“人民生活”得分，满洲里市“基础设施、安定团结”得分都低于自治区平均水平。

兴边富民行动综合绩效以及一级指标绩效的评估结果为内蒙古边境旗市继续深入推动兴边富民行动提供了方向。边境旗市需要把上述一级指标中的薄弱环节列为工作的重点来抓。

第九章　兴边富民行动规划及方法

一、规划编制的一般原则

兴边富民行动规划是为贯彻落实党中央、国务院关于深入实施兴边富民行动的战略部署，促进边境地区经济社会又好又快发展和社会和谐稳定，由国家民族事务委员会、发展改革委和财政部共同组织编订的规划。兴边富民行动规划是与政府、政府职能、区域系统、宏观调控、产业结构调整、产业政策等紧密联系的，是边境地区经济社会发展的指导性规划。兴边富民行动规划的编制，要紧紧围绕各民族“共同团结奋斗，共同繁荣发展”的主题，着眼捍卫国家主权和领土完整，着力深化改革开放，加快转变经济发展方式，为保障和改善民生，提升保障能力，维护民族团结和社会稳定，为边境地区与全国同步全面建成小康社会提供指导性意见。

（一）指导性规划的特点

1. 基本认识

首先，维护和促进边境地区人民利益是兴边富民行动规划的根本出发点。从本质上来说，市场经济条件下的兴边富民行动是一种以政府部门管理、支持与干预的形式维护国家利益以及边境地区人民利益的工具和手段。而兴边富民行动规划的制订和实施就是对这一既定目标不断修正，对影响规划诸因素和各利益集团不断进行平衡和协调的动态系统过程。其根本宗旨是扶持边境地区又好又快发展，逐步跟上全国发展的步伐，促进边境地区与内陆地区协调发展。因此，兴边富民行动规划是政府干预和协调边境地区发展的重要手段之一，规划的根本目标是消除边境地区和内地的发展差异，实现富民和兴边。

其次，兴边富民行动规划的政策目标主要体现在战略性和灵活性上。规划的目标不必面面俱到，要重点突出战略性的关键目标。兴边富民行动规划是应对和解决边境地区发展滞后等多种问题的重要途径之一。它所涉及的一般都是全局性、战略性、长远性的重大问题，它不参与边境地区地方事务的具体管理，解决的是边境地区内单一政府无力解决、急需扶持的难点问题。中央政府负责制订兴边富民行动总体规划，各地区按照中央政府（或者是上级政府）的规划要求，根据本地区的实际情况，相应地制订符合本地区边境地区经济社会发展的实际条件的具体规划细则和实施方案，用于指导本地区的兴边富民行动。

2. 主要特点

（1）基础性

兴边富民行动规划是在对边境地区的自然、经济、社会、技术等各方面情况进行认真调查研究之后制订的，它不单为边境地区的发展做出长远规划，还可以为边境地区的经济建设提供大量可供参考的资料和实施方案。

（2）区域性

兴边富民行动规划反映了边境地区的资源特点、经济发展和社会发展特点。由于边境地区与内地的自然条件、经济发展水平、发展环境不同，不同的边境地区之间也存在不小的差异，因此，边境地区要有不同于内地的整体发展规划，具体的边境地区因实际情况不同，其规划应体现地域特色。

（3）综合性

边境地区全面发展涉及自然、人文、社会、经济、民族等诸多要素。其中每一要素的变化均会对边境地区产生不同程度的影响。所以，兴边富民行动规划是在综合考虑地区特点和多种因素作用的基础上制订而成的。

（二）指导性规划的编制原则

1. 系统性原则

系统性原则，也称为整体性原则，它要求把决策对象视为一个系统，以系统整体目标的优化为准绳，协调系统中各子系统的相互关系，使系统整体上实现最优。因此，在决策时，应该将各个子系统的特性放到上一级系统的整体中去权衡，以整个系统的总目标来协调各个子系统的目标。

边境地区兴边富民行动规划是涉及经济、社会、民族、自然、生态、环境诸方面的复合系统，涉及工业、交通、服务业、旅游业、科技、城镇、环境保护、文化、能源、就业和社会保障、社会事业和农村经济等诸多子系统的内容。具体到兴边富民行动规划的编制中是指，要做到突出重点、统筹兼顾。在统筹考虑边境地区发展的基础上，把民生放在突出位置，采取特殊政策和措施解决边民在生产生活、就业、就医、就学和社会保障等方面的困难和问题。

2. 协调性原则

协调性原则是指从社会整体利益出发，协调各利益主体的行为，平衡其相互利益关系，以引导、促进或强制各主体目标和行为运行在社会整体发展目标和运行秩序的轨道上，从而达到总体的平衡、结构的优化和总体秩序的和谐。欠发达、欠开发的边境地区在编制兴边富民行动规划时，一方面，要考虑到各个利益主体的利益诉求，只有如此，才能尽可能地调动各个利益主体实施规划的积极性，才能更好地实现兴边富民行动规划的目标；另一方面，不能为了照顾个别行为主体的利益而忽视或侵害了其他主体的利益，更不能为此牺牲整体的利益。这就要求在编制、实施兴边富民行动规划时，必须要充分贯彻协调性的原则，在保证整体利益的同时也要考虑各主体的利益，唯如此，才能保证兴边富民行动的顺利实施。

3. 因地制宜原则

因地制宜原则是指根据各地不同的情况制订有针对性的措施。一方面，兴边富民行动规划应该与国家社会经济发展目标和方针政策相符，符合国家有关发展政策；另一方面，又要符合边境地区欠发达、欠开发的实际情况，具有可行性和可操作性。这就要求兴边富民行动规划编制要做到“因地制宜，分类指导”。从边境地区自然生态条件、经济社会发展水平和文化形态及毗邻国家状况差异较大的实际出发，根据边民和地方政府的需求，确定主要任务和重点工程，加强分类指导并重点解决突出问题。

4. 可持续发展原则

可持续发展原则强调在严格控制人口、提高人口素质和保护环境，保证资源永续利用的前提下促进经济和社会的发展。边境地区可持续发展的实质是在经济发展过程中，要兼顾局部利益和全局利益、眼前利益和长远利益，这就要求边境地区在编制兴边富民行动规划时要充分考虑到自然资源的长期供给能力和生态环境的长期承受能力，在确保经济获得稳定增长的同时，自然资源得到合理开发利用，生态环境保持良性循环，使经济、社会、生态与环境协调发展。

5. 以人为本原则

人与人相互依赖与竞争是人类社会形成、发展和变化的决定性因素，随着社会的发展，越来越多的政策、规划均不同程度地强调了“以人为本”的理念。在制订兴边富民行动规划的过程中，也要遵照此项原则，从边民的需要、情感、知觉以及边民之间相互作用过程等方面出发，编制出真正符合边民需要的、能达到“富民”目的的合理规划。

二、规划编制的方法

（一）前期调研与分析

在制订规划的准备阶段，要通过对规划对象进行调研，获得各项基础资料并加以分析。对于兴边富民行动规划，具体包括以下几个方面：

1. 自然条件与社会经济背景分析

对自然条件和社会经济背景的分析是规划制订的基础，主要是对边境地区地域范围内的自然资源、人力资源、技术水平与社会公共基础设施进行分析，只有掌握了自然条件与社会经济背景的信息与数据，才能对边境地区经济社会发展实际情况做出合理评估。

（1）自然资源

边境地区地域面积广阔，蕴藏着丰富的自然资源，但多属于欠开发区域，自然资源开发利用程度普遍较低。充分了解边境地区的自然资源禀赋的量和质，才能根据边境地区自然条件和经济社会发展基础，最大限度地制订合理开发利用自然资源的发展战略。自然资源的分析主要包括确定自然资源总的数量、分布的地理位置以及品位。了解自然资源的总量便于确定自然资源开发的总体规模；确定自然资源分布的地理位置，包括埋藏的深浅程度，便于计算自然资源采掘成本；确定自然资源的品位，便于制订采用何种采选和提炼技术以及计算相应的采选和提炼成本。总之，只有充分了解边境地区的自然资源禀赋的量和质，才能因地制宜地制订相应产业部门的发展战略和布局战略，并确定自然资源开发的总体规模，开发的先后顺序以及开发的成本和收益。

（2）人力资源

人力资本就是体现在人力资源身上的、以人力资源的数量和质量表示的一种非物质资本。边境地区的人力资源主要是指在该地区内人口所具有的劳动力资源的综合。在有些情况下，也被称为“劳动力资源”。边境地区的人力资源分析主要包括以下几个方面的内容：

人力资源的数量。指边境地区内具有劳动能力的人口数量。对于边境地区而言，由于迁入劳动力相对较少，人力资源数量将很大程度上影响到该地区的总体经济规模大小以及公共服务的需求量。因此，获得准确的统计数据将有助于确定合理的生产规模，并制订相应的发展政策、产业政策以及制订合理的社会事业发展规模。

人力资源的素质。人力资源的素质不仅包括身体素质，还包括文化素质（受教育程度、知识的掌握、技术水平、道德修养等）。高素质边民除了能胜任更多种类的工作和劳动生产率较高外，还对社会的稳定，建设和谐社会具有积极的促进作用。边境地区教育事业普遍相对落后，与内地其他区域差距较大，更应重视对人力资源文化素质的分析。

人力资源的分布。指在一定时期内，边境地区范围内具有劳动能力的人口的分布状况。主要使用人口密度指标来衡量，即一定时期内，单位土地面积上居住的人口数。人口密度反映了人口稠密情况和人均资源拥有量水平，从经济发展的角度说明人口分布与资源的关系。

人力资源的迁移。高素质的人力资源往往会从经济发展相对落后的区域迁移到经济发展水平较高的区域，造成落后地区人力资源的“流失”。边境地区经济发展普遍比较落后，人力资源迁移的情况很普遍，因此在分析边境地区发展情况时，要认真分析造成这种迁移的主要原因，并采取措施吸引高素质的人力资源“回流”，对本地区的经济发展做贡献。研究人力资源的迁徙也是为了人力资源与各区域组合的“优化配置”，不至于出现高素质人力资源过于集中的现象，造成人力资源的“浪费”。

（3）技术引进与消化

技术在经济发展中扮演着越来越重要的作用。一个地区整体技术创新能力越强，对当地经济发展的促进作用越大。对于边境地区而言，由于自身技术水平与内地发达地区相比仍存在较大差距，因此边境地区增强自身技术水平主要体现在对先进技术的引进与消化上。所以，对边境地区技术能力的分析除考察当地科学技术水平发展状况外，要更加重视引进技术水平与消化技术水平的能力。在衡量技术消化水平时，着重考察这种技术被引进后，在区域发展中对技术进步的度量。

（4）基础设施

边境地区要发展，必须注重基础设施的建设。对基础设施的分析主要包括对交通通信设施、农林水利设施、电力设施、新能源设施、医疗卫生设施、教育设施等物质和社会基础设施全方面进行考察。对基础设施分析主要是评价基础设施的种类、规模、水平、配套等对地区发展的影响。

2. 经济发展分析

边境地区经济分析是规划编制前期调研和分析的核心内容，主要是在边境地区自然条件与社会经济背景分析的基础上对地区经济发展做全面的分析。主要包括以下几个方面：

（1）地区发展水平测量。这是经济分析最常用的，通常用一些综合性的指标衡量地区经济社会发展水平。综合性的指标包括：地区生产总值、物质生活质量指数（如小康社会指标）等。权衡地区发展的总体情况以及居民的生活福利和大多数人的基本需要的满足程度，在一定程度上反映一个地区的经济发展水平。

（2）地区经济发展阶段的分析。发展阶段的研究主要是研究区域经济增长的阶段，从罗斯托的经济成长理论中，可以判定大部分边境地区基本属于“起飞准备”阶段，是农业向工业、交通、商业以及服务业为主的社会转变期，只有具备较高的资本能力，建立主导产业，同时建立相应的保障制度才能达到“起飞”阶段。

3. 产业结构分析

边境地区产业结构就是按照一定的标准划分一个区域内产业与产业之间的技术经济联系和数量比例关系。产业结构的优化，是边境地区经济增长的重要保证。对边境地区而言，这种分析主要是确定地区发展的主导产业以及优化产业结构。

（1）主导产业的确定。主导产业是指在地区经济发展过程中处于支配地位的专门化产业，具有明显的比较优势，产出规模大，产值比重高，关联效应强，是地区经济的主体或核心，能够带动地区经济的发展。对边境地区主导产业的选择，主要遵循以下原则：较高的专门化率，即区位优势突出；产业规模足够大，地区内增加值比重较大；较高的产业关联度，能够强力带动地区内部其他产业的发展；市场潜力较大，具有实际和潜在巨大需求和高收入弹性。

（2）产业结构优化。地区产业结构主要表现为地区内各种产业部门之间的比例关系以及它们之间的综合。边境地区产业结构的优化要遵循以下原则：要根据该地区的实际情况，因地制宜，合理配置产业结构并不断优化；在边境地区技术水平相对落后的条件下，要引进先进技术，并利用这些技术发展一些资本和技术密集型产业；边境地区出口产业相对其他地区具有优势，要进一步加速出口产业的技术进步；边境地区的部分产业发展缓慢，对产业结构的优化，要充分发挥地区优势；在地区发展过程中，把环境保护放在首位，同时提高资源使用的效率。

边境地区发展现状的调查和分析是编制兴边富民行动规划工作的开始，目的是要认识边境地区的本质特征、经济结构发展和演变过程，明确边境地区发展的优势条件和限制因素，找出发展中的关键问题及潜力，为研究边境地区发展战略、制订兴边富民行动规划目标及设计方案打下基础。

（二）规划目标与任务

1. 明确边境地区的发展方向

我国陆地边界线上居住着勤劳勇敢、守土戍边的各族人民，其中有近半数是少数民族，我国有 30 多个民族与国外历史上的同一民族相邻而居。边境地区是国家实力和形象的缩影，是国家政治、经济、军事战略地位为一体的重要门户，是捍卫国家主权和领土完整，挫败国内外敌对势力的前沿阵地。国家的统一，民族的团结是国家的最高原则，只有边境地区经济社会事业全面发展，才能有效地瓦解国外敌对势力在边境的活动，才能有效地维护民族团结和社会稳定。

与内地许多地区相比，边境地区在经济社会事业上处于落后状况，有些地区水、电供应得不到保障、危房比例较高、群众收入水平低、收入来源单一、生活困难多、教育和卫生等社会事业还比较落后。这些都是边境地区迫切需要解决的问题。制订兴边富民行动规划，首先必须要明确边境地区需要什么，其中最急需的又是什么，即首先要明确兴边富民行动的首要任务。

2. 布局重点产业，加快经济发展

经济发展是边境地区全面发展的物质基础，只有边境地区经济发展水平提高了，才能带动人民生活水平提高，促进教育、卫生等事业的全面发展。而边境地区经济发展的关键在于发展重点产业。

边境地区要根据自身的情况、特点、优势和制约条件，因地制宜、发挥优势、互相合作，形成各具特色的产业结构和产业布局。在重要资源富集区建设一批优势资源开发及加工基地；重点边境城镇地区应进一步开发开放，培育外向型经济产业；在有条件的地区积极培育并建成边贸、旅游合一的特色优势产业基地；正确处理工业布局的集中与分散的矛盾，合理布局工业；合理安排农林牧副渔的用地结构和商品性农业生产基地的建设布局，妥善解决工农业和各项建设用地的矛盾。此外，边境地区还应重视重点地区的规划和开发，充分发挥重点经济带的集聚效应，加速中心城市的辐射作用，让其充分发挥示范功能，带动周边地区经济发展。

3. 建成共享、高效的边境地区基础设施体系

经济的发展、社会的进步离不开基础设施的支持。因此，边境地区要构筑现代化的综合交通网络，使港口、机场、公路、铁路等重大基础设施布局合理，快捷、便利、高效，城市交通与边境交通能顺利衔接，地区能源供给充足、安全、可靠，使交通运输、能源、给排水、通信、生活服务、边贸等各项基础设施的布局同工农业生产和边境地区居民点的布局相互协调配合。

4. 形成布局合理、结构优化、功能明确的边境地区城镇体系

对边境地区城镇人口的增长趋势要进行科学预测，并在区域分析的基础上确定主要城镇的性质、规模和布局，引导和协调主要城镇，让各类城镇间和城乡间形成合理的分工协作。整个边境地区内要形成大中小城市各司其职、功能分工合理、城乡协调发展的格局。在构建和完善发达、欠开发地区布局的基础上，初步形成合理的、各具特色的边境地区城镇体系格局。

5. 完善公共服务体系，构建和谐社会

兴边富民行动规划应注重公共事业的协调发展，并逐步完善公共服

务体系，达到构建和谐社会的目标。边境地区社会问题复杂，人民生活水平较低，还存在人口增长较快、素质较差、科教水平低、公共保障体系不健全等问题。兴边富民行动规划的编制应以逐步实现控制人口的自然增长率，改善城乡医疗设施条件，完善城乡社会保障体系，发展科学教育事业，发展文化艺术、体育等社会事业，加强社会治安和安全生产状况，加速民主法治建设和精神文明建设的进程为目标。边境地区在加快经济建设的同时，要统筹经济社会协调发展，统筹城乡协调发展，统筹边境地区内部协调发展，积极推进社会主义新农村建设规划，努力构建和谐社会，切实为解决好欠发达、欠开发地区的就业、社会保障、生活环境等现实问题服务。

6. 做好环境建设，增强可持续发展能力

兴边富民行动规划要立足于边境地区发展现状，做好环境建设工作，要把合理开发和有效利用水土资源，防止环境的污染和破坏，加强对边境地区环境的保护，增强其可持续发展的能力，建成生态环境优美、适宜人类居住的区域环境作为边境地区兴边富民行动规划的目标之一。一方面，边境地区要严格控制耕地资源的保有量，强化天然林保护，提高森林覆盖率；另一方面，边境地区要加强环境保护工作，加强边境地区环境的综合整治，强化环境管理能力，要转变经济发展方式，严格控制单位生产总值能源消耗，提高土地、淡水等资源的综合利用效率。

（三）可行性研究

在制订兴边富民行动规划后，需要对规划的可行性进行分析评价，边境地区兴边富民规划的可行性研究与一般意义上企业工程建设项目的可行性研究有着本质的区别，主要表现在以下几个方面：首先，边境地区兴边富民行动的可行性研究要充分考虑自然、经济、社会、技术各方面的可行性，要求做到适应自然、有益社会、经济有利、技术可行、生态平衡，而工程项目的可行性研究更多考虑的是经济技术的可行性；其次，边境地区兴边富民行动的可行性研究需要充分考虑社会效益和生态效益，而后者更多地侧重于利润分析；最后，兴边富民行动的可行性研究更多地考虑开发建设对国民经济和当地经济的整体效果，后者则只侧重于企业内部的财务评价。

由于边境地区开发所提供的产品和服务更多的是公益性的，因此，区域开发的可行性研究一般不能像企业工程项目那样通过本身的利润来评价其经济活动，需要根据其对社会利益的贡献程度来评价。目前流行的可行性评价方法是"收入—成本分析法"。收入成本分析包括以下两方面的主要内容。

1. 收入成本比率

判断兴边富民行动合理性的一般方法，就是计算收入—成本比率，它可用如下公式表示：

$$BC(i) = B/C \tag{9.1}$$

式中BC（i）——收入成本比率；

B——社会公众的净收入；

C——政府支付的成本。

上述指标都是按相同时间段计算的现值或等年值。因此，收入—成本比率反映了使用者（社会公众）的货币收入相当值和承办者（政府）的货币成本相当值之间的相对关系。公式中的净收入 B 是使用者的收益和损失相抵后的净额，C 是承办者所支付的全部成本扣除一切节约之后的净额。

为了便于理解上述公式所规定的含义，将上式可以改写为：

$$BC(i) = B/(I + C') \tag{9.2}$$

式中：I——政府投入的投资支出相当值；

C′——政府支出的净经营成本相当值；

B——使用者的净收入相当值。

其中

$$I + C' = C \tag{9.3}$$

在方案比选中，只有收入—成本比率大于 1 的方案，才能保留下来作为进一步评选的方案。即：

$$B/(I + C') > 1 \tag{9.4}$$

或

$$B - (I + C') > 0 \tag{9.5}$$

或

$$(B - C') - I > 0 \tag{9.6}$$

或

$$(B - C')/I > 1 \tag{9.7}$$

上述四个公式的含义是相同的。公式（9.4）是相对经济效益；公式（9.5）为净收益；公式（9.6）和（9.7）是单位投资的收入指标，是投资收益率的一种计算方式。显然，只有当相对经济效益大于1，绝对经济效益大于0，单位投资的收入指标大于1时，才能把全部投资支出收回而有余，否则，就要发生投资亏损。因此，只有满足这些条件的方案，才是可以考虑的方案。也就是说，对兴边富民行动方案的初步评选，是以收入是否超过成本为接受标准的。

2. 收入与成本的确定

如何使兴边富民行动规划方案中的收入和成本货币化，是进行收入—成本分析的关键步骤。这里应注意三点：

（1）为确定兴边富民行动方案的收入额，必须确定兴边富民行动方案对社会公众产生的有利方面和不利方面。有利方面，如兴边富民行动项目的收益收入，不利方面通常称为收益损失，如经济开发中所造成的环境污染等。总收入就是收益收入减去收益损失。收入一般分为两种：一是直接收入，是边境地区兴边富民行动项目直接实现的产品和劳务价值；二是间接收入，是指由于兴边富民行动项目而促使社会增加的产品和劳务价值。在计算收入—成本比率时，直接收入一般易于确定。当用直接收入与成本相比较就能得到明确结论时，可不计算间接收入；如得不出明确结论，就应考虑估算间接收入，以便作进一步的评选。

（2）对兴边富民行动的收入与成本进行评估的另一个问题是价格的选取。对于某些商品或劳务而言，按照市价估算的收入和成本能够反映其真正的价值。但有时按照市场价格估算的收益和成本，不能反映其真实价值，如有的产品和劳务政府给予补贴，或其价格受到政府的限制，这就需要用“影子价格”来替代市价。另一种情况是有些收入或成本根本无法准确计算，只能用相当的经济价值来估算。一种方法是把取得同样服务的最小收费作为其经济收入，另一种方法是把使用者愿意为该服务支付的数额作为该项服务的收入额。

（3）边境地区兴边富民行动的一个重要特点是目标和功能的多样性，因此，在计算总成本和总收入时，必须在所有各个目标和功能之间进行共同分配，用整体成本和整体收入来对比，这样才能得出比较合理的结论。

（四）政策保障

要保证兴边富民行动规划的顺利实施，需要制订相应的政策予以保障。规划中的政策体系是由多种专项政策有机结合在一起组成的一个政策系统，各专项政策之间相互联系、相互支撑、相互促进、相互影响。

1. 产业政策

兴边富民行动规划中的产业政策是国家或地方政府为了实现特定的经济和社会目标，以边境地区内特定产业为对象，通过财政政策、土地政策、环保政策、科技政策等对这些特定产业进行保护、扶植、鼓励和引导，力图促进这些特定产业健康发展，并带动边境地区其他产业发展。边境地区的产业政策主要包括：

（1）产业结构政策。产业结构政策是通过影响和推动产业结构调整、优化来促进产业发展的公共政策。主要用于调节资源在产业间的配置，涉及结构调整和结构优化两方面的问题，包括产业调整政策和产业援助政策。

（2）产业组织政策。产业组织政策是指为了获得理想的市场结构，由政府制订干预市场结构和市场行为，调节企业间关系的公共政策。产业组织政策的实质是协调竞争与规模经济之间的关系，从而实现有效竞争。主要分为两大类：一类是鼓励专业化和规模经济的专业化政策，主要用于限制过度竞争；另一类是限制垄断，促进和鼓励市场竞争的竞争政策。

（3）产业布局政策。产业布局政策是根据产业的经济技术特性、国情国力状况和各类地区的综合条件，对若干重要产业的空间分布进行科学引导和合理调整的公共政策。产业布局政策主要包括产业集中发展战略的制订和地区产业发展重点的选择。主要依据各地区要素禀赋、发展水平、产业结构对各个产业成本和收益进行分析，确定合理、有序的产业空间布局。

2. 科技政策

技术作为不可或缺的要素，对边境地区实现集约型增长和结构性增长起着重要的促进作用。科技创新政策通过鼓励和引导企业、学术机构的研究部门提高科技创新能力，加强研究机构与企业之间的合作来提高区域内科技创新的数量和优化科技创新结构。兴边富民行动涉及的科技政策一般可以分为三个层次：战略层次，主要解决国家经济和社会发展面临的关键战略性问题、目标；计划层次，规划主体提出广泛的研究课题并确定完成这些课题的具体项目；执行层次，使科学技术活动的主体或知识生产单元在各种研究组织中为了特定的目标完成单个的项目。

3．投资政策

兴边富民行动的投资政策通过政府的直接投资行为和改善投资环境的各项措施，引导社会其他各类资金的投资方向，并吸引区外各类资金的流入，从而促进边境地区经济社会发展。

投资政策通常包括三方面的内容：第一，营造良好的投资环境。投资环境包括硬件环境和软件环境。硬件环境主要指道路交通、通信、水电气的供给等物质环境，这些产业一般具有正外部性经济和规模经济的特点，投资规模大，投资周期长，私人资本不愿投资或无力投资，应由政府主导通过融资来实现。软环境包括边境地区政府的服务水平、法律法规、商业环境等非物质环境，良好的软件环境能够有效地维护市场秩序，保障生产者和消费者的权益，从而提高企业的经济效率。第二，确定投资重点产业。在边境地区产业发展规划中要明确重点和优先发展产业，通常是主导产业。投资政策的重点在于延长主导产业和产品链条，提高产品质量，并及时把握产业生命周期特点，挖掘潜在主导产业。第三，制订投资优惠政策。吸引外部资金进入区域内进行投资是加快边境地区发展的重要政策手段。优惠政策一般包括税收优惠、土地优惠和能源优惠等。这些优惠政策的制订应该符合兴边富民行动规划中的其他政策，较好地处理引资和边民利益、可持续发展之间的关系。

4．财政政策

边境地区财政政策是通过财政分配关系的调整来促进边境地区经济稳定发展和产业结构合理化的政策。国家可以通过集中财力、生态补偿、转移支付等财政手段，实现国民收入的再次分配，从而进一步推动边境地区的发展，尽可能地消除一次分配领域的不公，使边境地区也能分享社会经济发展的成果，让广大的边民也能体验经济发展的成就。

财政政策的具体手段有：第一，地区税收手段。税收收入是边境地区经济与管理的资金来源，其中营业税、个人所得税、房产税等是直接归地方政府支配的。第二，财政支出手段。通过财政支出将财政收入分配给不同的产业和区域，从而实现政府资金的配置。第三，财政转移支付手段。政府将以税收形式筹集上来的财政资金转移到社会福利和财政补贴等费用的支付上，主要用于缩小地区差距、基本公共设施建设和扶贫支出上。

5. 环境政策

兴边富民行动规划下边境地区的发展通常都会涉及如何开发利用当地丰富的自然资源，将其转化为生产力的过程。自然资源、特别是矿产资源在开发过程中，限于目前的经济技术条件，总是不可避免地对当地的自然生态环境产生重大影响。而地区开发的历史反复证明，经济开发必须坚持经济效益、社会效益与生态效益相结合的原则，才能实现一个地区的可持续发展。为此，边境地区开发的过程中必须制订明确、有效的环境政策，以保护和改善生态环境。

（五）实施措施

在兴边富民行动中不仅需要政策保障，还需要制订相应的实施措施以保证行动能够完成规划的目标和任务。

1. 一般措施

边境地区兴边富民行动规划实施的一般措施主要有：

（1）领导与群众相结合的方法。领导与群众相结合是边境地区落实兴边富民行动规划的基本方法。它包含两层含义：①无论是领导干部还是广大边民都要有参与兴边富民行动规划实施的积极性。②要坚持从群众中来到群众中去。以领导为核心的政策制定和行政管理团队，在规划制订和实施过程中都要真正走到群众中去，要充分倾听群众的想法和愿望，了解群众的需求和困难。

（2）一般与个别相结合的方法。所谓一般与个别相结合的方法，就是既要有一般的、普遍的规划目标和任务、政策措施，又要有个别的、具体的行动项目和方案，要从个别的项目和方案中获取经验，充实普遍的目标、任务和政策措施。在兴边富民行动规划的实施过程中，各边境地区既要认真学习国家和上级政府下发的兴边富民行动规划，理解其主要目标和任务要求，又要结合自身各个地区的实际情况，制订相关的实施细则，将规划内容落实到具体的行动方案和项目中。

2. 具体措施

（1）经济措施。通过政府投资、经济补贴、设立基金、招商引资、减免税收等方式，保障区域规划实施的资金来源，这些措施通常以法律和政策规定的形式出现。边境地区应在国家统一扶持政策的基础上运用各项经济措施，确保规划实施的资金来源，落实资金使用情况，令每一份投资都能产生“富民”的实际效果。

（2）法律措施。法律措施是兴边富民行动规划开展的有效保障。在规划实施过程中，应有对规划的基本任务、组织形式、管理机构进行界定的基本法，作为编制规划和行动方案的依据，并在实施中制订相关的具体法律、法规以及政策作为保障。目前，我国仅针对兴边富民行动颁布了《兴边富民行动规划》，各级政府也落实了相应细则，但并没有颁布保障行动规划实施的相关法律。为此，国家和地方政府应加强法制建设，颁布相应的法律法规，建立健全法律体系，做到兴边富民行动规划的实施有法可依。

（3）行政措施。主要是通过审批、发放许可证、签订合同等，鼓励或限制边境地区某些产业的发展。其目的是促进边境地区产业结构的优化，协调对各产业的扶持发展，监督和防止企业对环境的破坏和污染。特别是环境保护与生态建设是边境地区建设的重要组成部分，应通过行政手段，保护欠发达、欠开发的边境地区脆弱的生态环境。

（4）边民参与和广泛的社会支持。在兴边富民行动规划的实施过程中，不仅要征求各级政府和有关部门的意见，还应当充分重视边民的诉求。应向边民大力宣传规划意图，提高边民的积极性和主动性，将规划的实施变为边民的自觉行动。兴边富民行动规划的实施也要征求相关专家的意见，确定规划内容后向社会进行公布，广泛征求各行业专家的意见。

（5）其他措施。边境地区在落实兴边富民行动规划的过程中还应实行跟踪与定期汇报制度，监督规划的实施，并检验规划完成的质量，这是保证规划实施的重要措施，也是不断完善规划，并制订下一轮规划的重要保证。

后　记

《兴边富民行动：理论与方法》是中央民族大学自主科研新兴与交叉学科研究项目“兴边富民行动理论建设”（项目编号：0910KYXJ03）的最终成果。

项目研究把我们带到中俄边境的额尔古纳河畔，中越边境的山村农家，中塔、中吉、中哈边境的各个口岸，让我们深切感受到当地居民守护家园建设边疆的崇高精神。借此文稿整理时刻，也再一次由衷表达我们的深深敬意。

本项目的研究工作得到了校领导、科研处、经济学院的热情支持和帮助，借此一并致谢。

本书写作由王文长拟出纲要并负责统稿，各章执笔如下：

王文长：前言、第一、二章。

刘云喜：第三章。

喆　儒：第四、六章。

田东霞：第五、七章。

王　飞：第八、九章。

成果仅仅是一份学习心得，也吸取了以往的相关研究成果，受水平之限，文中缺点和错误一定不少，恳望学界同仁不吝批评赐正。

王文长

2014.6